宋潮

变革中的大宋文明

TREND IN SONG

The Changing Civilization

吴钩 著

GUANGXI NORMAL UNIVERSITY PRESS

广西师范大学出版社

·桂林·

宋潮：变革中的大宋文明

SONG CHAO: BIANGE ZHONG DE DASONG WENMING

图书在版编目（CIP）数据

宋潮：变革中的大宋文明 / 吴钩著. —桂林：广西师范
大学出版社，2021.4
　（吴钩说宋）
　ISBN 978-7-5633-9503-3

　Ⅰ．①宋… Ⅱ．①吴… Ⅲ．①中国历史－研究－宋代
Ⅳ．①K244.07

　中国版本图书馆 CIP 数据核字（2021）第 039908 号

广西师范大学出版社出版发行

（广西桂林市五里店路 9 号　邮政编码：541004）

网址：http://www.bbtpress.com

出版人：黄轩庄

全国新华书店经销

广西广大印务有限责任公司印刷

（桂林市临桂区秧塘工业园西城大道北侧广西师范大学出版社集团

有限公司创意产业园内　邮政编码：541199）

开本：880mm×1 240 mm　1/32

印张：21.375　　字数：490 千字

2021 年 4 月第 1 版　　2021 年 4 月第 1 次印刷

定价：108.00 元

如发现印装质量问题，影响阅读，请与出版社发行部门联系调换。

目 录

导 言

宋：世界近代化的序幕

一

让我们先来做两道中学历史考试常见的选择题——

（1）中国近代史的开端是：A. 鸦片战争　B. 洋务运动

（2）中国近代化的开端是：A. 鸦片战争　B. 洋务运动

按中学历史老师教的知识，第一道题的标准答案是 A，第二道题的标准答案是 B。这也是国内史学界的正统史观。但我们将这两个标准答案放在一起，就会发现一个有意思的 bug：鸦片战争发生在 1840 年代，洋务运动出现在 1860 年代，换言之，中国尚未开始近代化，便已经进入近代史。

之所以有这样的 bug，是基于"冲击—回应"理论模式的内在逻辑：鸦片战争是西方"冲击"，洋务运动是中国"回应"，"回应"相对"冲击"而言，是滞后的。"冲击—回应"论最早由美国历史学家马士（H. B. Morse）《中华帝国对外关系史》（*The*

International Relations of the Chinese Empire）于 1910 年代提出，是用来解释中国近代化的理论模型。受其影响的中国学者论中国近代史，均以鸦片战争为开端，比如蒋廷黻的《中国近代史》，即从鸦片战争写起，并提出：从鸦片战争到洋务运动，"中华民族丧失了二十年的宝贵光阴"；"倘使同治、光绪年间的改革移到道光、咸丰年间，我们的近代化就要比日本早二十年，远东的近代史就要完全变更面目"。[1]

国内正统学派并未采纳"冲击—回应"论，而是使用"侵略—革命"理论模型解释中国近代史。但细考究之，我们会发现，"侵略—革命"论与"冲击—回应"论是相类的，都承认中国的近代史是由西方人开启的，中学历史课这样告诉你："鸦片战争之前，中国是一个完全的封建国家。鸦片战争之后，西方殖民者打开了中国大门，他们既是'强盗'，也是'先生'，他们侵略中国的同时，也给中国带来了先进的资本主义文化"，因此才会有"师夷长技"的洋务运动。所不同者，"冲击—回应"论更强调西方列强的"先生"身份，"侵略—革命"论则更强调西方列强的"强盗"身份。

国内史学界还有一个著名的假说：晚明"资本主义萌芽"论，由著名历史学家侯外庐于 1940 年代确立。侯外庐认为，"16 世纪中叶到 17 世纪初是中国历史上资本主义萌芽最显著的阶段。在这一时期，新旧矛盾冲突激烈，城市私人手工业、城市商业和对外商业都发展迅速，阶级关系也出现了相应变化，大规模的市民运动层出不穷，启蒙思潮也应运而生"[2]。所谓"资本主义萌芽"，

---

1 蒋廷黻：《中国近代史》，上海古籍出版社，2006。
2 侯外庐：《中国近世思想学说史》，重庆三友书店，1944。

意思跟"近代化的开端"是差不多的，因为近代史的展开，就是资本主义兴起、发展的过程。

而在日本与欧美汉学界，"宋代近世"说（亦即"唐宋变革"论）才是最为流行的中国史研究的经典假说，最早为日本京都学派创始人内藤湖南提出："唐代是中国中世纪的结束，宋代则是中国近世的开始。"[1] 内藤湖南的弟子宫崎市定进一步发展了"宋代近世"说，认为"宋代社会已经表现出显著的资本主义倾向，与中世纪社会有着明显的差异"[2]，宋代中国出现的新现象，如经济的快速发展、城市的发达、知识的普及，与欧洲的文艺复兴是"并行的、等价的"历史运动。宫崎市定的《东洋的近世》一书，副书名即为"中国的文艺复兴"。在宫崎市定这里，"文艺复兴""资本主义倾向""近世"显然是同义的。

欧美也有多位汉学家服膺"宋代近世"的假说，欧洲宋代史研究的先驱、法国汉学家白乐日曾发起一个庞大的宋史研究计划，立志要研究宋代如何比西方更早地成为"现代的拂晓时辰"；[3] 另一位法国汉学家谢和耐说："十三世纪的中国，其现代化的程度是令人吃惊的：它独特的货币经济、纸钞、流通票据，高度发展的茶、盐企业，对外贸易的重要（丝绸、瓷器），各地出产的专业化等。国家掌握了许多货物的买卖，经由专卖制度和间接税，获得了国库的主要收入。在人民日常生活方面，艺术、娱乐、制度、工艺技术各方面，中国是当时世界首屈一指的国家，其自豪

1　[日]内藤湖南：《概括的唐宋时代观》，《中学历史教学参考》2009 年第 1 期。
2　[日]宫崎市定：《东洋的近世》，张学锋等译，中信出版集团，2018。
3　参见关履权《两宋史论》，中州书画社，1983。

足以认为世界其他各地皆为化外之邦。"[1]

美国孟菲斯大学教授孙隆基写过一篇题为《全球视野中的中国千年》的长文，文中论及宋朝部分，直接使用了"世界'近代化'的序幕"的标题，文章说："在我们探讨宋朝是否是世界'近代化'的早春，仍得用西方'近代化'的标准，例如：市场经济和货币经济的发达、都市化、政治的文官化、科技的新突破、思想与文化的世俗化、民族国家的成形，以及国际化，等等。这一组因素，宋代的中国似乎全部齐备，并且比西方提早五百年。"[2]

现在，你应该发现了，关于中国的近代化，居然存在三个不同的时间开端，分别为"宋代近世"论者提出的两宋时期，"资本主义萌芽"论者提出的晚明，"冲击—回应"论者提出的晚清。

那么问题来了：一个国家的近代化，怎么可能有三个不同的时间开端呢？

二

持晚明"资本主义萌芽"论的学者，与赞同鸦片战争为中国近代史开端的学者，实际上是高度重合的群体。为了化解"萌芽"时间与"开端"时间的冲突，他们主要从两个维度提出了自圆其说的解释：

其一，将板子打到"帝国主义"身上，比如邓拓先生说："中国封建社会的体内，已经存在和发展着否定它的母体的因素了。

1　[法]谢和耐：《南宋社会生活史》，马德程译，台湾中国文化大学出版部，1982。
2　孙隆基：《全球视野中的中国千年》，《二十一世纪》2001年4月号。

假设当时没有国际资本主义的侵入，中国这一封建社会，也可能由其自体内所包孕的否定因素的发展而崩溃，蜕化为资本主义的社会的。可是外来资本主义的侵入，却截断了这一历史的阶段。"[1]

其二，将板子打到"封建主义"身上，比如傅衣凌先生说："封建土地所有制加强封建专制主义，建立了庞大的官僚机构，它从政治、经济诸方面，延缓社会阶级的分化，限制了现代无产阶级的前辈——手工工人的发展，使它不能达到成熟的地步。"[2] 不过这一解释并未能完全消除一个疑问：既然"封建主义"足以扼杀"资本主义的萌芽"，那"封建社会的体内"为什么能够出现资本主义的"萌芽"？

而对于海外的"宋代近世"说，则未见晚明"资本主义萌芽"论者作出回应，大概因为明清史研究与海外宋史研究是两拨人，未必认同彼此的学术观点，用不着自圆其说。

但是，这两大经典假说的冲突是不容回避的。研究宋明经济史的香港岭南大学教授刘光临先生说："京都学派认为中国社会自唐宋变革以后进入近世，随着市场经济的高涨，宋代中国已出现财政国家和资本主义。这恰与明清资本主义萌芽假说在对中国历史的时间分期和发展内容上形成明显的冲突。如果说中国社会在 16、17 世纪才开始出现资本主义的萌芽，则京都学者断言此前四五百年中国就曾有资本主义的存在并已进入近代社会，岂非

1　邓拓：《中国社会经济"长期停滞"的考察》，《中山文化教育馆季刊》1935 年第 2 卷第 4 期。

2　傅衣凌：《论明清社会经济的发展与迟滞》，《社会科学战线》1978 年第 4 期。

天方夜谭？"[1]

反过来也可以追问：如果宋代"已出现财政国家和资本主义"，又为什么到了晚明之时"才开始出现资本主义的萌芽"？这是需要回答的问题。

"宋代近世"说与洋务运动为中国近代化开端的学说同样存在着显而易见的冲突：既然宋代已出现近代化的转型，为什么要等到晚清，在西洋的冲击下才启动近代化？

宫崎市定提出了一个试图在逻辑上实现自洽的解说："我主张把工业革命以后的欧洲史称作'近代史'，而文艺复兴至工业革命的历史则称其为'近世史'，以作区别"；"东洋在宋代以后经历了一千年的困扰，却依然未能从文艺复兴阶段再进一步，跨入一个更高的发展阶段，而西洋在进入文艺复兴阶段以后，只花了四五百年的时间，便很快地迈进了近代史的阶段"。[2]

然而，宋代"文艺复兴"之后，为什么东洋会在一千年的历史发展中一直"原地踏步"？宫崎市定并没有给出有说服力的解释。这又给我们留下一个需要回答的问题。

三

"宋代近世"说的一大贡献，是揭示了发生在唐宋之际的历史性变迁，发现了内在于华夏传统的近代化动力。

---

1 刘光临：《回归传统：历史学视野中的资本主义》，《清华大学学报》（哲学社会科学版）2010 年第 1 期。
2 ［日］宫崎市定：《东洋的近世》。

唐朝是中世纪的鼎盛时期。唐制来自南朝体制与北朝体制的混合。南朝体制从东汉—魏晋演化而来，包括世族政治、门阀壁垒、士族庄园经济、朝贡贸易、良贱身份制度等；北朝体制成形于北魏，包括世袭罔替的贵族制与奴隶制、兵农合一的府兵制、人身束缚于土地的均田制、整齐划一的坊市制等。南北朝体制都具有浓厚的中世纪色彩，强调身份设定与人身依附，社会凝固而井然有序。

自晚唐开始，直至宋代，这些典型的中世纪制度特质都走向解体：世族消失，门阀壁垒消弥，府兵制、均田制、坊市制瓦解，良贱制度消亡，部曲与奴婢解放为自由民。国家放弃了对臣民身份与人身的控制，转而重视市场、工商业、金融与货币所创造的利益。这样的历史性变迁，构成了"唐宋变革"的重要内涵。

"唐宋变革"不是华夏文明的裂变，而是基于文明积累的演进结果，比如从唐代的"飞钱"孕育出宋代发达的商业信用，宋时瓦解的府兵制、均田制、坊市制早在中晚唐已经出现松动，宋朝管理海外贸易的市舶司也是继承自唐朝设置。文明的积累与演进如同冲积平原，历史是长河，时光的河水流淌而过，不舍昼夜，不断留下前人的经验与成果，慢慢地便堆积出一个豁然开朗的世界，所谓"华夏民族之文化，历数千载之演进，而造极于赵宋之世"[1] 是也。

但"唐宋变革"论者往往忽略了历史的另一面：在9—13世纪的中国大地上，还有一段与"唐宋变革"并行的历史发展，那

---

1 陈寅恪：《邓广铭宋史职官志考正序》，收于《金明馆丛稿二编》，上海古籍出版社，1980。

就是辽/西夏—金—元的制度传承，就如在宋朝文明的"冲积平原"旁边，还有另一条不同流向的河流经过。

辽制来自唐制与游牧部族制度的混合，辽设南面官、北面官分治南北领地，"北面治宫帐、部族、属国之政，南面治汉人州县、租赋、军马之事。因俗而治"[1]。治民的法律也分为两个部分："诏大臣定治契丹及诸夷之法，汉人则断以《律令》。"[2]在胡汉分治的过程中，又不可避免地出现了制度融合。比如辽国的"斡鲁朵"，为契丹皇帝之私有组织，辖有"宫户"（皇室之奴隶），这一草原组织便吸收了唐朝皇庄的制度成分；契丹贵族私有的"投下户"（辽对战俘和私奴的称谓），则与唐朝的部曲、官户有着共同的制度渊源。

在"唐宋变革"渐次展开之时，辽/西夏—金—元的制度传承几乎没有参与进来。元相继灭金、灭宋，但其制度主要还是继承自唐制与辽、金体制，而不是宋——我的意思，当然不是说元制之中没有宋制的成分，元朝的海外贸易体制便沿袭自宋制，元钞也借鉴了宋朝发行楮币的经验，不过，金国交钞对元钞的影响无疑要更大，比如都以"钞"为名，都不分界，无限期发行。相对来说，中世纪性质的唐制与辽、金体制更是深深嵌入了元制，举几个例子：元制中的投下制、驱口制、肉刑制、全民配役制，都是宋制中找不到的，但我们可以从草原部族旧制中找到渊源；元朝推行的军户制、匠籍制、宵禁制、路引制，宋时已经消亡或处在趋于消亡的过程中，其制度渊源可以追溯到"唐宋变革"前

---

1 脱脱等：《辽史》卷四十五《百官志一》。

2 脱脱等：《辽史》卷六十一《刑法志上》。

的魏晋—隋唐。

换句话说，宋元易代之时，"唐宋变革"开启的近代化出现了某种程度的逆转。套用"唐宋变革论"的说法，不妨称其为"宋元变局"。我们看中国近世史的演进，既要注意"唐宋变革"，也应当留意"宋元变局"。

"宋元变局"对于中国历史走势的影响是十分深远的，不但塑造了元朝社会，而且限制了后世历史发展的方向与走势：朱元璋建立明王朝，几乎全盘继承了元朝的分封制、家臣制、廷杖制、宵禁制、路引制、匠籍制、诸色户计、全民配役制度、贱口奴婢制度，以及粗糙的治理技术。而元制中尚保存的宋制，比如重商主义政策，却被朱元璋坚决扔掉。从西欧的近世史来看，重商主义恰恰构成了资本主义发展的重要一环，早期资本主义在西欧城市的兴起，从来不是靠完全自发的"看不见的手"，而是靠重商主义的"看得见的手"：国家积极介入市场、拓展商贸、扩张财政、积累货币、特许经营……这样的情景，同样出现在宋朝，而在朱元璋时代则完全消失。

朱元璋对元制的因袭也许是不自觉的，他自觉想要恢复的，其实是唐制。他修《大明律》，即以《唐律疏议》为范本，而摒弃了宋人编敕的立法方式；他将市舶纳入朝贡体系内，梦想的也是要恢复"万国衣冠拜冕旒"的盛唐气象，而不是"涨海声中万国商"的宋朝式通商风景。清承明制，还从关外带来了更具中世纪色彩的主奴关系、庄园制度、投充制度。

多年前，我读到元代史研究学者周良霄先生的一段话，一直心有戚戚焉。周先生说，元制，"对宋代而言，实质上是一种逆转。这种逆转不单在元朝一代起作用，并且还作为一种历史的因袭，为后来的明朝所继承。它们对于中国封建社会后期的发展进程，影响更为持久和巨大。譬如说，世袭的军户和匠户制度、驱奴制度、诸王分封制度、以军户为基础的军事制度等……从严格的角度讲，以北宋为代表的中原汉族王朝的政治制度，到南宋灭亡，即陷于中断"[1]。也许，正是宋朝制度文明的中断，才导致了近代化的一波三折。

《剑桥中国史辽西夏金元史》的作者忍不住发出一串"天问"："这些征服王朝真的代表了中国社会、中国经济、中国政治制度和中国文化的'自然'发展中的大倒退吗？没有这些征服王朝，代表 11 世纪宋代中国特征的高速发育的形态和合理的组织结构就能延续下来吗？它们使得某些学者所说的出现于宋代的一个'近代时期'夭折了吗？……为什么在明代，当他们最终把蒙古人从中原驱逐出去时，仍不能恢复由宋代提供的更为高级的政府模式？相反，却继续保留了金、元时期制度发展的那么多方面，并恢复到了被所有征服者都推崇的唐代模式上来了呢？"[2]

四

如前所述，"唐宋变革"的重要表现乃是重商主义兴起，资本主义登场，国家放弃了对臣民身份与人身的控制，转而重视市场、工商业、金融与货币所创造的利益。然而，朱元璋建立的"洪武型体制"简直就是反其道而行：全国臣民按职业划分为不同户

1　周良霄、顾菊英：《元代史》，上海人民出版社，1993。

2　[德] 傅海波、[英] 崔瑞德：《剑桥中国辽西夏金元史》，史卫民等译，中国社会科学出版社，1998。

籍，如民户、军户、匠户、灶户，职业户一经划定，不得自行改业，子孙世代相承；农民被束缚在土地上，不可脱离原籍地与农业生产，每天的活动范围控制在一里之内；军民、商人若要出远门，必须先向官府申请通行证；由于货币经济极不发达，民间交易以米谷、盐、布为支付手段；政府控制在最小规模，以紧缩的财政、按实物征收的农业税以及全民配役来维持运转，无需依赖市场、商业、货币与金融，因而，明前期的消费税、货币税几乎可以忽略不计。

不用说，这样的体制跟近代化是背道而驰的。假如明代真的出现了什么"资本主义萌芽"，那也只有在摆脱了"洪武型体制"之后才能够"萌芽"。事实上，明代的社会发展，确实表现为逐渐突破"洪武型体制"的过程：渐渐地，社会控制松懈，匠籍制解体（允许匠户纳银代役），募兵制代替军户制，月港开禁，广州与蕃商开展商舶，海外大量白银流入，"一条鞭法"推行开来，人口流动越来越频繁……如此，才有晚明商品经济的繁华。

从某种意义上说，这也是向宋制回归。南开大学历史学院教授李治安提过一个观点，"人们在综观 10—15 世纪的历史之余，常常会有这样的朦胧感受：明后期与南宋非常相似，万历以后很像是对南宋社会状况的'跨代连接'"[1]。"跨代连接"的"跨代"，意味着从宋代到晚明，中间隔了元至明前期这么一个断裂、歧出的时段。

其实南宋与晚明的"跨代连接"只是就社会状况而言，如果从国家财税、经济制度的角度来看，晚清才更像是宋朝的"跨代

---

1 李治安：《元和明前期南北差异的博弈与整合发展》，《历史研究》2011 年第 5 期。

连接"。清王朝的制度，来自朱明体制与女真部族旧制的混合，与宋制几乎毫无渊源，直至晚清同治年间，才出现"跨代连接"：政府对兴办企业表现出巨大热情，行政系统内增设了大量经济部门，沿海口岸积极对外开放，国家将征税的重点从农业税转移到工商税，财政从紧缩转向扩张，国债等金融工具受到政府青睐，如此种种近代资本主义兴起之时的典型表现，都可以从宋代找到似曾相识的身影。

说到这里，我想到了一个有趣的问题：人们在叙述历史时，常常会使用"晚唐""晚明""晚清"的说法，却极少会用"晚宋"。为什么会这样？

你可能会说，"晚明""晚清"等，只是时间概念，宋代已有"北宋""南宋"之分，"晚宋"究竟是指北宋末还是南宋末，很不明确，所以人们才很少用"晚宋"的说法。

但这一解释未免有些简单了，"晚唐""晚明""晚清"不仅表示时间，而且表示社会形态。"唐宋变革"始于中晚唐，因而，盛唐与晚唐的社会形态差异很大，盛唐实行的府兵制、均田制、租庸调制、坊市制，在晚唐时均已趋于瓦解。早在 1950 年代，陈寅恪先生已指出："唐代之史可分前后两期，前期结束南北朝相承之旧局面，后期开启赵宋以降之新局面，关于政治社会经济者如此，关于文化学术者亦莫不如此。"[1]

晚明与明前期、晚清与清前期，同样是恍如两个世界，"资本主义萌芽"只可能出现在晚明而不可能出现在明前期，洋务运动也只能出现在晚清而不可能出现在清前期。两宋时期则从未出

1　陈寅恪：《论韩愈》，《历史研究》1954 年第 2 期。

现类似的前后期大转折，宋代的"资本主义倾向"是一以贯之的，不存在一个全然不同于宋前期的"晚宋"，所以，我们不需要使用"晚宋"的概念来描述宋朝的社会变迁。

从这个意义来说，"晚唐"的概念指向"唐宋变革"的启幕，"晚明"与"晚清"的概念则意味着向"唐宋变革"的近代化方向"回归"——换言之，明前期与清前期的社会演化已经偏离了"唐宋变革"的方向，因此才需要"回归"。

通过建立这样的阐释框架，我们可以超越"冲击—回应"模式与"中国文明停滞论"的偏见与短视，将"宋代近世"、晚明"资本主义萌芽"与晚清近代化统合起来，并为"中国的近代化为什么有三个时间开端"提出一种合理解释。

五

摆在诸位面前的这部小书，即尝试运用这一理论框架，重新发现大宋文明、重新审视历史与传统。本书讲述的宋朝制度——不管是城市制度、社会制度、经济制度，还是政治制度、法律制度，都在宋后出现了不同程度的断裂。从这个角度而言，中国的历史不是停滞的，也不是线性发展的，而是既有文明的积累与演进，又有传统的断裂与接续。

但有意思的是，在一部分传统文人"脑洞大开"的想象中，赵宋王朝的国祚并没有断绝，而是延续至元朝。南宋德祐二年（1276），元人兵临杭州城下，六岁的宋恭帝赵㬎上表投降；到了元朝至元二十五年（1288），已经成年的赵㬎被元世祖忽必烈遣送到西域学习佛法。相传赵㬎在西域认识了一名美貌的女子罕禄鲁氏，结为夫妇。在罕禄鲁氏怀有身孕的时候，她被周王和世璭（亦即未来的元明帝）据为己有，未久诞下一子，取名妥懽帖睦尔，至顺四年（1333），妥懽帖睦尔即位于上都，是为元顺帝。

又据称，永乐年间，皇帝朱棣看了宋列帝遗像之后，对近臣说："宋太祖以下，虽是胡羊鼻，其气象清癯，若太医然。"[1] 又观元列帝像，"俱魁伟雄迈"，朱棣说："都吃绵羊肉者。"待看到元顺帝的画像时，惊讶地说："惟此何为类太医耶？"也就是说，元顺帝的长相不类元朝列帝，反而更像赵宋列帝。

自元末明初以降，不少文人都相信元顺帝实为赵㬎之血脉。明初有文人写诗记述赵㬎身世："惟昔祖宗受周禅，仁厚绵有三王风。虽因浪子失中国，此为君长传无穷。"这些文人天真地认为，赵宋以仁义立国，不应亡国。天不负宋，果然借赵㬎私生子将赵宋皇祚接续到元王朝，"知宋三百年之德泽不泯也"。

如此说来，明王朝取代元王朝，是不是就意味着赵宋国祚被终结了呢？不是。更富戏剧性的情节在后头——"自元世祖大都即位以来，凡一百有八年。汗避位出京时，弘吉喇忒哈吞（元顺帝妃子）仓猝遗失，藏匿覆瓮中，为明洪武所获。时哈吞怀娠已三月矣，默祝曰：'弥月而产，势难留也；惟天悯佑，至十三月而生，乃得保全。'后果至十三月生一子，洪武以为己子，育之，此即明永乐也。"[2] 按这说法，明成祖朱棣竟然是元顺帝的遗腹子。民间文人果然想象力丰富，他们建构了宋恭帝—元顺帝—明成祖的血缘传承谱系，为赵宋王朝续命三百年。

那么，明末清兵入关，取代明王朝，赵宋皇祚总该断了吧？

---

1 丁传靖辑：《宋人轶事汇编》卷三。下同。

2 罗密：《蒙古博尔济吉忒氏族谱 蒙古黄史》，乌力吉图译，内蒙古大学出版社，2014。

不好意思，若按民间的说法，没有断。因为民间方志称，清朝皇族爱新觉罗氏正是为女真人所掠的宋徽宗、宋钦宗的后裔："觉罗者，传为宋徽、钦之后。"[1]另据女真历史研究大家金启孮先生的考据，"'赵姓'之'赵'，实可发音曰'觉罗'。'觉罗'者即满洲人读'赵'字之讹音也"[2]。

如果这些传说都是真的，则宋后的元明清三朝均姓赵。然而，即便是元明清三朝均姓赵，又有什么意义呢？难道宋王朝就不算灭亡了吗？即使赵氏皇祚犹存，难道大宋的制度与文明就没有发生断裂吗？须知，我们所惋惜者，并不是某一个王朝的覆灭，而是文明的失落。本书的主旨，也绝不是为了祭奠一个逝去的王朝，而是想为华夏的文明传统"招魂"。

1　张伯英等纂，崔重庆等整理：《黑龙江志稿·氏族》，黑龙江人民出版社，1992。
2　金启孮：《爱新觉罗姓氏之谜》，《满族研究》1988 年第 1 期。

市政

宝马嘶风车击毂，东市相扑西市鞠

——风靡朝野的蹴鞠与相扑运动

相信许多读者都读过施耐庵的《水浒传》，还记得小说中的高俅高太尉有什么本事吗？

对，他擅长蹴球。《水浒传》是这么写的："且说东京开封府汴梁宣武军，一个浮浪破落户子弟，姓高，排行第二，自小不成家业，只好刺枪使棒，最是踢得好脚气毬。京师人口顺，不叫高二，却都叫他做高毬。后来发迹，便将气毬那字去了毛傍，添作立人，便改作姓高名俅。这人吹弹歌舞，刺枪使棒，相扑顽耍，颇能诗书词赋；若论仁义礼智，信行忠良，却是不会。只在东京城里城外帮闲。"[1]

《水浒传》又讲高俅擅长相扑。他征梁山时，被擒上山，受宋江盛情款待，喝得大醉，酒后不觉放荡，说道："我自小学得一身相扑，天下无对。"卢俊义也喝醉了，听不得高太尉大话，便指着燕青道："我这个小兄弟，也会相扑，三番上岱岳争交，天下无对。"高俅一听，站起身就要跟燕青厮扑，结果一交手，

1　罗贯中、施耐庵：《水浒传》第二回。

便被燕青"颠翻在地褥上"。想来施耐庵有意要让高太尉难堪一回。

《水浒传》中的高俅形象，其实是被妖魔化了的。历史上的高俅，原是苏轼的小史（书僮），并非什么"浮浪破落户子弟"；也颇讲信义，虽说"恩幸无比，极其富贵。然不忘苏氏，每其子弟入都，则给养问恤甚勤"。[1]要知道，当时苏轼的名字可是被列入"元祐党人"黑名单的，高俅能这么做，还真有点难能可贵。

不过，《水浒传》说高俅踢得一脚好球，又识相扑之技，却非捏造之词，因为这两项都是宋时最热门的全民性体育运动，一些士大夫也乐此不疲，高太尉少年时热衷于蹴鞠与相扑，也是完全不必奇怪的。

生活在元末明初的施耐庵重点渲染高俅会蹴球、相扑，无非是为了说明他不务正业的市井闲汉身份，但宋人未必有这样的观念，因为在宋代，蹴鞠与相扑属于正当的体育运动与娱乐方式，没有人觉得那是不务正业。南宋末文人戴表元自述说："余少时多好，好仙，好侠，好医药卜筮，以至方技、博弈、蹴踘、击刺、戏弄之类，几无所不好。翰墨几案间事，固不言而知也。然皆不精，惟于攻诗最久……虽精于诗，亦复何用？曾不如医药、卜筮、方技，犹可以自给；蹴踘、博弈之流，犹为人所爱幸。"[2]蹴球比写诗更受世人"爱幸"。

现在我们知道足球运动是欧洲人与南美人的天下，相扑运动则是日本的国技；但我们未必知道，在一千年前，蹴鞠与相扑却是宋朝人的国球、国技。宋人张舜民有诗《桃李花》写道："宝

1　王明清：《挥麈后录》卷之七。
2　戴表元：《戴表元集》之《剡源集》卷第八《张君信诗序》。

马嘶风车击毂，东市斗鸡西市鞠。"如果我们将"斗鸡"换成"相扑"，"东市相扑西市鞠"正是宋人的生活写照。

这当然也是宋朝社会富足的反映。战国时，苏秦这么形容齐国临淄的富实："其民无不吹竽鼓瑟，弹琴击筑，斗鸡走狗，六博蹋踘（即蹴鞠）者。临淄之途，车毂击，人肩摩，连衽成帷，举袂成幕。"[1] 宋朝也是如此。

好了，我们且到宋朝城市逛一逛，看看宋人到底有多热爱蹴鞠与相扑。

蹴鞠盛时

如果我们在冬至至元宵期间来到北宋开封府，将会看见，东京御街每日都有"击丸蹴踘、踏索上竿"[2] 等文娱表演；及至元宵节后收灯，东京人又纷纷出城探春，此时郊外园圃，"次第春容满野，暖律暄晴。万花争出粉墙，细柳斜笼绮陌，香轮暖辗，芳草如茵；骏骑骄嘶，杏花如绣，莺啼芳树，燕舞晴空，红妆按乐于宝榭层楼，白面行歌近画桥流水，举目则秋千巧笑，触处则蹴踘疏狂"，到处都是蹴球的红男绿女；暮春三四月，皇家林苑琼林苑对市民开放，园内亦有专供市民踢球的场所："宴殿南面有横街，牙道柳径，乃都人击球之所。"[3]

宋朝城市有许多茶坊、酒肆，如果我们进去喝茶饮酒，也许

---

1 司马迁：《史记》卷六十九《苏秦列传》。
2 孟元老：《东京梦华录》卷之六。下同。
3 孟元老：《东京梦华录》卷之七。

还会发现，有些茶坊酒肆里面居然有蹴球表演。南宋时的杭州，便有一家"黄尖嘴蹴球茶坊"[1]，是"士大夫期朋约友会聚之处"；又有多家叫"角球店"的酒肆，"零沽散卖"小酒，你可以在此一边饮酒、品茶，一边观赏足球表演、比赛；如果是春季，杭州名园蒋苑使小圃也安排蹴鞠表演，"以娱游客，衣冠士女，至者招邀杯酒"[2]；西湖边，每日总有一帮少年人在"宽阔处踢球"[3]；瓦舍勾栏里，更是天天都有商业性的蹴球表演，你只要掏钱买票，就可以入内观赏。临安瓦舍内蹴球最有名的几个明星，叫黄如意、范老儿、小孙、张明、蔡润，他们的名字被周密收入《武林旧事》的"诸色伎艺人"名单中。

宋代话本《钱塘梦》形容临安府"有三十六条花柳巷，七十二座管弦楼，更有一答闲田地，不是栽花蹴气球"；元明时期的小说《三遂平妖传》开篇亦写道："话说大宋仁宗皇帝朝间，东京开封府汴州花锦也似城池，城中有三十六里御街，二十八座城门；有三十六条花柳巷，七十二座管弦楼，若还有答闲田地，不是栽花蹴气球。"这些说法显然是民间艺人的格式化表达，且说得很夸张，不过，若说东京与杭州的市民热衷于蹴球，却是实情。

不但都城如此，在宋朝的其他地方，蹴鞠运动也是风靡一时。陆游的诗歌就多次写到蹴鞠。如《残春》："乡村年少那知此，处处喧呼蹴鞠场"——这是乡村的蹴鞠；《三月二十一日作》："蹴踘墙东一市哗，秋千楼外两旗斜"——这是城市的蹴鞠；"路入

1　吴自牧：《梦粱录》卷十六。下同。
2　周密：《武林旧事》卷第三。
3　西湖老人：《繁胜录》。

梁州似掌平，秋千蹴鞠趁清明"；《感旧四首末章盖思有以自广》："寒食梁州十万家，秋千蹴鞠尚豪华"——这是陆游在梁州看到的蹴鞠盛况。陆游少年时，还曾在咸阳观看过一场蹴鞠竞赛，写下《晚春感事》，其中场面更是热闹："少年骑马入咸阳，鹘似身轻蝶似狂。蹴鞠场边万人看，秋千旗下一春忙。"

从出土的宋代文物也可以看出宋人蹴鞠风气之盛。河北博物院藏有一件宋磁州窑"张家造"的"童子蹴鞠图"瓷枕，枕面图案为一名小童正在全神贯注地蹴鞠，看来宋时小朋友也喜欢蹴鞠；中国国家博物馆藏有一件宋代"蹴鞠纹铜镜"，镜背为一对年轻男女对垒踢球的浮雕，可知当时女性也可以蹴鞠。

宋末词人赵文有小词《凤凰台上忆吹箫·白玉磋成》曰："疑是弓靴蹴鞠，刚一踢、误挂花间。"汪元量诗《张平章席上》："舞余燕玉锦缠头，又著红靴踢绣球。"说的都是女子蹴鞠。司马光亦有小诗《次韵和复古春日五绝句 其三》："东城丝网蹴红球，北里琼楼唱《石州》。堪笑迂儒书斋里，眼昏逼纸看蝇头。"那"蹴红球"的人，大约也是女子——男性想必不会踢红色的足球。她们唱歌蹴球的青春活力，让躲在书斋里埋头看蝇头小字的诗人深为艳慕。

不但民间流行蹴鞠，上层社会也有蹴球的盛事。宋朝开国皇帝赵匡胤与赵光义兄弟，都是蹴鞠的爱好者，他们蹴球的故事被北宋画师苏汉臣绘成《宋太祖蹴鞠图》，此图已佚失，另有宋末元初画家钱选的摹本传世，现藏于北京故宫博物院。太祖蹴鞠的故事还被宋朝的"足球俱乐部"写成广告词传播："巧匠园缝异样花。身轻体健实堪夸。能令公子精神爽，善诱王孙礼义加。宜富贵，逞奢华。一团和气遍天涯。宋祖昔日皆曾习，占断风流第

宋代白釉黑彩童子蹴鞠图瓷枕

宋代蹴鞠纹铜镜

《宋太祖蹴鞠图》，北宋苏汉臣原画，现存图为元代临摹品

一家。"[1]

　　南北宋均设有"皇家足球队"，分为左右军举行对抗赛。《东京梦华录》卷之九介绍了北宋皇家足球队左右军的不同球衣："左军球头苏述，长脚幞头，红锦袄，余皆卷脚幞头，亦红锦袄，十余人；右军球头孟宣，并十余人，皆青锦衣。"《武林旧事》卷第四则收录了南宋皇家足球队的一份首发名单，叫"筑球三十二

1　无名氏：《鹧鸪天》，收于唐圭璋编《全宋词》。

人"："左军一十六人：球头张俊、跷球王怜、正挟朱选、头挟施泽、左竿网丁诠、右竿网张林、散立胡椿等；右军一十六人：球头李正、跷球朱珍、正挟朱选、副挟张宁、左竿网徐宾、右竿网王用、散立陈俊等。"

每逢皇帝寿辰，或者招待外国大使，宴会上，这支皇家足球队通常都要出来参加表演赛。如北宋"天宁节"（徽宗寿辰）御宴，饮到第六盏御酒时，"殿前旋立球门，约高三丈许，杂彩结络，留门一尺许"，球头苏述、孟宣分别率领皇家足球队左右军上场比赛，"胜者赐以银碗锦彩"，"不胜者球头吃鞭"。[1] 又如南宋乾道年间，朝廷接待金国使者的宴会节目安排是："凡使人到阙筵宴，凡用乐人三百人，百戏军七十人，筑球军三十二人，起立球门行人三十二人，旗鼓四十人，并下临安府差。相扑一十五人，于御前等子内差。"[2]

宋朝士大夫中也不乏蹴球高手（应该叫"高脚"才更准确），如宰相丁谓、李邦彦，球艺都十分了得，还有一个叫柳三复的士人，蹴球也很厉害，"初柳为进士，欲见晋公（丁谓）无由，会晋公蹴后园，柳往伺之，球果并出，柳即挟取。左右以告，晋公亦素闻柳名，即召之。柳白襕怀所素业，首戴球以入，见晋公再拜者三，出怀中书又再拜，每拜辄转至背膂间，既起复在幞头上。晋公大奇之，留为门下客"。[3]

可以说，中国蹴鞠运动的黄金时代正是宋代。彼时，上至皇

1　孟元老：《东京梦华录》卷之九。
2　徐松辑：《宋会要辑稿·礼四五》。
3　江少虞：《宋朝事实类苑》卷第五十二。

家贵胄、达官贵人，下至贩夫走卒、黄口稚儿，都以蹴球为乐。

足球俱乐部

说到这里，我们也许会好奇：宋代蹴鞠跟现代足球相似度究竟如何？宋人所用的球，又是何等模样？可能你会说，是实心的皮球，或者是藤球。

不对。唐人说过，"鞠，以皮为之，实之以毛"[1]。可知唐朝的皮球为实心球，里面填充了羽毛，所以"球"字常写成"毬"字。宋人也沿用"毬"字，但此时已经普遍采用空心、充气的皮球："今世皮球中不置毛，而皆砌合皮革，待其缝砌已周，则遂吹气满之，气既充满，鞠遂圆实"；"今所作牛彘胞，纳气而张之，则喜跳跃"[2]。也就是说，宋代的皮球以牛或猪的膀胱为球芯，外面再包以外皮，外皮常用十二瓣硝过的软牛皮缝合。几何学告诉我们，十二个五边形正好可以构成一个球形体。这样缝制出来的皮鞠便非常圆了，充气之后，弹跳性很好。

那宋人又是如何给皮球充气的呢？你可能又会说，用嘴吹。也不对。他们使用小型的鼓风机，叫"打揎"。"打揎者，添气也。事虽易，而实难，不可太坚，坚则健色（即皮鞠）浮急，蹴之损力；不可太宽，宽则健色虚泛，蹴之不起；须用九分着气，乃为适中。"[3]

从球的形制来说，宋朝皮球跟现代足球是非常接近的。不过

1　程大昌：《演繁露》卷九。下同。
2　江少虞：《宋朝事实类苑》卷第五十二。
3　汪云程：《蹴鞠图谱》，收于张廷玉等《明史》。

我们认为，宋朝蹴鞠更具现代色彩的地方，是其组织形态——出现了类似足球协会、足球俱乐部的蹴鞠团体。《梦粱录》卷十九载，临安城内"有蹴鞠、打球、射水弩社，则非仕宦者为之，盖一等富室郎君、风流子弟与闲人所习也"；《武林旧事》与《都城纪胜》收录的杭州会社名单中，亦有"齐云社""蹴鞠打球社"。

齐云社又名"圆社"，是宋代最著名的足球俱乐部。之所以叫"圆社"，大概因为足球是圆的，但也包含有"天下圆""不拘贵贱"的精神。高俅初见端王，端王邀他"下场来踢一回耍"，高俅不敢，拜道："小的是何等样人，敢与恩王下脚！"端王道："这是齐云社，名为'天下圆'，但踢何伤。"[1]《水浒传》的这段描写，透露了齐云社内不分贵贱的宗旨。

根据《蹴鞠谱》[2]的描述，齐云社的总负责人为"都部署"，相当于足协主席，下设"教正""社司"协助理事，"知宾"负责对外接待，"会干"负责组织赛事。组织健全，分工明晰。齐云社的工作包括宣传蹴鞠文化，传授踢球技术，制定蹴鞠规则与礼仪，组织足球比赛，考核球员技术等级，等等。

施耐庵认为蹴球为不务正业，但齐云社却将蹴鞠塑造成世间最风流的运动："天下称圆社，人间最美称。疏狂性格，辣浪门庭。子弟可消闲，公子王孙能遣兴；风流阵上，英豪士庶尽夸奇；花锦丛中，才子佳人争喜玩。一生快乐，四季优游，非同泛泛之徒，不比区区之辈。人间博戏，争如蹴鞠风流；世上会场，只有齐云

1　罗贯中、施耐庵：《水浒传》第一回。
2　关于《蹴鞠谱》的成书年代，学界一直有争议，有人认为是宋人作品，也有人认为是明人汇编，但不管作者是何人，《蹴鞠谱》所记内容为宋朝蹴鞠情况，当无疑义。

潇洒。"[1]

宋代是一个商业社会，齐云社也讲经济效益，凡加入齐云社，拜师学习蹴鞠之技，需要先交一笔学费，"凡教弟子，备酒礼，办筵席礼物，赠与师父"。你若吝于掏钱，就别想学到真功夫，"一分使钱一分踢，十分用钱十分教"。

齐云社订有各类章程与规矩，是入社的成员必须遵守的。譬如要求成员注意"十紧要"："要和气，要信实，要志诚，要行止，要温良，要朋友，要尊重，要谦让，要礼法，要精神"；服从"十禁戒"："戒多言，戒赌博，戒争斗，戒是非，戒傲慢，戒诡诈，戒猖狂，戒词讼，戒轻薄，戒酒色"。这"十紧要"与"十禁戒"完全可以抄下来作为今日足球队的纪律。

每一年，齐云社都要组织一届全国性的蹴鞠邀请赛，叫"山岳正赛"，类似于今日的"足球超级联赛"。那么宋朝蹴鞠是怎么比赛的呢？嗯，踢法跟今天的足球运动颇为不同。宋人蹴球，通常有两种玩法，一种叫"白打"，不设球门，两个球队分别派出同样数目的球员（从一人到十人均可），在场中轮流表演，以头、肩、背、膝、脚等身体部位顶球（绝对不允许用手），做出各种高难度动作，而球不落地。由裁判分别打分，以技高一筹者胜。显然，"白打"强调的是技巧性与观赏性，有点类似花样足球。

另一种玩法叫作"筑球"，更强调对抗性。球场中间会竖起一个大球门，高约三丈，宽约一丈，以彩带结网，只留出一个尺许见方的网眼，宋人称之为"风流眼"。比赛双方各派出十六人（少则七人），分别穿不同颜色的球衣，立于球门两边，分成左右军

---

1 佚名：《蹴鞠谱》。下同。

对垒。左军与右军均设"球头""跷球""正挟""头挟""左竿网""右竿网""散立"等角色，就如现代足球比赛中也有前锋、前腰、后腰、后卫、守门员等分工。每个球员按照自己的角色，站立于不同的位置，承担不同的任务。每场比赛还设有"部署""教正"，即正副裁判员。

比赛开始，左右军以抽签的方式决定哪一方先发球。不管哪方先发球，球都由"球头"开出，传给"跷球"，然后按规则在"正挟""头挟""左竿网""右竿网""散立"之间传球，传球过程中，手不准触球，球不得落地，最后又传回"球头"，由"球头"射门，即将球射过"风流眼"。如果球触网弹回，只要不落地，本队球员可以将球接住，继续传球、射门。球射过"风流眼"，对方接球，也是按规定的传球路线完成传球，再传给"球头"射门。直到球落地为一筹，以进球多寡定胜负。双方事前会商定一场赛事比赛若干筹，"或赛二筹，或赛三筹，先拈阄子分前后筑。众以花红、利物、酒果、鼓乐赏贺"[1]。

"山岳正赛"可能既赛"白打"，也赛"筑球"。大赛之前，齐云社给各地的球队发出通知："请知诸郡弟子，尽是湖海高朋，今年神首赛齐云，别是一番风韵。来时向前参圣，然后疏上挥名。香金留下访花人，必定气球取胜。"参赛的球队需要缴纳一定费用，叫"香金"，最后胜出者可获得奖品，叫"球彩"。"山岳正赛"也是齐云社评定全国各球队技术等级的过程，过关的球队可以获得一份认证证书，叫"名旗"，"赢者得名旗下山，输者无旗下山"。

这样的齐云社，跟今日的足球俱乐部实在没什么差别了。

---

1 汪云程：《蹴鞠图谱》，收于张廷玉等《明史》。下同。

相扑大赛

中国相扑运动的黄金时代也是宋代。相扑，又称"角抵"。宋人说，晋唐之时，有称"角抵之戏且多猥俗"者，有称"相扑下技，不足以明优劣"者；五代乱世，相扑高手"寂寞无闻，纵有其人，散投诸国乡"；"于今高手者，朝廷重之……故人多习焉"。[1]以前相扑被视为下等之技，宋时才获得官方重视。

跟蹴鞠一样，宋王朝也设有"皇家相扑手"，由"内等子"中的佼佼者充任。内等子，指御前侍卫，"隶御前忠佐军头引见司所管，元于殿步诸军选膂力者充应名额，即虎贲郎将耳。每遇拜郊、明堂大礼、四孟车驾亲飨，驾前有顶帽、鬓发蓬松、握拳左右行者是也"[2]。这些御前侍卫都是体力过人的大力士，但他们要成为皇家相扑手，还需要经过严格的选拔与训练："内等子设额一百二十名"，而选出来当正式相扑手的只有三十六人，分为上等相扑手五对、中等相扑手五对、下等相扑手八对，每三年选拔一次。

皇家相扑手的任务之一，是"遇圣节御宴大朝会，用左右军相扑，即此内等子承应"，即在皇家庆典上表演相扑比赛。如北宋"天宁节"御宴，饮到第九盏御酒时，便是"左右军相扑"表演，然后"宴退，臣僚皆簪花归私第"[3]。又如南宋接待金使宴会的节目表上，就有"相扑一十五人，于御前等子内差"[4]。杨万里诗作《正

1　调露子：《角力记》。
2　吴自牧：《梦粱录》卷二十。下同。
3　孟元老：《东京梦华录》卷之九。
4　徐松辑：《宋会要辑稿·礼四五》。

月五日以送伴借官侍宴集英殿十口号》写道："广场妙戏斗程材，未得天颜一笑开。角抵罢时还宴罢，卷班出殿戴花回。"说的也是御宴上的相扑表演。

南宋时，杭城的余杭水门外，"有水数十里，曰白洋湖"[1]，殿司诸军在此训练水战，"各呈武艺，如在平地"[2]；到了夜晚，则有"御前军头司内等子每晚演手相扑"。市民可以前往观赏，看到精彩处，富人还会打赏，"两岸居民亦有犒赏"。

民间也风行相扑之戏。东京、杭州等城市的瓦舍勾栏内，每天都有商业性的相扑表演，并涌现了一批知名的职业相扑高手。《武林旧事》《梦粱录》《繁胜录》均收录有南宋后期杭州的明星相扑手名单，我整理了一下：王侥大[3]、张侥大、董侥大、赛侥大、郑白大、张关索[4]、严关索、小关索、赛关索、武当山、撞倒山、倒提山、周板踏、铁板踏、赛板踏、曹铁凛、曹铁拳、金重旺、韩铁僧、铁稍工、严铁条、韩铜柱、宋金刚、王急快、董急快、周急快、郑三住、盖来住、赤毛朱超、杨长脚、周黑大……看名字，便可以想象这些相扑手的特点：身材魁梧、力气巨大、动作迅猛。

就如蹴鞠爱好者可以加入齐云社，相扑爱好者也有自己的团体，叫作"相扑社""角抵社"。我们前面说过，宋朝蹴鞠有全国性的"山岳正赛"，相扑界也会举办类似的全国性擂台赛，叫作"露台争交"。

那么宋人的相扑比赛有什么规则呢？唐宋以前，角抵是允许

1　耐得翁：《都城纪胜》。

2　西湖老人：《繁胜录》。下同。

3　侥，即僬侥，矮人之意。以"侥大"为名的相扑手，应该是身材矮小、粗壮之人。

4　关索，传说中骁勇善战之人。

"踢打摔拿"的，类似于摔跤＋散打；唐时，相扑废弃了踢的动作；宋时，拳术又从相扑分化出去："相扑争交，谓之角抵之戏；别有使拳，自为一家，与相扑曲折相反。"[1] 于是相扑演变成一种禁止拳打脚踢、以摔倒对方为目标的竞技游戏。这一核心规则也为后来的日本相扑所继承。

从出土的文物看，宋代相扑手的形象、着装、动作，都跟我们现在看到的日本相扑近似。其实也不奇怪，日本相扑本来就是从中国传过去的。我们先来看陕西历史博物馆收藏的一件金代相扑陶俑浮雕砖：浮雕上的那两名相扑手上身赤裸，下身穿三角短裤，紧握双拳，圆睁两眼，正是一副准备登场相争的模样。他们争交时又会是什么模样呢？恰好河南博物院收藏有一件宋代绿釉相扑俑，这件相扑俑将一对相扑手争交那一刻的状态凝固下来了：两人都是裸露上身，赤脚，头系发髻，身束腰带，胯间绷护档带，弓步俯身，一方想将对手扳倒，另一方则竭力奋争。[2]

宋代的全国性"露台争交"，既有官方主办的相扑锦标赛，也有民间组织的相扑挑战赛。南宋杭州护国寺有一个大露台，就是设来举办相扑锦标赛的，登台竞技的相扑手来自各州郡，都是各地选拔出来的好手。夺冠者可得到奖金、奖杯、锦旗："若论护国寺南高峰露台争交，须择诸道州郡膂力高强、天下无对者，方可夺其赏。如头赏者，旗帐、银杯、彩缎、锦袄、官会、马匹而已。"[3] 宋理宗景定年间，曾有一个叫韩福的温州相扑手，因为

1　耐得翁：《都城纪胜》。
2　参见邢宏玉《介绍一件宋代相扑俑》，《中原文物》1986 年第 2 期。
3　吴自牧：《梦粱录》卷二十。下同。

宋代相扑陶俑浮雕砖

宋代绿釉相扑俑

在相扑锦标赛中"胜得头赏"，"补军佐之职"。"露台争交"的冠军既然能获得官职，显然这一相扑锦标赛具有官方主办的背景。

民间组织的相扑挑战赛一般在大型庙会中举行，通常由上一届的冠军接受天下相扑好手的挑战。元朝至元十七年（1280），文人王德渊在一封寄给朋友的信上说："余幼从先大夫寓居磁州，磁有崔府君祠，岁以十月十日社，四方乐艺毕来献其能，而以角抵之戏殿。角抵中复择其勇且黠者殿，号曰首对。当时众人指在东者一人相语曰：'此人前年获胜于泰安庙下，去年获胜于曲阳庙下，今日又将胜矣。'"[1] 这一信息告诉我们，宋元时期，磁州崔府君庙、泰安东岳庙、曲阳北岳庙，都有盛大的庙会，庙会例有相扑大赛，选手来自四方。由于东岳庙会的时间为三月廿八，北岳庙会为四月初四，崔府君庙会为十月十日，时间错开，有些职业相扑手干脆巡回参加比赛，赢取丰厚的奖金。

王德渊幼年时，尚是南宋时期。他书信提到的磁州、泰安、曲阳，当时均在金国统治下，不过这些地方都是北宋的故土，当地的庙会与相扑比赛，亦是宋朝遗俗。

《水浒传》第七十四回"燕青智扑擎天柱"，也写了北宋末泰安东岳庙会的相扑挑战赛：话说有个好汉，太原府人氏，姓任名原，自号"擎天柱"，口出大言："相扑世间无对手，争交天下我为魁。"已连续两年在泰山相扑大赛中夺魁，拿了若干利物，今年又贴出招儿，"单搦天下人相扑"。梁山相扑高手燕青闻知，决定去跟任原较量较量。

三月廿八这天，东岳庙真是热闹非凡，"屋脊梁上都是看的人。

1　王德渊：《角抵说》，收于周南瑞《天下同文集》卷二十六。

朝着嘉宁殿，扎缚起山棚，棚上都是金银器皿、锦绣缎匹，门外拴着五头骏马，全副鞍辔"——这些都是奖励给相扑冠军的利物。相扑大赛拉开序幕，只见"一个年老的部署，拿着竹批，上得献台，参神已罢，便请今年相扑的对手，出马争交"。部署，是相扑社的主事，也是这次相扑大赛的主持人兼裁判；献台，即擂台。

部署先请上届相扑冠军任原上献台发表讲话。任原说："四百座军州，七千余县治，好事香官，恭敬圣帝，都助将利物来，任原两年白受了，今年敢有出来和我争利物的么？"此时，有意参赛的相扑手便可登台向任原挑战。比赛之前，双方要签署担保文书，然后，部署从"怀中取出相扑社条，读了一遍"。社条，即相扑比赛的规则。从社条的名称，可以看出东岳相扑大赛应当是相扑社主办的。最后，部署"拿着竹批，两边分付已了，叫声'看扑'"，这"露台争交"才正式开始。

《水浒传》成书于元末明初，不过小说描述东岳庙会与相扑比赛的诸多细节，都可以跟宋元时期文人的记载相印证，包括以"部署"称呼竞技主持人，也是宋人的用语习惯；明清时，"部署"通常都是用作动词，意为"布署"。因此，我们认为，《水浒传》对东岳相扑比赛的描述应该有所本，是宋元时期民间相扑活动的真实反映，而非小说家凭空虚构。

香艳女相扑

宋代相扑运动还有一个显著的特点：娱乐化。相扑不但是斗力斗智的竞技比赛，也是引人入胜的娱乐表演。宋朝的瓦舍勾栏中，出现了庞家相扑、小儿相扑、乔相扑、女子相扑等更具娱乐性的变种。显然，相扑娱乐化的趋势，跟宋代瓦舍勾栏的兴盛与市民文化的发达是息息相关的。

庋家相扑是滑稽的相扑表演。宋人语言习惯中的"庋家"，意为外行人。外行人的相扑，当然不是竞技，而是以滑稽的动作逗人一乐。小儿相扑则是由儿童来表演的相扑。乔相扑，乔即乔装之意，指表演者背负木偶，以双腿及双臂扮作两人，作互摔之状，也是以滑稽的动作吸引人。

我想细说的是女子相扑。北宋东京的瓦舍里应该就有女相扑，因为嘉祐七年（1062）正月十八日，元宵节期间，市民闹花灯，按宋朝惯例，宋仁宗出宫与民同乐，驾临宣德门城楼，"召诸色艺人，各进技艺"，其中包括女相扑表演。这些女相扑手着装性感，因为司马光后来用"妇人裸戏"相形容。[1]

诸色艺人的精彩表演结束后，宋仁宗很高兴，吩咐"赐与银绢"，犒赏艺人，女相扑手也得到赏赐："内有妇人相扑者，亦被赏赉。"皇帝此举，激怒了谏官司马光。十天后，即正月二十八日，司马光上了一道《论上元令妇人相扑状》，婉转地批评仁宗皇帝："宣德门者，国家之象魏，所以垂宪度，布号令也。今上有天子之尊，下有万民之众，后妃侍旁，命妇纵观，而使妇人裸戏于前，殆非所以隆礼法，示四方也。陛下圣德温恭，动遵仪典，而所司巧佞，妄献奇技，以污渎聪明。窃恐取讥四远。"

司马光这段话的意思是，东京宣德门是国家发布法律政令的地方，皇上在这么严肃的场合，当着皇室后妃、朝廷命妇之面，众目睽睽之下，观看"妇人裸戏"，成何体统？当然，司马光不可能直接骂皇帝"不成体统""贻笑四方"，而是说他受了"巧佞"

1　黄淮、杨士奇编：《历代名臣奏议》卷之一百九十四。下同。

之臣的误导。

因此，司马光强烈建议："若旧例所有，伏望陛下因此斥去；仍诏有司，严加禁约，令妇人不得于街市以此聚众为戏；若今次上元始预百戏之列，即乞取勘管勾臣僚，因何置在籍中，或有臣僚援引奏闻，因此宣召者，并重行谴责，庶使巧佞之臣，有所戒惧，不为导上为非礼也。"

司马光的意思是说：第一，如果元宵节在宣德门广场举行女相扑表演，是一直以来的旧例，那么请皇上将这一惯例废除。第二，请皇上诏令有司，颁布禁令，禁止民间在街市上表演女相扑节目。第三，如果并无旧例，那么请朝廷调查这一次是什么人安排了宣德门广场的女相扑表演，必须对他们"重行谴责"，以使巧佞之臣今后不敢再引诱皇上做出有违礼制的事情。

我对司马光的意见，既有赞同之处，也有不能赞同之处。在宣德门这么庄重、严肃的场合，安排身材火辣、着装清凉的女相扑手"肉搏"，让一国之君领着一帮朝廷命官命妇观赏这么粗俗、轻佻的表演，确实于礼不合，不成体统。司马光完全有理由要求皇帝与政府官员今后不得在公共场合观看有失身份的节目。

他提议查处诱导皇帝的巧佞之臣，也有一定的道理，因为这些人让君主摆脱了礼教的严格约束。毕竟，在君主制时代，君主作为道德礼仪的象征，不可以任性。在礼制上，理当严格限制君主的自由。

但是，司马光建议有司查禁市井间的女相扑，则是多管闲事了。女相扑不过是市民自发的娱乐文化，并不需要担负沉重的礼教功能，它可能有些低俗，但那是小市民的趣味所在，尊重何妨？儒家讲究"礼不下庶人"，就是不以严格的礼制要求市井小民。

司马光的《论上元令妇人相扑状》进呈御览之后，宋仁宗到底给予什么反馈，我没有查到，不过女子相扑应该未受到限制，因为南宋杭州的瓦舍勾栏内一直都有女相扑比赛："瓦市相扑者，乃路岐人（民间艺人）聚集一等伴侣，以图手之资。先以女帖（女相扑手）数对打套子，令人观睹，然后以膂力者争交。"[1]这些收费的商业性相扑表演赛，通常都以香艳的女相扑热场，招揽观众入场，然后才是男相扑手的正式竞技。

《梦粱录》和《武林旧事》还收录了杭州瓦舍好几位女相扑手的名号：韩春春、绣勒帛、锦勒帛、赛貌多、侥六娘、后辈侥、女急快、赛关索、嚣三娘、黑四姐。这些女相扑手跟男相扑手一样，"俱瓦市诸郡争胜，以为雄伟耳"，并且打响了名头。显然，宋朝政府并没有对民间的女相扑运动作出禁制。

南宋宫廷宴会的节目单中，居然也有女相扑表演，如在宋理宗寿宴上献艺的诸色艺人，有"弄傀儡：卢逢春等六人；杂手艺：姚润等九人；女厮扑：张椿等十人；筑球军：陆宝等二十四人；百戏：沈庆等六十四人；百禽鸣：胡福等二人"[2]。其中的"女厮扑"就是女子相扑。

但宋朝之后，女子相扑的娱乐表演似乎便不见踪影了。

余话

不独女子相扑消失，而且，风靡一时的相扑运动与蹴鞠运动都在宋后走向没落。这里的原因，跟官方的禁令有关。

1　吴自牧：《梦粱录》卷二十。下同。
2　周密：《武林旧事》卷第一。

元朝统治者来自蒙古草原，喜爱摔跤，也将摔跤列为军事训练的项目，但他们禁止民间练习相扑之技："诸弃本逐末、习用角抵之戏，学攻刺之术者，师弟子并杖七十七。"[1]

至元二十一年（1284），福建行省向中书省报告：近年，各路府州司县"奸民不事本业，游手逐末，甚者习学相扑，或弄枪棒。有精于其事者，各出钱帛，拜以为师。各处社长等人，恬不知禁，有司亦不究问。长此不已，风俗恣悍，狂妄之端，或自此生"[2]。中书省很快作出批示："今后军民诸色人等，如有习学相扑，或弄枪棒，许诸人首告。是实，教师及习学人并决七十七下，拜师钱物给告人充赏。两邻知而不首，减犯人罪一等。社长知情故纵，减犯人罪二等。"重申了严禁相扑之令。

皇庆二年（1313），元廷又禁止民间举办东岳庙会，因为山东东西道廉访司向朝廷报告说：由于东岳有庙会，导致"士农工商，至于走卒、相扑、俳优、娼妓之徒，不谙礼体，每至三月，多以祈福赛还口愿，废弃生理，敛聚钱物、金银、器皿、鞍马、衣服、匹缎，不以远近，四方辐凑，百万余人，连日纷闹"，不成体统。因此，刑部与礼部要求禁绝民间一切庙会。皮之不存，毛将焉附？庙会既禁，相扑大赛自然也不可能再举办。

而到了明代，蹴鞠运动又遭到朱元璋的严禁。洪武二十二年（1389），朱元璋发出榜文："在京但有军官军人学唱的，割了舌头；下棋、打双陆的，断手；蹴圆的，卸脚；作买卖的，发边远充军。"[3]

1　宋濂等：《元史》卷一百五《刑法四》。
2　《元典章》卷五十七《刑部十九》。下同。
3　顾起元：《客座赘语》卷十。下同。

蹴圆，即踢足球。军人蹴鞠，竟然要被斫掉脚。别以为皇帝是说着玩，"龙江卫指挥伏颙与本卫小旗姚晏保蹴圆，卸了右脚，全家发赴云南"。也不要以为禁令仅仅针对军人蹴鞠，面对军人被斫脚的恫吓，民间的蹴球之风也必定大为收敛。何况，明王朝对民间蹴球也是禁止的：天启五年（1625）正月，"上传旨，严禁民间举放花炮流星、击鼓踢球"[1]。

朝廷禁令之下，民间的相扑运动与蹴鞠运动不会一下子就被消灭掉，但逐渐走向衰败则是必然的趋势。再加上社会条件与社会观念的改变，比如庙会停办、瓦舍消失、社会生活以俭朴为尚，比如相扑与蹴鞠之戏被认为是不务正业的表现，所以，我们也就不必惊奇：宋时风靡天下的相扑与蹴鞠运动，为什么宋后却一蹶不振。

1　王圻：《续文献通考》卷一百十九《散乐百戏》。

南瓦邀棚北瓦过，绣巾小妓舞婆娑

——作为市政工程的瓦舍勾栏

如果我们在宋朝城市逛街，便会发现，那市井中最为热闹的所在，就是"瓦舍勾栏"了。《水浒传》里面就提到几处瓦舍勾栏：

一处在青州清风镇。清风镇是一个市镇，有三五千户人家，由于邻近三座恶山，宋政府在这里设寨屯兵，防备山寇。知寨正是花荣，一日宋江前来拜访，花荣便安排了几个体己人，每日陪着宋江"去清风镇街上，观看市井喧哗"，"那清风镇上，也有几座小勾栏并茶坊酒肆，自不必说的。当日宋江与这体己人在小勾栏里闲看了一回，又去近村寺院、道家宫观游赏一回，请去市镇上酒肆中饮酒"。[1]

另一处勾栏位于郓城县。在县衙门当巡捕步兵都头的雷横从梁山泊回到郓城，听帮闲的李小二说，近日从东京来了一个女艺人，色艺双绝，叫白秀英，如今正在郓城的勾栏里说唱表演，"每日有那一般打散，或是戏舞，或是吹弹，或是歌唱，赚得那人山

---

1 罗贯中、施耐庵：《水浒传》第三十三回。

人海价看"。[1]雷横听了，"又遇心闲，便和那李小二到勾栏里来看"，"入到里面，便去青龙头上第一位坐了"，看戏台挂出的招贴，做的是"笑乐院本"，主演便是那白秀英。

演出开始，白秀英"说了开话又唱，唱了又说，合棚价众人喝采不绝"，演到精彩处，白秀英却停了下来，托着盘子，到观众席中讨赏钱，先走到雷横面前。雷横一摸钱袋，才发现未带分文，便说："今日忘了，不曾带得些出来，明日一发赏你。"白秀英笑道："'头醋不酽二醋薄。'官人坐当其位，可出个标首。"雷横通红了面皮，道："我一时不曾带得出来，非是我舍不得。"白秀英道："官人既是来听唱，如何不记得带钱出来？"雷横道："我赏你三五两银子，也不打紧；却恨今日忘记带来。"双方争执了起来。

还有一处瓦舍勾栏是东京城内的桑家瓦子。一年元宵节，"东京年例，大张灯火，庆赏元宵"[2]，燕青、李逵等人换了衣巾，扮成客商的模样，潜入东京城看花灯，先投桑家瓦子而来。"来到瓦子前，听得勾栏内锣响，李逵定要入去，燕青只得和他挨在人丛里，听的上面说平话，正说《三国志》，说到关云长刮骨疗毒"。李逵听得兴起，在人丛中高叫道："这个正是好男子！"众人失惊，都看李逵，燕青慌忙拦道："李大哥，你怎地好村！勾栏瓦舍，如何这等大惊小怪！"李逵道："说到这里，不由人喝采！"燕青拖了李逵便走。

1　罗贯中、施耐庵：《水浒传》第五十回。下同。

2　罗贯中、施耐庵：《水浒传》第一百一十回。下同。

市民娱乐中心

《水浒传》里出现的瓦舍，又称瓦子、瓦市、瓦肆，或者干脆简称"瓦"，是宋时遍布天下的市民娱乐中心。

瓦舍之内通常设有酒肆、茶坊、食店、摊铺、勾栏、看棚，勾栏是商业性演出的舞台，每天都会表演杂剧、滑稽戏（类似于后世的小品）、说书、说诨话（类似于后世的相声）、歌舞、傀儡戏（木偶戏）、皮影戏、七圣法（魔术）、踢弄（杂技）、蹴鞠、相扑等节目。燕青与李逵在东京桑家瓦子看到的节目，是说书；雷横在郓城勾栏里准备看的节目是"院本"杂剧（但尚未开演，雷横已跟艺人白秀英闹了矛盾）。黄庭坚的诗作《题前定录赠李伯牖》说："万般尽被鬼神戏，看取人间傀儡棚。烦恼自无安脚处，从他鼓笛弄浮生。"内容就是勾栏戏棚里表演的傀儡戏，诗人看了精彩的演出，忘却了烦恼。

有人说，勾栏不就指妓院吗？其实，以勾栏指称妓院是明代之后的说法，如晚清王韬《海陬冶游录》写道："绣云，一字琴仙，吴之吴趋坊人。少有殊色，九岁鬻于勾栏。房老爱之，不啻拱璧。十五梳拢，艳名噪一时。"[1]此处"勾栏"即指青楼。但在宋朝时，勾栏并无妓院之含义，而是指文娱演出的场所。

至于宋朝人为什么要将市民娱乐中心叫成"瓦舍"，恐怕宋人自己也说不清楚。南宋耐得翁的《都城纪胜》与吴自牧的《梦粱录》都认为，"瓦舍者，谓其'来时瓦合，去时瓦解'之义，

---

1 王韬：《海陬冶游录》卷中。

易聚易散也。不知起于何时"[1]。但所谓"来时瓦合，去时瓦解"的瓦市，更像是集市，而不像是城市娱乐中心。如宋人王栐的《燕翼诒谋录》称："东京相国寺乃瓦市也，僧房散处，而中庭两庑可容万人，凡商旅交易，皆萃其中，四方趋京师以货物求售、转售他物者，必由于此。"[2] 这里的瓦市，便是"来时瓦合，去时瓦解"的集市。

近世又有学者考据说，"瓦舍""勾栏"均出自佛教经书，瓦舍原指僧房，勾栏原指"夜摩天王"享受音乐的建筑物。从曲艺发展的历史看，唐代的戏场几乎都依附于寺庙，如宋人钱易《南部新书》说："长安戏场多集于慈恩（寺），小者在青龙，其次荐福、永寿。"[3] 到宋代时，市井中才出现了专供艺人表演的固定场所，由于传统戏场与寺庙的关系密切，人们借用"瓦舍勾栏"来称呼专门表演百戏杂技歌舞的建筑，也是顺理成章的事情。

有一点我们可以确定：瓦舍勾栏在宋朝城市的分布极广，几乎每一个城市都会有若干处供市民娱乐的瓦舍勾栏。

北宋末的东京城内，有桑家瓦子、中瓦、里瓦、朱家桥瓦子、新门瓦子、保康门瓦子、州北瓦子、州西瓦子等瓦舍，以位于东角楼街的桑家瓦子、中瓦、里瓦最大。这三大瓦舍中，有大大小小五十余座勾栏，以及数十个看棚，其中"中瓦子莲花棚、牡丹棚，里瓦子夜叉棚、象棚最大，可容数千人"[4]，现代城市的剧场、体育馆，容量也不过于此吧。各瓦舍勾栏天天都有演出，游人"终

1　吴自牧：《梦梁录》卷十九。

2　王栐：《燕翼诒谋录》卷二。

3　钱易：《南部新书》第五卷。

4　孟元老：《东京梦华录》卷之二。下同。

日居此，不觉抵暮"，"不以风雨寒暑，诸棚看人，日日如是"。[1]

南宋时候，临安城内外的瓦舍多达二十几处，有南瓦、中瓦、大瓦、北瓦、蒲桥瓦、便门瓦、候潮门瓦、小堰门瓦、新门瓦、荐桥门瓦、菜市门瓦、钱湖门瓦、赤山瓦、行春桥瓦、北郭瓦、米市桥瓦、旧瓦、嘉会门瓦、北关门瓦、艮山门瓦、羊坊桥瓦、王家桥瓦、龙山瓦等。其中北瓦最大，里面"有勾栏一十三座"[2]。又有独立的勾栏甚多，城外还有专演夜场的瓦舍。杭州市民"深冬冷月无社火看，却于瓦市消遣"。

其他城市当然也有瓦舍勾栏。查《嘉定镇江志》《嘉泰吴兴志》《宝庆会稽续志》《开庆四明续志》《景定建康志》，可知南宋之时，镇江府、湖州、绍兴府、庆元府、建康府均设有瓦舍勾栏。

又据宋人沈平《乌青记》，嘉兴府乌青镇有南北两个瓦舍，北瓦在瓦子巷，系"妓馆、戏剧上紧之处"；南瓦在波斯巷，"有八仙店，技艺优于他处"，"楼八间，周遭栏楯，夜点红纱栀子灯，鼓乐歌笑至三更乃罢"。[3] 南北瓦舍之外，乌青镇善利桥西南，还有"楼二十余所，可循环走，中构台，百技斗于上"，实际上也是瓦舍。

秀州华亭县青龙镇（上海的前身）在宋时已经是一个繁华的市镇，有三十六坊，人口繁多，海商云集，"往来通快，物货兴盛"[4]，镇上也设有瓦舍勾栏，位于平康坊。据明代正德年间修的《松江府志》，"平康坊，中亭桥西，有瓦市在焉"。《水浒传》中小小的

1　孟元老：《东京梦华录》卷之五。

2　西湖老人：《繁胜录》。下同。

3　董世宁：《乌青镇志》。下同。

4　徐松辑：《宋会要辑稿·职官四四》。

郓城县与清风镇都有"几座小勾栏"，倒也符合史实。

瓦舍勾栏之外，亦有娱乐演出，宋人称为"打野呵"："或有路岐，不入勾栏，只在耍闹宽阔之处做场者，谓之'打野呵'。"[1]南宋杭州的皇城司马道、执政府墙下空地、殿司教场等宽阔场所，都是民间艺人"打野呵"的地方："执政府墙下空地，诸色路岐人，在此作场，尤内骈阗（热闹）。又皇城司马道亦然。候潮门外殿司教场，夏日亦有绝伎作场。其他街市，如此空隙地段，多有作场之人。如大瓦肉市、炭桥药市、橘园亭书房、城东菜市、城北米市。"[2]

正是："南瓦邀棚北瓦过，绣巾小妓舞婆娑。游人不尽香尘拥，箫鼓开场打野呵。"[3]

许多年之后，这些城市的瓦舍勾栏都消失了，但还是在地方志留下了一点点历史印迹。比如明嘉靖年间的《建安府志》载，建安府城有"勾栏巷"；清乾隆年间的《江都县志》载，扬州有"南瓦巷""北瓦巷"；光绪年间的《永嘉县志》载，温州有"瓦子巷"。这些地名都是宋时遗留。

勾栏的演出与艺人

由于史料对瓦舍勾栏的记载很简略，我们现在对宋代瓦舍勾栏的具体运作知之甚少。不过，有一首题目叫《庄家不识勾栏》

1　周密：《武林旧事》卷第六。

2　耐得翁：《都城纪胜》。

3　沈嘉辙等：《南宋杂事诗》卷一。

的元曲，透露了宋元时期勾栏演出的一些生动细节。《庄家不识勾栏》的作者杜善夫，是一位生活在金元之际的文人，他创作的这篇套曲，一般认为是反映了元代杂剧表演的情景，但据研究宋史的河南大学程民生教授考证，《庄家不识勾栏》描述的实际上是金代末期开封的勾栏。[1] 开封曾为北宋东京，落入金人之手后，民间的曲艺传承应该不受王旗变换影响。因此，从元曲《庄家不识勾栏》中，我们可以一窥宋代瓦舍勾栏演出的大体情况。[2]

《庄家不识勾栏》讲了一个生活在农村的"庄家"（庄稼人），有一回因为风调雨顺，桑蚕五谷丰收，官府又"无甚差科"，便"来到城中买些纸火"，准备带回乡下酬谢神恩。所谓"纸火"，就是祭神用的蜡烛纸钱之类的东西。

经过闹市街头时，这个庄稼人看到一个熙熙攘攘的地方，"吊个花碌碌纸榜"，大门口站着一个伙计，高声叫"请、请"，又吆喝道："迟来的满了无处停坐。""前截儿院本《调风月》，背后么末敷演刘耍和。""赶散易得，难得的妆哈。"

原来，这里便是开封城内的一处瓦舍勾栏。那个花花绿绿的纸榜，是勾栏挂出的彩纸招贴，即预告当日演出节目的海报。那天，勾栏上演的节目是两部杂剧，前半场演《调风月》，后半场是刘耍和主演的另一部杂剧。刘耍和是生活在金元年间的开封著名艺人，在当时演艺圈中名头很响，所以勾栏才打出"敷演刘耍和"的广告词，换成现在的说法，大概就是"主演刘德华"的意思。

1　参见程民生《〈庄家不识勾栏〉创作年代与地点新考》，《中州学刊》2017 年第 1 期。
2　以下关于《庄家不识勾栏》的引文均出自杜善夫作套曲《般涉调·耍孩儿》，见徐征编《全元曲》。

勾栏打出的广告词还有"赶散易得，难得的妆哈"，又是什么意思？"赶散"是指不入瓦舍勾栏表演的草台班子，宋人称其为"赶趁人""路歧人"，称其表演为"打野呵"。他们的名气、技艺当然比不上勾栏里的专业艺人。"妆哈"则是指刘耍和这样的名角演出。广告词的意思是说：大腕登台献演，机会难得，走过路过，千万不要错过。

在演出之前，张贴招子，大做广告，或宣传大牌的艺人，或预告即将演出的节目，是宋代勾栏商演的惯常做法。乾道年间，临安人吕德卿与朋友出城观看南郊祭天大礼，"四人同出嘉会门外，茶肆中坐，见幅纸用绯贴尾云：今晚讲说《汉书》"。[1]这个"绯贴"大概就是附近某家勾栏在此茶肆贴出的广告。今天我们在山西洪洞县广胜寺，还可以看到一幅绘于元代的杂剧壁画，画的正是宋元时期杂剧表演的情形，图中有一细节——戏台上方挂出一幅帐额，上面写着一行大字："大行散乐忠都秀在此作场"，这也是广告词，换成现在的说法，便是"专业戏曲名角'忠都秀'来此献演"的意思。

说回《庄家不识勾栏》，那庄稼人经受不住勾栏广告的诱惑，想入勾栏看热闹，勾栏"要了二百钱放过咱"，这二百钱就是门票。以南宋时的物价，200 文钱可以在酒楼吃上一顿好的，宋高宗每餐也不过"吃得一二百钱物"[2]。所以按常理，勾栏的门票不大可能这么贵。程民生教授认为，二百钱应该是金朝的"宝券"，即纸钞。金国纸钞常贬值，"金朝末年 200 文纸币的入场费，大

1 田汝成：《西湖游览志余》卷二十五。
2 胡铨：《澹庵文集》卷二。

山西洪洞县广胜寺元代杂剧壁画

约仅值数文铜钱而已，这才是普通民众可以承受的娱乐价格"[1]。

庄稼人交过钱，入了勾栏，"入得门上个木坡，见层层叠叠团圝坐。抬头觑是个钟楼模样，往下觑却是人旋窝"。这段描述透露了勾栏内部是阶梯式结构，观众席外高内低，呈半圆形盆状，站在高处往下看，密密麻麻的观众如同"人旋窝"；舞台高大宏伟，看起来如"钟楼模样"。显然，这处勾栏是一个大型剧场。

庄稼人看了前半场的节目《调风月》，被精彩的表演逗得"大笑呵呵"，但后半场由名角刘耍和主演的压轴戏却未能看到，因为他"被一胞尿爆的我没奈何"，尿急了，想要"刚捱刚忍更待看些几个"，到底还是未能忍住，只好跑出勾栏撒尿去，那个狼狈的样子，还遭到身边的观众嘲笑："枉被这驴颓笑杀我。"

从《庄家不识勾栏》套曲，我们可以知道，宋元时期的勾栏，通常是一个封闭式的剧场，实行门票制，观众入内看演出要先掏钱购票，大门口有收门票的剧场工作人员。不过，《水浒传》中雷横观看表演的例子又说明，宋代还有一类实行赏钱制的勾栏，入场不需要交费，但在演出开始后，艺人会走到观众席"讨赏钱"，徐渭《南词叙录》的记载也可佐证："宋人凡勾栏未出，一老者先出，夸说大意，以求赏。"我是这么判断的：实行赏钱制的，应该是小型勾栏；实行门票制的，则是大型勾栏。

到勾栏看演出尽管需要掏钱，但勾栏里的节目应该对得起你掏出来的钱，否则，不大可能让人"终日居此，不觉抵暮"。勾栏还常常邀请诸如刘耍和那样的大腕前来表演。孟元老《东京梦华录》收录有一份北宋崇宁—大观年间"在京瓦肆伎艺"的明星

1　程民生：《〈庄家不识勾栏〉创作年代与地点新考》。

名单：[1]

小唱：李师师、徐婆惜、封宜奴、孙三四等；

嘌唱弟子：张七七、王京奴、左小四、安娘、毛团等；

杖头傀儡戏：任小三（任小三每天只在五更天演一回傀儡戏，去得晚了便看不到）；

悬丝傀儡戏：张金线、李外宁；

药发傀儡戏：张臻妙、温奴哥、真个强、没勃脐、小掉刀；

绳索类杂技：浑身眼、李宗正、张哥；

球杖类杂技：孙宽、孙十五、曾无党、高恕、李孝详；

说书（讲史）：李慥、杨中立、张十一、徐明、赵世亨、贾九；

说书（讲小说）：王颜喜、盖中宝、刘名广；

散乐（杂戏）：张真奴；

舞旋（舞蹈）：杨望京；

相扑与武术：董十五、赵七、曹保义、朱婆儿、没困驼、风僧哥、俎六姐；

影戏：丁仪、瘦吉等；

弄虫蚁：刘百禽；

说诨话：张山人；

杂剧散段：刘乔、河北子、帛遂、吴牛儿、达眼五、重明乔、骆驼儿、李敦等。

1　关于艺人名单，参见孟元老《东京梦华录》卷之五。

上述诸人，都是北宋末京师演艺圈的大腕，入驻瓦舍勾栏的名角。《东京梦华录》中还有几位名噪一时的艺人，未被收入"在京瓦肆伎艺"名单，比如丁仙现、丁都赛，都是在宫廷表演御前杂剧的名角，也常到瓦舍勾栏"走穴"。丁仙现表演滑稽戏时，每每拿宰相王安石开涮，嘲笑新法，"肆其诮难，辄有为人笑传"，弄得王安石十分不堪，"然无如之何也"。[1] 丁都赛则是宋徽宗时代的一名女艺人，河南偃师宋墓曾出土一块宋代杂剧人物雕砖，砖面雕刻的杂剧人物便是丁都赛，现收藏于中国历史博物馆。

周密《武林旧事》、耐得翁《都城纪胜》、吴自牧《梦粱录》、西湖老人《繁胜录》收录的南宋杭州瓦舍勾栏"诸色伎艺人"名单就更长了，限于篇幅，我这里就不抄下来了。读者诸君如果有兴趣，可以去找来看看。

勾栏只是娱乐演出的剧场，瓦舍的范围显然要大得多，除了勾栏，瓦舍内还有酒肆茶坊、赌坊店铺、饮食馆子、卖卦摊子。不妨这么说，若干座勾栏加上周边服务业，便构成了一个瓦舍，有点像今日都市的大型娱乐城。总而言之，瓦舍里，吃喝玩乐，全都有。

瓦舍是不是市政工程?

现在我们已经知道了，宋代的瓦舍勾栏，乃是设立于城市、供市民娱乐的商业性设施。不过最值得我们留意的地方，还不是瓦舍勾栏的市民性、娱乐性与商业性，而是——瓦舍勾栏很可能

1　蔡绦:《铁围山丛谈》卷第三。

宋代伶人丁都赛画像砖

是宋朝政府的一项市政工程。

我曾在微博上说出这一论断:"在宋代,建造瓦舍勾栏作为一项市政工程,纳入政府主导的城建工作,目的是给市民提供文化娱乐的场所与设施。"但很快就受到一些质疑,认为"瓦舍勾栏是市政工程"一论缺乏材料支撑。

我查了一下"市政工程"的定义,觉得自己的理解并没有错:市政工程指城市政府修建的、给市民提供有偿或无偿公共产品和服务的建筑物、构筑物、设备等。根据我们掌握的材料,我敢断言,至少南宋都城的一部分瓦舍勾栏是完全合乎"市政工程"定义的。

这一史料来自南宋潜说友的《咸淳临安志》"瓦子"条——"故老云:当绍兴和议后,杨和王为殿前都指挥使,以军士多西北人,故于诸军寨左右营创瓦舍,召集伎乐,以为暇日娱戏之地。其后,修内司又于城中建五瓦,以处游艺。今其屋在城外者,多隶殿前司,城中者隶修内司"[1]。《武林旧事》也载,"瓦子勾栏,城内隶修内司,城外隶殿前司"[2]。

《咸淳临安志》与《武林旧事》的记述非常简单,却透露了一条很重要的历史信息:南宋杭州的一部分瓦舍是政府出资兴建的,并被列为城市公共设施加以管理。

一般来说,位于杭州城外的瓦舍隶属于"殿前司"(宋朝的军事机构),修建的初衷是给驻城的士兵及其家属提供一个"召集伎乐"的娱乐场所。宋人所说的"召集伎乐",可不是我们理解的"召妓",而是指歌伎歌舞弹唱。当然这些瓦舍也并非供士

1　潜说友:《咸淳临安志》卷十九。
2　周密:《武林旧事》卷第六。

兵独享，市民显然也可以到那里玩耍、游乐。

位于城内的瓦舍则隶属于"修内司"（宋朝的城建机构），建造的目的是供士庶"以处游艺"，是城市民政工程的组成部分。南宋后期杭州市民嬉游之风极盛，以致后来，"贵家子弟郎君，因此荡游（瓦舍勾栏），破坏（民风）尤甚于汴都也"[1]。

还有一条史料也可以表明瓦舍为宋朝的市政工程——《东京梦华录》卷之五"京瓦伎艺"载，"崇、观以来，在京瓦肆伎艺，张廷叟、孟子书主张"。有研究者考证，孟子书为北宋末的乐官，"主张"乃主管之意。[2]也就是说，宋廷任命了专门的乐官来管理东京的"瓦肆伎艺"。

为满足市民的文化娱乐之需，政府出资、出面在城市修建一批娱乐中心，并且由官方委派乐官管理，如果这不是市政工程，那什么才算市政工程呢？

至于其他州县、市镇的瓦舍勾栏是不是地方政府所建造，眼下我们还未找到有说服力的史料证据。不过，按常理推断，宋代几乎每一个城市都有瓦舍勾栏这样的市民娱乐设施，这不大可能完全由民间自发完成，应该离不开地方政府的支持。

瓦舍勾栏是宋代特有的城市文化建制。元代时，瓦舍勾栏犹存，但入明之后，瓦舍勾栏作为一种城市建制，已经销声匿迹，城市中不再有瓦舍勾栏。文学史的研究者发现，冯梦龙整理的"三言"，里面多处提到了"瓦舍勾栏"，这是因为，"三言"乃是据宋元话本整理而来，保留着宋元社会的信息；而在凌濛初的"二拍"

1　吴自牧：《梦粱录》卷十九。
2　参见廖奔《中国古代剧场史》，中州古籍出版社，1997。

中，却无一处提及"瓦舍"，因为"二拍"是明代文人创作的拟话本，而明人对于"瓦舍"已经非常陌生了，"勾栏"也从商演场所变成了妓院的别称。

瓦舍勾栏消失的原因，一方面是改朝换代之际、兵荒马乱之时，大部分瓦舍勾栏毁于战乱；另一方面是朱元璋建立明王朝后，严厉限制市民娱乐，导致城市娱乐业迅速衰落，要等到中晚明时才恢复繁华，但瓦舍勾栏的建制则再未复活。

这里有一点值得我们特别留意：宋朝君主与明太祖朱元璋在对待"民欲"方面存在着巨大的差别。

宋朝历代君主都比较注意"从民欲"，尊重庶民娱乐享受的需求，如宋仁宗在迩英阁收藏了十三轴御书，上面写着自己需要时刻谨记的事项，其中第二十三项便是"从民欲"。我们举个例子，旧时元宵节，实为民间的一场大狂欢，嘉祐七年的元宵节，因上一年发生了水灾，司马光等谏官"乞罢上元观灯"，但宋仁宗却跟往年一样，"御宣德门观灯"，他跟大臣解释说："此因岁时与万姓同乐尔，非朕独肆游观也。"[1] 仁宗此举，是在向天下百姓表明一个态度：元宵节的狂欢是正当的，朕与民同乐。

从宋人笔记《北窗炙輠录》记录的一件小事，也可以看出宋仁宗对于民间享乐的态度："一夜，（仁宗）在宫中闻丝竹歌笑之声，问曰：'此何处作乐？'宫人曰：'此民间酒楼作乐处。'宫人因曰：'官家且听，外间如此快活，都不似我宫中如此冷冷落落也。'仁宗曰：'汝知否？因我如此冷落，故得渠如此快活。我若为渠，

1　李焘：《续资治通鉴长编》卷一百九十六。

渠便冷落矣。'"[1] 仁宗皇帝认为，官家不可纵情享乐，却应该为民间享乐创造机会。

网上有一句贫嘴的话："娱乐八卦是人民群众不可侵犯的权利。"宋朝人当然不会这么说，但他们显然也明白：娱乐亦民之欲也，为市民建造瓦舍勾栏便是"从民之欲"的表现。

明太祖朱元璋的态度却正好与宋代君主相反，更倾向于将民众的声色享受当成一种不务正业的罪恶。这一观念在其注《道德经》时表露无遗："有德之君，绝奇巧，却异财，而远声色，则民不争浮华之利，奇巧无所施其工，皆罢虚务而敦实业，不数年淳风大作，此老子云愚民之本意也。"[2]

基于这样的治国理念，朱元璋热衷于节制、控制、压制"民欲"。立国之初，他便颁下圣旨："在京但有军官军人学唱的，割了舌头；下棋、打双陆的，断手；蹴圆的，卸脚；作买卖的，发边远充军。"不要以为朱皇帝严禁娱乐的禁令只针对军官军人，他还在京师"造逍遥楼，见人博弈者、养禽鸟者、游手游食者，拘于楼上，使之'逍遥'，尽皆饿死"。民间的"丝竹歌笑"也被列入法禁的范围："元时，人多恒舞酣歌，不事生产。明太祖于中街立高楼，令卒侦望其上，闻有弦管饮博者，即缚至，倒悬楼上，饮水三日而死。"饮酒当然也受限制："国初严驭，夜无群饮，村无宵行，凡饮会口语细故，辄流戍。"为堵塞民间造酒之源，朱元璋还曾"令农民今岁无得种糯（稻）"。甚至，坊间刺青之人，若被发现也要发配充军："国

1　施德操：《北窗炙輠录》卷下。
2　朱元璋：《大明太祖高皇帝御注道德真经》。

初有为雕青事发充军者"，于是"禁例严重，自此无敢犯者"。[1]

如此严苛的管制之下，哪里还有瓦舍勾栏的立足之地？

我讲瓦舍勾栏的兴衰，是希望读者诸君能理解宋代文明的独特魅力之一：基于"从民欲"的理念，宋朝政府懂得将满足市民娱乐之需纳入市政建设的公共工程。这是我们在汉唐明清历史中很难看到的景象。

1　顾起元：《客座赘语》卷十；周晖：《金陵琐事》卷三；李光地：《榕村语录》卷二十二；谈迁：《国榷》卷五；顾炎武：《日知录之余》卷二；陆容：《菽园杂记》卷十。

殿前将军猛如虎，救得汾阳令公府

——大宋消防队

　　假设我们在晚清上海租界漫步，走到中央巡捕房或者虹口捕房的地方，会看到街道边耸立着高高的钟楼，"顶悬大钟，高耸似塔架，分五层，以梯盘旋而上"[1]。这是租界工部局火政处设置的火警瞭望台，上面有消防员值日瞭望，当发现租界内哪处房屋着火时，马上敲响瞭望台上的火警钟，指示消防员赶紧出动救火。在晚清城市，这可是新鲜的消防设施，1870 年代初（同治年间）才始见于上海租界。当时有竹枝词云："救火全凭瞭望台，警钟一响敢迟回。头戴铜帽车行快，路上行人尽避开。"

　　但是，如果我们来到宋代的都城或者其他大城市（比如广西静江府），会发现类似的消防设备耸立于城内外，形同高塔。宋人将这一城市消防设施叫作"望火楼"。楼上同样有消防员轮值瞭望，一旦发现火情，立即发出警报。换言之，晚清西洋人设立于租界的城市消防设施，在宋朝城市其实很常见。

　　你可能会说，晚清上海租界内的火警瞭望台，不仅仅是一座

1　葛元煦：《沪游杂记》卷一《火警钟》。

建筑物,背后还有一支近代化的消防队,宋朝也有城市消防队吗?

答案是,有的。世界第一支专业化的公共消防队,就出现在宋代。这不是我个人的论断,白寿彝先生主编的《中国通史》便认为:北宋开封的消防组织,"是世界城市史上最早的专业消防队";而南宋杭州的消防组织,更是"当时世界上所有城市中最完善的,已与近代城市的消防组织相类似"。[1]

不信? 我们先到宋朝的东京开封府看看。

开封的消防组织

走上东京开封的大街小巷,每隔三百步许(宋制,一步约合五尺),我们都会看到一间铺屋,这叫"军巡铺",每间军巡铺都有五名铺兵,他们的职责是"夜间巡警",即巡逻街巷,察看有无盗贼与烟火。

城内外的高处,又有"砖砌望火楼,楼上有人卓望"[2]。根据《营造法式》提出的建筑标准,望火楼由砖石结构的台基、四根巨木柱与顶端的望亭三个构件组成,台基高十尺,木柱高三十尺,望亭高约八尺,整座望火楼高达四十八尺左右,接近 16 米(按一宋尺约等于 0.32 米计算)。放在 1000 年前,这是非常高的建筑物了。站在望火楼上,视野应该非常开阔,远近房屋若冒出烟火,都能看得清清楚楚。

望火楼下,"有官屋数间,屯驻军兵百余人,及有救火家事,

1 白寿彝主编:《中国通史》第七卷,上海人民出版社,1999。
2 孟元老:《东京梦华录》卷之三。下同。

谓如大小桶、洒子、麻搭、斧锯、梯子、火叉、大索、铁猫儿之类"。宋人所说的"救火家事"，即消防器材。大小桶是储水桶；洒子是汲水的器皿；麻搭是灭火工具，"以八尺杆系散麻二斤，蘸泥浆，皆以麾火"[1]；梯子、大索、铁猫儿，大概都是用于攀登的工具；斧锯则是紧急情况下用来破拆的用具，相当于今天的消防斧。

此外，宋朝的城市消防还使用到一些在当时很先进的器材，包括——

水袋："以马牛杂畜皮浑脱为袋，贮水三四石。以大竹一丈，去节，缚于袋口。若火焚楼棚，则以壮士三五人持袋口向火麾水注之"；水囊："以猪牛胞盛水"，扑火时，"以囊掷火中"，是一种可投掷的灭火器；唧筒："用长竹，下开窍，以絮裹水杆，自窍唧水"，大概是最早的消防泵；云梯："以大木为床，下施大轮，上立二梯，各长二丈余，中施转轴"，可用于高层建筑的救火。[2]

这些消防器械当然不可与现代化的机器相提并论，但考虑到它们出现在 800 年前，就不能不赞叹其先进。

驻扎在望火楼下官屋的"军兵百余人"，则是专业的消防官兵，他们又被称为"潜火兵"。[3] 他们是职业军人，平日需要接受专业训练，因此身手敏捷。望火楼上的瞭望消防兵一旦发现哪处起火，就会马上发出警报，"则有马军奔报"主管城市消防的领导，潜火兵即刻出动，以专业技能汲水扑火。因为有了专业的消防队，开封府发生的火灾，通常"不劳百姓"救火。

1　曾公亮等：《武经总要·前集》卷十二。

2　曾公亮等：《武经总要·前集》卷十。

3　孟元老：《东京梦华录》卷之三。下同。

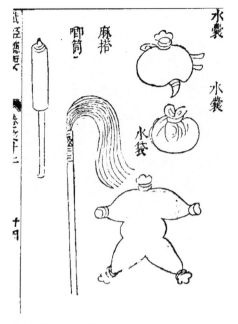

宋《武经总要》中的消防设备

　　在宋代之前，城市并无专业的消防组织（农村就更不用说了），失火了，很大程度上依赖民间的自救。国家也立法强制规定了臣民救火的义务，《唐律疏议》说："诸见火起，应告不告，应救不救，减失火罪二等。"见失火不施救的人，将按罪刑比失火之人减二等的标准作出处罚。

　　《宋刑统》抄自《唐律疏议》，也有一模一样的"诸见火起"条款，但我们知道，《宋刑统》的不少条款，跟宋朝社会生活是脱节的，在司法过程中往往也存而不论。"诸见火起"条款正是如此，因为北宋前期，政府曾要求，京师公私廨宇失火，邻近之人不得擅自救火，必须等候专业消防队前来扑救。这一立法，原是为了防止有人浑水摸鱼、趁火打劫，进入失火现场盗窃公私财物；此外，也是因为有专业的公共消防队可以信赖。

到了天圣九年（1031），宋仁宗听闻"都辇闾巷有延燔者，火始起，虽邻伍不敢救，第俟巡警者至，以故焚燔滋多"，遂修订法令："京城救火，若巡检军校未至前，听集邻众赴救。因缘为盗者奏裁，当行极断。"[1] 不过，所谓"听集邻众赴救"，乃是指民众"可以自行救火"，而非"必须动手救火"。而从《东京梦华录》的记载来看，东京"每遇有遗火去处"，都是由"军厢主马步军、殿前三衙、开封府各领军级扑灭，不劳百姓"。

从规定臣民救火之义务，到"不劳百姓"，这是城市公共治理的一大进步。

杭州的消防组织

南宋的行在临安府，"城郭广阔，户口繁伙，民居屋宇高森，接栋连檐，寸尺无空，巷陌壅塞，街道狭小，不堪其行，多为风烛之患"[2]。而且，宋朝时城市夜禁制度已经松弛、消亡，夜市繁华，"夜饮无禁，童婢酣倦，烛烬乱抛"[3]，也特别容易引发火灾。绍兴二年（1132）五月，杭城一场大火，"被毁者一万三千余家"，迁居杭州的东京人袁褧带着母亲与妻子"出避湖上"，才得免葬身于火海。绍兴六年（1136）十二月，杭州又有大火，一万余家被烧。

当时许多人都在议论：杭州之所以频频被火，是因为宋室南

1　徐松辑：《宋会要辑稿·刑法二》。

2　吴自牧：《梦粱录》卷十。

3　田汝成：《西湖游览志余》卷二十五。

迁，改年号为"建炎"。但袁褧说，这是无稽之谈，因为周显德五年（958）四月，杭州城南也发生特大火灾，延烧一万九千余家。袁褧认为，火患频仍的根本原因是，"临安扑救视汴都为疏，东京每坊三百步有军巡铺，又于高处有望火楼，上有人探望，下屯军百人及水桶、洒帚、钩锯、斧杈、梯索之类，每遇生发，扑救须臾便灭"[1]。相比之东京开封，杭州的消防设施太简陋了。

这是南宋初的情况。其时南宋朝廷刚刚在杭州立足，前线硝烟未息，杭城百废待兴，宋政府还顾不上城市消防。不过，到了嘉定至淳祐时期，杭州已建立起比昔日开封更为发达的城市消防体系。开封街巷是每隔三百余步置一间军巡铺，杭州则是"官府坊巷，近二百余步，置一军巡铺，以兵卒三五人为一铺，遇夜巡警地方盗贼烟火"[2]。

杭州官府既"以潜火为重"，又先后在"诸坊界置立防隅官屋，屯驻军兵"。防隅官屋又称"火隅"，类似于现在的消防中队。官屋内屯驻的军兵，是专职的潜火兵。到淳祐九年（1249），杭州城内外的火隅已有十二个之多，分别是：东隅，在都税院侧；西隅，在临安府铁作院侧；南隅，在杭城太岁庙下；北隅，在潘阆巷；上隅，在大瓦子三真君庙侧；中隅，在下中沙巷；下隅，在棚后；新隅，在朝天门里；府隅，在左院墙下；新南隅，在候潮门里；新北隅，在余杭门里；新上隅，在侍郎桥。[3]之后，又增设了西南隅、南上隅、城西隅、城北上隅、东北下隅、钱塘隅、新西隅、海内

1　袁褧：《枫窗小牍》卷下。
2　吴自牧：《梦粱录》卷十。下同。
3　参见施谔《淳祐临安志》卷六。

隅、外沙隅、城东隅、茶槽隅。[1] 总共有 23 个火隅，每隅屯驻潜火兵 102 员，23 个火隅共置消防官兵 2346 名。

由钱塘、仁和二县管辖的杭州城内四壁，也驻扎有潜火兵，其中东壁、西壁、南壁编制各 500 人，北壁为 300 人，共 1800 人。那么城外呢？杭州官府认为，"城外居民繁盛，防虞之事亦岂容略？"[2] 因此，也在城外布置了四壁潜火兵，每壁"各选军兵三百人，总计一千二百人"。

此外，杭州又设立"潜火七队"，归临安府直接统率。潜火七队分别为水军队、搭材队、亲兵队与帐前四队。其中水军队配备潜火兵 206 人，搭材队 118 人，亲兵队 202 人，帐前四队共有 350 人。他们重点负责全城的消防任务，相当于今天的消防总队。从其名字可以判断，南宋消防队的分工已经非常明确，有专门负责"搭材"的队伍，有专门负责"喷水"的队伍。

还有一支由 300 名殿前司精兵组成的潜火队，"专充救火使唤"[3]，也归临安府统辖，这是当时最精锐的特种消防兵，估计关键时刻才派遣上火场。绍定四年（1231），杭州又发生大火，"九庙俱毁"[4]，权相史弥远的宅第却幸存未毁，因为有殿前司特种消防兵尽力救扑。南宋诗人洪舜俞事后写了一首《吴都城火》诗规讽史弥远："殿前将军猛如虎，救得汾阳令公府。祖宗神灵飞上天，痛哉九庙成焦土。"诗中的"令公府"指史弥远府第，"殿前将军"即殿前司特种消防兵。可见殿前司精兵在火场上确实身手不凡。

1　参见吴自牧《梦粱录》卷十。
2　施谔：《淳祐临安志》卷六。下同。
3　徐松辑：《宋会要辑稿·瑞异二》。
4　韦居安：《梅磵诗话》卷中。下同。

这么算下来，杭州二十三个火隅、城内四壁、城外四壁，加上潜火七队、殿前司特种消防兵，共有潜火兵超过 6500 名。消防队伍不可谓不庞大。

各个火隅还配备有各种防虞器具，如"桶索旗号、斧锯灯笼、火背心等器具，俱是官司给支官钱措置，一一俱备"[1]。这些消防器材全部由财政拨款购置、保养，宋朝立法规定，"仍以官钱量置救火器具，官为收掌，有损阙，即时增修"[2]。

火隅又附设有望火楼：其中东隅的望火楼在柴垛桥都税务南；西隅望火楼在白龟池；南隅望火楼在吴山至德观后；北隅望火楼在潘阆巷内；上隅望火楼在大瓦子后三真君庙前；中隅望火楼在下中沙巷蜡局桥东堍；下隅望火楼在修文坊内；府隅望火楼在府治侧左院墙边；新隅望火楼在长庆坊；新南隅望火楼在候潮门里东；新北隅望火楼在余杭门里；新上隅望火楼在侍郎桥东皮场庙侧；西南隅望火楼在寿域坊仁王寺前；南上隅望火楼在丽正门侧，与仪鸾司相对；城西隅望火楼在钱湖门外的清化桥；城北上隅望火楼在北郭税务桥；东北下隅望火楼在北新桥北；钱塘隅望火楼在水磨头放生亭后；新西隅望火楼在九里松曲院路口；海内隅望火楼在浙江亭南油局；外沙隅望火楼在候潮门外外沙巡司；城东隅望火楼在新门外城东巡司；茶槽隅望火楼在东青门外茶槽巡司。[3]

因此，如果我们走在南宋杭州大街上，走着走着便可以看见

---

1 吴自牧：《梦粱录》卷十。

2 谢深甫监修：《庆元条法事类》卷第八十。

3 参见吴自牧《梦粱录》卷十。

南宋《西湖清趣图》中的杭州城望火楼

一座望火楼。

望火楼上，当然有探火兵"朝夕轮差，兵卒卓望"[1]。一旦发现城内外哪处冒烟，立即发出信号，指示楼下潜火兵飞驰救火，"不劳百姓余力，便可扑灭"。由于消防设施渐次建立、完善，火灾频发的杭州"自是十来年间（淳祐年间），民始安堵"[2]，火患总算消停了十多年。

完备的消防制度

宋朝的城市公共消防，发展至南宋后期时，不但设施齐全、组织发达，而且形成了一套非常完备的消防作业制度，这一点更令人赞叹。为什么这么说呢？请允许我卖个关子，先转过头来看看晚清上海租界的消防制度。

前面我们说过，1870 年代初，上海租界工部局火政处才始设火警瞭望台，瞭望台上有消防瞭望员，有火警钟，"遇火警先撞乱钟数十下，稍停，再以钟之声数分地段。如美界，一声一停；英界在大马路北，二声一停；大马路南，三声一停；法界四声一停"[3]。火政处将整片租界划成美租界、英租界北区、英租界南区、法租界四个消防区，并以钟声的频次来表示失火的区域，美租界失火的报警钟声是"当，当，当……"，英租界北区失火的警报是"当当，当当，当当……"，英租界南区则是"当当当，当当当……"，

1　吴自牧：《梦粱录》卷十。下同。

2　施谔：《淳祐临安志》卷六。

3　葛元煦：《沪游杂记》卷一。

法租界的失火警报是"当当当当，当当当当……"。当时有竹枝词这么描述："乱钟初敲莫慌张，几下分清按地方。但愿听来非本界，尽堪高卧不提防。"

在高音喇叭、对讲机等电子设备得到应用之前，敲钟报火警，并以不同的敲钟频率表示不同的方位，指令救火队员迅速出动，确实是"脑洞大开"，而且效果似乎也不错，"几下分清按地方""各处水龙闻声赴救，颇称迅速"。[1] 但这一火警报警机制是上海租界发明的吗？不是。宋人早已这么做了。

前面我们已经说了，南宋杭州的望火楼上，日夜都有探火兵瞭望，一发现"有烟处"，即发出火警信号："以其帜指其方向为号，夜则易以灯。若朝天门内，以旗者三；朝天门外，以旗者二；城外以旗者一；则夜间以灯如旗分三等也。"[2] 你看，宋政府也是将杭城内外划成几个防火警报区，并进行编码，比如朝天门内的区域代码是三，朝天门外的区域代码是二，城外的区域代码是一，消防警报拉响后，消防官兵根据望火楼挂出的旗帜（或灯笼）数目，便可立即判断出失火的大体方位。

救火的责任，也分解成若干个消防责任区，"俾各任责"[3]。具体点说，各个火隅各自负责本隅地界的灭火，火警出现后，"如是本隅地界，不候指挥使，即部领隅兵前去救扑；如是别隅地界，本将办集隅兵听候临安府节制司关唤，方许出寨"。杭州城外区域广阔，火隅又不如城内密集，为了及时出警，宋政府也将城外

1　葛元煦：《沪游杂记》卷一。
2　吴自牧：《梦粱录》卷十。
3　施谔：《淳祐临安志》卷六。下同。

细分为几个消防责任区，制成"地分图本"，"遇有城外居民不测遗漏，可就城外近便军寨各认地分，差人前去救扑"。[1]

不要以为分区的消防作业很简单，很容易办。晚清上海华界也先后设立了"水社""水龙会""救火社"等民间救火团体，"城厢内有救火社三十九处之多"，然而，这些救火团体各自为政，群龙无首，"平时既不联络，临警麇集一隅，争地争水喧嚷不已，视其燎原勿顾焉，只苦我百姓矣"。[2]这是民间自治小团体的短处：溃散，缺乏一个中枢，难以统一协调。

直至光绪三十三年（1907），才有绅商出面，将上海华界各个民间救火会联合起来，成立了"上海内地城厢内外救火联合会"，统一指挥华界的公共消防。救火联合会的首任会长叫李平书，上海绅商，他决定借鉴租界经验，在华界建造一座高高的火警钟楼，这样，便可及时发现整个上海县城的火情，召集救火队员前往救火。宣统二年(1910)火警钟楼落成，"高十丈五尺八寸(约 35 米)，分作六层，每层相距百级，设小平台三，大平台一。第四层悬警钟，纯用响铜制成，高三十九寸，下口六十寸，重量四千八百磅，鸣时响彻云表，声达数里外"[3]。

火警钟楼的报警机制也是效法租界，将上海华界划分成五个消防区，以不同钟声次数代表不同消防区："大东门内起至西门内止，钟鸣一；大东门内起至西门内止，钟鸣二；十六铺起至董家渡止，钟鸣三；董家渡起至南火车站止，钟鸣四；自放生局起

1　徐松辑：《宋会要辑稿·瑞异二》。

2　[日] 小洪正子：《近代上海的公共性与国家》，葛涛译，上海古籍出版社，2003。

3　薛理勇：《旧上海租界史话》，上海社会科学院出版社，2002。

至法租界止，钟鸣五。"[1] 此外，"城厢内外，凡遇火警，除鸣钟报警外，于钟楼上日间用旗、夜间用灯，仍按照报警各地段鸣钟数目，自一至五分别悬挂。""日间用旗、夜间用灯"的做法，与南宋杭州的火警报警机制十分相似。

与宋代城市公共消防不同的是，修建这座火警钟楼的资金，全部来自救火联合会的募捐。会长李平书曾向上海县衙申请经费，知县田宝荣答复说："本县田大令照会救火联合会文云，查建筑火警钟楼事关消防，系保卫闾阎起见，苟有款项自应拨济。惟目下经济困难，公款奇拙，再四筹划实无可拨之款。先由敝县先行垫捐洋一百元以资凑用。明知杯水车薪无济于事，然现在财政支拙当为贵会所共谅，所望阖邑挚诚绅商资助，以期集腋成裘。"[2] 田知县的意思是，建火警钟楼，事关市政，政府没有理由不支持，但财政实在掏不出钱来，很抱歉，请贵会自己想办法，我以个人名义先捐一百大洋。

不独火警钟楼是绅商筹资建造的，事实上，晚清上海华界的整个公共消防，基本上都是由绅商和商团组织、运作。在近代消防体系的建设过程中，上海道台衙门、知县衙门几乎无所作为，仿佛置身事外。而在宋朝，民间当然也出现了防火与救火组织，如"水铺""冷铺""潜火义社"之类，但最重要的城市公共消防体系，则是宋政府建立起来的，政府修建了望火楼，成立了专业的潜火队，由财政购置、保养消防器具。宋政府与清政府的城市治理理念与治理能力，可谓大相径庭。

1　《救火会钟楼报警地段》，《申报》1910 年 11 月 17 日。下同。

2　见《申报》1910 年 3 月 19 日刊载文章。

从公共性的角度来说，晚清上海救火队显然不如宋朝潜火队。

城厢内外救火联合会成立之前，上海华界的救火会都是小型民间组织，扑救范围有限，且各自为政，公共性未免大打折扣。租界的救火队呢？他们把救护重心放在租界，对华界发生的火灾往往袖手不问，光绪十九年九月初十（1893 年 10 月 19 日），上海机器织布局发生大火灾，局总请租界火政处派救火队施救，火政处竟不同意，理由是织布局在租界之外。灾后《申报》发评论问：“西人咸存幸灾乐祸之心，断不肯出而救护。嘻！是诚何心哉？”[1]

若是在宋朝，消防官兵见火不救，则为犯法，将受军法处置：“遇有救扑，百司官吏，俱整队伍（潜火兵），急行奔驰驻扎遗漏地方，听行调遣，不劳百姓余力，便可扑灭……或火势侵及官舍戚里之家，及煴烬畏威有伤百姓屋庐，内庭累令天使驭马，传宣诸司帅臣，速令将佐兵士扑灭，毋致违慢，如有违误，定行军法治之。”[2]

再从专业性的角度来看，晚清上海救火队的专业化程度也是远远不及宋朝的潜火队。

前面说过，上海华界的“水社”“水龙会”“救火社”均是民间自发成立的业余消防队，成员是否具备救火的专业知识与技能很值得怀疑；租界尽管由工部局设立火政处统辖各个救火队，但早期的救火队也是业余性质的，由华洋市民志愿参加，不领薪水，因此又称“义勇救火队”，队员平日各有职业，听到钟楼发出的火警之后才临时换上制服、戴上头盔，赶赴失火现场。

1　参见《申报》1893 年 10 月 20—24 日对该次火灾的系列报道与评论。

2　吴自牧：《梦粱录》卷十。

而宋朝的潜火队，那可是专职的消防官兵，他们的职业就是救火，日常要接受专业训练，未接火警时驻扎于各个火隅，接到火警则出动扑火，消防作业的专业化程度也相当高。

首先，正如前面我们所介绍，政府统一编制火警的警报信号，通过望火楼打出的信号便可大致判断失火区域；救火"分定地分"，何处失火，由何处潜火队出动救扑，一清二楚；其他地分的潜火队则整装待命。

其次，潜火队赶往现场救火时，依法享有一些特权，比如路遇高官，可不必避路让道，"诸应避路者，遇有急切事，谓救火之类，不容久待者，许横绝驰过"[1]。在古代，路上相遇，有民让官、贱让贵先行之礼，但潜火队可不受这一礼制约束。

再次，到达救火现场后，潜火兵必须"一并听号令救扑，并力扑灭，支给犒赏；若不竭力，定依军法治罪"[2]。

最后，在救火过程中，如果有潜火兵受伤，将由政府负责治疗并给予奖赏，"若救火军卒重伤者，所司差官相视伤处，支给犒赏，差医诊治"。

还有一个细节特别有意思：如果失火地点附近没有水井、池塘、河流，潜火队需要"水行人"协助。"水行"是宋朝的一个工商行会，经营商品水，拥有专业的运水装备与人力组织，所以在宋朝的火灾现场常常也可以看到"水行人"为潜火队运水。这些水，政府要掏钱购买，不能免费征用，《梦粱录》说得很清楚：发生了火灾，"官舍钱买水浇灭"。

1　谢深甫监修：《庆元条法事类》卷第八十。
2　吴自牧：《梦粱录》卷十。下同。

说到这里，我们似乎可以得出一个结论：就消防设施与技术手段而言，显然是晚清上海的更为先进。比如宋代的望火楼，高只有 16 米左右，晚清上海华界的火警钟楼高达 35 米；宋代的灭火器具是大小水桶、洒子、水袋、唧筒、云梯，晚清上海的救火队则用上了手摇救火车、蒸汽救火车、破拆车、水龙带、水枪等。但是，从消防的专业性与制度化角度来看，则南宋杭州的消防系统胜于晚清上海，哪怕晚清之时历史的车轮已驶入近代，哪怕彼时沪上享有"火政之善甲于全国"的美誉。

为什么在宋代的杭州会出现如此完备的公共消防体系与制度？我们当然可以说，因为南宋时杭州频繁发生火患，因为宋朝皇宫与中央政府机构设在杭州。这些说法都有道理。不过我想提出一个更深刻的原因——宋朝时的城市格局正好遇上了历史性变迁：坊市制解体，夜禁制松弛，城市越来越庞大，市民越来越密集，原来整齐划一的民居建筑与市民生活不复再见，城市治理的新挑战（包括频发的火灾）摆在政府面前，而宋政府又是积极、有为的"大政府"，着手建立一套完备的城市消防制度，就如顺水推舟、临渊结网。

如果将宋朝城市消防制度放在中国历史长河中来看，我们更是可以确认这一论断，因为晚明与晚清政府面对的城市格局与宋时相似，但我们未闻明清政府如同宋政府那样积极地去构建完备的城市公共消防体系。

余话

宋朝是不是只有东京开封与临安杭州才建立了专业的公共消防队呢？当然不是。

乾道七年（1171），建康府修建了一千间官屋，拨给马军司、"亲随衙兵及潜火官兵吏舍、库局等使用"[1]；淳祐十二年（1252），建康府又设潜火局，"买火资创造水筒，及各厢砌缸停水"[2]。可见南宋建康府是设有公共消防机构的。

绍熙年间，袁甫出任徽州知州，他在一份呈报朝廷的报告中说："本州从来多有火灾，虽间出于意虑之所不及，然由人事有所未尽。臣自到官以来，首以是为急务，严保甲、图籍，则择防虞官正副八人，皆乡之所推重者总之；修四隅火备，则官多置器用，且令各自为备，而日命兵隅官察之；置潜火军卒，则籍定姓名，每旬番上，且给官钱犒之。"[3] 州政府设了"防虞官"（其职为防火）与"潜火军卒"（其职为灭火），都是专职的消防员。

《嘉泰会稽志》载，"潜火队在府衙西"。显然，绍兴府也设有潜火队。今日广西桂林鹦鹉山的石壁上，还保留着一幅南宋咸淳年间镌刻的"静江府城图"，图中便画出一座望火楼。按宋朝惯例，静江府建有望火楼，应该就设有防隅官屋，屯驻有探火兵与潜火兵。总而言之，我们有证据认为，南宋时，至少有一部分州郡建立了公共消防队。

除了政府设置的专业消防机构，宋朝还有两套系统也发挥了公共消防的作用。一套系统是设于城厢、市镇与乡村的基层行政组织。比如南宋杭州城厢的厢官，"分治烟火、贼盗公事"[4]；又如

---

1 徐松辑：《宋会要辑稿·兵六》。

2 《金陵志》，收于《永乐大典》卷之一万九千七百八十一。

3 黄淮、杨士奇编：《历代名臣奏议》卷之一百九。

4 周淙：《乾道临安志》卷二。

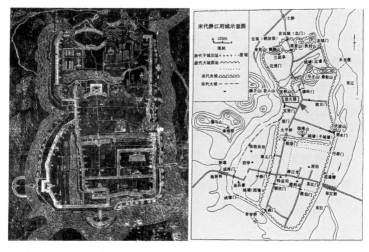

左图为南宋《静江府城池图》石刻，上面绘有静江府城的一座望火楼。右图是根据石刻图绘制的宋代静江府城示意图，选自苏洪济、何英德《〈静江府城图〉与宋代桂林城》

镇官,除了掌市镇商税,还"兼本镇烟火公事"[1];再如农村的保正,亦有"管干乡村盗贼、斗殴、烟火、桥道公事"[2]之责。

　　另一套系统是民间设立的街道防火组织,比如福建延平府设有"潜火义社",因为"不出于官,故以义名"[3],在宋代,但凡以"义"字冠名的组织,基本上都是民间成立的公益组织,如义约、义役、义庄。延平府的"潜火义社"是郡中士绅倡议成立的,义社有募捐而来的资金,购置了消防器械,在城中设立了东隅、西隅、中隅、北隅四个巡警点。义社还选举出社首,制定了规约,加入义社的

1　梁克家:《淳熙三山志》卷第十九。

2　徐松辑:《宋会要辑稿·食货六五》。

3　黄仲昭:《八闽通志》卷之六十一。下同。

有工匠、丁壮，"皆听命于社首"。平日义社会举办赛神会之类的联谊活动，碰上火警，则"彼此相应，不号召而集，不顷刻而至，不争功，不邀赏"。

宋朝之后，由政府积极组建专业消防队的公共消防制度，差不多中断了；基层行政组织兼辖烟火公事、民间防火组织这两套系统，则延续了下来。

元朝初年，杭州城诸桥之上，还设有巡察火警的哨所，"若见一家发火，则击梆警告，由是其他诸桥之守夜人奔赴火场救火"[1]，这应该是南宋"军巡铺"的遗存，但宋朝整套完备的消防制度已经不存在了。

明朝设有"火甲"，因为带有一个"火"字，今人以为那是专业的消防队。其实不是。"火甲"虽然有防火之责，"凡官民房舍火起，不分地方，各司督领弓兵、火甲人等，俱持器具救火"，但"火甲"实际上是按照里甲复制出来的劳役，若干户编为一甲，甲中人户轮值应役，巡更守宿，防贼防火，"凡地方或有盗贼生发，即督领弓兵、火甲人等擒捕"。[2]这属于基层行政组织兼理防火，而不是专业、专职的公共消防机构。

清代京师设有"火班"，"火班"的官兵，"俱系八旗各自酌量派委，所以有六十名、七十名不等之处"[3]，总体规模四五百人，"夜间遇有传集之事……火班处附近居住之官员兵丁，即令齐集该火班之大臣处，呈递名牌，听其指示遵行"[4]，"自设立火班以来，

1 ［意］马可·波罗：《马可波罗行纪》，冯承钧译，上海书店出版社，2001。
2 李东阳等：《大明会典》卷之二百二十五。
3 《世宗宪皇帝上谕八旗》卷十二。
4 《世宗宪皇帝上谕八旗》卷五。

凡遇救火之事，并无迟误"[1]。听起来似乎跟宋朝的潜火队差不多。但清朝"火班"只服务于皇城、皇宫的防火与灭火，与市民生活没有关系，所以我们只好说"火班"略有专业性，却无公共性，不是城市公共消防组织。

不过，清代有一些城市确实出现了专业化的公共消防队，叫"救火兵丁"。比如杭州，康熙年间，浙江巡抚赵士麟从绿营兵中"选定救火兵二百名"，又要求浙江藩司从各差役内选出三十人，臬司选出二十人，杭府厅选出四十人，仁和、塘钱二县各出三十人，组成一支救火队，每人发"号褂一件，上书衙门姓名，以示别也。某某执长柄铁铙钩，某某执钜缆绳索，某某执榔斧。平居逢朔旦，各衙门点验，一旦火发闻风"，则"令各着号衣"，前往救火。[2] 这个救火队，倒是有点南宋杭州潜火队的模样。但不管从组织规模（总共不过 350 人），还是从出警机制来看，都不可跟宋时同日而语。

在清明时期得到极大发展的消防组织，其实只有民间的防火团体，我们前面提到的晚清上海的"水龙会""救火社"，继承的便是宋代"潜火义社"的传统。除了上海，晚清时的广州、福州、长沙、汉口、成都等城市，都冒出了多个"水龙会""救火会"。这些城市的消防组织的发展，有一个明显的共同特点：都是从先行一步的洋人或租界得到启示，都是由当地绅商主持消防队的组建与运作，而地方官府基本上都是一副"不关我事"的态度。

宋后，政府公共职能的退化真让人吃惊。

1　《世宗宪皇帝上谕八旗》卷十二。
2　赵吉士：《寄园寄所寄》卷一。

安得广厦千万间，大庇天下寒士俱欢颜

——史上最大规模的城市公共租赁房

如果我们行走在北宋的东京开封，或者南宋的行在临安，即便我们是见多识广的现代人，也会惊叹宋朝都城的超大规模。《东京梦华录》这样描述东京之大："其阔略大量，天下无之也。以其人烟浩穰，添十数万众不加多，减之不觉少。"每一日，从东京城郊赶进城内屠宰的生猪，即有万头之多。算一算，一个城市有多少人，才需要每日消费万头猪？少说也有一百万人吧？研究宋朝人口的学者们相信，北宋后期，开封的城市人口已经超过了140万。

南宋临安之繁盛，可能还要超过北宋时的东京开封。《梦粱录》说，"杭州人烟稠密，城内外不下数十万户，百十万口"；临安"户口蕃息，近百万余家"。有学者推算，如果计入郊区的人口，临安府的"高峰（期）人口是 250 万"[1]。如此庞大的城市规模，后来元明清时期的城市均无法超越。而在与宋朝同时期的西欧大城市，如著名的伦敦、巴黎、威尼斯，人口不过 10 万。

---

1 赵冈：《中国城市发展史论集》，新星出版社，2006。

　　如果从人口密度看，今天许多国际大都市更是要自叹不如。据经济史学者包伟民先生的估算，北宋后期，汴京开封的人口密度为12000—13000人／平方公里（单位下同）；南宋淳祐年间，临安府市区内的人口密度约为21000，咸淳年间甚至可能达到35000。[1] 这是什么概念？今天香港、深圳、上海的人口密度都在7000以下，日本东京的人口密度约为15000，纽约为11000，首尔为16000。换言之，宋代特大城市的人口密度居然超过了不少今天的国际大都市。

　　一个城市人口密度如此之大，必定是寸土寸金，房价高不可攀，用宋人的话来说，"重城之中，双阙之下，尺地寸土，与金同价……非勋戚世家，居无隙地"[2]。北宋前期，汴京的一套豪宅少说也要上万贯，一户普通人家的住房叫价1300贯；而到了北宋末，京师豪宅的价格更是狂涨至数十万贯，以购买力折算成人民币，少说也得5000万元以上。

　　别说市井细民无力购房，就连宰相级别的高官，有时也只能租房居住，朱熹考证说："且如祖宗朝，百官都无屋住，虽宰执亦是赁屋。"[3] 不要以为朱熹是南宋人，对北宋京师不熟悉，生活在北宋前期的韩琦也说："自来政府臣僚，在京僦官舍私宇居止，比比皆是。"[4] 有些薪俸较低的中下层官员，由于每月都要交房租，还成了"月光族"，比如有一位叫章伯镇的京官就发过牢骚，称"任京有两般日月：望月初，请料钱，觉日月长；到月终，供房钱，

1　参见包伟民《宋代城市研究》，中华书局，2014。
2　王禹偁：《小畜集》卷十六《李氏园亭记》。
3　黎靖德编：《朱子语类》卷第一百二十七。
4　韩琦：《安阳集》卷三十五《辞避赐第》。

觉日月短"[1]。可以这么说，上至朝中高官，下至市井细民，都不乏租房客。因此，开封府的房屋自住率显得比较低。

从世界范围的经验来看，一个城市的规模越大，经济越繁荣，人口流动越频繁，那么这个城市的房屋自住率也会越低，租住率则相应提高。比如，据美国国家人口普查局发布的 2019 年官方普查数据，美国居民的房屋自有率为 65.1%，纽约市区的则为50.4%。那么宋朝东京的自住率是多少呢？据历史学者杨师群估计，"北宋东京城内外，约有半数以上人户是租屋居住的。其中从一般官员到贫苦市民，各阶层人士都有"[2]。换言之，汴京居民的房屋自有率才 50%，这个水平跟今日美国纽约的房屋自有率差不多。这也从侧面反映了宋代东京的繁盛。

如果我们生活在北宋东京，作为外来人口，想在京城购买一套房子，确实非常困难。不过，在京城租房却甚是容易，因为京城的房屋租赁市场十分发达：满大街都是房地产中介，叫作"庄宅牙人"；"富家巨室，竞造房廊，赁金日增"[3]，放盘招租的房屋很多；宋政府也向市场投放了大批公共租赁房，并成立一个叫"店宅务"的机构来管理公屋。

租金低廉

店宅务，北宋初称"楼店务"，太平兴国年间更名"店宅务"，

1　江休复：《江邻几杂志》卷上。
2　杨师群：《东京店宅务：北宋官营房地产业》，《史林》1991 年第 1 期。
3　赵彦卫：《云麓漫钞》卷四。

南宋时又恢复"楼店务"之称。宋朝的京城及各州县均设有店宅务，"掌官屋、邸店计直、出僦及修造、缮完"，即负责政府公屋的建造、维修、租赁及管理。南宋临安府的楼店务，"额管三百人"；明州有楼店务地，"计二万九千九百三十丈二尺五寸"；苏州的楼店务租金收入，一年多达"五万四千二百贯有奇"。[1]

若论规模最大者，无疑当属北宋京师店宅务、南宋临安楼店务。北宋京师店宅务分左右厢，天禧元年（1017），左右厢店宅务名下共有 23300 间公租房；天圣三年（1025），公屋数目增加到 26100 间；熙宁十年（1077），店宅务辖下的公屋有 14626 间，别墅有 164 所，空地有 654 段。如果以东京常住人口 20 万户（100 万人）、每户需要住房一间计算（古人说的一间房，不是指一个房间，而是指一开间），京师店宅务管理的公租房可以供应大约 10% 的东京人口居住。

这么多公屋是从哪里来的？主要有几个来源：（1）宋政府在官地上建造的；（2）政府出资购买的；（3）罪犯被充公的房产；（4）商民举借官债未能偿还而被没收的抵押物业；（5）户绝入官的房产。这些物业都被纳入店宅务管辖，用于出租。

那么店宅务公屋的租金高不高呢？恰好《宋会要辑稿》收录有几份左右厢店宅务公屋数目及租金收入总额的数据，所以不难计算出北宋京城的公租房的租金水平。

天禧元年，汴京左右厢店宅务名下共有 23300 间公租房，当年共收到租金 140093 贯，平均每间房的年租金约 6 贯，月租金

---

1 徐松辑：《宋会要辑稿·食货五五》；周淙：《乾道临安志》卷二；梅应发等：《开庆四明续志》卷第七；王鏊：《姑苏志》卷十五。

为 500 文钱。天圣三年，京城店宅务辖下的公租房为 26100 间，当年的租金收入为 134629 贯，平均每间房屋的年租金 5 贯多一点，月租为 400 多文钱。大中祥符五年（1012），左厢店宅务收钱 88757 贯，右厢店宅务民钱 54792 贯，合计 143549 贯，未知当年左右厢店宅务辖有多少间公屋，但显然应该在 23300—26100 间之间，我们按 25000 间计算，平均每间年租金约 5.7 贯，月租不足 500 文钱。大中祥符七年（1014），"诏店宅务年纳课利十四万一百九十七贯并送内藏"[1]，这年店宅务的房钱收入为 140197 贯，还是按 25000 间公屋算，平均每间年租金 5.6 贯，月租 460 文。

大中祥符八年（1015）的一道减租法令也透露了店宅务公屋的租金水平并不高："市中延燔官舍，其修盖讫移居者，免僦居二十日。应僦官舍居赋直十五钱者，每正（元旦）、至（冬至）、寒食，免三日之直。"当时，由于店宅务有一批公屋发生了火灾，朝廷决定，凡房屋被烧、需要搬迁整修的人家，可以安排在政府公屋免费居住二十天；凡租住店宅务公屋、日租金 15 文钱以下的贫困住户，逢正、至、寒食节，可免收三日房租。日租 15 文钱，月租即 450 文，跟我们上面的计算结果差不多。

所以，我们基本可以确定，北宋前期，京师店宅务辖下公屋，平均月租金当在 500 文钱左右。[2] 请注意，这是京师公租房月租金的平均值，实际上，店宅务放租的房屋各个档次的都有，既有

1　徐松辑：《宋会要辑稿·食货五五》。下同。

2　程民生在《宋代物价研究》中将开封店宅务公屋的赁钱算为"每间每天平均164文"，赁价相当昂贵，但这应该是程先生的计算出错了。

北宋张择端《清明上河图》中的东京民居

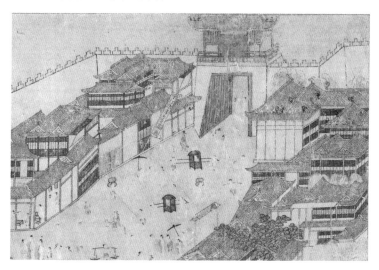

南宋《西湖清趣图》中的杭州民居

寻常平房，也有比较高档的宅子，还有一些简陋的破屋。面向高收入阶层的高档公屋，月租肯定不止 500 文钱；而简陋的公屋，一般来说，只有低收入者才会租住，月租应该在 500 文以下。天圣年间，一位臣僚说，"旧例，（店宅务）于本地内破得屋一间，日掠十钱者，月计四百"[1]。可见陋屋的月租才 400 文钱。

四五百文钱的月租金水平，放在 11 世纪的东京开封府，究竟是高了还是低了？不妨跟当时开封府的私人房产租赁价格相比较。大中祥符年间，"卫国长公主尝请市比邻张氏舍，以广其居……及询张氏，但云日僦钱五百，方所仰给"[2]。张氏的宅第每日租金为 500 文，月租即为 15 贯。元祐年间，御史中丞胡宗愈租住"周氏居第，每月僦直一十八千"[3]，月租 18 贯。可见汴京的高档住宅月租金当在十几二十贯上下。

而一般的住宅赁价，每月少说也要几贯钱。皇祐年间，苏颂担任大理寺丞、馆阁校勘，"月俸共十七千，赁宅、养马已费三之一"[4]，十七贯钱的三分之一即五六贯，当时养一匹马的费用大约每月两贯钱[5]，扣除养马成本，住房月租金需要三四贯钱。而店宅务的月均租金才四五百文钱，可谓低廉，其中月租 400 文左右的那部分房屋，实际上就是廉租房。

对于汴京的中低收入市民来说，每个月四五百文钱的房租

1 徐松辑：《宋会要辑稿·食货五五》。
2 李焘：《续资治通鉴长编》卷七十八。
3 李焘：《续资治通鉴长编》卷四百十五。
4 苏象先：《丞相魏公谭训》卷第六。
5 关于养马的费用，按李焘《续资治通鉴长编》卷二百六十二记载，"官养一马，以中价率之，岁为钱二十二千"。

又是否承受得起？这得参照他们的收入水平与当时的生活消费成本。根据多份宋代日工价样本以及程民生教授的研究，宋朝的一名中下层市民，不管是在官私手工业当雇工，还是给富贵人家当佣人，抑或是在城市摆个地摊做小生意，日收入基本上都在100—300文钱之间。[1]而当时维持一名成年人基本温饱的日开支，大约是20文钱。每日15文钱上下的住房开支，相当于每天吃饭的费用，大致是市井细民日收入的十分之一，绝不算高。

因此，生活在东京的中下层市民家庭，如果家中有一名劳动力每日能赚200文钱，或者家中有两名劳动力，每人每日赚100文钱，那么在刨掉衣食方面的必要开支之后，每月四五百文的房租，还是支付得起的。如果家庭日收入不足100文，则温饱堪忧，属于需要政府救济的不能自存者。

其他优恤

除了租金低廉，店宅务公屋的租户还可以享受宋政府提供的一些优恤：

其一，宋政府会不定期宣布减免房租，通常是在遇上灾害天气的时候，如大中祥符四年（1011）九月，因阴雨连绵，宋真宗诏："京城民僦官舍者，免其直三日。"次年正月，又"以雪寒，店宅务赁屋者，免僦钱三日"。宣和七年（1126），宋徽宗诏："在京官私房钱并减二分。"地方店宅务的房租也会减免，宋英宗时，朝廷诏："州县长吏遇大雨雪，蠲僦舍钱三日，岁毋过九日，著

1　参见程民生在《宋代物价研究》第七章中收录的宋朝劳动力价格。

为令。"南宋亦时会减免公屋租金，如淳熙八年（1181）闰三月，"减在京及诸路房廊钱什之三。德寿宫（指宋高宗）所减，月以南库钱贴进"。[1]

其二，宋政府禁止店宅务随意增加公屋的租金。景德年间，"有司言，京师民僦官舍，居人获利多而输官少，乞增所输，许夺赁。若人重迁，必自增其数"[2]。店宅务向朝廷报告说，京城市民租赁公屋，由于所纳租金低廉，导致店宅务收入过少。故请求政府批准提高赁价，如果住户不同意增租，店宅务有权中止跟他们的租赁合约。这样，住户如果嫌搬家太麻烦，必会同意增加租金。但宋真宗拒绝了店宅务的这一请求："岂不太刻耶？先帝屡常止绝，其申戒之。"

大中祥符三年（1010），朝廷干脆立下一条法令："在京店宅，自今止以元额为定，不得辄增数划夺。违者，罪在官吏。"[3]设立定额租金，禁止店宅务提高房租，固然是出于恤民之心，但这种静态的管理方式有其弊端，那就是随着经济的发展、物价的上涨，公屋的管理与养护成本会增加，房租却维持不变，店宅务便会缺乏足够的资金维修公屋。因此，到了宋仁宗天圣年间，由于"店宅务积年亏少课利"，以致"失陷舍屋"，无力修葺，宋政府又决定对"侵占官地、修盖屋舍、收掠房钱"的形势户增收房租。

其三，租住公屋的贫困户，还可以享受节日放免房租的优恤。

1　李焘：《续资治通鉴长编》卷七十六；徐松辑：《宋会要辑稿·食货五五》；徐松辑：《宋会要辑稿·职官二七》；脱脱等：《宋史》卷一百七十八《食货上六》；脱脱等：《宋史》卷三十五《孝宗三》。

2　曾巩：《隆平集》卷三。下同。

3　徐松辑：《宋会要辑稿·食货五五》。下同。

大中祥符七年二月，宋真宗下诏："贫民住官舍者，遇冬、正、寒食，免僦直三日。"[1] 次年又诏："应僦官舍居，赋直十五钱者，每正、至、寒食免三日之直。"[2] 这里的"官舍"，即店宅务经营的公共租赁房。天圣年间，店宅务提高房租，但对廉租房住户，则"虑其中有贫民供纳不易，宜特与免添长"。

其四，开封市民租住店宅务公屋，房租从签约生效的第六日起算，前五日免租金，作为给住户搬家、收拾物件的期限："每人户赁屋，免五日，为修移之限，以第六日起掠。"我觉得这是很人性化的规定。

其五，若是公屋需要拆迁，租户还可以获得若干"搬家钱"，补偿标准是同批拆迁私屋业主的一半。同时，政府划拨另一块官地，再修建公租房，供原租户继续租住："赁房廊舍，候将来盖造，仍依原间数拨赁。"[3]

制度完备

宋代负责管理公租房的店宅务，有点像今天的物业公司。京师的左右厢店宅务，先隶三司，元丰改制后改隶太府寺，设有"监官四人、专副四人、勾当官二人"[4]，相当于总经理、副总经理、执行经理；另有"掠房钱亲事官"各四五十名，相当于业务经理，负责招租、收租；又有"修造指挥"（维修工）各五百人。

---

1 高承：《事物纪原》卷一。
2 徐松辑：《宋会要辑稿·食货五五》。下同。
3 徐松辑：《宋会要辑稿·方域二》。
4 徐松辑：《宋会要辑稿·食货五五》。下同。

店宅务有执勤制度，每晚必须安排一名负责人在务值班："店宅务监官、专典（专副）并番宿本务。"凡尚未租出去的空屋，每天都派专人看守，并由"掠房钱亲事官"贴出"赁贴子"（招租广告），召人承赁。开封府负责监督店宅务对公屋的维护，大中祥符年间的一道诏令提出："店宅务空闲屋舍，令开封府每月差职员点检，无得纵人损坏。"

店宅务的账目管理也非常周密、严格。天圣五年（1027），"勾当店宅务"朱昌符提议在店宅务中推行一套极详尽的账簿管理："本务全少簿历拘管官物，以致作弊，有失关防。近创置簿历拘辖，甚得齐整。虑久远不切从禀，别致隳坏，乞传宣下务，常切遵守。"获批准。按照这一簿历制度，店宅务每日需要登记的账簿多达二十八种，包括旧管入库簿、月纳簿、退赁簿、赁簿、欠钱簿、纳钱历、场子历、亲事官历、卯历、宿历（值日表）、减价簿、辍借物簿、出入物料簿、欠官物簿、新旧界倒塌屋簿等。管理之细，即使在今天看来，也足以让人惊叹。

由于店宅务公屋的租金低于市场价，具有廉租房的性质，显然会激励一部分人租赁公屋，再转租他人，当起"二房东"。这是不允许的。因此，宋政府对租赁店宅务公屋的市民设置有资格审查程序。店宅务的管理者、工作人员是不准承租本务公屋的，"应监官、典押公文人员、作匠之类，若在京应管辖两务去处人吏，并不得承赁官宅、舍屋、地段，违者各杖一百"[1]。这么规定自然是为了防范店宅务营私舞弊。

在京城拥有房产的市民，也不得承租汴京店宅务的公屋。凡

1　李焘：《续资治通鉴长编》卷五百十一。

租赁公屋，必须是自家居住，不得转租给他人；租户若购买了房屋，必须退还店宅务公屋："应宣借舍屋，须的是正身居止，如已有产业，却将转赁，委店宅务常切觉察，收管入官。自今悉如此例。"[1] 为防止出现"二房东"，宋政府要求，凡租住店宅务公屋的住户，都需要填写"赁历"；退赁之时，"令监官躬往检覆"，又"令先纳旧历，方得起移"。

另外，店宅务公屋的租户是否可以自行改建房屋、租户添修的那部分建筑物产权归谁，这些细节性的问题宋政府亦有立法加以规范。如景德二年（1005）的一道法令称，"店宅务舍屋欹垫人户欲备材添修者，须约退赁时润官不折动，即委监官相度，如不亏官，亦听"。大中祥符三年的一道法令说，"赁官屋者，如自备添修，店宅务无得旋添傮钱；如徙居者，并听拆随"。

啥意思？意思是说，租住公屋者如果自己添修房屋，店宅务不能借故增加房租；退赁之时，如果租户添修之物无碍于房屋主结构，允许租户拆走；如果拆动后影响房屋质量，则该添修物不准拆走，而归属于官。如此规定，也算公道。

说到这里，我们可以明确地说，宋王朝已经建立了一套比较完备的城市公共租赁房制度。

为什么宋王朝会这么积极地发展城市公共租赁房制度？从宋政府的立场考虑，我想目的有三：

（1）公屋租金可以增加财政收入。北宋前期，京师左右厢店宅务每年可以收房租 10 余万贯，对财政不无小补。南宋时，来自各州楼店务的公屋租金收入应该不是一笔小数目，因为户部专

---

1 徐松辑：《宋会要辑稿·食货五五》。下同。

门成立了一个"房地科"，"掌诸州楼店务房廊课利"[1]，单临安府楼店务的收入，一年便有"三十余万缗"[2]。

（2）可以将一部分公屋租金设为专项基金，用于支持当地某项公益事业，比如各州县官学都有大量物业出租，以租金弥补办学经费。大观年间，诸路州县官学，"学舍以楹计之，凡九万五千二百九十八"，"房廊以楹计之，凡一十五万五千四百五十四"，用于出租的公屋比校舍还要多。[3] 又如绍圣年间，苏轼帮广州太守王敏仲设计了广州城的"自来水"系统，输水管是用粗竹筒连接而成，需要经常维护、抽换，因此，苏轼建议在广州城中建一批公屋放租，作为日常养护"自来水"工程的基金："又须于广州城中置少房钱，可以日掠二百，以备抽换之费。"[4]

（3）最重要的是，公共租赁房可以为城市中低收入者解决住房问题。宋政府设置店宅务，经营公租房，尽管也有图利的考虑，但向城市中下层市民提供基本住房，使居者有其屋，应该也是宋政府推行店宅务制度的初衷，否则，店宅务不可能将租金维持在低水平线上，宋政府也不可能禁止店宅务动辄增加房租。

余话

历史上，官府将一部分官舍投放于租赁市场，不算太罕见，但若说建成了周密的公共租赁房制度，则似乎是宋朝才有的事情。

---

1 徐松辑：《宋会要辑稿·食货五六》。

2 脱脱等：《宋史》卷四百四。

3 葛胜仲：《丹阳集》卷一。

4 苏轼：《苏轼文集》卷五十六《与王敏仲十八首》。

《唐会要》载，唐文宗太和年间，有官员奏报皇帝："伏见诸司所有官宅，多是杂赁，尤要整齐。"[1]可知唐朝中后期，已有一些政府部门出于营利的目的，私自将空闲的官舍租给了商民。但这里的"杂赁"，并未经过朝廷的许可，显然也不可能形成制度。

明朝初叶，朱棣迁都北京之后，为招揽住户，也曾兴建了一批廉租房。据成书于万历年间的沈榜《宛署杂记》，"洪武初，北平兵火之后，人民甫定。至永乐，改建都城，犹称行在，商贾未集，市廛尚疏。奉旨，皇城四门、钟鼓楼等处，各盖铺房，除大兴县外，本县地方共盖廊房八百一间半，召民居住，店房十六间半，召商居货，总谓之'廊房'云。房视冲僻分三等，内大房四百四十三间，每间每季纳钞四十五贯，钱九十文；中房二十九间，每间每季纳钞三十一贯，钱六十二文；小房三百二十九间半，每间每季纳钞三十贯，钱六十文"[2]。

朱棣建造的这批"廊房"，总数未知有多少间，建于京师宛平县的公屋则有 800 余间，按所处地段繁华与否分为三等。其中大房每间每个季度纳租金 49 贯宝钞、90 文钱；中房纳 31 贯宝钞、62 文钱；小房纳 30 贯宝钞、60 文钱。永乐年间，大明宝钞已严重贬值，一贯钞只值 10 多文钱。因此，这批"廊房"的租金还是比较低廉的，否则也吸引不了商民。

然而，朱棣虽然建造了一批公租房，却未能建成公租房制度，明政府对"廊房"的日常管理非常粗疏，既没有一个专门的机构负责管理，亦不见出台相关规章，连每季收租，也是"选之廊房

---

1 王溥：《唐会要》卷八十六。
2 沈榜：《宛署杂记》卷二十。下同。

内住民之有力者一人"，指定为"廊头"，负责某一片区的房租。"行之岁久，内外势隔，交纳为难"，凡被指定为"廊头"的，往往因为收不到房租而须自掏腰包倒赔租金，"率至破家"。如此粗放之管理，令人目瞪口呆，跟宋代的店宅务不可同日而语。

清代的内务府也辖有一大批公屋，叫"官房"。比如乾隆六年（1741），内务府名下的官房有 1471 间；乾隆十一年（1746）是 5715 间；乾隆四十六年（1781），增加到 11220 间。这批官房，除用作衙署、仓库、兵丁值房、官营商铺，或供皇帝赐宅，也投放入租赁市场。内务府还设立了一个专门的机构——"官房租库"来负责官房的出租与收租。

看起来，清代似乎也有了公共租赁房制度。但是，如果我们注意到两个细节，便会明白"官房租库"经营的官房，还谈不上是公共租赁房。首先，内务府的官房当中，铺面房占了很大比例，比如乾隆十一年，铺面房约占官房总数的 65%。其次，官房中的住宅，一般只租给住京的官员，平民少能问津。由于租住官房之人多为编制内的官员，所以房租往往由户部按季度从其俸禄中扣除。如此说来，清代内务府经营的官房，显然不具备公共租赁房的属性。

而宋代店宅务的租户，除了小部分具有官员身份，更多的是市井细民。而且，店宅务公屋的租金一般低于市场价，具有廉租房性质，无数从农村、从外地涌入城市讨生活的细民，尽管无力在城市购买房屋，但通过政府提供的廉租房，他们能够获得一个栖身之所，从而得以在城市立足。

唐朝的诗人杜甫在诗作《茅屋为秋风所破歌》中表达了一个梦想："安得广厦千万间，大庇天下寒士俱欢颜。"从某种意义上说，宋朝的公共租赁房制度至少局部地实现了杜甫的梦想。宋朝之后的王朝，国家公共职能退缩，政府不再大规模、制度化地向市民提供公共租赁房，殊为可惜。

人文

衰宗幸有此奇特，信知福利非唐捐

——宋王朝的国家福利与『福利病』

根据学校传授的知识，许多人可能都会以为，现代国家福利制度起源于 1601 年英国颁布的《伊丽莎白济贫法》。这部法典将贫困人口分成两大类，一类是"值得救济的穷人"，包括年老及丧失劳动力的残疾人、失去依靠的儿童，教区负有救济他们的责任，如给成年人提供救济金、衣物和工作，将贫穷儿童送到指定的人家寄养，待长到一定年龄时再送去当学徒工；另一类是"不值得被救济的人"，包括流浪汉、乞丐，他们将被关进监狱或送入教养院，接受强制劳动。

一些学者表示，《伊丽莎白济贫法》的颁行，意味着英国"建立了全世界第一个社会救助制度"。这么言之凿凿的人，肯定不知道，也想象不到，比《伊丽莎白济贫法》更完备、更富人道主义精神的福利救济制度，实际上早在 11—13 世纪已经出现于宋代中国。

不相信吗？请跟着 13 世纪意大利的商人、旅行家马可·波罗到杭州看看南宋遗留下来的福利机构。马可·波罗在到达杭州之前，听说宋朝设有一种福利性的育婴机构："诸州小民之不能养其婴儿者，产后即弃，国王尽收养之。记录各儿出生时之十二生肖以及日曜，旋在数处命人乳哺之。如有富人无子者，请求国王赐给孤儿，其数惟求所欲。诸儿长大成人，国王为之婚配，赐之俾其存活，由是每年所养男女有二万人。"[1]

等到他来到杭州时，已经是元朝了，杭州的育婴机构早已荒废多时。不过，他看到了另一种叫作"养济院"的福利机构："日间若在街市见有残废穷苦不能工作之人，送至养济院中收容。此种养济院甚多，旧日国王所立，资产甚巨。其人疾愈以后，应使之有事可作。"

马可·波罗的记述可靠吗？

国家福利

我们不妨以宋朝人自己的记录为参证。吴自牧的《梦粱录》记载，"宋朝行都于杭，若军若民，生者死者，皆蒙雨露之恩"[2]——

（1）"民有疾病，州府置施药局于戒子桥西，委官监督，依方修制丸散吹咀，来者诊视，详其病源，给药医治……或民以病状投局，则界之药，必奏更生之效"；

（2）"局侧有局名慈幼，官给钱典雇乳妇，养在局中，如陋巷贫穷之家，或男女幼而失母，或无力抚养，抛弃于街坊，官收归局养之，月给钱米绢布，使其饱暖，养育成人，听其自便生理，官无所拘"；

（3）"老疾孤寡、贫乏不能自存，及丐者等人，州县陈请于朝，

1　[意]马可·波罗：《马可波罗行纪》。下同。
2　吴自牧：《梦粱录》卷十八。下同。

南宋李唐《村医图》

即委钱塘、仁和县官，以病坊改作养济院，籍家姓名，每名官给钱米赡之"；

（4）"更有两县置漏泽园一十二所，寺庵寄留槽椟无主者，或暴露遗骸，俱瘗其中。仍置屋以为春秋祭奠，听其亲属享祀，官府委德行僧二员主管"。

《梦粱录》所载者，是宋政府针对贫困人口而设立的四套福利系统：（1）施药局为医药机构，代表医疗福利；（2）慈幼局为福利孤儿院，代表儿童福利；（3）养济院为福利养老院，代表养老福利；（4）漏泽园为福利公墓，代表殡葬福利。如果我们有机会到南宋时的杭州参观，走到戒子桥西，便可以看到施药局，旁边则是慈幼局，马可·波罗听闻的福利育婴机构，便是慈幼局。

这些福利机构并非仅仅设于都城杭州。北宋后期，朝廷已经要求"诸城、寨、镇、市户及千以上有知监者，依各县增置居养院、安济坊、漏泽园"[1]。凡户口达到千户以上的城寨镇市，都必须设立居养院（即养济院）、安济坊、漏泽园，更别说人口更集中的州县城市了。南宋时，一些州县又创设了收养弃婴与孤儿的慈幼局，宝祐四年（1256），宋理宗下诏要求"天下诸州建慈幼局"[2]，将慈幼机构推广至各州县。

宋理宗还说了一个心愿："必使道路无啼饥之童。"[3] 至少在京畿一带，这位君主的理想已得以实现，因为一名元朝文人说："宋京畿各郡门有慈幼局。盖以贫家子多，辄厌而不育，乃许其抱至

1　脱脱等：《宋史》卷一百七十八《食货上六》。
2　李焘：《续资治通鉴长编》卷一百七十五。
3　佚名：《宋史全文》卷三十五。

局，书生年月日时，局设乳媪鞠育之。他人家或无子女，许来局中取去为后。故遇岁侵，贫家子女多入慈幼局。是以道无抛弃之子女。若冬遇积雨雪，亦有赐钱例。虽小惠，然无甚贫者。此宋之所以厚养于民，而惠泽之周也。"[1] 这一记录，也可以证明马可·波罗所言不虚。

北宋时期虽然尚未出现专设的慈幼局，不过已有针对孤儿、弃婴的救济，宋徽宗曾诏令居养院同时收养孤儿："孤贫小儿可教者，令入小学听读，其衣襕于常平头子钱内给造，仍免入斋之用。遗弃小儿，雇人乳养，仍听宫观、寺院养为童行。"[2]

南宋初，宋高宗又下诏推行"胎养助产令"："禁贫民不举子，有不能育婴者，给钱养之。"[3] 给钱的标准是："应州县乡村五等、坊郭七等以下户，及无等第贫乏之家，生男女不能养赡者，于常平钱内，人支四贯文省"[4]，符合救助条件的家庭，生育一名婴儿可获政府补助四贯"奶粉钱"。宋孝宗时又改为"每生一子，给常平米一硕、钱一贯，助其养育"[5]。许多州县还设有地方性的"举子仓"，由地方政府向贫家产妇发放救济粮，一般标准是"遇民户生产，人给米一石"[6]。

如果说，胎养令、举子仓与慈幼局代表了宋朝贫民"生有所育"的福利，养济院的出现则反映了宋人"老有所养"的福利。

1　郑元祐：《山樵杂录》，收于《永乐大典》卷之一万九千七百八十一。

2　脱脱等：《宋史》卷一百七十八《食货上六》。

3　脱脱等：《宋史》卷二十九《高宗六》。

4　马端临：《文献通考》卷十一《户口考》。

5　徐松辑：《宋会要辑稿·食货五九》。

6　胡太初修，赵与沐纂：《临汀志·仓场库务》。

养济院是收养贫弱无依的老人的福利院，北宋时称为"居养院"，创建于元符元年（1098），这年宋哲宗下诏："鳏寡孤独贫乏不能自存者，以官屋居之，月给米豆；疾病者，仍给医药。"[1]崇宁五年（1106），宋徽宗赐名"居养院"[2]，南宋时则多以"养济院"命名。

按宋人习惯，"六十为老"，年满 60 岁的老人，若属鳏寡孤独、贫困，老无所依，居养院即有义务收养。宋徽宗时还一度将福利养老的年龄调低到 50 岁："居养鳏寡孤独之人，其老者并年满五十岁以上许行收养，诸路依此。"按北宋后期居养院的救济标准，"应居养人，日给粳米或粟米一升、钱十文省，十一月至正月加柴炭钱，五文省"[3]。

宋人还有"病有所医"的福利——体现为福利药局与福利医院的设置。熙宁变法期间，宋政府成立了营利性的合卖药所，宋徽宗将它改造成福利性的和剂局、惠民局，南宋相沿，行在临安与地方州县均设有官药局。官药局类似于现在的平价门诊部、平价大药房。江东提刑司拨官本百万，开设药局，"制急于民用者，凡五十品，民有疾咸得赴局就医，切脉给药以归"[4]；建康府的惠民药局，"四铺发药，应济军民，收本钱不取息"[5]；临安府的施药局，"其药价比之时直损三之一，每岁廪户部缗钱数十万，朝廷举以偿之"[6]，施药局诊病配药，药价只收市场价的三分之二，由户部

1　徐松辑：《宋会要辑稿·食货六〇》。

2　徐松辑：《宋会要辑稿·食货六八》。下同。

3　脱脱等：《宋史》卷一百七十八《食货上六》。

4　高斯得：《耻堂存稿》卷四《江东提刑司新创药局义阡记》。

5　周应合：《景定建康志》卷二十三。

6　周密：《癸辛杂识》别集上。

发给补贴。有时候，施药局也向贫困人家开放义诊，并免费提供药物。

除了官药局，宋代还设有福利医院，即安济坊。安济坊配备有专门的医护人员，每年都要进行考核："安济坊医者，人给手历，以书所治疗瘥失，岁终考会人数，以为殿最，仍立定赏罚条格。"[1]病人在安济坊可获得免费的救治和伙食，并实行病人隔离制，以防止传染："宜以病人轻重而异室处之，以防渐染。又作厨舍，以为汤药饮食人宿舍。"

此外，宋朝的一些地方政府还设立了安乐庐，这是针对流动人口的免费救治机构。如南宋时，建康府人口流动频繁，常常有旅人"有病于道途，既无家可归，客店又不停者，无医无药，倾于非命，极为可念"，政府便设立安乐庐，凡"行旅在途"之人，发现身有疾病后均可向安乐庐求医，"全活者不胜计"。[2]

人生的起点是摇篮，人生的归宿是坟墓，最后我们还要看看宋朝在"死有所葬"方面的福利。历朝官府都有设义冢助葬贫民、流民的善政，但制度化的福利公墓建设要到北宋后期才出现，宋徽宗要求各州县都要建造福利公墓，取名"漏泽园"："凡寺观旅椟二十年无亲属、及死人之不知姓名、及乞丐或遗骸暴露者，令州县命僧主之，择高原不毛之土收葬，名漏泽园。"[3]蔡京政府对漏泽园的建设尤为得力。

漏泽园有一套非常注重逝者尊严的制度："应葬者，人给地

1　徐松辑：《宋会要辑稿·食货六八》。下同。
2　周应合：《景定建康志》卷二十三。
3　施宿：《嘉泰会稽志》卷第十三。

八尺、方砖二口，以元寄所在及月日、姓名若其子孙、父母、兄弟、今葬字号、年月日，悉镌讫砖上；立峰记，识如上法封。无棺柩者，官给以葬，而子娉亲属识认，今乞改葬者，官为开葬，验籍给付。军民贫乏，亲属愿葬漏泽园者，听指占葬地，给地九尺。无故若放牧，悉不得入。仍于中量置屋，以为祭奠之所，听亲属享祭追荐。"[1]

根据这段记载，可以知道，漏泽园的坟墓有统一规格，约八尺见方，以两块大方砖铭刻逝者的姓名、籍贯、生辰、安葬日期，有亲属信息的，也刻于砖上，作为标记。没有棺木的逝者，政府给予棺木收殓；已在漏泽园安葬者，如果有亲属愿意迁葬他处，政府将给予方便；贫困家庭想将去世后的亲人安葬于漏泽园的，政府也允许——当然，不用收费。漏泽园设有房屋，以便逝者的亲属来此祭祀。

总而言之，对于贫困人口，宋朝政府试图给予"从摇篮到坟墓"的全方位关怀，提供的基本福利涵盖了对"生老病死"的救济。宋徽宗曾毫不谦虚地说："鳏寡孤独，古之穷民，生者养之，病者药之，死者葬之，惠亦厚矣。"宋代福利之发达，不管跟后来的元明清时期相比，还是与近代化刚刚开始时的欧洲国家相较，都堪称领先一步。

过度福利

更有意思的是，宋朝"济贫政策所引发的关注及批评，已有

---

1 徐松辑：《宋会要辑稿·食货六八》。下同。

类似近代国家福利政策之处"[1]。近代国家常见的从福利政策衍生出来的"福利病"，同样存在于宋朝。请注意，我们要说的宋朝"福利病"，是指国家福利制度的衍生问题，而不是管理不善或制度漏洞所导致的弊病。

正如我们在一些福利国家所看到的情形，宋朝政府的福利政策在推行过程中也诱发了"过度福利"的问题。宋徽宗的诏书一再指出过这个问题。

大观三年（1109）四月，宋徽宗在一份手诏上说："居养、安济、漏泽，为仁政先，欲鳏寡孤独、养生送死各不失所而已。闻诸县奉行太过，甚者至于许供张、备酒馔，不无苛扰。"[2] 有些州县的福利机构为救济对象提供酒馔，待遇不可谓不优厚。皇帝要求有司纠正这股"过度福利"之风："立法禁止，无令过有姑息。"

次年，即大观四年八月，徽宗重申："比年有司蹑望，殊失本指。至或置蚊帐，给肉食，许祭醮，功赠典，日用既广，糜费无艺。"诏令各州县停止福利扩张与糜费铺张，除居养院、安济坊、漏泽园，不要自行设置其他的福利机构。

十年后，即宣和二年（1120）六月，宋徽宗再次下诏批评了居养院、安济坊、漏泽园"资给过厚"的做法："居养、安济、漏泽之法，本以施惠困穷。有司不明先帝之法，奉行失当，如给衣被器用，专雇乳母及女使之类，皆资给过厚。常平所入，殆不能支。"居养院与安济坊不但免费提供一切日常用具，还替接受救济的人雇请了乳母、保姆与陪护，以致政府的财政拨款入不敷出。

1　梁其姿：《施善与教化：明清时期的慈善组织》，北京师范大学出版社，2013。

2　徐松辑：《宋会要辑稿·食货六八》。下同。

《嘉泰会稽志》也记载说，"居养院最侈，至有为屋三十间者。初，遇寒惟给纸衣及薪，久之，冬为火室给炭，夏为凉棚，什器饰以金漆，茵被悉用毡帛，妇人、小儿置女使及乳母。有司先给居养、安济等用度，而兵食顾在后"。[1]

这种"糜费无艺"的"过度福利"，显然跟制度缺陷、监管不力造成的"福利腐败"并非同一回事。宋代的福利机构当然存在着不同程度的腐败问题，不过那是另一个话题了。我们现在看到的宋代"过度福利"，与其说是福利腐败，不如说跟政府的施政偏好密切相关。

宋朝福利的鼎盛期是蔡京执政的时期。为什么蔡京那么热衷于推行福利政策？因为他是新党领袖王安石的继承人，用现在的话语来说，北宋新党具有鲜明的左派风格，他们推动变法的目标之一便是"振乏绝，抑兼并"，希望运用国家的强制力与财政资源，救济贫困人口，抑制兼并，防止贫富差距悬殊。

蔡京拜相执政之年，宋徽宗将年号"建中靖国"改为"崇宁"，即意味着君臣宣告终止之前调和左右的折中政治，恢复熙宁变法的左翼路线。蔡京政府也确实以"振乏绝，抑兼并"为己任。蔡氏曾经告诉徽宗："自开阡陌，使民得以田私相贸易，富者恃其有余，厚立价以规利；贫者迫于不足，薄移税以速售，而天下之赋调不平久矣。"[2] 表达了对贫富差距与社会不公的关切。后来蔡京下台，接任的宰相王黼"阳顺人心，悉反其（蔡京）所为"，其中就包括"富户科抑一切蠲除之"，这反证了蔡京执政时实行

---

1 施宿：《嘉泰会稽志》卷第十三。

2 脱脱等：《宋史》卷一百七十四《食货上二》。

过"科抑富户"的左翼政策。[1]

也因此，蔡京一上台执政，居养院、安济坊、漏泽园的建设便迅速在全国铺开，乃至出现"过度福利"的现象。而当蔡京罢相时，宋朝的福利制度又会发生收缩，如大观四年、宣和二年，皇帝下诏纠正"过度福利"，都是蔡京罢相之时。

养懒汉

我们现在都说，优厚的福利制度下，很容易"养懒汉"。在蔡京执政之际、北宋福利制度迅速扩张的时期，确实出现了"养懒汉"的问题，比如一些州县的居养院和安济坊，由于政府提供的生活条件非常不错，"置蚊帐，给肉食"，甚至还有保姆、做家政的阿姨，所以便有"少且壮者，游惰无图，廪食自若，官弗之察，弊孰甚焉！"[2]在居养院或安济坊中赖着不走，白吃白喝白睡。

许多到过西欧国家旅游的人都会发现，高福利制度已经深刻塑造了西方人的生活方式与生活节奏：每天工作几小时，要么就成天晒太阳，经常休假旅游，大街上很少看到行色匆匆的上班族。这种图享乐、慢节奏的生活风气，也出现在南宋时的杭州社会。

如果马可·波罗在南宋时就来到杭州，他将会看到，西湖一带，"湖山游人，至暮不绝。大抵杭州胜景，全在西湖，他郡无此，更兼仲春景色明媚，花事方殷，正是公子王孙，五陵年少，赏心乐事之时，讵宜虚度？至如贫者，亦解质借兑，带妻挟子，竟日

1　脱脱等：《宋史》卷四百七十《王黼传》。
2　徐松辑：《宋会要辑稿·食货六八》。

嬉游，不醉不归。此邦风俗，从古而然，至今亦不改也"[1]。终日游玩的人，不但有"公子王孙、五陵年少"这等富贵子弟，还有"解质借兑"（类似于今日城市刚刚兴起的"贷款旅游"）的城市贫民，"不特富家巨室为然，虽贫乏之人，亦且对时行乐也"[2]。

这些贫乏的市民为什么能够"对时行乐"，乃至敢于"解质借兑，带妻挟子，竟日嬉游"？不怕饿死么？不怕。因为南宋杭州市民享受到的福利非常丰厚。

请看周密在《武林旧事》卷六中的记载："都民素骄，非惟风俗所致，盖生长辇下，势使之然。若住屋则动蠲公私房赁，或终岁不偿一钱。诸务税息，亦多蠲放，有连年不收一孔者，皆朝廷自行抱认。诸项桌名，恩赏则有'黄榜钱'，雪降则有'雪寒钱'，久雨久晴则又有'赈恤钱米'，大家富室则又随时有所资给，大官拜命则有所谓'抢节钱'，病者则有施药局，童幼不能自育者则有慈幼局，贫而无依者则有养济院，死而无殓者则有漏泽园。民生何其幸钦。"

南宋杭州市民所享受到的政府福利（私人慈善不计在内）包括：减免赋税，经常蠲免房屋租金；遇上大节庆，政府会发"黄榜钱"，碰上大雪天，发"雪寒钱"，久雨久旱则发放"赈恤钱米"；贫困的病人可到施药局免费诊治取药，被遗弃的孤儿会被收养入慈幼局，贫而无依之人送入养济院养老，死而无殓者安葬在漏泽园。

——换成我们生活在这样的福利制度下，即使身无分文，也

1　吴自牧：《梦粱录》卷一。
2　吴自牧：《梦粱录》卷三。

是敢"贷款旅游"，带着老婆孩子玩个痛快的。对不？

贫者乐而富者扰

福利制度看起来很诱人，但天下没有免费的午餐，羊毛最终出在羊身上，不是出在这群羊身上，便是出在那群羊身上。宋政府维持居养院、安济坊、漏泽园等福利机构运转的经费，有几个来源：左藏库，即国家财政拨款；内藏钱，皇室经费的资助；公田的租息收入；国营商业机构的收入，比如"僦舍钱"，即官营货栈的租金收入；常平仓的利息钱米。其中常平仓的息钱为大头。如果常平仓息钱不足用，通常就只能挪用其他用途的财政款项或者增加税收了。

陆游的《老学庵笔记》记述了崇宁年间各州县倾财政之力办理福利救济的情形："崇宁间初兴学校，州郡建学，聚学粮，日不暇给。士人入辟雍，皆给券，一日不可缓，缓则谓之害学政，议罚不少贷。已而置居养院、安济坊、漏泽园，所费尤大。朝廷课以为殿最，往往竭州郡之力，仅能枝梧。谚曰：'不养健儿，却养乞儿。不管活人，只管死尸。'盖军粮乏，民力穷，皆不问，若安济等有不及，则被罪也。"[1] 以蔡京政府的施政偏好，救济贫民的福利支出优先于军费开销。军粮缺乏，可以容忍；济贫不力，则会被问责。

这并非陆游的虚构，因为徽宗的诏书可以佐证。宣和二年六月十九日，皇帝诏曰：居养院、安济坊、漏泽园救济过度，"常

---

1 陆游：《老学庵笔记》卷二。

平所入，殆不能支。天下穷民饱食暖衣，犹有余峙；而使军旅之士廪食不继，或至逋逃四方，非所以为政之道"[1]。难怪当时的民谚要讥笑蔡京政府"不养健儿，却养乞儿"。

这是占用财政拨款的情况。宋徽宗的诏书还提到因"过度福利"而导致民间税负加重的问题：大观三年四月二日，皇帝手诏，"闻诸县奉行（福利救济）太过，甚者至于许供张，备酒馔，不无苛扰"。这里的"苛扰"，便指政府增税，骚扰民间。《宋史》也称，蔡京时代的居养院、安济坊、漏泽园"糜费无艺，不免率敛，贫者乐而富者扰矣"[2]。"率敛"也是增税的意思。由于宋代的赋税主要由富户承担，而福利机构的救济对象为贫民，所以便出现"贫者乐而富者扰"之讥。

洪迈的《夷坚志》中有一则"优伶箴戏"的故事，辛辣讽刺了蔡京时代"贫者乐而富者扰"的福利制度。[3] 故事说，三名杂剧伶人在内廷表演滑稽戏时，分别饰演儒生、道士与僧人，各自解说其教义。

儒生先说："吾之所学，仁义礼智信，曰'五常'。"然后采引经书，阐述"五常"之大义。道士接着说："吾之所学，金木水火土，曰'五行'。"亦引经据典，夸说教义。

轮到僧人说话，只见他双掌合十，说道："你们两个，腐生常谈，不足听。吾之所学，生老病死苦，曰'五化'。藏经渊奥，非汝等所得闻，当以现世佛菩萨法理之妙为汝陈之。不服，请问我。"

---

1 徐松辑：《宋会要辑稿·食货六八》。下同。
2 脱脱等：《宋史》卷一百七十八《食货上六》。
3 下文皆据洪迈《夷坚志》丁集卷四演绎。

儒生与道人便问他："何谓生？"僧人说："（如今）内自太学辟雍，外至下州偏县，凡秀才读书，尽为三舍生。华屋美馔，月书季考；三岁大比，脱白挂绿，上可以为卿相。国家之于生也如此。"（这里的"生"，伶人理解为"书生"，指的是国家的教育福利，恰可弥补我们前述所未及之处）

又问："何谓老？"僧人说："（昔者）老而孤独贫困，必沦沟壑。今所在立孤老院，养之终身。国家之于老也如此。"

又问："何谓病？"僧人说："（生民）不幸而有病，家贫不能拯疗，于是有安济坊，使之存处，差医付药，责以十全之效。其于病也如此。"

又问："何谓死？"僧人说："死者，人所不免，唯穷民无所归，则择空隙地为漏泽园；无以殓，则与之棺，使得葬埋。春秋享祀，恩及泉壤。其于死也如此。"

最后问："何谓苦？"僧人"瞑目不应"，神情很是悲苦。儒生与道人催促再三，僧人才"蹙额"答道："只是百姓一般受无量苦。"

教坊杂剧伶人表演这出滑稽戏，是想告诉皇帝，政府为维持庞大的福利支出，变着法子加税，已经使老百姓"受无量苦"了。看演出的宋徽宗听后，"恻然长思"，倒也没有怪罪讥讽时政的伶人。

为什么是宋朝？

在宋朝济贫政策的推行过程中，特别是在蔡京政府的"福利扩张"时期，"福利病"的存在是实实在在的，这一点无可讳言。不过，有一个道理我认为也需要指出来："过度福利"好比是"营养过剩"，一个营养不良的人是不应该担心营养过剩的；如果因为担心营养过剩而不肯吃肉，那就是跟"因噎废食"差不多的愚蠢了。

宋人的态度比较务实——既不齿于蔡京的为人，也抨击过"资给过厚"的"过度福利"，但对蔡京政府推行的福利制度本身，却很赞赏，朱熹说：崇宁、大观之间，"始诏州县立安济坊、居养院，以收鳏疾病癃老之人，德至渥矣"[1]。甚至有宋人相信，蔡京为六贼之首，独免诛戮，乃是因为他执政之时，"建居养、安济、漏泽，贫有养，病有医，死有葬，阴德及物所致"[2]。可见宋人只是反感"过度福利"，并不拒绝福利制度。

而在宋朝之外的朝代，我们就很难见到关于"福利病"的记载了。这当然不是因为其他王朝的福利制度更加完善，而是因为，宋朝之外的王朝，政府并未积极介入对贫困人口的救济，没有建立完备的福利救济机构。

尽管《周礼》中载有"保息六政"（一曰慈幼，二曰养老，三曰振穷，四曰恤贫，五曰宽疾，六曰安富），《管子》中亦记录有"九惠之教"（一曰老老，二曰慈幼，三曰恤孤，四曰养疾，五曰合独，六曰问病，七曰通穷，八曰振困，九曰接绝），但这只是带有福利色彩的政策，没有证据显示当时已设立了专门的福利机构。

南北朝时，南齐出现了免费收治贫病之人的"六疾馆"，北魏建立了功能相似的病坊，南梁则设有收养孤老与孤儿的"孤独园"，这应该是中国最早的福利机构，但不管是"六疾馆"，还是

1　朱熹：《晦庵先生朱文公文集》卷第八十三《书廖德明仁寿庐条约后》。
2　周辉：《清波杂志》卷二。

"孤独园"，全国只有一个，象征意义大于实际效用。而且，建"六疾馆"的南齐太子萧长懋，建"孤独园"的南梁皇帝萧衍，都是虔诚的佛教徒，准确地说，他们是以佛教徒（而非国君）的身份修建福利机构的，政府并没有创设福利制度的自觉。

唐代从京师到一些地方都出现了"悲田养病坊"，负责收养贫病孤寡，包括一些流浪乞丐，但悲田养病坊是从寺院中发展起来的，日常工作也由僧人主持，"悲田"二字即来自佛经，唐政府只是给予资助并参与监督，与其说它是国家福利机构，不如说是民间慈善组织。

宋朝之后的元明清三朝，国家福利出现了明显的退缩。我们知道，宋代的贫民福利体系包括四个系统：（1）以官药局和安济坊为代表的医疗福利；（2）以胎养令和慈幼局为代表的生育福利；（3）以居养院或养济院为代表的养老福利；（4）以漏泽园为代表的殡葬福利。恰好囊括了对贫民"生老病死"的救济。这四个福利系统，除医药救济得到元政府的重视，其他福利机构在元朝都被渐渐废弃了；明朝的朱元璋虽然重建了惠民药局与养济院两套系统，但惠民药局在明中期之后基本上已经荒废，"养济院"则被用于控制人口流动，因为明政府规定，街上的流浪乞丐要送入养济院收容，候天气和暖，再遣送回原籍；清王朝只保留了养济院的设置，并且同样利用养济院系统控制流民，至于对弃婴、孤儿的救济，则被清廷视为是"妇女慈仁之类，非急务也"。[1]

总而言之，宋朝政府建立的"从摇篮到坟墓"全覆盖的贫民福利体系，我们在其他王朝是找不到的。没有发达的福利体系，

1　参见梁其姿《施善与教化：明清时期的慈善组织》第三章。

又哪来衍生的"福利病"？

那么，为什么只有宋王朝怀着极大的热情投入贫民福利制度的建设？你可能会说，因为宋朝皇帝推崇儒家的"仁政"。但哪一个朝代的君主不是以"推行仁政"标榜呢？为什么他们在实际行动上又提不起兴建福利机构的劲头？

我读过历史学者梁其姿的作品《施善与教化：明清时期的慈善组织》，受其启发，想提出一点综合的解释。

宋代福利制度的建立，首先是近代化产生的压力催化出来的结果。研究者发现，在16世纪的欧洲，当社会经济结构从封建制度过渡至资本主义制度之际，无可避免地导致了一个后果：由于社会经济急剧变化，大量都市贫民被"制造"出来，成为迫在眉睫的社会问题。近代欧洲国家逐渐发展出来的福利政策，其实就是为了应对这一崭新的社会问题。英国政府制定"济贫法"之举，即始于近代化正在展开的16世纪下半叶，及至17世纪初，便诞生了完备的《伊丽莎白济贫法》。"济贫法"的出现，意味着英国政府开始负担起救济贫民的责任，在此之前，英国的济贫工作主要是由教会承担的。

中国则在唐宋之际发生了一场深刻的大变革，历史学家们相信，唐朝是中世纪的黄昏，宋朝则是现代的拂晓时辰，伴随着均田制的解体、贵族门阀的消亡、商品经济的兴起、人口流动的频繁、"不抑兼并"与"田制不立"政策的确立，一系列的社会变迁催生了大量的都市贫困人口，传统的由宗教团体负责的慈善救济已不足以应对都市贫困问题，政府需要承担起更大的责任，提供更周全的救济。而"官方的长期济贫机构在宋亡后三百多年间没有进一步发展，反而萎缩。这当然并不说明元明间的贫穷问题减轻了，而是这三百年间的社会经济发展没有如宋代一样使都市贫穷成为突出的问题"。[1]

此外，宋朝福利制度的建立也是"大政府"政策取向的结果。纵览历史，我们会发现，宋王朝有着显著的"大政府"性格，政府不但设置了大量的经济部门介入商业活动，开拓市场，对涌现出来的都市贫困问题，也是倾向于以国家力量积极解决。不仅针对贫民"生老病死"问题的福利救济机构得以建立，而且在政府的施政过程中，还出现了接近现代意义的"贫困线"概念（之前的王朝是不存在一条一般性的"贫困线"的）：田产 20 亩以下或者产业 50 贯以下的家庭，即为生活在贫困线下的"贫弱之家""贫下之民"。贫民可以享有一系列政策倾斜与政府救济，如免纳"免役钱"，免服保甲之役，获得"胎养助产"补助，借贷常平米钱免息，发生灾荒时优先得到救济，等等。[2]

为什么宋朝建立的绝大多数福利机构都在元朝消失了？一个不容忽略的原因便是，"此后的中央政府不似宋代的积极"[3]。特别是朱元璋缔造的明王朝，更是表现出鲜明的"小政府"性格，国家财政内敛，公权力消极无为，政府职能严重萎缩。晚明之时，当都市贫困再次成为不容回避的社会问题，朝廷依然缺乏兴趣去规划建设一个完整的福利体系。梁其姿总结说："在政治理念方面，明政权又缺乏宋代的创意。明政府并不曾制定一套长期性的、全国性的社会救济政策。"这个评价是精准的，不过我们还要补充一句：以明王朝的内敛型财政，即便朝廷有心，也无力发展宋朝

1　梁其姿：《施善与教化：明清时期的慈善组织》。

2　参见孙竞、张文《宋代的社会贫困线及其社会意义》，《思想战线》2016 年第 3 期。

3　梁其姿：《施善与教化：明清时期的慈善组织》。下同。

式的福利制度。清承明制，清王朝差不多也是如此。

不过，从晚明开始，由地方士绅主导的民间慈善力量已发育成熟，"既然政府并不正视新富及贫穷所带来的社会焦虑，地方精英自然而然地接手处理这个问题"。这便是自晚明至晚清期间，善会、善堂等民间慈善组织勃兴的历史背景。

在西方，要等到 16 世纪下半叶，随着英国"济贫法"的出台，政府救济机构的建立，国家才承担起向贫民提供救济的义务，之后，英国的福利制度慢慢发展起来，在这个过程中，显然离不开重商主义财政的支撑。而中国在宋朝之后，囿于"小政府"的惰性，福利制度建设非但裹足不前，且比宋朝退步了，此消彼长，到晚清时，便完全落后于英国。

游历海外的晚清学者王韬发现，英国政府所征之税，"田赋之外，商税为重。其所抽虽若繁琐，而每岁量出以为入，一切善堂经费以及桥梁道路，悉皆拨自官库，藉以养民而便民，故取诸民而民不怨，奉诸君而君无私焉。国中之鳏寡孤独、废疾老弱，无不有养。凡入一境，其地方官必来告曰，若者为何堂，若者为何院，其中一切供给无不周备。盲聋残缺者，亦能使之各事其事，罔有一夫之失所。呜呼！其待民可谓厚矣。"[1] 如此情景，仿佛就是中国宋朝。

宋朝的福利制度尽管在推行过程中出现了种种问题，包括福利制度衍生的"福利病"、由于监管不力而产生的"福利腐败"等，但是，我们决不能因此否定福利制度，一个没有基本福利"兜底"的社会，是不可能安宁的。两宋天灾频仍，据学者的研究，其发

[1] 王韬：《弢园文录外编》卷四《纪英国政治》。

109

生灾害的"频度之密，相当于唐代，而其强度与广度，则更有甚于唐代"[1]。宋代的民变也此起彼伏，300 余年出现 400 多起民变，不过都是小规模的，很快平息。如果宋朝没有这么一个覆盖面广泛的国家福利系统，恐怕民变早就一发不可收拾。要知道，两宋可是历史上唯一一个没有发生全国性民变的长命王朝，这里面，应有国家福利"兜底"之功。

南宋诗人楼钥写过一首讲述家史的长诗《次韵雷知院观音诗因叙家中铜像之详》，里面有一句是这么说的："衰宗幸有此奇特，信知福利非唐捐。"用这一诗句形容宋朝的福利制度，也是很恰切的。

1　邓云特：《中国救荒史》，北京出版社，1998。

不知千载下，究竟谁贵贱？

——奴婢贱口制度的消亡

不知道有没有读者注意到：现在不少崇尚自由的文人，对"大唐盛世"都有一种浪漫想象。我们随手在网上一检索，就能搜到许多这样的句子："在遒劲飞舞的字里行间，我读到了大唐的包容、大度、自由、自信和开放"；"那的确是一个伟大的时代，古代中国似乎从未有过如此多元开放、包容自由的盛世"；"自由开放的社会风气，让后人充满了对唐朝的憧憬和向往，真想梦回大唐"。

梦回大唐，听起来多么浪漫！但我觉得应该提醒他们：真要回到大唐，你们可千万别降生在贱户之家。考虑到盛唐的贱民规模十分庞大，贱户制度空前发达，"《唐律疏议》涉及良贱身份的律疏，有一百余条，约占唐律的五分之一"[1]，梦回唐朝的小文人成为贱民的概率还是挺大的。

什么是贱民呢？贱民是与良民相对的人口类别。唐朝政府将

---

1 参见张文晶《试论中国中古良贱制度的若干问题》，收于慈鸿飞、李天石主编《中国历史上的农业经济与社会》（第二辑），吉林人民出版社，2004。

全国人口分成两大类别：良民与贱民。良民在法律上的身份是自由民，需要履行国民的义务（比如纳税、服役），同时也拥有国民的权利（如财产权、人身权、参加科举的政治权利）。贱民呢？在法律上的身份是不具国民资格的低等人口，没有独立的法律人格，丧失了人身自由，必须以人身依附于主家（这个主家可以是私人，也可以是政府部门）。

被大唐政府列入贱户的人口包括：

（1）官奴婢。他们是人身依附于官府、为政府部门执役的奴隶，主要来自战争中俘虏的生口、被籍没为奴的罪犯家属，以及官奴婢的后代。官奴婢没有户籍，法律上他们等同于官府的财产，朝廷可以将他们作为礼物赏赐给大臣。

（2）官户。他们是隶属于官府、为官府服役的人口，地位略高于官奴婢，有单列的户籍，可受田，受田数目是良民的二分之一。按唐朝法律，官奴婢经国家放免，可成为官户。

（3）杂户。杂户也是隶属于官府、供政府部门驱使的人口，只是地位略高于官户，不但有户籍附于州县，且受田数目同良民。按唐朝法律，官户经放免，可成为杂户。杂户再放免，则是良民。换言之，唐朝的贱民其实是分为三个等次的：杂户为上等贱民，官户次之，官奴婢又次之。

（4）工乐户。他们是隶属于官府、为官府提供手工造作或音乐服务的职业户，户籍登记为工籍或户籍，地位相当于官户。

（5）私奴婢。私奴婢是人身依附于私家的奴隶，没有独立户籍，甚至没有姓名，法律对他们的界定是"奴婢贱人，律比畜产"，"奴婢既同资财，即合由主处分"，意思是说，奴婢只是主家的私人财产，跟牛马猪羊没什么区别，主家可以像牵着一头牛那样牵着奴婢到市场上卖掉。[1] 奴婢交易是合法的，唐律规定，"买奴婢、马、牛、驼、骡、驴等，依令并立市券"[2]。请注意，这里的奴婢是与马牛等畜产相提并论的。

（6）部曲。部曲是庄园制下的农奴，没有独立户籍，替主家耕种。法律对他们的定义是"部曲，谓私家所有"[3]，以人身依附于门阀世族。不过，部曲的法律地位相当于官户，略高于奴婢，唐律规定"奴婢同资财""部曲不同资财"，即部曲不可像牛羊那样明码标价买卖，只是可以转让。[4] 另外，部曲中的女性，叫"客女"，也是贱民。

以上贱户，不得跟良民通婚，良贱之间，界线分明，壁垒森然，不可逾越。除非获政府批准放良，否则，贱民终生都是贱民。而且，他的子子孙孙也都是贱民。穿越的文人要是降生于贱户之家，不知还会不会赞叹大唐的"多元开放、包容自由"。

那么，这套富有中世纪色彩的良贱制度是什么时候消亡的？是在宋代——一个被小清新文人认为礼教兴盛、束缚自由的时代。从唐代到宋代，中国社会发生了一场非常深刻的变迁，史学家称之为"唐宋变革"。而良贱制度的瓦解，便是"唐宋变革"的一条主线。

1　长孙无忌等：《唐律疏议》卷第六《名例六》；长孙无忌等：《唐律疏议》卷第十四《户婚下》。

2　长孙无忌等：《唐律疏议》卷第二十六《杂律上》。

3　长孙无忌等：《唐律疏议》卷第六《名例六》。

4　长孙无忌等：《唐律疏议》卷第十七《贼盗一》。

宋朝奴婢与唐朝奴婢有什么不同？

你也许会问：宋朝也有奴婢啊，跟唐朝的有什么不同吗？是的，有着根本性的不同。为了更生动地揭示唐宋奴婢的差异，我想先讲两个小故事。

第一个故事：淳化元年（990），"有富民家小女奴逃亡，不知所之，女奴父母讼于州，命录事参军鞫之。录事尝贷钱与富民不获，乃劾富民父子数人共杀女奴，弃尸水中，遂失其尸，或为首谋，或从而加害，罪皆应死"[1]。富民家的小女奴逃亡，而她的父母不知情，怀疑女儿遇害，便将富民告上法庭，结果富民被当成凶手，判了死刑。

这说明：在宋代，主家若杀死奴婢，是需要抵罪的。而按唐律，"诸奴婢有罪，其主不请官司而杀者，杖一百。无罪而杀者，徒一年"[2]。主家故杀奴婢，仅仅处"徒一年"之刑而已。换言之，宋朝奴婢在法律上不再被当成物，不再被当成主家的财产，而是获得了编户齐民的身份，人身权受到法律的保护。

第二个故事：淳化四年（993），"京畿民牟晖击登闻鼓，诉家奴失豭豚一，诏令赐千钱偿其直"[3]。有一个叫牟晖的开封市民，跑到京师的直诉法院——登闻鼓院，起诉奴婢弄丢了他家的一头小公猪，要求得到赔偿。宋太宗尽管觉得此等小事擂登闻鼓很是可笑，但还是叫人送了1000文钱给牟晖，作为经济补偿。

1　李焘：《续资治通鉴长编》卷三十一。
2　长孙无忌等：《唐律疏议》卷第二十二《斗讼二》。
3　李焘：《续资治通鉴长编》卷三十四。

宋佚名《调鹦图》中的婢女

宋苏汉臣《妆靓仕女图》中的婢女

这是宋代法制史上的一则趣闻，却是中国社会史的一个标志性案件：意味着宋朝的奴婢与主家都是平等的法律主体，双方如果有了纠纷，可以通过诉讼解决，主家可以起诉奴婢，奴婢也可以起诉主家。我觉得，"主告奴"甚至比"奴告主"更有意义：奴婢成为被告，恰恰说明他们的民事主体身份得到了法律承认。若是在唐朝，家奴弄丢了主人的财物，主人肯定完全用不着起诉，因为直接按家法处分就可以了。

这两个事例告诉我们：唐宋均有奴婢，但他们的法律身份是完全不同的。简单地说，唐朝奴婢属于贱户，没有人身权，不具备法律人格，法律地位等同于主家的私有财产；非经放良，他们世世代代都是主人的奴隶，都是贱民。宋朝奴婢属于自由民，具有人身权与法律人格，其与主家的关系不再是人身依附关系，而是经济意义上的雇佣关系，合同约定的期限一满，雇佣关系便宣告结束。

我们将典型的唐朝奴婢（包括官奴婢与私奴婢）命名为"贱口奴婢"，将典型的宋朝奴婢命名为"雇佣奴婢"，宋人有时候也称之为"人力"（男佣）、"女使"（女佣）。

根据宋朝立法与社会惯例，凡雇佣人力、女使，双方需订立契约："自今人家佣赁，当明设要契。"[1] 契约上写明雇佣的期限、工钱，合同到期之后，主仆关系即可解除："以人之妻为婢，年满而送还其夫；以人之女为婢，年满而送还其父母；以他乡之人为婢，年满而送还其乡。"[2]

1　马端临：《文献通考》卷十二《户口考二》。
2　袁采：《袁氏世范》卷下。

为防止出现"终生为奴"的情况，宋朝法律还规定了雇佣奴婢的最高年限："在法，雇人为婢，限止十年"，"其限内转雇者，年限、价钱各应通计"。[1] 奴婢受雇的期限，最多只能是 10 年，其间若有转雇，时间通计在内。南宋时，有一些品官之家典雇女使，为避免立定年限，妄称是收养了养女，"其实为主家作奴婢役使，终身为妾，永无出期"[2]。针对这一钻法律空子的行为，宋政府立法禁止"品官之家典雇女使妄作养女立契，如有违犯，其雇主并引领牙保人并依'律不应为'从杖八十科罪，钱不追，人还主，仍许被雇之家陈首"。

贱口奴婢为什么会消亡？

为什么唐朝的贱口奴婢，到了宋代会被雇佣奴婢所取代？

先来说客观的因素。前面我们说过，贱口奴婢的主要来源为战时俘获的生口、籍没的罪犯家属，但宋朝虽然常年面临战争，却从未有俘虏生口为奴的做法，恰恰相反，"军人俘获生口，年七岁以上，官给绢五匹赎还其家，七岁以下即还之"[3]。

宋政府也极少籍没罪犯之家属为奴婢。生活在南宋末的方回说："近代无从坐没入官为奴婢之法，北方以兵掳则有之。"[4] 方回所说的"近代"，当指南宋时期，"北方"则是指金与蒙古。北宋时，政府还偶有将罪人家属没官为奴婢的做法，但到了南宋时

---

1 黄淮、杨士奇编：《历代名臣奏议》卷之五十。
2 徐松辑：《宋会要辑稿·刑法二》。下同。
3 李焘：《续资治通鉴长编》卷十六。
4 方回：《续古今考》卷三十六。

期，籍没为奴之法早已废弃不用。有一个例子可以说明：开禧三年（1207），吴曦叛变被平定，按沿袭《唐律疏议》的《宋刑统》，犯谋反罪者，女性亲属必须"缘坐没官，虽货而不死，世为奴婢，律比畜产"，但朝廷经过议法，认为"此法虽存而不见于用"，最后，吴曦的家属并未被籍没为奴，而是"分送二广远恶州军编管"。[1]

如此一来，贱口奴婢便成了无源之水，随着贱口奴婢的老去，他们作为历史遗留下来的一个群体，规模只会越来越小，最终消失。当然，贱口奴婢的消亡有一个过程，北宋前期尚有贱口奴婢的残余，但到了南宋时期，贱口奴婢便不复存在了。即便是北宋时期的贱口奴婢，其法律地位仍然要高于唐朝奴婢，因为宋朝法律并不禁止他们与良民通婚。

在贱口奴婢趋于消亡的同时，随着商品经济的发展、社会阶层的分化，一部分下层人口不得不出卖劳力，受雇为富贵之家的人力、女使；甚至有一些中产之家，也非常注意培养女儿的才艺，以期女儿有一技之长，给大户人家当佣人："京都中下之户，不重生男，每生女则爱护如捧璧擎珠。甫长成，则随其姿质教以艺业，用备士大夫采拾娱侍，名目不一，有所谓身边人、本事人、供过人、针线人、堂前人、杂剧人、拆洗人、琴童、棋童、厨子等。"[2]于是雇佣奴婢得以兴起。

雇佣奴婢虽然名为奴婢，却不是唐朝式的贱民，而是暂时出卖一部分人身自由的编户齐民，有点像近代社会的佣人。宋人也注意唐宋奴婢的差异："古称良贱，皆有定品，良者即是良民，

1　马端临：《文献通考》卷一百七十《刑考九》。

2　陶宗仪：《说郛》卷二十九上。

贱者率皆罪隶。今之所谓奴婢者，概本良家，既非气类之本卑，又非刑辟之收坐，不幸迫于兵荒，陷身于此"[1]；"古称良者，即是良民，贱者，率皆罪隶。今世所云奴婢，一概本出良家，或迫饥寒，或遭诱略，因此终身为贱，诚可矜怜"[2]。

因为雇佣制的普遍应用，宋朝的城市中形成了比较发达的劳务市场，出现了类似于家政中介的组织："凡雇觅人力、干当人、酒食、作匠之类，各有行老供雇。觅女使，即有引至牙人"[3]；"府宅官员、豪富人家，欲买宠妾、歌童、舞女、厨娘、针线供过、粗细婢妮，亦有官私牙嫂，及引置等人，但指挥便行踏逐下来"[4]。这里的"行老""牙人""官私牙嫂"，都是家政服务中介。

应该说，贱口奴婢式微、雇佣奴婢勃兴的历史趋势，在唐朝中后期就出现了，但要等到宋代，雇佣奴婢才完全取代贱口奴婢。

再从主观的因素来看。我相信，在宋人的观念中，奴婢是人，而不是畜产。有一个细节可以看出宋人不同意将同胞当成畜产的观念："南渡以前，士大夫皆不甚用轿，如王荆公（王安石）、伊川（程颐）皆云，'不以人代畜'。朝士皆乘马。或有老病，朝廷赐令乘轿，犹力辞后受。"[5]在北宋士大夫看来，乘轿乃"以人代畜"，是对人之尊严的侮辱。

宋政府显然也认为奴婢是人，而非财物。唐朝常有将官奴婢赏赐给大臣之举，因为"奴婢贱人，律比畜产"；而宋朝则未见

1　葛洪：《涉史随笔》。

2　黄淮、杨士奇编：《历代名臣奏议》卷之四十九。

3　孟元老：《东京梦华录》卷之三。

4　吴自牧：《梦粱录》卷十九。

5　黎靖德编：《朱子语类》卷第一百二十八。

奴婢给赐的记载。咸平年间，宋真宗还下诏，"逋欠官物，不得估其家奴婢（价）以偿"[1]，即禁止官府将债务人家中的奴婢折成财产抵债。唐人允许债务人没有财力偿债时，用人身抵偿债务："诸公私以财物出举者……（债务人）家资尽者，役身折酬，役通取户内男口。"[2]但宋人已不能接受这样有损人之尊严的做法："诸以债负质当人口（虚立人力、女使雇契同），杖一百，人放逐便，钱物不追。"[3]

唐律允许奴婢交易，从法理上说，人口若可以买卖，无疑是将人视为商品。宋政府却不能同意这样的预设，让我们来看一个例子：淳化二年（991），陕西一带发生饥荒，"贫民以男女卖与戎人"[4]。当时陕西沿边邻境的戎人部落还保留着奴隶制，陕西的贫民便将男女小童卖给戎人为奴。宋廷知悉后，下了一道诏令："宜遣使者与本道转运使分以官财物赎，还其父母。"即派遣使者带着官钱，向戎人赎回被卖的小童，送还他们的父母。

简言之，唐人将奴婢视同"物"，宋人则将奴婢当成"人"。尽管《宋刑统》沿用了《唐律疏议》的"奴婢贱人，律比畜产"之条，但我们要知道，宋人修刑统，几乎照抄唐律，连诸多不合时宜、无法执行的条款也抄下来。到南宋时，便有学者提议："《刑统》，皆汉唐旧文，法家之五经也。当国初，尝修之，颇存南北朝之法及五代一时指挥，如'奴婢不得与齐民伍'，有'奴婢贱人，类同畜产'之语，及五代'私酒犯者处死'之类。不可为训，皆

1　马端临：《文献通考》卷二十七《国用考五》。

2　窦仪等：《宋刑统》卷二十六载唐"杂令"。

3　谢深甫监修：《庆元条法事类》卷第八十。

4　马端临：《文献通考》卷十一《户口考二》。下同。

当删去。"[1]

法律史研究者相信，宋代"商品经济前所未有地高度发展，导致统治阶级的传统观念发生变化。民事立法新增了保护奴婢人身权的规定，其根据是编敕，而非《宋刑统》。奴婢由民事权利客体转化为主体，在封建社会法制史上，唯宋代独有"[2]。我们认为，宋人观念的嬗变，代表了一种全新的时代精神，推动着良贱制度的瓦解、贱口奴婢的消亡。

良贱制度的瓦解

除了官私奴婢，唐朝的贱民还有官户、杂户、工户、乐户、部曲。他们呢？在宋代是不是还存在？

跟贱口奴婢一样，入宋之后，部曲作为一个贱民阶层也消失了，因为随着门阀制度与庄园经济的解体，从前的部曲均被放免为自由民。一部分部曲可能获得了土地，成为自耕农；一部分则成为地主的佃户。租佃制全面代替了部曲制。

在租佃制下，佃户不再是所谓的贱口，而是自由民，具有跟其他编户齐民平等的法律地位；佃户与地主之间，仅仅构成经济上的租佃关系，而不存在人身上的依附关系。租佃关系基于双方的自愿结合，法律禁止地主在人身上束缚佃客，天圣年间的一条诏令说，"自今后客户起移，更不取主人凭由，须每田（年）收

1　赵彦卫：《云麓漫钞》卷四。

2　郭尚武：《论宋代保护奴婢人身权的划时代特征——据两宋民法看奴婢的人身权》，《晋阳学刊》2004 年第 3 期。

田毕日，商量去住，各取稳便，即不得非时衷私起移。如是主人非理拦占，许经县论详"[1]。意思是说，佃户在每年收割完毕之后，均可自由退佃，不须经过田主同意，如果田主阻挠退佃，佃户可以申请法律救济。

为避免地主与佃户双方发生利益纠纷，宋政府要求租佃关系的确立需要订立契约："明立要契，举借粮种，及时种莳。俟收成，依契约分，无致争讼。"租佃契约通常要写明双方的权利与义务、租佃期、田租率等。合同期满，租佃关系便宣告结束。

如果粗读宋人记载，我们会发现，宋朝户籍中还保留着"官户""杂户"的名目，这是不是说明宋代仍然有法定的贱民呢？不是。宋朝官户、杂户的含义，与唐朝的官户、杂户完全不同，唐朝的官户、杂户均是隶属于官府的役户，而宋朝的官户乃是指品官之家，杂户则是指"士农工商"四民之外的从业者。严格来说，宋朝杂户的社会地位要低于作为正户的四民，有时候也受歧视，不过政府从未将他们列为贱户。

由于《宋刑统》抄自唐律，载有"官户""杂户"等名目，而实际生活中的官户、杂户又另有含义，所以一些宋朝人自己都被搞糊涂了，不知这究竟是怎么一回事："律文有官户、杂户、良人之名，今固无此色人，谳议者已不用此律。然人罕知其故。"[2]

宋朝也有乐户，被纳入乐籍的人口包括教坊乐工、官妓等从业人员。他们是不是法律上的贱民呢？我们认为，宋代教坊乐工已非唐时的贱户，理由有二：其一，按宋时法律，乐工在教坊任

---

1 徐松辑：《宋会要辑稿·食货六三》。下同。
2 费衮：《梁溪漫志》卷九。

职二十年以上，可以转任下层官员。乐工的子弟也允许入仕。这是贱民不可能具备的"国民待遇"。其二，除了在籍乐工，民间还有大量不入乐籍的乐人，通过"和雇"的方式，也得以进入宫廷演出，他们不隶于官，属于自由民。

相对来说，乐籍内的官妓更容易被人视为贱民。这里有一点需要说明，官妓不等于娼妓。宋朝官妓的工作，是在公务接待中歌舞助酒，在官营酒店中招徕顾客，法律并不允许官妓提供不正当服务："宋时阃帅、郡守等官，虽得以官妓歌舞佐酒，然不得私侍枕席。"[1] 毋宁说，她们是艺人，因而被划入乐籍。

官妓若要脱离乐籍，必须获得官府的批准，宋人称为"出籍从良"，研究者正是基于这一说法，认为宋朝官妓属于贱民。但尽管如此，宋朝官妓还是不同于唐朝贱户：唐朝贱户的放良，必须经由皇帝恩赦，而宋代的州郡长官便可以批准官妓脱籍。而且，"出籍从良"只是一种沿袭自前朝的习惯性说法，并不意味着法律上存在良民与贱民之分。日本汉学家高桥芳郎便认为："从妓籍移入一般庶民的户籍被描述为'出籍从良'，这显示出对官妓的特别管理和社会上对她们的轻贱，但是并不表示这些官妓就是贱民。"[2]

宋朝工匠也告别了贱民身份。宋代的政府部门或官营手工业当然也需要一批工匠提供手工造作，不过宋政府对工匠的使用，已普遍采取雇募的方式。雇募分"差雇"与"和雇"。"差雇"带有一定强制性，但并非无偿征用，政府需要支付雇值，有时雇值

---

1 田汝成：《西湖游览志余》卷二十一。
2 [日] 高桥芳郎：《宋至清代身分法研究》，李冰逆译，上海古籍出版社，2015。

甚至高于市场价，因而"人皆乐赴其役"[1]；"和雇"则基于官府与工匠的自由契约，双方自愿结成劳动关系，工匠提供劳力，政府支付薪酬，跟今日参加公共工程建设的工人没什么两样。而唐朝的工户是隶属于官府的役户，没有自由身。

总而言之，贱民阶层作为一个整体，在宋代已经消亡了；良贱二分作为一项国家制度，在宋代已经瓦解了。虽然在宋人的社会观念中，还有着明显的良贱意识，但此时的"良"，往往只是指正当职业，"贱"，指不正当职业，而不是指向国家身份。概括地说，我们认为，宋朝有贱业，而无贱民。

要知道，唐朝式良贱制度下，良民与贱民都是由法律加以界定的国家身份，被国家剥夺了良民身份的人口，便是贱民。这是我们理解"何谓贱民"的第一个关键点。这样的贱民身份与良贱关系，并不见于宋朝制度之中，高桥芳郎发现，"现存的宋代代表性法律史料中（吴按：沿袭唐律的《宋刑统》不计在内），关于良民与贱民、主人与奴婢的法律规定，几乎可以说完全不存在。不仅是唐律，与元代的《元典章》和《元史·刑法志》，以及明律、清律（及其条例）相比，宋代不存在良贱制度相关法律这一点，甚至称得上是宋代法的一种显著特色"[2]。

此外，在唐朝式良贱制度下，贱民不管是以何名目出现，都有一个共同的特点：高度的人身依附，或依附于国家，或依附于私人。因而，贱民区别于良民的标志，就是他们在法律上不具有人身自由。这是我们理解"何谓贱民"的第二个关键点。从这个

1　梅应发等：《开庆四明续志》卷第六。

2　[日]高桥芳郎：《宋至清代身分法研究》。

意义上来讲，良贱制度的瓦解，唐朝的部曲制演变成宋朝的租佃制，贱口奴婢为雇佣奴婢所代替，体现的正是从"人身依附"向"契约关系"的转型，套用英国历史学者梅因的话来说，"所有进步社会的运动，到此为止，都是一个'从身份到契约'的运动"[1]。我们相信，"从身份到契约"的转型，亦构成了"唐宋变革"的主题。

主奴制度的回潮

宋人曾巩有一首《咏史》诗说："不知千载下，究竟谁贵贱？"我想将它挪来形容良贱制度的千年变迁。我们现在拉宽视界，在"千载"长的历史时段中考察"究竟谁贵贱"，便会发现，自秦汉至明清，宋代可谓是唯一的一个在法律制度上不承认国家身份之贱民、不存在奴隶贱籍的王朝。

秦汉时期尽管尚未形成完整的良贱制度，但法律中已有"罪人妻子，没为奴婢，黥面"[2]的规定，且奴婢所生子女，仍为奴婢。从魏晋至隋唐，伴随着门阀社会与庄园经济的形成，良贱制度也同步发展，并在盛唐之时发展成熟。经历"唐宋变革"，良贱制度才趋于瓦解。

但是，在与赵宋并存的其他地区，都保留着糅合了唐制与草原部族传统的奴隶贱籍。在辽国，"凡征伐叛国俘掠人户，或臣下进献人口，或犯罪没官户，皇帝亲览闲田，建州县以居之，设

1　[英]亨利·萨姆奈·梅因：《古代法》，郭亮译，法律出版社，2016。

2　陈寿：《三国志》卷十二《魏书十二·毛玠传》。

官治其事"[1]，这些俘掠、没官或臣下进献的人口，都是贱口奴婢。辽国的贱口奴婢包括"宫户"与"掖庭户"（契丹皇帝之私奴）、"著帐户"（皇室之私奴）、"媵臣户"（皇后、公主之私奴）、"投下户"（贵族之私奴）、"二税户"（寺院之奴隶）等。辽主还常常将"宫户"等赏赐给臣下，作为他们的奴隶，如天禄元年（947），辽世宗"以崇德宫户分赐翼戴功臣"，统和二十二年（1004），辽圣宗"以继忠家无奴隶，赐宫户三十"。[2]

在西夏，官府也会将一部分俘掠来的蕃汉军民、籍没而来的犯罪人口及其亲属，罚为奴隶，以供奴役。西夏人将人身依附于主家的奴婢贱口称为"使军""奴仆"。根据《西夏天盛律令》，主人可以自由使唤奴隶，"诸人所属使军、奴仆唤之不来、不肯为使者，徒一年"[3]；主人也可以将奴隶卖掉，或者用于偿还债务，"诸人将使军、奴仆、田地、房舍等典当、出卖于他处时，当为契约"，可见西夏的"使军""奴仆"跟田地、房舍一样，具有私人财产的性质。

在女真部落及金国，同样保存着奴隶制度。金国的奴隶有"监户"（宫廷之奴隶）、"官户"（官府役使的奴隶，与唐朝的官户一样）、"二税户"（寺院之奴隶）、家人（依附于猛安谋克户的奴隶）等。大定二十三年（1183），金世宗下令统计全国"猛安谋克户"的户口、畜产之数，尚书省奏报统计结果："猛安（千夫长）二百二，谋克（百夫长）千八百七十八，户六十一万五千六百二十四，口

1 脱脱等：《辽史》卷四十九《礼志一》。

2 脱脱等：《辽史》卷五《世宗》；脱脱等：《辽史》卷八十一《王继宗传》。

3 《西夏天盛律令》，收于刘海宁、杨一凡主编《中国珍稀法律典籍集成》，辞书出版社，1994。下同。

六百一十五万八千六百三十六，内正口四百八十一万二千六百六十九，奴婢口一百三十四万五千九百六十七。"[1] 这里的"奴婢口"即附籍于猛安谋克户的奴隶，大约占猛安谋克户人口的21%。

在对宋战争中，金人还俘掠了大量宋人为奴："自靖康之后，陷于金虏者，帝子王孙，宦门仕族之家，尽没为奴婢，使供作务。"这些奴婢生活非常艰苦，"每人一月支稗子五斗，令自舂为米，得一斗八升，用为糇粮。岁支麻五把，令绩为裘，此外更无一钱一帛之入。男子不能绩者，则终岁裸体"[2]。

灭宋、灭金、灭西夏的元王朝，也从草原带入了奴隶制度——"驱口"制。所谓驱口，意为"供驱使的人口"，指被征服者俘虏为奴、供人驱使的人口。元人说："今蒙古色目人之臧获，男曰'奴'，女曰'婢'，总曰'驱口'。盖国初平定诸国日，以俘到男女匹配为夫妇，而所生子孙永为奴婢。又有曰'红契买到'者，则其元主转于人，立券投税者是也。"[3] 元朝的宫廷、贵族、官府、豪富都占有大批驱口，按照元朝法律，"诸人驱口，与财物同"[4]，驱口的法律地位等同于财物。

除了驱口，元朝人口中还有大量怯怜口、投下户，也属于诸王、贵族等封建领主的私属人口，他们不列入国家的编户齐民，不纳系官差发，而替领主执役，是领主的私人奴隶。

元王朝还按草原旧制，推行全民当差服役的"诸色户计"制度：将全体居民按职业划为民户、军户、站户、匠户、盐户、儒户、

1　脱脱等：《金史》志第二十七《食货一》。

2　洪迈：《容斋随笔》之《容斋三笔》卷三。

3　陶宗仪：《南村辍耕录》卷十七。

4　《元典章》卷十七《户部三》。

医户、乐户、淘金户、炉冶户、打捕户等，职业一经划定，即不许更易，世代相承，并承担相应的人身役。"诸色户计"制度之下，人户对官府有着严重的人身依附，他们实际上都是没有奴婢之名的奴婢，元人自己便说，"普天率土，尽是皇帝之怯怜口"[1]。

"唐宋变革"所表示的"从身份到契约"的转型，至宋元易代之时，已发生逆转，而且这一逆转延续至明代，因为朱元璋建立明王朝后，还是沿用"诸色户计"制度："凡军、匠、灶户，役皆永充。"[2]我们且以其中的匠户为例，明王朝将全国工匠全部编入匠籍，分为轮班工匠、住坐工匠，并规定匠户世代为匠，子孙相承，不得自由择业。轮班工匠必须定期赴京师无偿服役，路费自带，服役时间一般为三个月；住坐工匠则就地服役，每月服役十天，朝廷发给一点伙食津贴。他们跟奴婢实在没什么区别。要等到成化年间，奴役性质的匠户制才趋于瓦解。

朱元璋还恢复了"籍没为奴"的中世纪制度，虽然他曾下诏解放奴隶："诏书到日，即放为良，毋得羁留强令为奴，亦不得收养。违者依律论罪，仍没其家人口，分给功臣为奴驱使。功臣及有官之家不在此限。"[3]然而，恰恰是这道诏书，暴露了朱元璋对奴隶制度的支持：凡违反诏书的人，将被籍没人丁，发配为功臣的奴隶；功臣之家保留役使奴隶的特权。

显然，朱元璋废奴，并不是出于"一个人不可成为另一个人之奴隶"这样的情怀，而是认为平民没有资格役使奴婢，官府与

1　郑介夫：《上奏一纲二十目·怯薛》，收于陈得芝等辑点《元代奏议集录》。
2　张廷玉等：《明史》卷七十八《食货二〇》。
3　《皇明诏令》卷之二《劝兴礼俗诏》。

大臣才具有这样的资格。事实上，朱元璋确实将大量战争俘获的人口与罪犯家属籍没为奴，分配给功臣："明初，以罪抄没人口多分给功臣家为奴婢"；"太祖时，军中俘获子女多分给功臣家为奴婢"。[1]

另外，宋时已经瓦解的良贱制度，在明代也得到一定程度的恢复。明朝的官奴婢、世仆、乐户、九姓渔户、丐户、疍户等，都属于贱籍，他们不但被社会公众歧视，还被赋予贱民的国家身份：世袭为业，不得更籍；不准与良民通婚；"子孙不许读书应试"[2]。跟唐朝贱户不同的是，除了官奴婢与世仆，明朝贱户的人身依附性并不明显，像乐户、丐户、疍户、九姓渔户，都没有一个明确的主子。

清代雍正年间，朝廷才先后豁除了乐户、丐户、世仆、疍户等贱民的贱籍，将他们列入编户齐民——应当承认，这是雍正帝的一大德业。然而，尽管贱户在名义上已成了良民，法律对他们还是充满歧视，到乾隆三十六年（1771），距雍正开豁贱籍差不多已过了半个世纪，清政府还出台了这样一条定例："削籍之乐户、丐户，以报官改业之人为始，下逮四世，本族亲友皆系清白自守，方准报捐应试；若系本身脱籍，或仅一二世，及亲伯叔姑姊尚习猥业者，一概不许滥厕士类，侥幸出身。至广东之疍户、浙江之渔户，及各省凡有此者，悉照此办理。"[3] 那些贱民在脱籍改业之后，要经过四代人，且直系亲属都改业，后裔才可获得良民的待遇。

1 《钦定续文献通考》卷十四《户口考》。
2 谢肇淛：《五杂俎》卷十四。
3 《大清律例汇辑便览》卷八。

而且，虽然雍正帝给乐户、丐户、疍户等贱户豁除了贱籍，但清王朝的八旗制度却一直保留着中世纪式的主奴关系，旗人中的包衣、旗下家奴，法律身份均为家奴。包衣隶属于天潢贵胄、王公贵戚，是皇室、贵族的家臣，"见王，如家奴见家长之礼；包衣之女，许亲王等拣选为媵妾"[1]；旗下家奴隶属于一般的正身旗人，是法律上的贱民，没有独立户籍，不准参加科举，不准与良人通婚，跟大唐的奴婢、部曲差不多。不管是包衣，还是旗奴，他们的家奴身份都是世代相承的。

清朝皇帝非常重视这种千秋万代传承下去的主奴关系，即便是废除贱籍的雍正帝，也特别强调了旗人的主奴之分："满洲风俗，尊卑上下，秩然整肃，最严主仆之分"，"夫主仆之分一定，则终身不能更易。在本身及妻子，仰其衣食，赖其生养，固宜有不忍背负之心；而且世世子孙，长远服役，亦当有不敢纵肆之念"。[2]直至清末，宣统元年（1909），清廷在覆灭前夕，才下诏废除主奴制度："凡从前旗下家奴，概听赎身，放出为民"，"其经放出及无力赎身者，以雇工人论"。[3]

八旗制度下，清王朝的君主具有双重身份：既是大清国的皇帝，又是所有旗人的主子，因此，旗人对皇帝需要自称"奴才"。乾隆帝曾颁发上谕："军机大臣等满洲大臣奏事，称臣、称奴才，字样不一。着传谕：嗣后颁行公事摺奏，称臣；请安、谢恩、寻常摺奏，仍称奴才，以存满洲旧体。"[4]奏公事称臣，奏私事称奴才，

---

1 龚自珍：《关内侯答问》，收于盛康《皇朝经世文续编》卷二十。

2 《清实录·雍正朝实录》卷之五十。

3 韦庆远、吴奇衍、鲁素编：《清代奴婢制度》，中国人民大学出版社，1982。

4 《清实录·乾隆朝实录》卷之五百五十七。

表明旗籍官员也有着双重身份：既是朝廷之臣僚，又是皇帝之家奴。到了宣统二年，清廷才宣布："我朝满汉文武诸臣，有称臣称奴才之分，因系旧习相沿，以致名称各异……嗣后凡内外满汉诸臣会奏公事，均着一体称臣。"[1]

主奴关系的本质是人身依附，而中世纪社会的典型特征之一，便是制度性的人身依附。但凡一个社会的文明形态尚处于中世纪，都会保留着人身依附制度，比如家臣制、庄园农奴制、贱口奴婢制、驱口制；而文明的进步，其表现之一则是人身依附制度的消亡。从这个角度来看，不管是盛唐，还是西夏、辽国、金国，抑或是元、明、清，都处在中世纪，宋朝才可谓庶几迈入了近代文明的门槛。

---

1 《清实录·宣统朝政纪》卷之三十。

十年辛苦寸粒积，倒箧倾囊资女适

——宋朝女性的财产权

古代中国的女性是否有财产权？

我曾将这个问题放到网上，询问网友，结果许多网友都回答：没有。还有人说："母随子贵，如果有儿子的话，作为母亲才能获得继承家业的名额"；"多年媳妇熬成婆，自然就有财产权"；"当成为武则天、慈禧，才有你说的财产权"。总体而言，大部分回答的网友都认为古代中国女性并没有天然的财产权。

然而，事实上，古代中国女性是有财产权的，包括财产继承权，以及对自己财产的处分权。我们先从宋代说起。

"女合得男之半"

为了可以更生动一点介绍宋代女性的财产权，我们还是来讲述南宋《名公书判清明集》收录的一个案例。巴陵县（今湖南岳阳）有一名未婚女子阿石，许配给廖万英为妻。叔父石居易见侄女父母双亡，没什么嫁妆，便划拨了一块田地送给她，并托侄儿石辉（即阿石的兄长）出售，换钱为阿石添置嫁妆。谁知石辉是个无赖，之前因为胡作非为，欠了一屁股债，居然将卖田所得的

400 余贯钱挪用来还债。

阿石的未婚夫廖万英得知消息，上门向妻舅石辉索取陪嫁田。石辉耍赖，廖万英便将他告上了法庭。法官认为，"女弟婚嫁，托孤寄命，非石辉之责，谁之责哉？既无毫发之助，反以乃叔助嫁之田，卖田归己，是诚何心哉？"[1] 先将石辉"决竹第二十"，以示薄惩。

同时，法官也教诫廖万英：娶妻论财，非君子所宜为。大丈夫磊磊落落，怎么可以盯着妻子的一点奁产？如今你"纵使得膏腴沃壤以自丰"，亦已"尽失亲戚辑睦之义"，可谓得不偿失，"更请思之"。

不过，法官尽管在道义上批评了廖万英，但在法律上，还是承认阿石的嫁资"即廖万英机上肉"，廖万英当然有权利要求石辉归还妻子的陪嫁田。因此，法官最后的判决支持了廖万英的诉求，判石辉卖田的交易为无效交易，勒令石辉"赎回田产，付廖万英"。

从这个判例，我们可以知道，宋代的在室女（未婚女子）通常都是以"办嫁资"的名目获得一部分财产，叫"奁产"，因为一般来说，在室女终将出嫁，她的财产也将作为嫁妆带至夫家。

给予在室女一份奁产，是宋朝法律规定的分家析产原则："已嫁承分无明条，未嫁均给有定法。诸分财产，未娶者与聘财，姑、姊、妹在室及归宗者给嫁资。"[2] 换言之，在分家析产时，获得一份奁产，是在室女的法定权利。

---

1 幔亭曾孙辑：《名公书判清明集》卷之六。下同。
2 幔亭曾孙辑：《名公书判清明集》卷之七。

南宋《耕织图》中的女性

司马光的《家范》提到一个例子：某士大夫，"家甚富而尤吝啬，斗升之粟、尺寸之帛，必身自出纳，锁而封之。昼而佩钥于身，夜则置钥于枕下"[1]，堪比巴尔扎克笔下的吝啬鬼葛朗台。一日此人病危昏迷，儿子趁机偷了他的钥匙，打开密室，将父亲所藏财物一抢而光。老头子醒来，摸不着枕头下的钥匙，顿时被气死，而不肖子孙们也不哭，只顾着将哄抢到的家产隐匿起来，却因为分产不均，几兄弟打起了官司，在室的姐妹也"蒙首执牒，自诣

1　司马光：《家范》卷一。下同。

于府庭，以争嫁资"。

司马光讲这件事，是将它当"不知以义方训其子，以礼法齐其家"的反面教材告诫后人，不过我们换一个角度来看，女孩子敢跑上法庭要求分奁产，说明至少有一部分宋朝女性已自觉地认识到，继承父产是她们应得的权利。

那么在室女可以分得的奁产到底有多少呢？北宋时，财产继承法承唐制，"姑、姊、妹在室者，减男聘财之半"[1]。女性得到的奁产，只有男性聘财的一半。看起来似乎微不足道，但我们千万不要小瞧宋朝小娘子的奁产，以为它只是一份可以挑着走的嫁妆。

实际上，宋代厚嫁之风极盛，陪嫁的奁产不仅有"首饰、金银、珠翠、宝器"等财物，还包括"随嫁田土、屋业、田园"等不动产。[2] 宋理宗朝时，一位郑姓大户送给女儿的奁产是"奁租五百亩，奁具一十万贯，缔姻五千贯"[3]；又有一个叫虞艾的县丞之子，"娶陈氏，得妻家摽拨田一百二十种，与之随嫁"[4]。即便是贫穷之家，也要铢累寸积，为女儿留点嫁资，恰如一首宋人范端臣的诗作《新嫁别》所形容："十年辛苦寸粒积，倒箧倾囊资女适。"

到了南宋时期，女性的法定财产继承权又得到扩展，而不仅仅是获得一份嫁资。据南宋的几份判词，"在法：父母已亡，儿女分产，女合得男之半"，"以他郡均分之例处之，二女与养子各合受其半"，可知此时，至少在一部分地区，父母双亡后，女儿能继承的遗产份额是儿子的二分之一。

1 窦仪等：《宋刑统》卷十二载唐"户令"。
2 吴自牧：《梦粱录》卷二十。
3 叶盛：《水东日记》卷八。
4 幔亭曾孙辑：《名公书判清明集》卷之八。下同。

"女合得男之半"的遗产继承原则，只适用于在室女与兄弟共同继承父财的情况。如果户主生前没有生育（或抱养）儿子，只有女儿，宋人称之为"户绝"，因为按传统的礼俗，只有男丁才能继承香火、祭祀祖宗，没有男丁，即意味着绝了香火。这是古人的观念。根据宋朝的"户绝继承法"，"诸户绝财产，尽给在堂诸女"[1]。也就是说，在室女如果没有兄弟，将可继承父母的全部遗产。

不过，如果在室女有出嫁或归宗（指出嫁后因离婚或丧夫而回归娘家）的姐妹，这些姐妹也可以分享遗产。法律规定的遗产分配准则非常细致，在室女、归宗女、出嫁女所得份额各不相同，我们后面会制成一个表格，这里只记住一个总的原则就行了：在室女继承的遗产份额多于归宗女，归宗女继承的遗产份额又多于出嫁女。如此递减是合理的，因为出嫁女与归宗女之前已经得到一份奁产，她们可继承的遗产份额理应少于在室女；而出嫁女有夫家赡养，她从娘家继承的遗产份额也理应少于归宗女。

姐妹们有时候还会遇到其他与她们竞争继承遗产的人——按照宋人惯例，户绝之家往往会以继嗣的方式接续香火，"使祖宗之享祀不忒"[2]，继嗣之人也有权利获得一部分遗产。

继嗣可以分为两种形式，一种是夫亡妻在，由妻子选立继子，这叫"立继"；另一种是夫妻均亡，由近亲尊长选命继嗣之人，这叫"命继"。根据"户绝继承法"，立继子享有与亲生子同等的遗产继承权利，按"女合得男之半"的原则分配遗产；命继子的

1　[美]伊沛霞：《内闱：宋代的婚姻与妇女生活》，胡志宏译，江苏人民出版社，2018。
2　幔亭曾孙辑：《名公书判清明集》卷之八。

继承份额则依情况而定：

如果只有在室女与命继子分割遗产，在室女得四分之三，命继子得四分之一；只有归宗女与命继子，归宗女继承二分之一，命继子继承四分之一，另四分之一入官；同时有在室女、归宗女与命继子，则命继子得五分之一，女儿共得五分之四，这五分之四的财产中，在室女得三分之二；只有出嫁女与命继子，则出嫁女继承三分之一，命继子继承三分之一，余下三分之一入官。[1]

除了在室女、出嫁女与归宗女，其他身份的女性有时候也能从娘家继承到一部分财产，如按《宋刑统》所载沿袭自唐朝的户令，民户分家析产之时，"其未娶妻者，别与聘财；姑、姊、妹在室者，减男聘财之半"[2]。按天圣年间编订的《户绝条贯》，在户绝情况下，如果被继承人没有女儿、孙女，被继承人之姑、姐妹与侄女也可以继承到总共三分之一的财产："今后户绝之家，如无在室女、有出嫁女者，将资财、庄宅、物色除殡葬营斋外，三分与一分；如无出嫁女，即给与出嫁亲姑、姊、妹、侄一分。"[3]

女性分得的财产，包括不动产，是受宋代法律保护的。因此在前面的案例中，廖万英才能够胜诉。按绍兴年间的一项立法，"田宅与女折充嫁资，并估价赴官投契纳税。其嫁资田产于契内分明声说，候人户赏到税钱，即日印契置历，当官给付契书"。[4] 家长将一部分不动产分给女儿作为奁产之后，需要赴官办理公证手续，并交纳契税，然后由官方发给新契书，契书内注明了嫁资田产。

1　关于分割遗产份额的多少，参见幔亭曾孙辑《名公书判清明集》卷之八。
2　窦仪等：《宋刑统》卷十二载唐"户令"。
3　徐松辑：《宋会要辑稿·食货六一》。
4　徐松辑：《宋会要辑稿·食货一一》。

这样，不但政府可以收到税钱，民间也可避免产权争端，"若不估价立契，虽可幸免一时税钱，而适所以启亲族兄弟日后诉讼"。

奁产公证的立法，以及廖万英诉石辉案的判决，均显示宋朝女性的奁产是独立于娘家财产之外的，亲族兄弟不可以侵占。等到在室女成亲，奁产便以嫁妆的形式带至夫家，"妻家并不得追理"[1]。

"妻家所得之财，不在分限"

按宋人婚俗，男女在议定婚姻之时，男方要给女方送"定帖"，帖中写明"男家三代官品、职位、名讳，议亲第几位男，及官职年甲月日吉时生，父母或在堂或不在堂，或书主婚何位尊长"，如果是入赘，则列明所带入女家的财产名单，"将带金银、田土、财产、宅舍、房廊、山园，俱列帖子内"；女方也要给男方回"定帖"，除了说明"议亲第几位娘子，年甲月日吉时生"，还要"具列房奁、首饰、金银、珠翠、宝器、动用、帐幔等物，及随嫁田土、屋业、山园等"奁产。[2]

这个"定帖"具有"婚前财产证明"的效力，可以用来证明哪些财产是新娘子带来的奁产。区分是否为奁产，从法律上来讲，很重要。因为宋朝法律规定，"妻家所得之财，不在分限"[3]，意思是说，兄弟分家，妻子带来的奁产属于小两口的私产，并不是大

1　窦仪等：《宋刑统》卷十二载唐"户令"。

2　吴自牧：《梦粱录》卷二十。

3　窦仪等：《宋刑统》卷十二载唐"户令"。

南宋李嵩《骷髅幻戏图》上的女性

家庭的公产，不需要拿出来分割。我们来看南宋的一起民事诉讼案——

有一户人家，户主叫陈圭，起诉儿子陈仲龙与儿媳蔡氏将陈家田产盗卖给了蔡仁。经法官查证，事实是陈仲龙用妻子蔡氏的奁产购置了田产，然后典给蔡仁耕种。法官认为，"在法：妻家所得之财，不在分限。又法：妇人财产，并同夫为主。今陈仲龙自典其妻装奁田，乃是正行交关"，不存在盗卖的行为。[1] 不过，法官又查实，蔡仁乃蔡氏之弟，瓜田李下，形迹可疑，如今陈圭既然有词，蔡仁于理不宜久占奁田，且蔡仁在法庭上也表示愿意将田业退还给姐姐。因此，法官作出裁决：蔡仁退典，"若是陈圭愿备钱还蔡氏，而业当归众，在将来兄弟分析数内；如陈圭不出赎钱，则业归蔡氏，自依随嫁田法矣"。亦即裁定争议田产的所有权归蔡氏，陈圭若想取得产权，必须备赎钱给儿媳蔡氏。

由于法律将奁产列为一项独立的财产，有一些存了私心的人，便利用这一立法，"作妻名置产"，将家庭的一部分公共财产登记成妻子的奁产，这样，将来兄弟分家的时候，便能多占财产。按宋人袁采的说法，这种情况"多矣"。[2]

说到这里，我们可以知道：宋朝女性的奁产在取得之后，便不容亲族兄弟侵占；成婚之后，即便是奁产的赋予人——娘家父母也无权追回；夫家的其他成员（包括丈夫的父亲）也不可染指。

那么丈夫本人呢？依宋朝法律，"诸妇人随嫁资及承户绝财

---

1 幔亭曾孙辑：《名公书判清明集》卷之五。下同。

2 袁采：《袁氏世范》卷上。

产，并同夫为主"；"女适人，以奁钱置产，仍以夫为户"。[1] 看起来似乎妻子的奁产归丈夫所有，或者说，是丈夫占主导权的夫妻共同财产。事实是不是这样呢？通过考察宋代的事例，我们相信，"同夫为主""以夫为户"的规定，乃是因为按当时的户口—赋税制度，一户只能立一个户主，户主只能登记为丈夫之名（孀妇方可立为女户），并不意味着丈夫取得了对妻子奁产的支配权。

我们来看一个事例：南宋末婺州的楼约与妻子王氏，生育有女儿楼妙清。"王氏爱妙清甚，乃于湖塘上造屋一十七间，别置薪山若干亩，蔬畦若干亩，腴田若干亩，召妙清夫妇，谓曰：'此皆吾捐嫁赀所营，毫发不以烦楼氏，今悉畀尔主之，尔其慎哉。'"[2]

其后楼妙清年老，又将继承自母亲的产业全部送给外孙王野仙："吾二人（指楼妙清与丈夫）耄矣，不幸无子，今甥野仙，文而有守，又妻吾侄之女，此而非亲，将谁亲乎？吾母氏所畀之业，宜具授之。"在这个例子，不管是王氏，还是楼妙清，她们对自己的奁产，都具有完全的支配权，丈夫对此也没有表示异议。

另一个案例则显示妻子对奁产的支配权受法律保护：南宋有一个叫江滨叟的读书人，为休掉妻子虞氏，先是诬告妻子与人通奸，又检控虞氏"曾令妾搬去房奁器皿"，是盗窃江家财物。[3] 换言之，"虞氏盗与奸俱有"，按古礼，"淫佚"与"盗窃"都是"七出"的要件。但法官审理发现，虞氏所搬走的均是她的奁产，不构成盗窃。最后法官作出裁决："江滨叟撰造事端，以鸟兽之行

1　幔亭曾孙辑：《名公书判清明集》卷之九；脱脱等：《宋史》卷一百七十八《食货上六》。
2　宋濂：《宋学士文集》卷第四十六《王氏义祠记》。下同。
3　幔亭曾孙辑：《名公书判清明集》卷之十。下同。

诬其妻，虞氏亦人尔，尚何面目复归其家？虞士海（虞氏之父兄，替虞氏到庭应诉）既称情义有亏，不愿复合，官司难以强之，合与听离。虞士海先放，江滨叟勘杖八十。"法官惩罚了诬告的江滨叟，并承认其妻拥有对奁产的支配权。

女性对奁产的支配权还体现为，如果改嫁，她可以将带来的奁产随身带走。改嫁分两种情况，一是离婚改嫁，一是夫亡改嫁。

先来看第一种情况。南宋有一名姓周的民妇，初嫁曾氏，并生子曾岩叟；再嫁赵副将；于开禧二年（1206）三嫁京宣义，但成婚未及一年，周氏就因为京宣义宠溺嬖妾，离开京家，投奔儿子曾岩叟。四年后，周氏去世，留下一笔奁产。京宣义贪图这笔奁产，便诉官要求周氏归葬。但这一诉求被法官驳回："在法：夫出外三年不归者，其妻听改嫁"[1]，京宣义弃妻于曾家数年，婚姻已宣告失效，自是没有权利"取妻归葬"，更没有权利继承周氏的遗产。周氏之丧"听从曾岩叟安葬"，京宣义"不得更有词诉"。你看，周氏数次离婚、改嫁，却一直保有自己的奁产。

再来看第二种情况。大约宋宁宗嘉定十二年（1219），一名叫吴汝求的年轻人，跑到法院控告继母王氏侵吞了他父亲的财产。原来，这吴汝求的父亲叫吴和中，是一位贡士，家道也算殷实，只是结发妻子早逝，留下一子，即吴汝求。在儿子七岁时，吴和中娶了王氏为继室。老夫少妻，吴和中自然对王氏很是疼惜，并依着她的主意，购置了不少田产、房产，都以王氏奁产的名义立契。

嘉定九年（1216）九月，吴和中去世，未久王氏便带着"自

1　幔亭曾孙辑：《名公书判清明集》附录二。下同。

随田二十三种、以妆奁置到田四十七种"，改嫁他人。[1] 此时吴汝求已长大成人，却是一个"狂荡弗检"之徒，不消几年，便将父亲留给他的财产挥霍殆尽，房产都卖光了，连个栖身之所都没有。吴汝求这才想起，继母王氏在父亲生前，多次教唆父亲以她的名义购置物业，父亲一死，她又很快将名下的财产全部带走，这分明是蓄谋已久要侵夺吴家的家产。因此，吴汝求将继母王氏告上了法庭。

受理此案的法官认为，尽管吴汝求自陈"王氏所置四十七种之田，系其故夫己财置到"，但打官司讲的是证据，"官凭文书，索出契照，既作王氏名成契，尚复何说"？法官只能裁定这些财产归王氏合法拥有。这是对法律与契约的尊重。同时，考虑到吴汝求"一身无归，亦为可念"，"请王氏以前夫为念，将所置到刘县尉屋子业与吴汝求居住，仍仰吴汝求不得典卖。庶几夫妇、子母之间不至断绝，生者既得相安，死者亦有以自慰于地下矣"。法官请求王氏，将吴和中生前给她购置的其中一份物业给予吴汝求居住，但所有权仍归王氏，吴汝求不得典卖物业。如此，王氏的财产权依法得到保护，而母子的情份也得以兼顾。

丈夫去世、妻子携产改嫁的事情，在宋代是很常见的，因为宋人自己说，"膏粱士俗之家，夫始属纩，己欲括奁结橐、求他耦而适者，多矣"[2]。前面我们提到宋代有不少人"作妻名置产"，袁采告诫家人：千万不要这么做，因为这世上，"有作妻名置产，

1　幔亭曾孙辑：《名公书判清明集》卷之十。下同。
2　江少虞：《宋朝事实类苑》卷第五十四。

身死而妻改嫁，举以自随者，亦多矣"[1]。袁采的忠告，其实正好反映了宋代女性改嫁之时有权带走奁产的普遍性事实。

只有在一种情况下，孀妇带走奁产的权利才会受到限制，那就是在儿女年幼需要抚养的情况下。孀妇若未生育，那么她带着奁产改嫁，或者将奁产带回娘家，都被视为是天经地义的。

如果孀妇守志不改嫁呢？根据法律规定，她将是丈夫全部财产的第一顺位继承人："在法：诸分财产，兄弟亡者，子承父分；寡妻守志而无男者，承夫分。妻得承夫分财产，妻之财产也。"[2]

当然，妻子继承之夫财，最终还将传给子女，但她作为母亲，在分户析产之前，哪怕儿子已成人，具备完全之民事行为能力，寡母仍然保留着对处分家庭财产的知情同意权："交易田宅，自有正条，母在，则合令其母为契首"；"若欲典卖田宅，合从其母立契"。[3]

对女性财产权的历史考察

将女性的财产继承权放入历史长河中考察，我们将会发现：宋代政府关于财产继承的立法之详，可谓历朝之冠；宋朝女性的财产权，亦可谓最受保障。

先秦时，在严格的宗法制度下，女性并无财产权；汉朝时，女性在特定条件下可以继承财产，因为按国家立法，"死毋子男

1　袁采：《袁氏世范》卷上。
2　幔亭曾孙辑：《名公书判清明集》卷之七。
3　幔亭曾孙辑：《名公书判清明集》卷之九。

代户，令父若母，毋父母令寡，毋寡令女，毋女令孙，毋孙令耳孙，毋耳孙令大父母，毋大父母令同产子代户"[1]，户主的继承顺位是：儿子—父母—寡妻—女儿—孙子—耳孙—祖父母—同产子（兄弟之子），身份为母亲的女性属于第二顺位继承人，身份为妻子的女性属于第三顺位继承人，在第一顺位继承人缺位的情况下，她们可以通过取得户主地位的方式继承到财产处分权。

唐代，国家开始在法律上明确女儿的财产继承权（以办嫁妆的名义）："其未娶妻者，别与聘财；姑、姊、妹在室者，减男聘财之半。"[2]在户绝情况下，父母的遗产除用于"营葬事及量营功德之外，余财并与女"[3]，确认女儿有权利继承户绝财产。

宋朝在唐朝的文明基础上，将财产继承立法发展到历代最为繁密的程度，特别是关于户绝财产的分配，宋人自己说，"窃惟户绝之法，朝廷行之最为周密"[4]。不同身份的继承人（如在室女、归宗女、出嫁女、立继子、命继子），在不同条件下（如户绝与非户绝、立继与命继）各自的法定继承份额为几何，法律都作出了详细的规范，因此，法官仲裁民间发生的财产继承权纠纷时，基本上都有法可依。

在法律繁密化的过程中，宋朝女性的法定财产继承权也发展至历朝最高水平——虽然宋代还是男权社会，财产权还谈不上男女平权，但不管与之前的汉唐时期相比，还是与之后的元明清时

1　《二年律令·置后律》，收于朱红林《张家山汉简〈二年律令〉集释》，社会科学文献出版社，2005。

2　窦仪等：《宋刑统》卷十二载唐开元"户令"。

3　窦仪等：《宋刑统》卷十二载唐开元"丧葬令"。

4　李新：《跨鳌集》卷二十二《与家中孺提举论优恤户绝书》。

期相比，宋朝的女性都有更多的机会获得更大的财产继承份额，并且保有这份财产。现在我们简单梳理一下宋朝女性的财产继承权，制成表格如下：

宋代女性财产权一览表

继承人	继承人状况	继承份额	法律依据	补充说明
在室女	只有在室女	继承全部遗产	《宋刑统》	—
	既有在室女，又有诸子	在室女继承的财产份额为儿子的二分之一	南宋立法	—
	既有在室女，又有命继子	在室女得四分之三；命继子得四分之一	南宋立法	—
	既有在室女，又有归宗女	在室女、归宗女均分财产	北宋元符新定户令	南宋时调整为：在室女得三分之二；归宗女得三分之一
	既有在室女，又有归宗女、命继子	在室女得十五分之八；归宗女得十五分之四；命继子得十五分之三	南宋立法	—
	既有在室女，又有出嫁女	在室女得三分之二；出嫁女得三分之一	北宋元符新定户令	出嫁女继承权有条件限制，详见下面"出嫁女"条

继承人	继承人状况	继承份额	法律依据	补充说明
归宗女	只有归宗女	继承三分之二的遗产	北宋元符新定户令	余下三分之一财产入官。南宋时，归宗女只继承二分之一遗产，余下二分之一入官
	既有归宗女，又有出嫁女	归宗女继承三分之二；出嫁女继承六分之一	北宋元符新定户令	六分之一财产入官。出嫁女所继承财产若不足100贯，全给，不入官；若不足200贯，则给足100贯，余下入官
	既有归宗女，又有命继子	归宗女继承二分之一；命继子继承四分之一	南宋立法	余下四分之一入官
出嫁女	只有出嫁女	只可继承三分之一财产	北宋天圣户绝条贯	余下三分之二入官
	既有出嫁女，又有命继子	出嫁女得三分之一；命继子得三分之一	南宋立法	余下三分之一入官
	既有出嫁女，又有在室女	出嫁女得三分之一；在室女得三分之二	北宋元符新定户令	遗产须在1000贯以上，出嫁女方得继承，继承总额不超过2000贯
	既有出嫁女，又有在室女、归宗女	出嫁女得三分之一；在室女与归宗女共得三分之二	北宋元符新定户令	遗产须在1000贯以上，出嫁女方得继承，继承总额不超过2000贯

（续表）

继承人	继承人状况	继承份额	法律依据	补充说明
妻子	丈夫在世	妻子奁产名义上为夫妻共有，但妻子实际上保留着对自己奁产的处分权	《宋刑统》	—
	丈夫去世，孀妇守志	继承丈夫的全部财产	《宋刑统》	—
	丈夫去世，孀妇归宗或改嫁	妻子可带走自己的奁产	—	在丈夫留下未成年子女需要抚养时，孀女处分奁产的权利受限制
母亲	父亡母在，子女成人但未分家	母亲保留着对处分家庭财产的知情同意权	—	—
亲姑、姊妹、侄女	被继承人户绝，且没有女儿、孙女	亲姑、姊妹、侄女可以共继承三分之一财产	北宋天圣户绝条贯	余下三分之二给同居男性，如赘婿、义子、外甥等

　　到了明朝，立法者对女性的财产继承权似乎缺乏关注的热情，以致法律上的相关规定非常之简单，我们只能从《大明令·户令》找到一个条款："凡户绝财产，果无同宗应继者，所生亲女承分。无女者，入官。"《大清律例·户律》基本沿袭这一立法："户绝财产，果无同宗应继之人，所有亲女承受。无女者，听地方官详明上司，酌拨充公。"法律也不再区别在室、归宗、出嫁、立继、

命继等不同情况。我们认为，首先，这是民事立法萎缩的表现。

其次，这还体现了女性财产权的萎缩。因为根据这一立法，明清时期的女性，只有在户绝且没有继嗣者的条件下，才可以继承到父母的财产；非户绝的遗产，女性没有法定的继承权。虽然明清女性在出嫁时通常可以分到一份奁产，但这只是民间习惯，而非国家立法。一些司法判例也显示，明清女性获得奁产的权利也得到法官的同情与支持，但法官的依据是情理，而非法律。未能在法律上确认的财产权，终究是不稳定的。

即便是户绝财产，女儿得以继承的机会也是不可高估的，因为明代又推行强制性的继嗣制，《大明令·户令》规定，"妇人夫亡无子守志者，合承夫分，须凭族长择昭穆相当之人继嗣"。继嗣成为一项义务，而且孀妇不再具有挑选继嗣者的法定权利（要知道，在唐宋时期，继嗣不具强制性，而是孀妇的权利，她可以立继，可以不立继，也可以挑选继子），而一旦有了继嗣之人，被继承人的女儿在法律上便自动丧失了继承遗产的权利。如此立法，简直就是自相矛盾：（1）在没有男性继承人的情况下，女儿可以继承父母的遗产；（2）一户家庭如果没有男性继承人，必须由族人选择一名继子作为继承人。

而且，孀妇如果改嫁，还将失去对自己奁产的所有权——这一权利变更是从元代大德七年（1303）开始的，当时中书省江浙行省提了一个立法建议："今后应嫁妇人，不问生前离异，夫死寡居，但欲再适他人，其元随嫁妆奁财产，并听前夫之家为主。"[1]元廷采纳了建议，只是补充了一句："无故出妻，不拘此例"，即

---

1 拜柱：《通制条格》卷第四。下同。

被丈夫无故休掉的妻子，还是可以带走她的奁产。明清延续了元朝的立法，《大明令·户令》与《大清律例·户律》均规定，"其改嫁者，夫家财产及原有妆奁，并听前夫之家为主"。同时，"无故出妻，不拘此例"的附注被删掉，意味着女性处分奁产的权利被进一步削弱。

不过，在民间，孀妇改嫁可带走奁产仍然得到习惯法的承认，直到民国时期，南京国民政府主持的民商事习惯调查还发现，在一些地方，"为人妻者，对于私有财产有单独处分之权"[1]。但显然，这仅仅是地方性的民间习惯。在另一些地方，未必就如此。

从女性财产权的角度来看历史，不得不承认，从唐宋到明清，是历史的一大退步。但尽管如此，我们也不能说明清女性没有财产权，毕竟按照民间习惯，女性通常都可以分得一份奁产，且在实际上保留着对奁产的处分权。而明清时期的一大特点是，国家治理能力退化，社会的运转更多地依赖民间习惯。

最后我想提一下，不要以简单的思维想象我们的历史与传统，也不要以明清时期的退步推论传统中国的文明成就。

---

1 前南京国民政法司法行政部编：《民事习惯调查报告录》，中国政法大学出版社，1998。

太学诸斋拣秀才，出门何处是金台？

——富有宋朝特色的『大学』制度

　　宋朝的"太学"为全国最高学府，我们不妨视之为古代的"大学"。

　　北宋的太学，位于东京开封府内城朱雀门外的御街之东。这一带为商业繁华区，对此，孟元老的《东京梦华录》是这么描述的："御街东朱雀门外，西通新门瓦子以南杀猪巷，亦妓馆。以南，东西两教坊，余皆居民或茶坊。街心市井，至夜尤盛。过龙津桥南去……东刘廉访宅，以南，太学、国子监。过太学，又有横街，乃太学南门。"[1]

　　太学的旧址，原本在国子监之内。宋仁宗庆历年间，由于国家兴学，生员数目增多，国子监内已经"不足以容学者"[2]，因此太学从国子监迁出，搬至御街东面的锡庆院。宋神宗熙宁年间，太学进一步扩大招生规模，又将锡庆院旁边的朝集院西庑并为校舍，至此，"诸生斋舍、官掌事者直庐略具，而太学栋宇始仅足用"。

1　孟元老：《东京梦华录》卷之二。
2　马端临：《文献通考》卷四十二《学校考三》。下同。

宋徽宗崇宁年间，太学规模再次扩充，朝廷在京城南门外营建了新校舍，"为屋千八百七十二楹"[1]，建筑形制外圆内方，徽宗皇帝赐名"辟雍"，作为太学的预科。

经庆历、熙宁、崇宁三次兴学，北宋太学的规模达至最盛，每年共有学生 3800 人。

现在，我们去看看宋朝太学是怎么上课的吧。

教学制度

宋朝太学的主要课程是经义、策论、诗赋，学生可兼修法学（律学），并"早晚习射"。[2] 教学方式则采用分斋授课。斋，就如今天学校的教学班。元丰二年（1079），太学有学生 2400 人，"置八十斋，斋容三十人"[3]，一斋之规模正好跟今日的小班制相接近。每斋设斋长一名，由太学生充任，相当于现在的班长。

不过宋朝的太学允许旁听，到太学听课的人数远超其员额。如北宋大学者胡瑗博士在太学讲《易》，"常有外来请听者，多或至千数人"；另一位大学者孙复讲《春秋》，"初讲旬日间，来者莫知其数。堂上不容，然后谢之，立听户外者甚众"。[4] 我们现在常说民国时大学里有许多旁听生，如老一辈学者任继愈先生回忆说，"当时北大校门任人出入，教室任人听课，图书馆阅览室也任人阅读。不管是不是北大的成员，都可以走进来，坐下就看书，

1　陈邦瞻：《宋史纪事本末》卷九。
2　徐松辑：《宋会要辑稿·崇儒一》。
3　马端临：《文献通考》卷四十二《学校考三》。
4　程颐：《回礼部取问状》，收于程颐、程颢《河南程氏文集》。

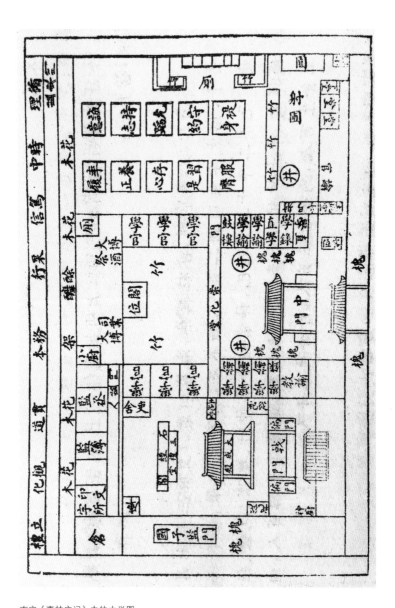

南宋《事林广记》中的太学图

无人干涉。写北大校史的人，都提到北大沙滩有不少在北大的旁听生（办过旁听手续的）和偷听生（未办旁听手续的），如丁玲就是偷听生中的一位，后传为佳话"[1]。但我们未必知道宋朝的太学原来也有很多旁听生。

宋代太学的斋又分为"经义""治事"两个专业。经义斋的学生主修经史与学术，"选择其心性疏通、有器局、可任大事者"[2]入读；治事斋的学生则主修实务，"一人各治一事，又兼摄一事，如治民以安其生，讲武以御其寇，堰水以利田，算历以明数是也"。这一分斋教学法是胡瑗在湖州州学当教授时创设的，随后被引入太学系统："庆历中，天子诏下苏、湖，取其法，着为令于太学。"

熙宁四年（1071），宋政府又依王安石提倡的"三舍法"，将太学的学生分为外舍生、内舍生和上舍生。舍，其实就是教育层次，外舍、内舍、上舍就如现在的大学预科、本科与研究生。外舍生的数目远多于内舍生与上舍生，在元丰年间的2400名太学生当中，外舍生有2000名，内舍生为300名，上舍生为100名。崇宁元年（1102），宋徽宗建辟雍，将外舍生从太学迁往辟雍，此时外舍生更是达到3000名，留在太学的内舍生和上舍生也分别增至600名和200名。

太学生从外舍升入内舍，或者从内舍升入上舍，必须修到足够的学分。今人一般都认为，高校的学分制率先施行于1872年的美国哈佛大学，清末建立的京师大学堂模仿西式大学，采用了

1　任继愈：《松公府旧北大图书馆杂忆》，收于《任继愈学术文化随笔》，中国青年出版社，1996。

2　黄宗羲：《宋元学案》卷一。下同。

分班教学与积分制，是中国最早的学分制度。然而，不管是分班制，还是学分制，在宋代的太学教学中早已出现。

宋朝的学分制度比较复杂，并且从北宋到南宋，具体的积分设计也有调整。我且以南宋太学的积分制为例，略作解说。

士子申请入读太学，或者从州学升补太学，都要参加入学考试，这叫"补试"，补试合格，才可录取为太学生。

每个月，太学的外舍要进行一次考试。考试由太学内部的学官主持，这叫"私试"，"孟月经义，仲月论，季月策"，按 10% 的合格率评分，其中合格的成绩分为三等：第一等一般空缺，第二等的第一名给 3 个学分，第二名给 2.5 个学分；第三等的第一名给 2 个学分，第二、三名各给 1.5 个学分，第四、五名各给 1.3 个学分，其余的各得 1 个学分。[1]

每个季度，积分最多且没有违纪记录的若干名学生，将获得一次季度校定。到了年终，获得三次以上季度校定且积分最多的若干名学生，可以得到一次年度校定。

每年二月下旬，太学外舍还要举行一次由礼部派员主持的考试，叫"公试"，"初场以经义，次场以论、策"。[2] 公试合格的成绩分为五等：第一等通常空缺；第二等"约四十人取其一"[3]，即录取率只有 2.5%，入等的学生各给 3 个学分；第三等"约二十人取一"，录取率 5%，入等的学生各给 2 个学分；第四、五等"约七人取一"，录取率大约 14%，入等者各给 1 个学分。

1　参见脱脱等《宋史》卷一百五十七《选举三》。

2　脱脱等：《宋史》卷一百六十五《职官五》。

3　周密：《癸辛杂识》后集。下同。

　　凡入读时间不少于一年、上一年获得年度校定、本年度公试得 3 个学分以上的外舍生，可以升入内舍；入读时间不少于一年、上一年获得年度校定且私试积分名列前三（积分不得少于 8 分）的三位外舍生，可以免公试，直接升入内舍；入读时间不少于一年、上一年获得年度校定、本年度公试得 2 分的外舍生，暂时不能升级，但次年公试如果能再得 2 个学分，便可升为内舍生；入读时间不少于一年、上一年未获年度校定但本年度公试 3 分以上的外舍生，不能升舍，但只要他在今年的两次私试中各得 3 个学分，也可以升入内舍。

　　内舍生每个月也要进行一次私试，考题类型与评分标准如同外舍的私试。每个季度，积分最多的若干名学生可得到一次季度校定，获得三次以上季度校定的前十名学生可获得年终校定，其中前三名（一年积分不得少于 10 分）的年终校定为"优"，另外七人的年终校定为"平"。

　　每年的九月，太学还要举行一次"上舍试"，考试对象是上舍生与内舍生。按"每三人取一人"的合格率进行评分，合格的成绩分为"优""平"二等。优等的第一名给 10 个学分，第二、三名各给 9 个学分，第四至第十名各给 8 个学分；平等的学生各给 6 个学分。

　　获得上舍试 8 个学分以上且在内舍读满两年、年度校定为优的内舍生，可以马上毕业，赐进士出身，授予官职。

　　在内舍读满两年、上舍试 8 个学分以上但年度校定为平的内舍生，可以升入上舍读书，或者直接参加科举考试的殿试；上舍试只得 6 个学分、年度校定为平、在内舍读满两年的内舍生，也可以升舍，或参加科考的省试；年度校定为优但上舍试不合格，或者上舍试为优，但未获得年度校定（但须有三次以上季度校定）

的内舍生，也可升舍进修。

在内舍未读满两年的学生也是可以参加上舍试的，如果考试成绩为优等，虽然不能马上升入上舍，但可以积下至少 8 个学分。而在上舍读书的学生，将不再参加私试、公试，只每年进行一次上舍试。[1]

那些积不到足够学分升舍的学生怎么办呢？按元符元年的教育立法，"三试不升舍，遭还其州"[2]，即外舍生三年未能升舍、内舍生六年未能升舍，将被勒令退学，遣回籍贯地。当然，他们还可以参加本州的科举考试。

可以看出来，宋朝太学的积分制度比较复杂，是一种复合型的积分制：整个积分体系由月考（即私试）学分、季度校定、年度校定、年考（公试或上舍试）学分构成。不同的积分情况，决定了学生不同的出路：或直接升舍，或允许补考升舍，或留级，或退学。

我们不妨再来思考一个问题：跟现代大学通行的学分制相比，宋朝人创设的学分制是更合理一些，还是更不合理一些？

现在我们已经知道了：宋朝的太学，分为三个层次，外舍、内舍、上舍，就如今日大学的预科、本科、研究生；修到足够的学分才可以升舍或毕业；太学又采取分斋教学，一斋三十人，小班制，分"经义""治事"两个专业。我们不能不承认，放在 800 年前来看，这一教学制度是很先进的。

1　参见吴云鹏《论宋元明清积分制的演变》，《吉林教育科学》2001 年第 6 期。
2　脱脱等：《宋史》卷一百五十七《选举三》。

专科学校

宋朝的太学，其实仅仅是国子监直辖的几所国立学校之一。太学之外，国子监还辖有多所学校：

（1）国子学。"国子"一词出自《周礼》，意为贵族子弟，国子学最早出现在晋朝，是晋武帝设立来培养士族子弟的学校。宋朝的国子学也带有"贵族"色彩，只招收七品以上官员的子弟，员额最高时有 200 人。

（2）四门学。如果说国子学是"贵族学校"，四门学则是"平民学校"，只招收八品以下官员的子弟以及平民的优秀子弟。庆历兴学之后，随着太学的扩招与平民化，四门学与国子学失去了存在的必要性，先后被废止。

（3）小学。国子监下属的基础教育学校，相当于今天的大学附属中学，只招收八岁至十二岁的儿童，成绩优秀的学生毕业后可以升入太学的外舍。宋徽宗政和年间，国子监小学的学生有一千余人，分立十斋。

（4）辟雍。前面我们介绍过了，辟雍相当于太学的预科学校，"太学专处上舍、内舍生，而外学（辟雍）则处外舍生"[1]；从州学考入太学的士子，也先至辟雍读预科："士初贡至，皆入外学，经试补入上、内舍，始得进处太学。"

值得我们特别留意的，是北宋国子监下辖的几个专科学校。我记得研究中国近代史的袁伟时教授曾说过："与西方文化不同，中国传统文化自古以来把数学、逻辑、法律等学科排斥在教育体

1　马端临：《文献通考》卷四十二《学校考三》。下同。

系之外，熟读儒家经典成为主要上升渠道，导致知识阶层视野狭窄，创新能力严重不足。"[1]但只要略了解宋代的专科教育，便会知道袁教授所言过于偏颇，不合史实。

来看看宋朝的国子监设立了哪些专科学校——

（1）律学，相当于法学院。北宋立国之初便置律学博士，传授法律。至熙宁六年（1073），于国子监下设律学，分"断案""律令"两个专业，断案专业主修刑名之学与案例试断，律令专业主修法理大义。律学所需的古今刑书，可向朝廷申请配备；朝廷颁布的法令，也需要关送律学。每月，律学会举行三次私试、一次公试。成绩优秀的律学生毕业后可赴吏部授官。兼修律学的太学生，在律学公试中获得第一等的成绩，可计入学分，相当于在太学私试中得第二等。

（2）算学，相当于数学与天文学院，崇宁兴学期间设立，"生员以二百一十人为额，许命官及庶人为之"[2]。入读的学生以天文、历法、算术、三式法（指卜筮之法）为必修课，再选修一门文化课，如《论语》《孟子》，其"公私试、三舍法略如太学"，上舍的优秀毕业生可以授官。

（3）书学，相当于文字学与书法学院，学生练习篆、隶、草三种字体，主修《说文》《字说》《尔雅》《博雅》《方言》五书，兼通《论语》《孟子》之义。公私试、三舍法同算学，只是毕业生所授官职"差降一等"。[3]

1　袁伟时：《中国传统文化：辉煌·历史危机·现实危险》，《财经》双周刊 2014 年第 30 期。

2　脱脱等：《宋史》卷一百五十七《选举三》。下同。

3　马端临：《文献通考》四十二《学校考三》。

（4）画学，相当于美术学院，学生主要训练佛道、人物、山水、鸟兽、花竹、屋木等题材的绘画，并学习《说文》《尔雅》《方言》《释名》，士子出身的学生要求兼修两门文化课，杂流出身的人要求兼修一门文化课。考试主要为"试画"，"以不仿前人，而物之情态、形色俱若自然，笔韵高简为工"，并委托太学"试经义"。优秀毕业生授官待遇如书学。

（5）武学，相当于军事与武术学校，学生主修武艺、兵法，考试时，先试军机策论，再试骑射之术。武学生毕业后可获授巡检、监押等职务。

（6）医学，相当于医学院，初隶属于太常寺，崇宁兴学期间，考虑到"所有医工，未有奖进之法。盖其流品不高，士人所耻，故无高识清流习尚其事。今欲别置医学，教养上医"[1]，遂另建医学院，改隶国子监。

北宋医学分"方脉科""针科""疡科"三个专业。方脉科有点接近今人所说的内科，其学生主修大方脉、小方脉、风科等专业课，兼习王氏《脉经》、张仲景《伤寒论》；针科类似于今天的针灸科加五官科，其学生主修大针灸、口齿、咽喉、眼耳等专业课，兼习《针灸经》《龙本论》；疡科接近今天的外科，其学生通习疮肿、伤折、金疮等专业课，兼习《针灸经》《千金翼方》。

除了专业课，还有公共课，方脉科、针科、疡科三个专业的学生都需要学习《黄帝素问》《难经》《巢氏病源》《补本草》《千金方》。此外还有实习课：太医局在"近城置药园种莳，其医学生员，亦当诣园，辨识诸药"。

1　徐松辑：《宋会要辑稿·崇儒三》。下同。

医学亦仿太学三舍法，"立上舍四十人，内舍六十人，外舍二百人"。外舍生升内舍生主要看私试与公试的成绩。内舍生升上舍生，以及上舍生毕业，则不但看考试成绩，还要看"医治比校"，即行医实习的积分。

"医治比校"是这么设计的：给医学内舍生、上舍生每人发一本"印历"，定期派往太学、武学、律学、算学、艺学（即书学与画学）实习行医，医治患病的学生。诊治时候，必须在"印历"上"书其所诊疾状"，送回医学院盖章。然后按疾病的疗程，如实登记治疗结果——"愈或失"，并报医学院核实盖章。年中进行"比校"，合格的成绩分为三等：100% 的治愈率为上等，给 10 个学分；90% 的治愈率为中等，给 9 个学分；80% 的治愈率为下，给 8 个学分。

在"医治比校"中获得 10 个学分的医学内舍生，可以申请试上舍，只要在考试中得到"平"的成绩，便能升舍（如果是上舍生获得 10 个学分，则可毕业授官，"听保明推恩"，一般是"选充尚药局医师"，或者安排为国子监及诸州府医学的教授）；得到 8 个或 9 个学分的学生，则需要经过一段时间的考察，才可以升补或毕业；只得到 7 个学分的学生，降舍，即从上舍降至内舍，或从内舍降至外舍；5 个学分以下的学生，"屏出学"，即勒令退学。

说到这里，我想起了宋人汪元量诗作《江上》中的一句："太学诸斋拣秀才，出门何处是金台？"诗中的秀才，非指一般的读书人，也非指科举制度中的生员（明清时期，"秀才"方有这两个含义），而是指优秀的才俊之士；金台，为国家延揽士人的象征性建筑。太学设诸斋、分三舍，意在培养与遴选优秀的人才。太学之外，又置医学、律学、算学等专科学校，当然也是为了培

南宋刘松年《山馆读书图》

养杰出的专业人才。宋朝才俊辈出，人文与科技成就都足称鼎盛，[1]与其发达的教育制度是分不开的。

最后，顺便一说：不管是专科学校，还是太学，都是寄宿制学校，学生的食宿作息均在学校内。学校设有宿舍、食堂、浴室、公共厕所、射圃、亭园等设施，供学生学习、生活之用。学生若因事需要离校，必须先请假，逾期不归校者，可能会被开除学籍。

那么，宋朝学生用不用向国子监缴纳学费与生活费呢？宋真宗大中祥符年间国子监的一份报告称，"学生初入学，行束脩之礼于其师。国初以来，但补为生者，即纳束脩二千，属监司公用"[2]。看来宋代太学生入学是需要缴纳学费的，这笔学费叫作"束脩"，2000 文钱，大约是当时一名下层劳动力 20 天的收入，不算高。到了宋神宗熙宁年间，太学学费涨至 3000 文。不过请注意，宋朝太学的学费并非一年一收，而是一次性交了 3000 文之后，便不用再缴纳学费了。

而且，学校每个月都要给学生发放伙食补贴，元丰三年（1080）太学的补贴标准为：外舍生每人每月 1100 文钱，内舍生与上舍生每人每月 1340 文钱。按当时的物价，太学生用这笔伙食补贴解决自己的温饱，是毫无问题的。

---

1 陈寅恪在《邓广铭宋史职官志考证序》中写道："华夏民族之文化，历数千载之演进，而造极于赵宋之世。"李约瑟的《中国科学技术史》也表示："每当人们在中国的文献中查考任何一种具体的科技史料时，往往会发现它的主焦点就在宋代，不管在应用科学方面，或是在纯粹科学方面，都是如此。"

2 徐松辑：《宋会要辑稿·职官二八》。

余话

放到漫长的中国教育史中来看，宋朝的国子监制度具有独到的魅力。

宋朝国子监的基本架构，大体继承自唐朝，但唐代国子监所领各个学校，规模都很小，如太学只有 500 个学生，律学只有 50 个学生，算学只有 30 个学生。而且，这些学生基本上都来自官宦之家，平民子弟非常少。宋代不但扩大了国子监诸学校的招生规模，而且更具开放性与平民化，平民子弟变成学生中的多数。

更值得指出的是，分斋法、三舍法与积分法，都由宋人所创造，现代大学普遍采用的班级制、专业制、学分制，都可以从宋代国子监制度找到渊源。

到了元明清三朝，虽然还保留着国子监的建制，但此国子监已不同于彼国子监。元人初立国子监，是在灭金之后（1234），"以冯志常为国子学总教，命侍臣子弟十八人入学"[1]，规模极小；到至元二十四年（1287），国子监生员总额也才 200 人，且名额多为蒙古人与色目人所占。

此时，算学、律学、书学、画学等专科学校均不复设置，只有司天监尚招收一部分天文生，太医院与地方设有医学。另外，元朝突然冒出一个"阴阳学"来，诸路府州县遍设"阴阳学"，教授术数、星相、占卜、风水、命理之术。这类边缘文化被纳入官学之列，显示了元朝教育的非理性化倾向。

明王朝的国子监，最盛时生员达到 9972 名，但还是未能恢

---

1 宋濂等：《元史》卷八十一《选举一》。

复唐宋时期发达的专科学校，只是在国子监系统之外延续了元朝阴阳学与医学的设置。到清代时，国子监才复设算学，学生最多时有 60 人。

尽管如此，我们也不能说元明清时期的官府"把数学、逻辑、法律等学科排斥在教育体系之外"，因为即便是教学比较僵化的明朝国子监，也兼讲律令，考核时亦要试判词与策论。不过，总的来说，元明清时期的专科教育已不复北宋之盛，倒是可以确定的。

总结来说，唐宋时期的国子监是一个教育行政机构，下辖多所学校，相当于今天的教育部。元明清时期的国子监只是一所国立学校，与从前的国子学相类。因此，虽然自唐至清均设有国子监祭酒一职，但唐宋时期的国子监祭酒是教育部长，元明清时期的国子监祭酒只是一所国立学校的校长而已。

宋人创设的积分制，在元明清国子监的部分教学阶段也还沿用，只是改造得比较简易，比如明代，国子监学生升入"率性堂"（相当于现在的大四）之后，便开始实行积分制："其法，孟月试本经义一道，仲月试论一道，诏、诰、表、内科一道，季月试经史第一道，判语二条。每试，文理俱优者与一分，理优文劣者与半分，纰缪者无分。岁内积八分者为及格，与出身。不及者仍坐堂肄业。"[1] 只要积下 8 个学分，便可以毕业授官。积分不够则留级。

清初，国子监的高年级"广业堂"（亦相当于现在的大四）还保留积分制，其法如明代国子监："月试一等与一分，二等半分，二等以下无分。有五经兼通，全史精熟，或善摹钟、王诸帖，虽

1　张廷玉等：《明史》卷六十九《选举一》。

文不及格，亦与一分。积满八分为及格，岁不逾十余人。"[1] 积到 8 个学分的监生，便可授官。但这一积分法实行的时间非常短。顺治十七年（1660），便有大臣奏请"停积分法，后遂不复行"。

宋人开创的积分制从此被人遗忘，直至清末，清政府建京师大学堂，试行积分制，却只能取法于西洋。想一想，真觉得讽刺。

---

1 赵尔巽等：《清史稿》卷一百六《学校一》。下同。

林下散人看邸报，也疏把酒废游山

——世界第一张市场化的新闻报纸

如果我们生活在宋代的都市，每天早晨都会在报晓的钟声中醒来，不用起身推开窗户，我们也可以知晓外面或晴或雨，因为报晓的人员同时会报告天气："若晴则曰'天色晴明'；阴则曰'天色阴晦'；雨则言'雨'。"

起床洗漱完毕，我们不必做饭，大可出街吃早点。此时，早市早已开张，"御街铺店，闻钟而起，卖早市点心，如煎白肠、羊鹅事件、糕、粥、血脏羹、羊血、粉羹之类……有卖烧饼、蒸饼、糍糕、雪糕等点心者，以赶早市，直至饭前方罢……早市供膳诸色物件甚多，不能尽举。自内后门至观桥下，大街小巷，在在有之，有论晴雨霜雪皆然也"[1]。

现代市民有一边吃早餐、一边看报纸的习惯，倘若我们回到宋朝的都市，也可以保持这样的习惯——在去街市吃早点的路上，如果我们想了解最近的时政新闻，不妨买一份报纸看看。

什么？宋朝已经有新闻报纸了吗？是的。

1　吴自牧：《梦粱录》卷十三。

朝报：准机关报

我们要说的第一种宋朝新闻报纸，叫"邸报"，有时又称为"报状""邸状""朝报"。大体而言，北宋人习惯称"邸报"，南宋人则流行说"朝报"。

宋朝的邸报由一个叫"进奏院"的机构负责编辑与发行。进奏院每隔五天委派一名进奏官到阁门那里抄录需要传报的内容，整理成报状，然后送枢密院审查，经枢密院审定后，形成"定本"，进奏院再将"定本"印刷成正式邸报，利用兵部的邮传系统发给诸路州县及在京各衙门，播告四方。

五日一送检的"定本"制度显然延迟了新闻发布的效率，导致"新闻"在刊布时变成了"旧闻"。进奏院为了抢时效，有时候便等不及枢密院审核批准，"辄先期报下"，随抄随发，使得"每五日具定本"的要求在实际操作中往往形同具文，"定本"制度在两宋历史上也是时废时存。[1]

现在我们要来解答几个关于邸报的问题，以期建立起对宋朝邸报的基本了解。

第一，宋朝邸报刊布的是什么内容？主要有新近诏令、皇帝起居、大臣奏疏、重大时政事件、官吏迁黜、地方大事等。官民通过阅读邸报，可以了解到一些重要的信息，如宋徽宗时，"自政和后，帝多微行，乘小轿子，数内臣导从。置行幸局，局中以帝出日谓之有排当，次日未还，则传旨称疮痍，不坐朝。始，民间犹未知。及蔡京谢表有'轻车小辇，七赐临幸'，自是邸报闻

1　脱脱等：《宋史》卷三百一十九《刘敞传》。

四方"[1]。宋徽宗经常微服私访，一般官员与民间多不知情，看了邸报刊登的蔡京谢表，才知道皇帝原来多次造访蔡氏私宅。

以前信息传播的手段十分有限，没有互联网，没有电视广播，地方士庶想了解京城的消息，或在京人士要了解地方的消息，往往都是通过阅读邸报。如南宋时，"岭南监司，有但中庸者。一日有朝士同观邸报，见岭南郡守以不法被劾，朝旨令但中庸根勘。有一人辄叹曰：'此郡守必是权贵所主。'问：'何以知之？'曰：'若是孤寒，必须痛治。此乃令但中庸根勘，即是有力可知。'同坐者无不掩口"[2]。读报者还忍不住对新闻发表了一番评论。

身在偏僻之地的官员，更是需要靠邸报了解朝廷的动态，用贬居黄州的苏轼的话来说，"黄州真在井底，杳不闻乡国信息……江边弄水挑菜，便过一日，每见一邸报，须数人下狱得罪"[3]。朝廷的重大人事任免，是外官最为关切的问题，这些消息通常都会刊登在邸报上。许多宋朝人的诗文也提到他们读报才知悉某人迁黜的消息，如蔡襄在《举知抚州黄虞部状》中说："伏见朝报，知抚州军州事、尚书虞部员外郎黄珹近为举官事不得原赦、追官勒停者。"[4]苏轼的《小饮公瑾舟中》诗则写道："坐观邸报谈迁叟，闲说滁山忆醉翁。"诗末自注："是日坐中观邸报，云迁叟已押入门下省。"[5]迁叟，即司马光；押入门下省，指司马光拜相。《宋史》载：李师中"始仕州县，邸状报包拯参知政事"，看报的同僚说，

1　脱脱等：《宋史》卷三百五十二《曹辅传》。

2　丁传靖辑：《宋人轶事汇编》卷十九。

3　苏轼：《苏轼文集》卷五十三《与王元直二首之一》。

4　蔡襄：《端明集》卷二十五。

5　苏轼：《苏轼诗集》卷二十六。

"朝廷自此多事矣"。李师中却认为，"没事。包公何能为？"[1]

第二，邸报多少天发行一期呢？因为宋朝施行过五日一送检的"定本"制度，一些研究者认为宋代邸报是五日刊，每五天出版一期。但是，"每五日具定本"指的是送检的频次，并不是指发行周期。而且，前面我们已说过，进奏院的邸吏往往不等枢密院审查便径自发出邸报。另从南宋《朝野类要》"朝报"条的记载来看，"朝报，日出事宜也，每日门下后省编定，请给事判报，方行下都进奏院，报行天下"[2]，南宋时的邸报应该是日报，每日发行一期。当然，负责传递邸报的兵部邮传系统为了节约成本，往往将若干天的邸报积累起来，每隔十天才发往外州，即十天一寄。[3]

第三，进奏院发行的邸报究竟是手抄本还是印刷品？由于邸报需要发给在京各司与诸路州县，发行量数以万计，如果以"手抄报"的形式发行，必定需要耗费大量人力，势不可行，因此，我们可以断定，宋代的邸报是雕印发行的。

朝廷每年也会给进奏院划拨一笔"镂版纸墨"经费，如北宋熙宁四年，宋神宗下诏："自今朝省及都水监、司农寺等处，凡下条贯，并令进奏院摹印，颁降诸路，仍每年给钱一千贯，充镂版纸墨之费。"[4]南宋绍兴二年，进奏院向朝廷打了一个报告："进奏官颁降赏功罚罪，乞量行支镂版工墨钱。本司约度，欲每季支钱一百贯，五抄纸五千张，临时以字数多寡置历支使。如不足，即贴之。"[1] 报告获得宋高宗批准。

第四，宋朝邸报的主要读者是哪些人？毫无疑问，广大官员构成了邸报的主体读者。有些宋朝官员还像我们一样，有着一边吃早餐一边看报纸的生活习惯。宋真宗大中祥符年间，张咏在陈州担任知州时，"一日方食，进奏报至，且食且读。既而抵案恸哭，久之哭止，复弹指，久之弹止，骂詈久之，乃丁晋公逐莱公也"[2]。张咏从邸报上得知丁谓上台，寇准下野，很是悲愤。

不过，请注意，官员群体并不是宋朝邸报的唯一读者，宋朝邸报的发行范围相当大，读者也比较广泛，因为邸报的发行是公开的："国家自祖宗时置进奏院，若朝廷之号令、政事、注拟、赏罚之类，皆付之邮传，播告天下"[3]；邮传的方式为"去实封，但以通函腾报"[4]。因此，能够看到邸报的人很多。

庆历八年（1048），有位官员向朝廷报告说："进奏院逐旬发外州军报状，盖朝廷之意，欲以迁授降黜示赏功罚罪，勉励天下为吏者。积习因循，将灾异之事悉报天下，奸人赃吏、游手凶徒喜有所闻，转相煽惑，遂生观望。"[5] 可见"奸人赃吏、游手凶徒"也有机会读到邸报。南宋诗人刘克庄写过一首《早春》诗，诗中说："林下散人看邸报，也疏把酒废游山。"连隐居山林的士大夫也津津有味地读着邸报，忘记了把盏饮酒与游山玩水。

邸报还成为一种商品现身于市场，至迟在北宋末，东京的

1　徐松辑：《宋会要辑稿·职官二》。

2　陈师道：《后山谈丛》卷四。

3　李心传：《建炎以来系年要录》卷一百七十一。

4　脱脱等：《宋史》卷三百一十九《刘敞传》。

5　徐松辑：《宋会要辑稿·刑法二》。

市井中已出现了商品化的报纸。我们来看一个事例——靖康二年（1127）初，宋朝东京开封城被金兵团团围困，徽宗、钦宗父子被迫出城与金营元帅谈判，却被扣留在金营。这一日，"凌晨有卖朝报者"，东京市民看了朝报，得悉一条消息：金营元帅"许推择赵氏贤者"为新皇帝。[1] 不过这条新闻其实是金人故意放出来的假消息，目的是召集开封城内的官员、士大夫、耆老、僧道、军民前往秘书省，推举张邦昌为皇帝。

其时，康王赵构（即后来的宋高宗）已逃出开封，驻扎在济州，"多日寂不闻京城事"，他的亲信黄潜善便"在曹州募人能入围城者，有重赏"。[2] 小吏李宗自告奋勇，自称能往。黄潜善大喜，送了李宗一笔钱。李宗于是乔装打扮，前往开封，先混入城外金营打杂，跟金兵混熟后，又偷偷进入开封城内。几天后，李宗扮成"荷担人"，出南薰门，"因得窜走"，回到曹州。他带回了四张从开封城内报贩子处买来的报纸："并出京城印卖推戴权立邦昌文字一纸，虏人伪诏一纸，邦昌榜示赦文一纸，邦昌迎立孟太后书一纸。"赵构读了报纸，这才知道，开封城内变了天。

这个事例告诉我们，北宋末年，开封市民是可以通过看报纸了解时事动态的。南宋时，行在杭州同样出现了销售邸报的报摊，《繁胜录》与《武林旧事》记录的杭州各类小本买卖中，都有"供朝报"一项，可见在宋代，报纸零售已经成为一项可以养家糊口的职业。

那么，宋朝邸报算不算是新闻报纸呢？邸报刊载有新近的时

1　汪藻：《靖康要录》卷十一。

2　徐梦莘：《三朝北盟会编》卷八十九。下同。

政信息，定期出版，雕版印刷，公开发行，甚至售卖于市场，显然很接近近代的新闻报纸了。不过，作为邸报出版机构的进奏院并没有采编权，邸报内容均抄录自政府文书，从这个角度来看，邸报更像是一种政府公报。我们折中一下，说宋朝邸报是"准机关报"，大概是比较准确的。

那宋朝有没有更接近近代新闻报的报纸呢？

有的。

小报：市场化新闻报

我们要说的第二种宋朝新闻报纸，叫"小报"。"小报"得名于南宋时期："而比来有司防禁不严，遂有命令未行，差除未定，即时誊播，谓之'小报'。"[1] 但北宋时民间已有小报的身影，只不过尚未有"小报"之名罢了，大观四年（1110），宋徽宗的一份诏书称，有人"近撰造事端，妄作朝报"，这里说的便是假冒"朝报"之名刊行的民间小报。

因此，我们才会说，一名生活在宋朝都城的读书人，如果想了解时政新闻，可以买一份报纸看看。这里的报纸，除了供朝报店铺销售的朝报，亦即邸报，还有市井间偷偷售卖的小报。

那么小报与朝报相比，有哪些异同点呢？

第一，朝报由进奏院编辑刊印，是宋政府的官办报纸，而小报则是私人操办，这些办报人身份神秘。据一位宋朝官员的报告，"近年有所谓小报者，或是朝报未报之事，或是官员陈乞未曾施

---

1 徐松辑：《宋会要辑稿·刑法二》。下同。

行之事，先传于外，固已不可。至有撰造命令，妄传事端，朝廷之差除，台谏百官之章奏，以无为有，传播于外。访闻有一使臣及阁门院子，专以探报此等事为生"。可知有一些在信息部门供职的下层官员参与了小报的经营。

第二，朝报的内容均抄录自政府公文，进奏官不需要采访，而小报的新闻完全来自采访，因此，小报往往养着一帮刺探消息的"记者""通讯员""报料人"。进奏院由于掌握着邸报的编辑与发行，无疑是消息最为灵通的机关之一，我们可以肯定地说，必有进奏院的书吏充当了小报的"报料人"。南宋初，一个叫周麟之的官员向宋高宗报告说："小报者出于进奏院，盖邸吏辈为之也。比年事有疑似者，中外未知，邸吏必竞以小纸书之，飞报远近，谓之小报。"[1] 另一名南宋人也观察到："朝报，日出事宜也。每日门下后省编定，请给事判报，方行下都进奏院，报行天下。其有所谓内探、省探、衙探之类，皆衷私小报，率有漏泄之禁，故隐而号之曰新闻。"[2] 其中"内探"负责控报宫廷之内的消息，"省探"负责探报宰相机构的消息，"衙探"负责探报在京诸司的消息，这些人"专以探报此等事为生"[3]，他们向小报发行人提供新闻信息，小报发行人则给他们支付薪酬。

第三，朝报的内容是经枢密院审查过的，属于可以公开的信息，有时候，进奏院的官吏还会"迎合意旨，多是删去紧要事目，止传常程文书"[4]；小报的报道则未经审查，朝报不能刊登的新闻，

---

1 周麟之：《海陵集》卷三。
2 赵升编：《朝野类要》卷四。
3 徐松辑：《宋会要辑稿·刑法二》。
4 李心传：《建炎以来系年要录》卷一百七十一。

小报也敢发报，比如"官员陈乞未曾施行之事"[1]，人事任免方面的传闻，"如今日某人被召，某人罢去，某人迁除"[2]，"又或意见之撰造"[3]——有点像近代报纸的新闻评论。也就是说，读者可以从小报上读到许多在朝报上读不到的新闻信息。

让我举一个例子说明吧。南宋绍兴年间，秦桧主导宋金和议，以纳土称臣的条件与金国达成和约。枢密院编修官胡铨强烈反对如此屈辱求和，向宋高宗上了一道奏疏，痛斥秦桧卖国求荣，直称秦桧"可斩也"。秦桧震怒，将胡铨贬至烟瘴之地。当时的朝报简单报道了这件事，称"胡铨妄议和好，历诋大臣，除名远窜"[4]，外臣、士庶读了，不明就里。及至读到小报全文刊载的胡铨奏疏原文，才知道原来是"朝廷遽欲屈己称藩"。出资刊刻胡铨奏疏的人，是常州宜兴县的一名进士，叫吴师古，他也因此获罪，发配袁州编管。

第四，虽然小报敢报"朝报未报之事"[5]，朝报报道出来的信息被过滤过，但也应该承认，朝报发布的是官方权威信息，而小报刊布之消息，"或得于省院之漏泄，或得于街市之剽闻"，又没有审稿机制，真实性毕竟难以保证。更有甚者，有些胆大妄为的小报还胆敢"撰造命令，妄传事端，朝廷之差除，台谏百官之章奏，以无为有"，甚至伪造诏书，借以制造舆论压力，"摇动众情"。

大观四年，蔡京罢相，便有小报捏造了一份伪诏，称"前宰

1　徐松辑：《宋会要辑稿·刑法二》。

2　周麟之：《海陵集》卷三。

3　徐松辑：《宋会要辑稿·刑法二》。

4　脱脱等：《宋史》卷三百八十三《辛次膺传》。下同。

5　徐松辑：《宋会要辑稿·刑法二》。下同。

相蔡京目不明而强视，耳不聪而强听，公行狡诈，行迹诡谀，内外不仁，上下无检，所以起天下之议，四夷凶顽，百姓失业，远窜忠良之臣，外擢暗昧之流，不察所为，朕之过也。今州县有蔡京踪迹,尽皆削除;有朋党之辈,悉皆贬剥"。弄得宋徽宗很是尴尬，不得不下了一道御笔手诏辟谣："奸人乘间辄伪撰诏，撰造异端，鼓惑群心。可立赏钱，内外收捕。"悬赏 500 贯钱捉拿"奸人"。但是，伪诏究竟出自哪个"奸人"之手，始终都未能查出来，最后此案也就不了了之。

这不是宋朝小报第一次伪造诏书——熙宁二年（1069），已有小报"肆毁时政，摇动众情，传惑天下，至有矫撰敕文，印卖都市"；这也不是小报最后一次伪造诏书——绍兴二十六年（1156），秦桧去世次年，荆鄂一带又有人伪造诏书，称皇帝已起用张浚等主战派，准备与金国决战。弄得宋高宗也不得不出来辟谣，申明他会"守信睦之长策"[1]，信守朝廷与金国的和约。据廷臣周麟之的调查，这一不实消息正是出自小报："所谓召用旧臣者，浮言胥动，莫知从来。臣尝究其然，此皆私得之小报。"[2]

第五，朝报由于出版前需要送检，审查要花时间，"动辄旬日，俟许报行，方敢传录……偏州下邑，往往有经历时月不闻朝廷诏令"[3]，小报尽管在权威性与真实性方面大打折扣，但反应快速，"日书一纸，以出局之后，省部、寺监、知杂司及进奏官悉皆传授"[4]，报料人每日手写一稿送出局，不需核实与送检，马上就可刊印、

1　李心传：《建炎以来系年要录》卷一百七十二。
2　周麟之：《海陵集》卷三。
3　李心传：《建炎以来系年要录》卷一百七十一。
4　徐松辑：《宋会要辑稿·刑法二》。

发行。

有一件趣事，可以见出宋朝小报反应之快：按宋朝科举制度，殿试评卷之后，朝堂"唱第"，在朝堂中宣布进士名次，然后，便可以布告天下了。布告的形式有三：在放榜日贴出榜文；在邸报上刊载及第的进士名单；给及第的考生送"金花帖子"，长五寸，宽二寸半，"书其姓名，花押其下，护以大帖，又书姓名于帖面"[1]。但不管是哪种布告方式，时间都得比"唱第"之日延后若干天。宋哲宗绍圣元年（1094）的殿试"唱第"，"毕渐为状元，赵谂第二"，小报第一时间得悉消息，"急于传报，以蜡板刻印"及第进士的名单，因为赶时间，忙中出错，将状元毕渐的"渐"字刻成了"斩"字。[2] 传报的人便将"状元毕渐、第二人赵谂"念成了"状元毕斩第二人赵谂"。听到的人都认为这是不祥之兆。后来，赵谂因为谋逆被诛，果然是"毕斩赵谂也"。

南宋时的朝报很可能是日报，每日发行，但出版之后往往"逐旬"邮寄，等到报纸送达外官手里时，"新闻"早已成"旧闻"：南宋小报（至少是一部分小报）很可能也是日报，因为宋人说小报"日书一纸以出局"。小报又"隐而号之曰新闻"，暗示邸报所传报者为"旧闻"，小报的消息才是"新闻"。我们不要以为新闻报道的"新闻"一词是个现代概念，其实宋朝人已在使用"新闻"的说法。

总之，小报的发行速度显然是快于朝报的，读者通过阅读小报，可以抢先一步知道朝中消息，"如今日某人召，某人罢去，

1　赵彦卫：《云麓漫钞》卷二。

2　何薳：《春渚纪闻》卷二。下同。

某人迁除，往往以虚为实，以无为有。朝士闻之，则曰：已有小报矣。州郡间得之，则曰：小报已到矣"[1]。

第六，小报以快速反应弥补了内容不严谨的缺陷，因而吸引了大批读者，一期小报出街之后，"以先得者为功。一以传十，十以传百，以至遍达于州郡监司。人情喜新而好奇，皆以小报为先，而以朝报为常"，小报的读者往往先通过小报第一时间获得新闻信息，然后再以朝报验证小报消息的真伪，"他日验之，其说或然或不然"。[2]

第七，进奏院发行朝报，属于履行公事，编辑朝报的邸吏肯定不会有"舆论监督"之类的意识，他们做的纯是技术活，而操办小报的人，至少有一部分人是别有用心的，比如试图制造舆论压力，影响时局发展，否则的话，他们完全犯不着冒着莫大的风险伪造诏书。北宋末，小报刊载皇帝责斥蔡京的伪诏，很难说幕后没有蔡京的反对者主使，其目的应该是制造"倒蔡"的声势；南宋初，小报又刊布朝廷起用主战派的伪诏，想来用意也是鼓动抗金的民意；有些小报还刊发"撰造的意见"，则是直接对时政发表评论，只不过这些评论意见是托名的。

第八，朝报为免费发行的机关报（进入市场销售的部分朝报除外），刊印成本由国家财政拨款支付，小报则是"印卖"的商品，你要读小报，必须掏钱购买。投资办小报的发行人，除了个别人是出于政治目的，更多的还是将办报当成一项商业行为，图的是经济利益。那么一份小报可以卖多少钱呢？目前我们尚找

1　周麟之：《海陵集》卷三。
2　徐松辑：《宋会要辑稿·刑法二》；周麟之：《海陵集》卷三。

不到小报定价的记录，但有两则记载可以参考。其一，南宋韩侂胄当政时，"又所引用，率多非类"，不愿巴结韩氏的士臣愤愤不平，"有市井小人以片纸摹印乌贼出没于潮，一钱一本以售"，寓意"满潮都是贼"，一张漫画售一文钱。[1]其二，北宋天圣年间，有人印卖欧阳修参加礼部试的一篇文章，"叫于通衢"，"呼云'两文来买欧阳省元赋'"，一篇文章售两文钱。[2]我们估计宋代的小报大概也是一份售一二文钱。不过，由于读者众多，发行量巨大，有些小报的发行人居然能够"坐获不赀之利"[3]。

第九，发行量这么大的小报，当然不可能是手抄，只能是印刷品。前面我们讲过的"状元毕斩第二人赵谂"轶事，也告诉了我们一条信息：小报的印刷，通常是用蜡板做印版，而不是用木版。其实这不难理解，因为小报要抢时效，用蜡板刻印，速度才够快；而且蜡板印毕，还可以融化重铸，反复使用，节约了成本。

最后，让我们总结一下：宋朝小报实际上就是一份市场化运作的民间小报，有投资人，有负责内容生产的专人，以当时技术手段所能达成的最快速度刊发最新的时政新闻，有隐秘的发行渠道，发行范围"始自都下，传之四方"，一些发行量巨大的小报能够给投资人带来可观的回报，有些小报还发挥了施加舆论压力的作用。这样的小报，跟近代新闻报纸的差异几乎可以忽略不计了。

如果说，邸报在宋代的兴起，是因为宋朝政府需要将"朝廷已行之命令、已定之差除"传报于四方，那么小报在宋朝的出现，

1　叶绍翁：《四朝闻见录》戊集。
2　文莹：《湘山野录》。
3　徐松辑：《宋会要辑稿·刑法二》。下同。

则是因为宋朝的知识分子关心政治，迫切想第一时间了解朝野动态。这一需求不可抑止，以至宋政府虽然一再发布法令，企图严行约束小报，但小报总是屡禁不止。

有一些宋朝士大夫其实也不支持取缔小报，比如南宋的洪迈，他说：以前进奏院报状都要详细通报朝廷的人事任免消息，比如报道"朝廷除郡守"[1]，会说明"某官姓名，宜差知或权知、权发遣，某州、军州兼管内劝农营田事，替某人"；报道"外官求休致"，则说明"某州申某官姓名，为病乞致仕"，或云"某时已降敕，命各守本官致仕"。但现在邸报都不报道了，只有小报刊布这方面的消息，"或禁小报，则无由可知"。

中国最早的报纸

略了解邸报历史的朋友可能会说：你讲的宋朝邸报与小报，其实并没什么特别之处，汉朝时已经出现邸报了。《西汉会要》中就有一条注文说："郡国皆有邸，所以通奏报、待朝宿也。"但这里的"通奏报"，是指各郡国设于京师的"邸"（相当于"驻京办"）发回本郡国的公文报告，阅读者是本郡国的长官，并不是公开发行的新闻报纸。

还有一种观点认为：唐朝亦有进奏院，唐朝进奏院亦有邸报，敦煌曾经发现两份唐僖宗时期的邸报（现一份藏于伦敦不列颠博物馆，一份藏于巴黎国立图书馆），为归义军进奏院发回本道的邸状，这才是世界上现存最古老的报纸。然而，唐朝的进奏院，

---

1 洪迈：《容斋随笔》之《容斋五笔》卷四。下同。

性质类似于汉朝的邸，是各个藩镇设立于京师的办事处，归各州自行管辖，因此唐朝进奏院不是只有一个，而是有上百个。各个进奏院的进奏官各自抄录朝廷政务消息（通常是跟本州相关的信息），不定期寄回本州，发行量往往只有一份，没有复本，且是手抄，阅读者通常只有本州长官及其幕僚。这样的邸报，包括敦煌发现的两份唐代进奏院状，只能说是政府公函，而不是报纸。

宋朝立国后，从宋太宗太平兴国六年（981）起，朝廷对散布于京师的诸路州郡进奏院加以整合，成立了一个统一的进奏院——都进奏院，并由都进奏院统一编发邸报。换言之，宋朝的进奏院，跟唐朝的进奏院只是名字相同，性质并不一样。如果说，唐朝进奏院类似于"驻京报"，宋朝进奏院则是隶属于中央政府的新闻处；此时的邸报，也完全不同于唐朝时"一对一"的政府公函，而是演化成了"悉报天下"的政府新闻公报，雕版印刷，定期寄发，面向全国发行，甚至在市场中售卖，每期报纸印刷量数以千计，阅读者除了政府官员，还有一般知识分子。尽管宋朝邸报还保留着政府公文的性质，但显然已经出现了新闻报纸的特征。

至于私人私自采访与编辑、印卖于都市的宋朝小报，就更加接近近代报纸了。

所以，我们认为，中国历史之新闻报纸，始于宋朝。西方到17世纪初，才出现了定期出版的新闻报纸《通告—报道或新闻报》，每周发行一期，每期只有一条新闻。讽刺的是，新闻史研究者却将《通告—报道或新闻报》认定为世界上最早的定期印刷报纸。其实，以宋朝邸报与小报所具备的特征来看，我们完全有理由说，风行于12世纪中国的邸报、小报才是最早的报纸。

宋朝之后，元朝废除了进奏院的机构设置，邸报也就不复存在。明清时期，邸报才恢复过来，并出现继续发展之势。明清两朝，各省均派提塘官驻于京师，提塘官的职责之一便是到六科抄录经皇帝批红的政府文书，然后以手抄本的形式寄回本省。

说到这里，你会发现，明清的驻京提塘明显异于宋朝进奏院，而跟唐代的进奏院更接近。明朝人称"提塘官在京师专司邸报，此亦进奏院遗意"[1]，但这里的进奏院只能说是唐进奏院，而不是宋进奏院。明清邸报的发行，实际上也是回到汉唐老路，由各省驻京提塘官手抄，各自发回本省。各省提塘官抄录的邸报内容，是各不相同的，通常来说，他们会更关注与本省有关的信息。明末顾炎武发现，在苏州见到的邸报就比京师邸报少了约50%的内容："吴中报比之京师，仅得十五，亦无全抄。"[2]从这个角度来看，比之宋朝邸报，明清邸报其实是发生了倒退的。

那我们为什么还要说"明清邸报出现发展之势"？这是因为，明清时期诞生了"抄报行""京报房"。"抄报行"大约始见于晚明，其主要工作是替在京官员及州府衙门抄录邸报，并获得微薄的酬劳；随着商品经济的兴起，"抄报行"又将抄录的邸报销售于市场。在晚明文人留下的文字中，我们可以看到诸如"报房贾儿博锱铢之利""何甥来，云送邸报为业""少落魄，居南京，传邸报以食"之类的记述，可知晚明之时，民间已出现了营利性的报行，报行还雇用工人送报——意味着当时报行有固定的订户。[3]

不过，"抄报"之名，显示明朝的邸报还是手抄本——各省提塘官要抄录的邸报无非是十几份，顶多几十份，用不着雕版、

1　沈德符：《万历野获编》卷二十四。

2　顾炎武：《顾亭林诗文集》附录《亭林先生余集序》。

3　于慎行：《谷山笔麈》卷之十一；祁彪佳：《祁忠敏公日记》"崇祯五年三月初一日条"；王夫之：《舟山全书》第十一册《永历实录》卷十《曹杨张列传》。

印刷。明末，随着邸报的商品化，发行量的扩大，印刷品才被需要。发展至清代，"抄报行"又演变成"京报房"，名字的变化，显示此时邸报已经是印刷品，并且有了统一的报头，叫"京报"。"京报房"每天印制京报，然后上市销售给读者，读者包括官员与平民——看起来清代的《京报》俨然已有了大众媒体的色彩。

但严格来说，《京报》仍然具有政府公文的性质，因为明清政府只允许"抄报行"转抄、复制邸报的内容，"抄报行"绝对不可以自行采写新闻、发表评论、改写文字。比起宋朝小报，明清《京报》距离近代新闻报纸要更远一些。

而小报在宋后则衰败下来，不复宋时之盛。元朝法律中有一条禁令："诸但降诏旨条画，民间辄刻小本卖于市者，禁之。"[1] 一些研究者认为，这里的"小本"就是与宋朝小报类似的民间报纸，但元代史料关于"小本"的记载非常稀少，即使它是宋朝式的小报，似乎也难得一见。

清代前期，小报倒曾风行一时，康熙年间有御史官报告朝廷："近闻在京各省提塘及刷写报文者，除科抄外，将大小事件采听写录，名曰'小报'，送与各处；甚至任意捏造，骇人耳目。祈严加禁止。"[2] 不过，清初小报与宋代小报有着很大差异：按清代邸报制度，各省驻京提塘官只能抄录"科抄"（指六科给事中抄录谕旨与奏章、参署付部的文件），凡抄报"科抄"之外的文字，都属于小报行为；宋朝小报则有独立的编辑人员，邸吏只是受雇为"报料人"。清代小报的发行也依附于邸报的邮递系统，通常

1　宋濂等：《元史》卷一百五《刑法四》。
2　《清实录·康熙朝实录》卷之二百六十一。

是夹在邸报之内寄出；而宋代小报则有自己的发行渠道，发行范围更广。如果问：哪一份小报更接近近代市场化、公共性的新闻报纸？我认为是宋朝小报，而非清初小报。

另外，清代小报只是盛行于清前期。雍正年间，京师有"小抄"（即小报）刊发了一条消息："初五日，王大臣赴圆明园叩节。随上登龙舟，鼓乐从行。（皇帝）赐王大臣蒲酒。由东海至西海。申刻回宫。"[1] 有大臣将此事密告给了皇帝，雍正皇帝暴怒，下令彻查。很快，官府查出小报出自驻京提塘抄报员何遇恩、邵南山之手，于是，这两个倒霉的家伙被处死。记录此事的清人说，"嗣后小抄永绝矣"。

何遇恩、邵南山并未捏造事实，报道完全属实，只不过擅自抄录了皇帝认为不可公开的信息，竟然惹来杀身大祸。这一事件后，小抄其实尚未永绝，偶尔还可以见到小报，乾隆朝时，小报才完全销声匿迹。而宋朝的小报，自诞生起，便屡禁不止，即使宋徽宗悬赏500贯钱捉拿伪造诏书的小报发行人，最后还是不了了之。我相信宋政府对小报其实是睁一只眼闭一只眼的，不似清王朝雷厉风行、令行禁止。

清代小报重回历史舞台时，已是清末。其时，近代化潮汐席卷而来，市场化媒体方兴未艾，小报也随之现身于市井。光绪二十五年（1899），湖北曾发生一起离奇的"假光绪案"，当时多家新闻媒体都报道了此事，其中就有小报。

光绪二十五年是"戊戌政变"次年，皇帝已被慈禧软禁于瀛台。这一日，武昌突然来了一主一仆，"主年二十余岁，长身白俊，

1　萧奭：《永宪录》卷四。下同。

政治官報

西曆一千九百八年正月二十四號 星期五

光緒三十三年十二月二十一日第玖拾壹號

本局設立北京東長安牌樓王府井大街

電話內城總局第二百零一號

晚清时期的报纸

仆四五十岁，无须，发语带女声，均操北京官腔"[1]。他们租住于公馆内，"匿迹不出，服用颇豪奢，仆进茶食必跪，有传呼，必称圣上，自称奴才"。于是坊间纷纷传言：光绪皇帝从瀛台逃出，来湖北依张之洞，"汉报亦多作疑似之谈。沪上各报，转载其事。汉口小报又为之刊载'说唐故事'，谓西太后为武则天，光绪为李旦坐汉阳，令人喷饭"。此时的小报，显然已不同于清初小报，而是一份市场化的近代小报。

---

1 刘禺生：《世载堂杂忆》之《武昌假光绪案》。下同。

当筵作剧天威近，艳段偏宽无过虫

——以讽刺官长为尚的滑稽戏

有人问：现代人娱乐生活丰富，可以看电影、电视、网剧，可以蹦迪喝酒唱卡拉OK，那生活在宋代的人呢？是不是没什么娱乐，晚上是不是只能早点洗洗睡？

宋朝人当然有丰富的娱乐生活，比如可以到瓦舍勾栏看演出。勾栏里，每日都有精彩的商业性演出，什么弄虫蚁、傀儡戏、皮影戏、七圣刀、踢弄、相扑、说书、歌舞等，其中有一项演出尤其受宋人喜爱，那就是杂剧。

每逢元宵节与重要的神诞日（如六月初六崔府君生日），官府与民间都会组织文娱汇演，具有官方身份的教坊伶人与来自瓦舍勾栏的露台弟子俱登台献艺，竞演杂剧；皇室与政府在元旦、春秋二季仲月、冬至、皇帝寿辰、郊祀礼毕等节庆日，通常都会举行国宴，宴席间照例要进演杂剧；贵族高官若有大型家宴，往往也会表演杂剧。

不过，我们需要注意，宋朝的杂剧，是一种和元明杂剧完全不同的表演艺术。简单地说，元明杂剧是完整的戏剧，综合运用歌曲、宾白、舞蹈等手法演绎一个情节较复杂的故事。宋杂剧虽然也演故事，但剧情简短，杂剧艺人也无意于表演复杂曲折的情节、塑造形象鲜明的人物，而是"务在滑稽"[1]，"打猛诨入，却打猛诨出也"[2]，用大白话说，就是要逗你一笑。因此，宋人又将杂剧称为"滑稽戏"。苏轼为朝廷撰写《集英殿秋宴教坊词》（类似于晚会节目串词），其中"勾杂剧"的串词是："宜进诙谐之技，少资色笑之欢。上悦天颜，杂剧来欤？"[3]你看，苏轼特别强调了杂剧乃是"诙谐之技"。

又因为意不在讲述复杂故事，宋杂剧的角色也比较简单，一般只需三五个角色就够了："末泥""副净""副末"，有时候会加上"装孤"和"旦"。"旦"指饰演妇女的角色；"装孤"是扮演君王或官员的角色；"末泥"则负责编排故事、串连剧情，有点像导演兼主持人；"副净"负责"乔作愚谬之态，以供嘲讽"，相当于相声的逗哏；"副末"负责凑趣、发挥，"以成一笑柄"，类似相声的捧哏。[4]实际上，宋朝的杂剧跟今天的相声、小品、脱口秀比较接近，而大异于宋南戏、元杂剧、明传奇与清京剧、昆曲之类的戏剧。

"多以长官为笑"

我们前面说了，宋杂剧"务在滑稽"，但"滑稽"并不是宋代"滑稽戏"的最大特色，其最大特色是讽刺时人时事，即所谓"优谏"。且看宋人自己怎么说的："五代任官，不权轻重，凡曹、掾、簿、

1 吴自牧：《梦粱录》卷二十。
2 吕本中：《童蒙训》。
3 苏轼：《苏轼文集》卷四十五《乐语》之《集英殿秋宴教坊词·勾杂剧》。
4 参见王国维《宋元戏曲史》，团结出版社，2005。

宋滑稽戏《眼药酸》图

尉，有龌龊无能，以至昏老不任驱策者，始注为县令。故天下之邑，率皆不治，甚者诛求刻剥，猥迹万状，至今优诨之言，多以长官为笑。"[1]"至今"当然指宋代，说的是宋朝地方优伶对官长的讥讽。

吴自牧的《梦粱录》亦称：杂剧"本是鉴戒，又隐于谏诤，故从便跣露，谓之'无过虫'耳。若欲驾前承应，亦无责罚。一

1　魏泰：《东轩笔录》卷三。

时取圣颜笑。凡有谏诤，或谏官陈事，上不从，则此辈妆做故事，隐其情而谏之，于上颜亦无怒也"[1]。说的则是内廷伶人对时政的讽谏。为便于优伶讽谏，言词不受约束，宋朝还形成一惯例：内宴进演杂剧，御史官不出席，"内宴优伶打浑，惟御史大夫不预，盖始于唐李栖筠也，至今遂以为法"[2]。

所以王国维认为，"宋之滑稽戏，虽托故事以讽时事，然不以演事实为主，而以所含之意义为主"[3]。由于宋朝优伶意在讽谏时务，而时务多变，所以滑稽戏往往不需要固定的剧本，表演的节目多是就地取材、临时编排，如此才有针对性，方能针砭时弊。这一点又跟后世杂剧不同。清人说："宋时大内中，许优伶以国事入科诨，作为戏笑。盖兼以广察舆情也。"[4]宋人自己亦说：杂剧"大抵全以故事、世务为滑稽，本是鉴戒，或隐为谏诤也"[5]。热衷于将"时事""世务"编入戏中，实是宋杂剧迥异于后世戏剧的一大特色。

现在，我们就来看看宋朝杂剧伶人究竟怎么编排世务，讽谏时事。

大中祥符至天禧年间，杨亿、钱惟演、晏殊、刘筠等词臣"以文章立朝，为诗皆宗尚李义山（李商隐），号'西昆体'"，流风所向，馆职文人都以模仿"西昆体"为荣，专从李商隐诗中寻章摘句，

1　吴自牧：《梦粱录》卷二十。
2　袁文：《瓮牖闲评》卷八。
3　王国维：《宋元戏曲史》。
4　梁绍壬：《两般秋雨庵随笔》。
5　耐得翁：《都城纪胜》。

文风千篇一律。[1]一日内廷赐宴，进演杂剧，伶人扮成李商隐登场，穿的衣裳破破烂烂，旁人问：你这是怎么了？"李商隐"说："现在这帮作诗的文人学士，这个从我身上扯摘一下，那个从我身上扯摘一下，便成了这个样子。"嘲弄当时文风之弊，"闻者欢笑"。

熙宁年间，一日内廷宴会，教坊伶人演杂剧，扮作一群都水监官员在议事：今年秋水泛溢，汴河水涨，必须决口泄洪，以免有泛滥之虞，在哪个地方开口好呢？一人说："丁家口可开乎？"[2]众人说："丁家口外多良田，不可开。"又一人说："杜家口可开乎？"众人说："杜家口外有州城县城，泄洪必经涉州县，也不可开。"又一人问："邓家口可开乎？"众人说："此口奉敕不得开耳。"当时邓绾为御史中丞，本应以谏议为职，但此人圆滑，明哲保身，从不开口进谏，优伶便以"邓家口不开"讽刺邓绾身居言职，却不尽言，实乃渎职。

元丰年间，蔡卞拜相，举办家宴庆贺，照例要演杂剧。伶人演剧时发表贺词："右丞今日大拜，都是夫人裙带。"[3]原来，蔡卞为王安石女婿，"每有国事，先谋之于床第，然后宣之于庙堂"，执政官员自嘲说："吾辈每日奉行者，皆其咳唾之余也。"伶人此语，自然是讥诮蔡卞"官职自妻而致"，一时间，"中外传以为笑"。

南宋末，四川优伶胆识名闻天下，表演的滑稽戏特别辛辣，"有袁三者，名尤著"[4]。一日，袁三与其他三名优伶演杂剧，一人自称好酒，一人自称好色，一人自称好财，一人自称好气，酒色

1　刘放：《中山诗话》，收于何文焕辑《历代诗话》。下同。

2　苏象先：《丞相魏公谭训》卷第十。下同。

3　周辉：《清波杂志》卷三。下同。

4　周密：《齐东野语》卷十三。下同。

财气，各有所好。四人"各夸张其好尚之乐，而余者互讥诮之"。袁三扮演的角色好财，他自谓"吾所好者，财也"，然后"极言财之美利，众亦讥诮之不已"。最后，袁三以手指着自己说："任你讥笑，其如袁丈好此何！"袁三看似是自嘲，实则是在讽刺台下坐着的一名四川官员，此公亦姓袁，爱财如命，"颇乏廉声"。

这几个例子显示，不管是身居高位的宰相，还是主政一方的地方官，不管是文学词臣，还是台谏官，只要有可讽刺之处，宋朝杂剧伶人都敢拿来开涮。

戏曲史研究大家任中敏先生曾将散见于文献史料的历代（自先秦至近代五四运动前）伶人语录（含谏语、诙语、常语三类）辑录成册，名《优语集》。我将《优语集》收录的宋代伶人谏语整理了一下，又补充数条任中敏先生遗漏的谏语（列表附后），然后便发现，宋朝的优谏之多，可谓为历朝之冠。

宋朝优伶调侃或嘲讽的对象，既有转运使、提举官、太守、胥吏等中下层官吏，又有都水监长官、三司、殿帅、御史、宰相等高官；既有太学生、词臣、科举考官、理学家、退休名臣等权力较小的士大夫，又有宦官、女宠等皇帝身边的幸臣，甚至有皇子、皇帝本人。

宋朝杂剧优伶真可谓"艺胆包天"。

"台官不如伶官"

在"艺胆包天"的宋朝伶人中，以活跃于神宗朝至徽宗朝前期的丁仙现最为出名。因丁仙现为"教坊使"，时人又尊称他为"丁使"，不过丁仙现之名能入史笔，却不是因为他当了教坊使，而是因为他敢于谏政。

熙宁年间，宰相王安石主持变法，宋神宗"一切委听，号令骤出"[1]。但新法骤然施行，"于人情适有所离合"，因而受到阻挠，"故臣名士往往力陈其不可"。可是王安石一意孤行，凡是反对他的大臣，"多被黜降"，后来，廷臣便沉默不语。"当是时，以君相之威权而不能有所帖服者，独一教坊使丁仙现尔。"王安石每行一新法，都要设宴庆祝，而宴会中又会表演杂剧，丁仙现便借着演戏之机，"于戏场中乃便作为嘲诨，肆其诮难，辄为人笑传"。

几次三番被丁仙现当众嘲弄，王安石"不堪，然无如之何也"。最后还是忍无可忍，"遂发怒，必欲斩之"，但他未能得逞，因为神宗皇帝得悉王安石起了杀心，预先将"丁仙现匿诸王邸"。坊间遂有"台官不如伶官"之谚，台谏官抗议王安石变法，多受黜降、外放，而丁仙现讽刺王安石，王氏却拿他没办法。

丁仙现究竟怎么嘲讽王安石，因文献佚失，已不得而知。不过，宋人笔记中有一则讲述丁仙现作剧讥诮侯叔献兴水利的记载，可作为参照。侯叔献，都水监长官，是执行王安石"农田水利法"的得力干将，曾大兴水利工程，引汴水入蔡河，虽使航运畅通，但工程劳师动众，百姓深受其苦。

熙宁九年（1076），神宗生日，教坊照例要进演"献香杂剧"。[2]丁仙现饰演一僧人，自称"善入定"，能神游天地。旁人问他看到什么。答："近入定到地狱，见阎罗殿侧，有一人衣绯垂鱼。细视之，乃判都水监侯工部也。手中亦擎一物，窃问左右，云：'为奈何水浅献图，欲别开河道耳。'"侯工部，即侯叔献。丁仙现讽

1　蔡绦：《铁围山丛谈》卷第三。下同。

2　彭乘：《续墨客挥犀》卷四。下同。

刺他"兴水利以图恩赏"。时侯叔献刚刚去世未久，丁仙现就暗讽他恶有恶报，死后下了地狱。想来丁教坊使对王安石，也不会嘴下留情。

王安石其实也不必太恼怒，因为被杂剧伶人拿来开涮的宋朝宰相，绝不止王安石一个。蔡京、秦桧、韩侂胄、史弥远等大权相，都不止一次遭到优伶的语言鞭挞。

崇宁二年（1103），一日内廷举行宴会，席间表演滑稽戏，伶人扮演市井间的小贩，在街边卖浆，一文钱一杯。一"顾客"来买浆，喝了一杯，掏出一枚"当十钱"，要"小贩"找零。"小贩"说："方出市，未有钱，可更饮浆。"[1]顾客连饮五六杯浆，肚子胀鼓鼓的，说："幸亏是'当十钱'，要是相公做'当百钱'，那可如何是好？"伶人讽刺的是宰相蔡京，因蔡氏发行"当十钱"，一枚大钱的面值等于十枚小平钱，民间遂大肆偷铸大钱，导致币制大乱，百姓行用不便。

绍兴十五年（1145）春，科举开考前，临安伶人作场演杂剧，扮演一群应考的士子在讨论今年的主考官是哪一位。[2]众人说，"某尚书、某侍郎当主文柄"。一"长者"表示不认可，并认为今年必定会差遣彭越担任主考官。有人问："彭越是何人？朝廷之上，不闻有此官员。""长者"表示彭越乃是汉朝的功臣梁王。众人说："彼是古人，死已千年，如何来得？""长者"表示，上次考试，是汉朝楚王韩信主考，所以今年主考者一定是梁王彭越。众人"嗤其妄"，说他胡说八道。"长者"笑了，说："若不是韩信，如何

1　曾敏行：《独醒杂志》卷九。下同。
2　故事参见洪迈《夷坚志》丁集卷四。

取得他三秦！"听到这里，"四座不敢领略，一哄而出"。

伶人此番嘲讽的正是权倾朝野的宰相秦桧。原来，上一次开科考试，秦桧之子秦熺，侄儿秦昌时、秦昌龄，俱榜上有名，"公议籍籍，而无敢辄语"。伶人却是胆大，故意拿"韩信取三秦"比附"科举取三秦"，讥讽秦相爷将科举录取名额当成了自家私囊。秦桧受伶人嘲讽，却"不敢明行谴罚"。

庆元初（约1195），韩侂胄为宰相，把持朝政，其弟韩仰胄为知阁门事，控制了内廷，时人称之为"大小韩"，"求捷径者争趋之"。[1] 一日内宴演滑稽戏，优人扮作在吏部候选的士人，"自叙履历才艺，应得美官，而流滞铨曹，自春徂冬，未有所拟，方徘徊浩叹"。恰好此时，一名算命先生从身边经过，士人便拉住他，问何时可任官得禄。算命先生高声说："君命甚高，但以五星局中，财帛宫若有所碍。目下若欲亨达，先见小寒；更望事成，必见大寒可也。"讽刺天下士子想得美官，须先拜见大韩、小韩。

宝庆年间（1225—1227），宰相为史弥远。一日相府开宴，表演杂剧。两伶人扮作士子念诗，一人吟道："满朝朱紫贵，尽是读书人。"[2] 另一人说："非也，满朝朱紫贵，尽是四明人。"史弥远正是四明（今浙江宁波）人，伶人讥诮史宰相"一人得道，鸡犬升天"呢。相传史弥远被讽刺后，"自后相府有宴，二十年不用杂剧"。

但史弥远被杂剧伶人盯上了。你相府内不演杂剧，其他地方

1　岳珂：《桯史》卷五。下同。

2　张端义：《贵耳集》卷下。下同。

可是要演的。又一日，四川"制阃大宴"，请来优伶演滑稽戏。[1]伶人这回演的，是专拿孔子及其弟子开涮的"弄孔子"戏：几名伶人扮成"衣冠者数辈，皆称为孔门弟子"，在讨论怎样才能够"改官"（晋升调任）。一人说："吾宰予也。夫子曰：'于予与改。'可谓侥幸。"——《论语》载有孔子批评宰予的一句话："于予与改（我对宰予的看法已改变）。"伶人故意曲解成"夫子批准宰予改官"，引人发噱。

又一人说："吾颜回也。夫子曰：'回也不改。'"言下之意就是未能改官。——《论语》也载有孔子赞扬颜回的话："一箪食，一瓢饮，在陋巷，人不堪其忧，回也不改其乐。"伶人又故意将"回也不改"曲解为"孔子不让颜回改官"，也是令人忍俊不禁。

"颜回"因为不得改官，有些愤愤不平，问"宰予"："吾为四科之首而不改，汝何为独改？""宰予"答："吾钻故改，汝何不钻？"意思是说，我善钻营，所以得以改官，你为什么不去钻营？"颜回"说："吾非不钻，而钻弥坚耳。"——《论语》载有颜回的一句话："颜渊喟然叹曰：'仰之弥高，钻之弥坚。'"本是颜回感叹孔子思想博大精深之语，但伶人又故意将"钻之弥坚"曲解成"削尖脑袋去钻营，无奈钻到花岗岩"。

正当观众忍不住大笑之时，扮演"宰予"的伶人抖出包袱："汝之不改，宜也。何不钻弥远乎？"看到这里，人们才恍然大悟：原来伶人是在开涮当朝宰相史弥远。

被杂剧伶人拿来开涮的宰相，当然不止史弥远、韩侂胄、秦桧、蔡京、王安石数人，李迪、蔡卞、何执中、真德秀（拜参知

---

1 周密：《齐东野语》卷十三。下同。

政事）、魏了翁（同签书枢密院事）、丁大全等宰执，不管贤或不肖，只要其施政、为官令人不满，优伶必一一掊击，都未放过。从我们目前检索到的宋朝优语来看，越是专权的宰相，受优伶嘲讽的次数也越多。

"无过虫"与"优言无尤"

现在，你也许忍不住要问：为什么宋朝的杂剧伶人热衷于拿高官开涮？或者说，为什么宋朝的滑稽戏以讽谏时务为尚？

我们先看宋人自己是怎么说的。北宋时，苏颂曾向家人讲述几个伶人优谏的事例，然后说："俳优非滑稽，捷给善中事情，能讽谏，有足取者。"[1] 南宋时，洪迈在记述了几个优伶谏政的故事之后，亦总结说："俳优侏儒，周伎之下且贱者，然亦能因戏语而箴讽时政，有合于古'蒙诵工谏'之义。"[2] 也就是说，宋人认为，优伶讽政，是可贵的表现，也合乎古老的"蒙诵工谏"传统。

所谓"蒙诵工谏"，见诸《国语·周语》："天子听政，使公卿至于列士献诗，瞽献典，史献书，师箴，瞍赋，矇诵，百工谏，庶人传语，近臣尽规，亲戚补察，瞽、史教诲，耆、艾修之，而后王斟酌焉，是以事行而不悖。"意思是说，天子听政，应当允许包括优伶在内的所有人畅所欲言，然后择善而从，政事才不容易出差错。因此，早在先秦之时，便形成了优谏的惯例。宋朝伶人也有意识地秉承优谏的传统，如丁仙现自言："见前朝老乐工，

1 苏象先：《丞相魏公谭训》卷第十。
2 洪迈：《夷坚志》丁集卷四。

间有优诨及人所不敢言者，不徒为谐谑，往往因以达下情，故仙现亦时时效之，非为优戏。"[1]

宋人又习惯将优伶戏称为"无过虫"。《都城纪胜》说，杂剧伶人"隐为谏诤也，故从便跣露，谓之'无过虫'"。一首描述南宋宫廷滑稽戏的宫词写道："敕下临安拨乐工，部头色长各成丛。当筵作剧天威近，艳段偏宽无过虫。"[2]诗中的"部头""色长"，均指坊间杂剧优伶，南宋废弃教坊，内廷宴会演剧，都是临时雇用民间伶人；"艳段"，则指杂剧表演的上段，宋朝一场杂剧，例演两段，下段为正杂剧，上段则是优伶临场发挥，多是编排熟事，讥讽时务。

那什么又是"无过虫"呢？虫，在宋人语言习惯中，是对市井小人物的谑称，譬如"临安辇毂之下，中榜多是府第子弟，报榜之徒，皆是百司衙兵，谓之'喜虫儿'"[3]。杂剧伶人是市井间逗人发笑的小人物，被叫"虫"亦不足为奇。"无过"，则是"没有过错"之意，宋人认为，优伶讥讽时务，即便说得过火了，也不算犯错误。因此，内廷作剧，尽管天威近在眼前，优伶却可肆意嘲弄，用不着太顾忌。"当筵作剧天威近，艳段偏宽无过虫"便是这个意思。

其实"无过虫"也来自一项古老的传统——"优言无尤"。所谓"优言无尤"，亦出诸《国语》：齐襄公时，有优伶自言，"我优也，言无邮"。邮，通尤，过错之意。"优言无尤"的意思是说，

---

1 叶梦得：《避暑录话》卷下。
2 史梦兰：《全史宫词》卷十七。
3 吴自牧：《梦粱录》卷二。

优伶的话，哪怕说错了，也不打紧，大人物不应该跟小人物计较。因为有这"优言无尤"的传统，宋朝优伶讽刺起高官来，才显得肆无忌惮。

更重要的是，历朝历代中，宋代的讽政环境相对而言是最为宽松的，朝廷崇尚"异论相搅"，鼓励台谏直言无讳。优伶在滑稽戏中调侃高官，讽刺时弊，一般来说，也不至于获罪。"优言无尤"并不是一句欺人的空话，比如：丁仙现一再讥讽王安石，王安石虽"不堪"，却"无如之何也"；内廷伶人讽谏宋徽宗与蔡京力推的福利政策让"百姓一般受无量苦"[1]，徽宗"恻然长思，弗以为罪"；伶人以"韩信取三秦"挖苦秦氏家族，秦桧"亦不敢明行谴罚"；优伶王公瑾讽刺韩侂胄是"假杨国忠"，韩"虽憾之，而无罪加焉"[2]。

但是，我们又不能不承认，"优言无尤"在宋代只是相对而言的，伶人因嘲讽官长而受责罚的例子并非太罕见。在我们搜集到的 63 个宋朝优谏例子中，可以明确知道伶人被"笞杖""下狱""驱逐出境""发配"的，有 10 例，约占 16%，绝大多数都是地方官所为。其中一例，优伶因为讽刺秦桧卖国求荣，"桧怒，下伶于狱，有死者"。[3] 这是我们见到的发生在宋朝的唯一一例有伶人因为优谏而付出生命代价的悲剧。不过，这一案例是被宋朝士大夫当成秦桧的劣迹记入史书的。

宋朝士大夫对当时盛行的优伶戏谑之风，态度很有意思。前面我们提到过，宋代滑稽戏中有一类"弄孔子"戏，专拿孔子、

1　洪迈：《夷坚志》丁集卷四。下同。
2　张仲文：《白獭髓》，收于陶宗仪《说郛》。
3　岳珂：《桯史》卷七。

孟子、颜回等儒家先贤戏弄。士大夫对"弄孔子"戏非常不满，认为优伶"离析文义，可谓侮圣言"，但同时又承认，伶人"巧发微中，有足称言者焉"。[1] 所谓"巧发微中"，是说伶人通过曲解《论语》等儒学经典，对奸臣、时弊之针砭堪称入木三分（可参见前述"何不钻弥远"一事）。显然，按宋朝士大夫的看法，先贤不可以侮辱，高官不妨尽情讽刺。这是当时的时代精神。

总而言之，"蒙诵工谏"与"优言无尤"的优伶传统，相对宽松的讽政环境，促使宋代的优谏盛极一时。

余话

宋朝优谏之盛，是其他王朝远所未及的。

我统计过任中敏先生《优语集》辑录的历朝优伶谏语：唐朝之前，因史料严重佚失，能搜集到的优语寥寥可数，可忽略不计；唐朝优语收录了44条，其中属于谏语的有16条，占比约36%；五代优语31条，其中谏语只有11条，占比约35%；两宋优语86条（含增补），其中谏语为63条，约占73%；元朝优语总共才3条，属于谏语的有2条（其中一条还应该归入宋代）；明代优语30条，其中谏语13条（中有数条优伶奉官长之命而讽谏之例，不计在内），约占43%；清代的优语数量最多，共有112条，但谏语仅有23条，仅占21%。

不管就谏语所占比例，还是就优谏总数而言，宋朝伶人都可以将其他王朝甩出几条街。把唐、五代、元、明、清五个历史时

1　周密：《齐东野语》卷十三。

期的优谏数目加起来，才跟赵宋一朝的优谏数目相当。可以说，"蒙诵工谏"与"优言无尤"的古老传统，发展至宋朝，终成滑稽戏之大观；宋后，优谏之艺脉尽管没有断绝，但已迅速没落。

这应该跟优伶讽政环境的变化有着密切关系。元朝戏剧大盛，且当时一些文人也认为，百戏"皆不如俳优侏儒之戏（滑稽戏）"，因为滑稽戏"有关于讽谏，而非徒为一时耳目之玩也"。[1] 但讽刺的是，我们能找到的元代伶人讽谏事例，只有一例，而且是一名晚明文人记录的[2]——

元内廷曾演《吕蒙正》杂剧，优伶饰长者到市场买瓜。卖瓜者说："一两银子。"长者问："怎么比往日市价贵了十倍？"卖瓜者说："税钱重，十里一税，宁能不如此！"此时，吕蒙正也来买瓜，卖瓜者语如前。吕蒙正说："吾穷人，买不起。"指着旁边的南瓜说："我买黄的罢。"卖者怒道："黄的也要钱。""黄的"谐音"皇帝"，看戏的元朝皇帝发觉伶人原来意在"规己"，大怒，"落其两齿"，打掉伶人两枚牙齿。

那名晚明文人记录此事时，说"元大内杂剧，许讥诮为乐"，可谓是自作多情，自欺欺人。按元代立法，"诸乱制词曲为讥议者，流"，"诸妄撰词曲，诬人以犯上恶言者，处死"。[3] 伶人借演戏讥议时事，是刑法明文禁止的。

朱元璋立国，法禁更严厉，所以从洪武朝至成化朝这一百年间，并无一例优谏。任中敏先生认为，此"应非无故，疑与政情

1　杨维桢：《东维子集》卷十一《朱明优戏序》。
2　故事参见姚旅《露书》卷之十二。
3　宋濂等：《元史》卷一百五《刑法四》；宋濂等：《元史》卷一百四《刑法三》。

动宕、刑戮无常有关"[1]。成化朝以降，才偶有优伶嘲讽时务。

清代的整个康雍乾盛世，同样找不到一例优谏（伶人献媚的谀语倒可以找到数条）。何以至此？我们看一个事例就明白了：雍正年间，清世宗日理万机，罕御声色，一日"偶观杂剧"[2]。演的是院本戏《郑儋打子》，伶人演得很卖力，"曲伎俱佳"，雍正帝看后很高兴，赏赐酒食。席间，有一名伶人偶然问起："今常州守为谁者？"因戏中"郑儋乃常州刺史"，伶人也是一时好奇。雍正帝立即勃然大怒，翻脸不认人："汝优伶贱辈，何可擅问官守？其风实不可长！"命人将那个倒霉的优伶拖下去，"立毙杖下"。记载这件事的清朝文人歌颂说，我皇"严明也若此"。直至道光朝之后，才逐渐出现了一些优谏之语。

即便同是优谏，宋朝杂剧与明清戏剧又有很大不同：

从时间分布的角度来看，宋代从太祖朝至度宗朝，基本上各个时段均有讽谏时政的滑稽戏上演，而明清时期的优伶谏语则多集中于某个时段、某个优伶。如明朝的优谏多发生在成化、弘治、正德三朝，其中内廷优伶阿丑一人贡献了 4 条，约占明代优谏数目的三分之一；清代的优谏多出现在同治、光绪、宣统三朝，京剧伶人刘赶三一人贡献了 9 条，超过清代优谏总数的三分之一。这大概说明，明清之时，即便有优伶讽政之举，亦已非普遍现象，而仅仅是言论控制松动时期少数伶人的个人行为。

从表演形式的角度来看，宋代杂剧优伶热衷于以时务入戏，敷衍成讽刺性的"艳段"，这一演艺形式随着中国戏剧艺术的成

1　任中敏：《优语集·弁言》，凤凰出版社，2013。
2　昭梿：《啸亭杂录》卷一。下同。

熟，在元明清时期便没落了。尽管明朝中叶尚有滑稽剧，与宋滑稽剧没什么差别，清代京师梨园亦有丑角戏："有所谓'抓哏'者，无论何人何事，均可随时扯入，以助诙谐"[1]，与宋时滑稽戏亦相近，但这些，都已经不是彼时戏剧的主流。

不管是元杂剧、明传奇，还是清代的京剧及地方戏，都有了固定的剧本，且剧情背景多设定为前朝往事，不再以时务入戏，讽谏亦不再是戏剧的重点，优伶即使有意讽谏，也只能看剧本中有没可供指桑骂槐的台词。

举个例子说，一名宋朝的优伶如果想拿某官开涮，他完全可以临时构思一出滑稽戏，嬉笑怒骂之；而清代的一名伶人如果想骂某官，则要看听戏的人点了哪本戏。同治年间，京师都察院团拜，点名要京剧名伶程长庚演戏，程不愿意，被"锁于台柱下以辱之"[2]。后，程得知都察院所点剧目是《打鼓骂曹》，却欣然登台。原来，《打鼓骂曹》里有一段台词，正好供程长庚来指鸡骂狗："有忠良，你们不能保护；有权奸，你们不能弹劾。你们一班奸党，尚在此饮酒作乐，好不愧也！"[3]要是都察院点了别的戏文，程长庚便无从发挥了。

我觉得，像程长庚这样有大脾气的艺人，会更喜欢宋朝那样的滑稽戏。

1　吴焘：《梨园旧话》，收于张次溪《清代燕都梨园史料》，中国戏剧出版社，1988。
2　张江裁：《燕都名伶传》，收于张次溪《清代燕都梨园史料》。
3　赵炳麟：《柏岩文存》，收于赵润生《赵柏岩集》。

宋代优伶讽政列表[1]

	时间	伶人	节目内容	讥讽对象及事由	结果
1	开宝年间	教坊伶人安鸿渐	宋人凌策幼时，其父担任市镇的"所由官"（胥吏），带着他拜会颇具才名的安鸿渐，请安鸿渐给儿子取个好名字，安鸿渐即为凌策取字"教之"。	《孝经》有言："夫孝，德之本也，教之所由生也"。安鸿渐通过别解"教之所由生"之句，拐弯抹角地嘲讽凌策出身于胥吏之家。	后凌策当上宣徽院长官，而安鸿渐则是教坊伶官，教坊隶属于宣徽院。凌策犹有点记恨，对安鸿渐说："汝今世之一祢衡尔，才虽不逮，偶免一烹焉。"
2	开宝年间	教坊伶人安鸿渐	僧人赞宁当了"僧录官"（朝廷主管佛教事务的官员），一日与数僧行于街上，遇教坊伶人安鸿渐，安鸿渐取笑他："郑都官不爱之徒，时时作队。"	"郑都官"指唐末诗人郑谷，他曾为表达对武则天宠幸和尚薛怀义并赐其紫衣之举的厌恶，写过一首诗："爱僧不爱紫衣僧。"安鸿渐借这个典故，调戏"僧录官"。	赞宁反唇相讥："秦始皇未坑之辈，往往成群。"

---

1 据任中敏《优语集》整理录入。

（续表）

	时间	伶人	节目内容	讥讽对象及事由	结果
3	大中祥符年间	教坊伶人	一伶人扮演唐朝诗人李商隐，衣衫褴褛，说："吾为诸馆职挦扯至此！"	当时馆阁学士作诗宗尚李商隐，新人多在李氏诗中挦章扯句。	"闻者欢笑"。
4	宋真宗朝	地方伶人	一李姓兵部使路经某州，军伶白语："但某叨居兵部，谬忝前行。"	"前行"为唐宋时兵部与吏部之代称。伶人用"叨居""谬忝"，口出不逊。	"李大怒"。
5	天圣年间	金陵伶人	宰相李迪调任为金陵太守，伶人在郡宴上致欢迎词，末尾引用前任太守丁谓的诗句，抗声说："吾皇宽大容尸素，乞与江城不计年。"	李迪罢相，是因为受了丁谓构陷。伶人此举，或是故意引用丁诗，讥讽李迪"尸位素餐"。	"文定（李迪）笑曰：'是何？是何？'上闻，见责。"意思是说：这是什么话？要是让皇上听了会责怪。
6	天圣年间	教坊伶人	伶人作执笔吟诗状，一人忽跌倒，狼狈说："数日来想出一首赏花钓鱼诗，准备应制，不想被这石头擦倒！"	宋时春天，皇帝例在后苑邀约大臣，赏花钓鱼赋诗。有不学无术之人，一整天都写不出一首诗来。	"左右皆大笑"；一名秘阁校理官因诗文鄙恶，落职，调任。

（续表）

	时间	伶人	节目内容	讥讽对象及事由	结果
7	天圣年间	教坊伶人	伶人演杂剧，在前堂观玩不去，曰："徘徊也。"至后堂，复环顾而不去，问之，则皆曰："徘徊也。"一人笑曰："可则可矣，但未免徘徊太多！"	宋仁宗邀大臣赏花钓鱼，赐诗，诸公和诗，末句皆押"徘徊"韵，千篇一律，无病呻吟。	—
8	景祐年间[1]	许州伶人	许州公宴间表演杂剧，优人故意使用了一句台词："尔是防城举人，有何文学？"	"防城举人"指宋真宗时，曾对防城有功的河北举人降低标准，录取为官。他们因缺乏学问常被讥讽。而当时的京西路转运使（驻许州）柳灏，恰恰是"防城举人"出身。	优伶被治罪，发配。
9	景祐末年	蔡州伶人	伶人演杂剧，一伶称梦得一黄瓜，长丈余，是何祥也？另一伶贺曰："黄瓜上有刺，必作黄州刺史。"前伶批其颊曰："若梦镇府萝卜，须作蔡（菜）州节度使？"	时蔡州节度使为范雍。伶人揶揄他是空心萝卜。	伶人被杖背。

---

1 任中敏在《优语集》中误将此条时间定为宋真宗初年，今据沈宗宇、孙书磊《〈优语集〉辨正》订正。

（续表）

	时间	伶人	节目内容	讥讽对象及事由	结果
10	约宋仁宗朝末年	伶人郄生	淮南有"八仙公"神庙，相传神仙姓梅。有梅姓太守途经淮南，见"八仙公"画像，泣而祭之，称"八仙公"乃其祖先。回郡时，经过郄家岭，伶人郄生故作痛哭状，说："此岭乃祖先之冢也！"	调侃梅太守乱攀亲。	梅太守大怒，"杖之"。
11	治平年间	庆州伶人	三司拨给庆州的军用物资，"物恶而估直高，军人有语，而优戏及之"。	讥讽三司克扣军用物资。	庆州太守大怒，称伶人"妄言摇众"，命斩之，诸将替其求情，改为"杖配岭南"。
12	熙宁初年	教坊伶人丁仙现	王安石厉行新法，每出一项新政，丁仙现"必因燕设，于戏场中乃便作嘲诨，肆其诮难，辄为人笑传"。	嘲讽王安石变法。	王安石"不堪，然无如之何也"。
13	熙宁年间	眉州伶人	眉州太守初上任，例有伶人献演。伶人演出时献上口号："为报吏民须庆贺，灾星移去福州来。"太守大喜，问伶人这乐词口号是谁撰	暗讽每一任太守都是"灾星"。	—

（续表）

	时间	伶人	节目内容	讥讽对象及事由	结果
			写的。伶人答道："本州旧例，只用此一首。"		
14	熙宁年间	内廷俳优	伶人扮作都水监官员议事：秋水泛溢，可在何处开汴口，以免泛滥之虞？一人说："丁家口可开乎？"众人说："丁家口外多良田，不可开。"又一人说："杜家口可开乎？"众人说："杜家口外有州城县城，泄洪必经涉州县，也不可开。"又一人问："邓家口可开乎？"众人说："此口奉敕不得开耳。"[1]	时邓绾为御史中丞，却少有谏言。伶人讥其身居言职，却不尽言，渎职。	宋神宗"一笑，传播都下"。
15	熙宁年间	内廷俳优	伶人演出时，跨驴上殿，称"有脚者尽上得"。	讽刺王安石为推行新法，滥用新人。	滥用新人的风气稍有收敛，"少沮"。
16	熙宁九年	教坊伶官丁仙现	丁仙现扮演成僧人，自称能入定到地狱，看见阎罗殿侧有一人，"细视之，乃判都水监侯工部也"。	"侯工部"指刚去世未久的都水监长官侯叔献。侯生前大兴水利工程，引汴水入蔡河，虽使	—

1　此条任中敏在《优语集》中未收录，今据苏象先《丞相魏公谭训》选入。

（续表）

	时间	伶人	节目内容	讥讽对象及事由	结果
			侯工部为何在此？答："为奈河水浅，献图别开河道耳。"	航运畅通，但工程劳师动众，百姓深受其苦。丁仙现的表演，有暗讽侯叔献下地狱之意。	
17	熙宁末	教坊杂剧伶人	伶人扮演卖沙糖的小贩，自谓姓赵。误将装沙糖之瓶踢倒，糖流干地。小贩说："甜采。你即溜也！怎奈何？"	开封俚语，以王姓为"甜采"，暗指王安石。时王安石罢相，面对保守派压力，宋神宗有些手足无措。	"左右皆笑"。
18	元丰年间	教坊杂剧伶人	时教坊杂戏流行一句台词："学《诗》于陆农师，学《易》于龚深之。"	陆农师指陆佃，龚深之指龚原，均为王安石弟子。伶人之言，乃是讽刺当时的举子专诵王氏章句，而不解其义。	—
19	元丰年间	宰相家宴优伶	蔡卞拜相，家宴张乐，伶人扬言曰："右丞今日大拜，都是夫人裙带。"	蔡卞为王安石女婿，"每有国事，先谋之于床笫，然后宣之于庙堂"。伶人讥诮蔡卞靠裙带关系拜相。	"中外传以为笑"。
20	元丰年间	教坊伶人	伶人扮成孔子、孟子、颜回、王安石诸人。"孔子"让"王安石"坐，"孟子""颜回"均请"王安石"	时蔡卞执政，岳丈王安石去世后配享孔庙，亲信议又升王安石神位于孟子之上。	蔡卞亲信之议"为此而止"。

（续表）

	时间	伶人	节目内容	讥讽对象及事由	结果
			坐于首，后者遂坐上首，"孔子"不敢安席，也起身避位。"子路"拉着"公冶长"（孔子女婿）上场，"公冶长"一脸窘迫之状，"子路"责备他："汝全不救护丈人，看取别人家女婿！"		
21	元丰年间	教坊伶人	御宴时，伶人进演杂剧，指着坐在宋神宗身边的皇子赵煦（即后来的宋哲宗）问："此为谁乎？"另一伶人答："皇子大王。"前伶说："非也。"又答："开府郡王。"前伶又说："非也。"众问："然则为谁？"答："假承务郎也。"[1]	宋时，官员之子得父荫授官，多先授"假承务郎"之佚，品轶最卑。时赵煦刚封延安郡王。伶人拿赵煦封王一事开玩笑，虽无甚深意，但也说明皇子亦可调侃。	"天颜（宋神宗）一笑，传播都下"。
22	宋哲宗朝	洛阳伶人	文彦博晚年居洛阳，私第名"东田"，蓄有歌妓四人。一日，文氏前往河阳府探望儿子，四妓乘坐大车随行。有伶人讥讽说，"东田小籍，已登油壁之车"。	"东田小籍"即东田小姐也。宋人习称歌妓为"小姐"。	文彦博从河阳回洛阳后，即将四名"小姐"遣走。

1　此条任中敏在《优语集》中未收录，今据苏象先《丞相魏公谭训》选入。

（续表）

	时间	伶人	节目内容	讥讽对象及事由	结果
23	绍圣初年	教坊伶人丁仙现	酷吏贾种民监修天津桥，落成之日，恰好丁仙现要过桥，贾种民说：你要能即兴说个诨话，我就让你先过桥。丁仙现应声说："好桥！好桥！"策马而过。贾种民说：你这不是诨话。良久，才悟出"其讥己也"。	"好桥"谐音"好乔"。按宋人语言习惯，"好乔"为"太虚伪"之意。	贾种民亦无可奈何。
24	绍圣年间	成都伶人	成都府宴间表演杂剧，"俳优口号有'茶牙人赐绯'之句"。	原来，当时驻成都的提举茶马官，"以课羡，赐五品衣鱼"，扬扬自得。按舆服制度，四品以上官员着紫色，六品以上着绯色，九品以上着绿色，凡绯、紫服色者都加佩鱼袋。伶人故意将其比喻为小人得志的"茶牙人"。	提举茶马官"颇怒其妄发，亦笞之"。
25	崇宁初	内廷俳优	伶人挽一车箭，说："一车箭只卖一文钱。"问："是何人家箭？价贱如此。"伶人答："王恩不及垛箭。"	讥刺王恩位居殿帅，却"不习弓矢"。	—

（续表）

	时间	伶人	节目内容	讥讽对象及事由	结果
26	崇宁二年	内宴伶人	伶人扮成市民与卖浆小贩。市民投一大钱买一杯浆，要小贩找零。小贩说，刚出摊，还未有零钱，不如你再饮些浆？于是，市民连饮五六杯，肚子胀鼓鼓的，说：幸亏是"当十钱"。倘使相公发行"当百钱"，可如何是好？	蔡京当政，发行"当十钱"，一枚大钱面值十文，民间行用不便。	宋徽宗"为之动，法由是改"。
27	崇宁年间	坊间伶人	伶人饰演衣冠之士，自帽子至衣服，均裁去一半，两足合着一条裤管，扭捏而行。又一伶人饰演路人，取笑他："但知减半，岂料难行！"	时因财政困难，有官员提议俸禄减半。	"语传禁中，亦遂罢议"。
28	崇宁年间	内廷俳优	伶人饰演鼎神，受命往镇苏州。鼎神拒绝前往："不愿前去，恐一例铸作当十钱。"	时蔡京发行当十钱，宋徽宗在内廷铸九鼎。苏州有人偷铸当十钱。	朝廷追查偷铸铜钱一案。
29	崇宁年间	内廷俳优	一伶人饰演宰相据坐理政，一伶人饰演僧人上场，迄给公凭游方，宰相见其度牒为元祐三年所颁，立即毁掉；	崇宁年间恢复熙宁新政，凡元祐党人尽遭排斥，元祐之政悉被罢去。伶人既讥讽当时朝廷"逢元	"是时至尊（宋徽宗）亦解颜"。

（续表）

	时间	伶人	节目内容	讥讽对象及事由	结果
			又一道士上场，请补发遗失的度牒，宰相问清其出家之时也是元祐年间，取消其当道士的资格；一士人上场，自称元祐五年获推荐，要求礼部免试，宰相命将其押送回籍屏斥；一主管宅库官登场，附耳说："请得相公料钱一千贯，尽是元祐钱。"宰相说："从后门搬入去！"此时，另一伶人扶着宰相之背说："你做到宰相，原来也只好钱！"	祐必反"的做法，兼讽刺当时高官贪财、虚伪的作风。	
30	崇宁一大观年间	京师优人	京师优伶故意模仿当时的太学文章致词："伏惟体天法道皇帝，趋时立本相公，惟其所以秀才，和同天人之际，而使之无间者，紧人也。"	当时太学生的文章，"文字语言尚浮虚，千人一律"。伶人模仿其文体调笑。	"于时观者莫不绝倒"。
31	政和年间	宰相宴会伶人	一伶人饰演宰相，一人问他："宰相退朝之暇何所为？"答："试写论文。"问：	时宰相何执中"广殖赀产"，开了多间邸店，每日收到的租金便	一

（续表）

	时间	伶人	节目内容	讥讽对象及事由	结果
			"是何题目？"答："试述《论语》'为臣不易'之义。"问者批宰相之颊说："你日收一百二十贯房钱，还说什么不易！"	有一百二十贯之多。伶人这是在挖苦宰相敛财，与民争利。	
32	宣和四年	内宴伶人	伶人扮作奴婢模样，谈论各自的发型。一人"满头为髻，如小儿"，自称是童贯奴婢。众问此髻何名，答："大王方用兵，此三十六髻也。"	"三十六髻"暗指"三十六计，走为上"。伶人这是嘲弄童贯用兵燕蓟，败而窜逃。	—
33	宣和年间	内宴伶人	一伶人手持梅花而出，问是何物，答："芭蕉。"又持松桧而出，问是何物，亦答说是芭蕉。如是者数四。另一人教训他："这是某花，这是某木，为何都说是芭蕉？"答："我但见巴巴地讨来，都焦了！"	宋徽宗建造艮岳，朱勔大兴花石纲，从南方移植来的花木，很快又枯萎。伶人"因以讽之"。	"天颜亦为之少破"，指宋徽宗听后也笑了。
34	宣和年间	内宴伶人焦德	宰相蔡京问伶人焦德："西园与东园景致如何？"焦德说：	东园为蔡京私家园林，宋徽宗又"赐邻地以为西园，毁	"语闻，抵罪"。

（续表）

	时间	伶人	节目内容	讥讽对象及事由	结果
			"东园嘉木繁荫，望之如云；西园人民起离，泪如雨下，望之如雨。可谓'东园如云，西园如雨'也！"	民屋数百间"。焦德讥讽徽宗与蔡京大搞拆迁。	
35	宣和年间	内廷伶人焦德	五岳观迎祥池有丑石，宋徽宗问内侍杨戬："何处得之？"杨戬说："价钱三百万，是戬买来。"焦德说："犹自似戬也。"	焦德这是在取笑杨戬长得丑。	"上（宋徽宗）大笑"。
36	徽宗朝	教坊伶人	伶人扮成僧人讲解"生老病死苦"，先颂扬朝廷给予贫民"生老病死"的福利，说到"苦"时，停顿不说，良久才叹息说："只是百姓一般受无量苦！"	蔡京当政之时，推行国家福利政策，为学生提供生活津贴，为贫民提供免费养老、免费医疗、免费公墓，却因此赋税加重，一般百姓不胜重负。	宋徽宗"恻然长思，弗以为罪"。
37	建炎年间	教坊杂剧伶人	伪齐刘豫僭位，大宴群臣。教坊伶人表演进杂剧，扮成处士与星翁。处士问："自古帝王之兴，必有受命之符，今新主有天下，抑有嘉祥美瑞，以应之乎？"星翁答：	伶人实是讥讽刘豫得位不正，没有合法性。	—

222

（续表）

	时间	伶人	节目内容	讥讽对象及事由	结果
			"固有之。新主即位之前一日，有一星聚东井，真所谓符命也！"处士以杖击星翁，说：五星方可说云聚。一星，怎么能说是聚呢？星翁说："汝固不知也。新主圣德比汉高祖，只少四星儿里！"		
38	建炎年间	内廷俳优	优人扮两士人相遇，互问年齿。一曰："甲子生。"一曰："丙子生。"优人告曰："此二人皆合下大理。"问其故，优曰："饺子、饼子皆生，与馄饨不熟者同罪耳。"	当时有饔人（御厨）因"瀹馄饨不熟"，下大理寺治罪。俳优讽谏其事。	"上（宋徽宗），敕原饔人"。
39	绍兴初年	内廷俳优	南宋初，军旗中绘有二环相交图案，名"二圣环"，取"迎二圣还朝"之意。伶人以二环置于脑后，说："可惜二圣环！只放在脑后。"	讥讽宋高宗向金国求和，将迎回宋徽宗、宋钦宗之事置之脑后。	"高宗亦为之改色"。
40	绍兴十三年	地方杂剧伶人	伶人扮成孟子与孔子弟子。"孟子"自我吹嘘说："仁政	经界，指南宋初清查与核实土地占有状况的措施。	伶人被"杖而逐出境"。

（续表）

	时间	伶人	节目内容	讥讽对象及事由	结果
			必自经界始。吾下世千五百年，其言乃为圣世所施用，三千之徒皆不如。""颜回"默默无语。有人笑说："使汝在世，非短命而死也，须做出一场害人事！"	推行之初，"郡邑奉命严急，当其职者颇困苦之"。	
41	绍兴十五年	秦桧家宴伶人	伶人戴幞头，坐太师椅，故意将幞头抖落，露出一髻，髻后有双环。另一伶人问："此何环？"答："二圣环。"另一伶人扇他一耳光，说："尔但坐太师交椅，请取银绢例物，此环掉脑后，可也！"	讥讽秦桧卖国求荣。	秦桧大怒，"下伶于狱，有死者"。
42	绍兴十五年	临安伶人	伶人扮演士子赴试。一人问：不知今年主考官是谁？另一人回答：是彭越。问者说：胡说，朝堂中没有这个人。答者说：彭越就是西汉开国功臣啊。问者说：彭越已死千年，如何做得了	原来，上一科考试，秦桧之子秦熺，侄子秦昌时、秦昌龄，均榜上有名。伶人讥讽秦相爷将科举录取名额当成了自家私囊。	秦桧"亦不敢明行谴罚"。

	时间	伶人	节目内容	讥讽对象及事由	结果
			本朝主考官！答者说：因为上次省试主考官是韩信，所以我知道今年是彭越主考。问者说：胡说胡说。答者说："若不是韩信，如何取得他三秦！"		
43	绍兴年间	伶人	伶人表演杂剧，说："若要胜金人，须是我中国一件件相敌，乃可。且如金国有粘罕，我国有韩少保；金国有柳叶枪，我国有凤凰弓；金国有凿子箭，我国有锁子甲；金国有敲棒，我国有天灵盖。"	讥讽朝廷抗金不力。	"人皆笑之"。
44	绍兴年间	内宴伶人	伶人扮作善观天文的术士，称可用一枚铜钱遮眼，看见众人对应的星相。观宋高宗，说此为帝星；观秦桧，说此为相星；观韩世忠，说此为将星；观张俊，说"不见其星"。众人大骇，伶人又说："终不见星，只见张郡王在钱眼内坐。"	南宋中兴诸将中，以张俊最有钱。伶人讥其贪财也。	"殿上大笑"。

（续表）

	时间	伶人	节目内容	讥讽对象及事由	结果
45	淳熙七年	伶人	众伶人饰成儒生模样，在考场上争论唐朝的名将究竟叫雷万春还是叫田万春，最后请教授仲裁。教授作恐惧状，说："有'雨'头也得，无'雨'头也得。"又一伶人身着黄衣，持令旗登场，高声说："制置大学给事台旨：试官在座，尔辈安得无礼！"群儒作收敛状说："第二场更不敢也！"	伶人这是在讥讽当年的科举主考官胡元质。原来，这次考试的诗赋试题中有一错字："沛"字被误写成"霈"字。开考时才发现，只好临时口头订正。结果有一半考生还是以"沛"字押韵，他们担心失分，大闹考场。考校官安慰说："有雨头也得，无雨头也得。"考生又提出要追责，考校官又说："第二场更不敢也。"事后，胡元质却以"鼓噪场屋"为由，将带头抗议的考生关入监狱。伶人讥其事，"遂释系者"。	伶人被"杖而出诸境"。

	时间	伶人	节目内容	讥讽对象及事由	结果
46	绍熙元年	御前杂剧伶人	三伶人扮成秀才，互问籍贯。一曰上党人，一曰泽州人，一曰湖州人。又互问各乡土特产，上党秀才答"出产人参"，泽州秀才答"出产甘草"，湖州秀才答"出产黄檗"，问："如何湖州出黄檗？"答："最是黄檗苦人！"	黄檗，谐音"皇伯"，指当时的皇伯赵伯圭（*孝宗之兄，光宗之伯*）生活在湖州，受朝廷冷落。[1]	朝廷遂将赵伯圭召入临安，"赐第"。
47	绍熙年间	御前杂剧伶人	伶人扮成卖旧衣的小贩，持裤一腰，只有一只裤管。买者问此裤如何穿？卖者说："两脚并做一裤口。"买者说："裤却并了，只恐行不得。"	时有官员提议将几处国库合并，宋孝宗已同意，但众议认为并库不可行。	"寿皇（宋孝宗）即寝此议"。
48	庆元初年	内宴伶人	伶人饰演士人与算命先生对话。士人问自己何时才能得美官。算命先生答："君命甚高，但于五星局中，财帛宫微有所碍。目下若	时权臣韩侂胄执政，与其弟韩仰胄把持政事，"时人谓之'大小韩'，求捷径者争趋之"。	"侍宴者皆缩颈匿笑"。

1　任中敏在《优语集》中认为"皇伯"指宋孝宗生父赵子偁，似有误。今从沈宗宇、孙书磊《〈优语集〉辨正》订正。

（续表）

	时间	伶人	节目内容	讥讽对象及事由	结果
			欲亨达，先见小寒，更望事成，必见大寒，可也！"		
49	嘉泰元年	伶人王公瑾	真理富国（即真腊，今柬埔寨）进贡来驯象。宰相韩侂胄跟内廷伶人王公瑾说："不闻有真理富国。"王公瑾应道："如今有假杨国忠！"	真理富国谐音"真李辅国"，与"假杨国忠"正好对偶。韩侂胄既是权臣，又有外戚身份，与唐朝的杨国忠真有几分相似。	韩侂胄"虽憾之，而无罪加焉"。
50	嘉泰四年	伶人王公瑾	王公瑾在内宴上表演滑稽戏，说："今日政如客人卖伞，不油（由）里面。"	时韩侂胄专权，"凡事自作威福，政事皆不由内（指皇帝）出"。	—
51	开禧四年	韩侂胄家宴伶人	二伶人饰演樊迟（孔子弟子）、樊哙（汉初名将），还有一人自称樊恼。另设一角色�揖问樊迟："谁与你取名？"答："夫子所取。"又揖问樊哙："尔谁名汝？"答："汉高祖所命。"最后揖问樊恼："谁名汝？"答："樊恼自取。"	时韩侂胄用兵失败，"为之须发俱白，困阘莫知所为"。伶人讥讽他"烦恼自取"、自作自受。	—

	时间	伶人	节目内容	讥讽对象及事由	结果
52	开禧年间	内宴伶人	伶人将一盘生菱置于桌上，命二人移桌，故意让生菱掉在地上，尽碎。其中一人说："苦！苦！苦！苦坏了多少生菱（生灵），只因移果桌。"	"移"谐音"倪"，暗指宋将郭倪；"果"，暗指宋将郭果；"桌"谐音"倬"，暗指宋将郭倬。三人伐金大败。伶人讥讽其害苦了宋人。	—
53	嘉定年间	四川优伶	三伶人扮演孔子门人，一叫"常从事"，一叫"于从政"，一叫"吾将仕"，三人久在吏部候选，未获改官。便请教孔子，如何改变命运。孔子说："钻燧改，火急已矣。"	这里伶人故意曲解《论语》之话，将"钻"解成钻营，"改"解成改官，借以讥讽当时官场的钻营之风。	"坐客皆愧而笑，闻者至今启颜"。
54	嘉定年间	御前杂剧伶人	三伶人饰演三名官员，一为临安府尹，一为常州太守，一为衢州太守。三人争座位，常州太守让临安府尹坐于上座，说：临安府尹"岂宜在我二州之下？"衢州太守却不相让，说："京（临安府）尹合在我二州之下！"常州太守问：	拍户，宋时指没有酿酒权、须从官营酒库批发酒的小酒户。当时的临安府尹袁彦纯，不关心民生，只关心GDP（国内生产总值），"专一留意酒政"，杭州酒库的酒卖尽，又取常州、衢州之酒在都下销售。	"宁庙（宋宁宗）亦大笑"。

（续表）

	时间	伶人	节目内容	讥讽对象及事由	结果
			"如何有此说？"衢州太守说："他是我两州拍户。"	所以被伶人讥为"拍户"。	
55	宝庆年间	史弥远家宴伶人	两伶人扮作士子吟诗，一人说："满朝朱紫贵，尽是读书人。"另一人说："非也，满朝朱紫贵，尽是四明人。"	史弥远为四明人。伶人讽刺史弥远任人唯亲，一人得道，鸡犬升天。	"自后相府有宴，二十年不用杂剧"。
56	宝庆年间	四川伶人	公宴演杂剧，伶人扮成孔子门人宰予与颜回，宰予得改官，颜回未改官。宰予对颜回说：我善钻营，才得改官。你为何不钻？颜回说："我非不钻，而钻弥坚耳。"宰予说：怪不得你不能改官，笨！何不钻弥远乎？	讥讽权相史弥远一手遮天，满朝文武须得钻营于他。	—
57	端平二年	临安优伶	伶人扮作一儒生，见另一儒生手持一只大鸟，便上前问尊姓大名，答："姓钟，名庸。"又问所持何物，答："大鹤也！"二人一见如故，呼酒对饮。持	"钟庸"谐音《中庸》，"大鹤"谐音《大学》。其时理学家真德秀与魏了翁（号鹤山）执政，朝野期许颇高，但二人终无所作为。伶人	听众"一笑而罢"；"府尹乃悉黥其人"。

	时间	伶人	节目内容	讥讽对象及事由	结果
			鹤儒生忽颠扑在地，数人曳之不动。一人乃扇他耳光，大骂："说甚《中庸》《大学》，吃了许多酒食，一动也动不得！"	讥诮他们只识鼓吹理学，玩虚的，"不切时务"。	
58	端平—嘉熙年间	内宴伶人	伶人分饰长官与文吏。文吏请长官签署文件，长官大怒说："我方听觱栗，可少缓。"请至再三，其答如前。文吏忍无可忍，扇了长官一记耳光，说："甚事不被觱栗坏了！"	觱栗，一种乐器，又是道士的别称。当时内廷有一名叫吴知古的女道士，弄权用事。伶人所嘲讽者，乃吴知古也。	—
59	嘉熙三年	内宴伶人	伶人扮成高官的模样，幞头忽然掉下来，露出红巾。另一伶人惊问："贼裹红巾，何为官亦如此？"旁边另一人答道："如今做官的都是如此。"扮演高官的伶人被褫衣冠，被怀中又掉出一枚"万回哥哥"（神像）。那人又说："他虽做贼，且看他哥哥面！"	其时，督兵于淮南的史岩之是临安府尹史嵩之（史弥远之侄）的弟弟。伶人既讥诮史岩之靠着哥哥的照顾才得以爬上高位，同时又暗讽当时的官员如同盗贼。	—

（续表）

	时间	伶人	节目内容	讥讽对象及事由	结果
60	宝祐年间	内宴伶人	一伶人专打锣，另一伶人制止他，问："今日排当，不奏他乐，专敲锣，丁丁董董不已，何也？"打锣的伶人回答："方今事皆丁、董，吾安得不'丁董'？"	时宰相丁大全与宦官董宋臣内外勾结，把持朝政。伶人所言"丁董"，既是象声词，又暗指丁大全与董宋臣。	—
61	南宋末	官员家宴伶人	伶人手持一樽酒，夸于众人面前："此酒名彻底清。"既而开樽，倒出来的却是浊酒。旁人讥诮说：既然名为彻底清，却为何如此浑浊？答："本是'彻底清'，被钱打得浑了。"	当地长官将自家珍藏美酒取名"彻底清"，却被伶人拿来开涮，暗讽其假装清廉。	—
62	时间不详，当为南宋末	四川伶人	四名伶人"分主酒、色、财、气，各夸张其好尚之乐，而余者互讥笑之"。轮到伶人袁三说话，自谓："吾所好者，财也。"然后"极言财之美利，众亦讥诮不已"。袁三以手指着自己说："任你讥笑，其如袁丈好此何！"	当时四川的长官亦姓袁，"颇乏廉声"，伶人讥刺袁长官贪财。	—

（续表）

	时间	伶人	节目内容	讥讽对象及事由	结果
63	宋末元初	杭州金姓伶官	元兵入杭州，南宋朝廷归降。范文虎府宴演优戏，一金姓伶官作诨话：某寺有钟，寺僧不敢击者数日。住持问其故，寺僧称钟楼有巨神，神怪，不敢登楼。住持往视之，巨神即跪伏投拜。住持问："汝何神也？"答："钟神。"住持说："既是钟神，何故投拜？"[1]	范文虎，昔为南宋殿帅，后投降元兵，当了元朝的两浙大都督。"钟神"谐音"忠臣"，金姓伶官讥讽范文虎变节投敌，枉为宋臣。	"众皆大笑，范为之不怿"。

---

1 任中敏的《优语集》将此条归入元朝卷，我认为放在宋朝卷更佳，理由有二：（1）其时为宋末元初，南宋流亡朝廷尚在南方抵抗；（2）金姓伶官显然是宋朝遗民，其气节亦为宋朝优伶遗风。

经济

有管仲则藏富于国，得刘晏则钱流于地

——宋王朝的『重商主义』

如果我们有机会穿越历史，先后游历宋朝与明朝朱元璋时代，也许会发现，宋朝与明初简直就是两个相反的世界：宋朝商品经济发达，明初却商业凋零；宋朝夜市繁华，明初却恢复了严厉的夜禁；宋朝城市到处都是茶坊、酒肆、瓦舍勾栏，但明初，我们在城市找不到一所瓦舍，在农村看不见一间酒肆，人们几乎没有什么娱乐活动。

要等到晚明，明朝人的社会生活才越来越趋近于宋朝。一位历史研究者表示，"晚明商品经济和城市商业化的发展较快，东南沿海城镇市民社会或有雏形，儒士世俗化非常明显，思想禁锢大大减少，等等，某种意义上可以视为南宋后期城镇社会的延续与发展。人们在综观 10—15 世纪的历史之余，常常会有这样的朦胧感受：明后期与南宋非常相似，万历以后很像是对南宋社会状况的'跨代连接'"[1]。但在明前期，特别是朱元璋时代，社会形态与宋朝的反差是非常明显的。

1　李治安：《元和明前期南北差异的博弈与整合发展》，《历史研究》2011 年 第 5 期。

社会形态的差异来自宋明两朝施政风格的差异。简单地说，朱元璋政府就如一名保守的乡村地主，以农为本，不鼓励商业，更不热切言利。洪武年间，曾有近臣进言"国家当理财以纾国用"，理由是，"自天子至于庶人，未有不储偫而能为国家者"。[1] 但朱元璋告诫他们："人君制财，与庶人不同。庶人为一家之计，则积财于一家。人君为天下之主，当贮财于天下。岂可塞民之养，而阴夺其利乎？昔汉武帝用东郭咸阳、孔仅之徒为聚敛之臣，剥民取利，海内苦之。宋神宗用王安石理财，小人竞进，天下骚然。此可为戒。"于是，"言者愧悚，自是无敢以财利言者"。

宋政府的态度恰恰与朱元璋的主张相反，从不惮于言利。北宋变法派领袖王安石说："政事所以理财，理财乃所谓义也。一部《周礼》，理财居其半，周公岂为利哉？"[2] 旧党中人苏辙也说："财者为国之命，而万事之本。国之所以存亡，事之所以成败，常必由之。"[3] 南宋的叶适还是这么说："财用，今日大事也，必尽究其本末，而后可以措于政事。"[4] 这些宋朝士大夫立场各异，如苏辙与叶适均反对王安石变法，但他们有一个共识，都认为"理财"乃是立国之本。宋人说的"理财"，不是我们理解的"个人理财""家庭理财"，而是指积极的财政扩张。

出于热切的"理财"之心，宋政府在许多方面都表现得像一个贪婪的大商人，王安石主持的熙宁变法，就经济变法的部分而言，就是试图将政府改造成为一个超级公司，与民间商人竞逐于

1　《明实录·明太祖实录》卷之一百三十五。下同。

2　王安石：《临川先生文集》卷七十三《答曾公立书》。

3　苏辙：《苏辙集》之《栾城集》卷二十一《上皇帝书》。

4　叶适：《叶适集》之《水心文集》卷之四。

市场。设立市易务，推行市易法，即是以政府充任投资公司，向城市商民放货、批发商品；各州县施行的青苗法，则相当于成立无数个面向农村的小额贷款国营银行。宋代《文献通考》的作者马端临感慨地说："噫！古人之立法，恶商贾之趋末而欲抑之；后人之立法，妒商贾之获利而欲分之。"[1]这里的"后人"，分明是指宋人。从前的政府，都主张抑制商业、压制商人；而现在的宋政府，则积极介入市场，与商贾分利。

宋政府"妒商贾之获利而欲分之"的做法，当然也招致了一部分宋朝士大夫的批评，比如欧阳修便说："今为大国者，有无穷不竭之货，反妒大商之分其利，宁使无用而积为朽壤，何哉！"[2]但欧阳修并不反对"与商贾共利"，而是认为：国家不应该如同小市侩，"岂其锱铢躬自鬻于市哉"；而应当有"大商"的风范，"不妒贩夫之分其利者，恃其货博，虽取利少，货行流速，则积少而为多也"，"此与商贾共利，取少而致多之术也"。欧阳修的见识，毕竟与朱元璋时代的主流观念不同。

今天我们就来比较宋明两朝政府在"理财"方面的强烈反差。

"矿石云涌，炉炭之焰，未之有熄"

宋政府热衷于"理财""兴利"的表现之一，便是对矿冶业的开发有着近乎资本家的热情，因为挖出来的铜矿、银矿、金矿，都是非常诱人的财富，诚如宋高宗所言："且铸钱先理会铜苗，

---

1 马端临：《文献通考》卷二十《市籴考一》。
2 欧阳修：《欧阳修全集》卷四十五《通进司上书》。下同。

若铜坑不发，何以鼓铸！"[1]

为发现更多的矿苗，开发更多的矿藏，宋政府不但设立"谙晓坑冶"的"检踏官"（勘探矿产的专业技术人员），也鼓励民间积极探矿、报矿，对发现矿藏的人给予丰厚奖赏，"明立赏罚，多方劝诱"，比如崇宁元年，宋徽宗颁发赏格："应告发铜坑，除依条赏格酬奖外，炉户卖铜，每挺收克钱五文，与元告发人充赏。"[2]

一般情况下，凡有矿苗被发现，宋政府都会积极设立场务开采，只有位于"观寺、祠庙、公宇、居民坟地及近坟园林地者，在法不许人告，亦不得受理"[3]。然而，在开发矿冶业热情的驱动下，这一立法往往形同虚设："访闻官司利于告发，更不究实，多致扰害。"至于"告发之地多坏民田"，更是常有的事情。

那么，假设一处深藏于地下的矿藏被勘探出来，这处矿藏的所有权归谁呢？

我们先来看一个故事："元祐中，莱州城东刘姓茔地金苗生，官莅取焉。乃发墓，凡砖瓦间皆金色也。刘葬才十数年，不知气脉蒸陶如此之速。累月取尽，地为深穴，得金万亿计，自官抽官市、匠吏窥窃外，刘所得十二三焉。京东诸郡之钱尽券与刘氏。刘氏乃一村氓不分菽麦者，得钱无所用，往来诸郡，恍忽醉饱。"[4]今天的年轻人爱用"家里有矿"来形容一个人很有钱，这莱州刘氏就是名副其实"家里有矿"的暴发户。

刘氏祖坟地发现金矿，本来按宋朝立法，墓地的矿藏是不允

1 徐松辑：《宋会要辑稿·职官四三》。下同。
2 徐松辑：《宋会要辑稿·食货三四》。
3 脱脱等：《宋史》卷一百八十五《食货下七》。下同。
4 朱彧：《萍洲可谈》卷二。

许开采的，但利之所在，不管是莱州官方，还是刘家，都想着挖矿，而将法律置之一旁。金矿挖出后，官府以征收实物税的方式抽取若干（通常为 20%），再购买若干，其余的均归业主（刘家）所有，所以才会出现"京东诸郡之钱尽券与刘氏"的情况。只不过，由于"刘氏乃一村氓不分菽麦者"，在挖矿的过程中，又被工匠、吏人"窥窃"一部分矿产。

这个故事说明，在私有物业发现矿藏，矿产的所有权归业主，不过官府要"官抽官市"一定比例。按天圣四年（1026）的立法，凡发现金苗之地，业主必须尽快开采，官府"置场收买，差职官勾当"，"凡上等（全块），每两支钱五千，次等四千五百"；如果业主缺乏开发矿藏的人力、财力，可以有偿转让给他人："应地主如少人工淘取，许私下商量地步断，赁与人淘沙得金，令赴官场中卖"；但不允许业主借故不予开发，如果"产地主占护，即委知州差人淘沙得金"。[1]

对官有的矿场坑冶，熙宁之后，多实行"二八抽分"的买扑制，即允许私人承买矿场开发权，所得矿产，官府征收 20%，矿主得 80%，其中，必须由官府认购若干比例，通常是 30%，如元祐元年（1086），虢州卢氏县、朱阳县的银矿，"依旧抽收二分，和买三分，以五分给主"[2]。有时候，官府和买的比例是 40%，如元祐元年，虢州坑冶户所得铜货，"依旧抽纳二分外，只和买四分，余尽给冶户货卖"[3]。绍兴七年（1137），宋廷再次申明"二八

1　徐松辑：《宋会要辑稿·食货三四》。

2　李焘：《续资治通鉴长编》卷三百七十五。

3　徐松辑：《宋会要辑稿·食货三四》。下同。

抽分"之制："金、银坑场并依熙丰法，召百姓采取，自备物料烹炼。十分为率，官收二分，其八分许坑户自便货卖。""二八抽分"制无疑是一项可以激发民间采矿积极性的制度。

于是，在宋朝，无数冒险家怀着发财的梦想，投身于探矿、采矿的"寻宝之旅"。宋人说："坑冶，利之所在，有矿苗去处，不待劝率而人自寻逐矣。凡坑户，皆四方游手，未有赍钱本而往者。"[1] 为什么不带钱本的四方游手也能承买矿场？因为宋政府有一项政策：坑冶检踏官勘探到苗脉，若官府缺乏人力开发，"即许雇募人工采打，或召人户开采，应一行用度以至灯油之类，并许召保借支官钱应副，候烹采到宝货，先行还官外，余充课利"[2]。承买矿场的坑户，若无本钱，可以向政府预借启动资金，包括灯油这样的采矿用品，等到炼出矿产品，再归还政府本钱。

宋政府甚至承担了贷款开矿的风险："若开采不成及无苗脉，或虽有而微细，其所借官钱并与除破，即不得过三次。"坑户如果采矿失败，可以不用偿还贷款；只是三次开采失败后，即失去贷款资格。

后来，宋政府觉得坑户获利太大，占了便宜，又提出一个利润分成的方案："诸处新坑有用官钱令坑户开发去处，若至矿宝浩瀚，还纳官钱了当外，有矿宝，除填纳，不问多少，并系元管开发新坑户卖钱入己，显属侥幸。今相度诸路坑场，如有坑户系用官钱开发坑垅，若遇矿宝，除填纳官钱了当外，有剩钱分给施

1　杨时：《龟山集》卷四。

2　徐松辑：《宋会要辑稿·职官四三》。下同。

行。"[1] 这样，作为出资人的政府与矿冶户之间，结成了新型的股份关系，或者说，政府这时候的身份就不再是贷款方，而是相当于风险投资人了。

在宋政府积极采矿政策的激励下，无数矿脉被勘探出来，得到开发，宋人说："监务坑井，殆几万计"[2]，"东南之郡，山高者鲜不凿，土深者鲜不掘，失职之民、漏网之奸昼夜合作，足蹈重泉而不忧于陷，首戴川泽而不虞于压。矿石云涌，炉炭之焰，未之有熄。一泥一沙，蔑遗利矣"[3]。

得益于宋政府开发坑冶的热情，石炭（煤）被规模化开采及应用于冶铁，一些研究者相信北宋中期出现了一场"煤铁革命"，铁的产量达到前所未有的高峰。宋代铁的年产量究竟为多少吨，学界给出的统计数目不尽相同。按日本汉学家吉田光邦的估算，北宋时代铁的年产额为 3.5 万—4 万吨；[4] 美国汉学家郝若贝则认为元丰元年（1078）铁的生产规模达到 7.5 万—15 万吨，"很可能比十九世纪以前中国历史上任何时期都要多"；[5] 国内宋史研究大家漆侠先生认同郝若贝的判断，并认为"把宋代铁产量提在 15 万吨上下，或许更能够接近实际情况"；[6] 葛金芳教授也估算出

1　李焘：《续资治通鉴长编》卷五百二十。

2　王应麟：《玉海》卷一百八十。

3　李觏：《李觏集》卷十六《富国策第三》。

4　参见 [日] 吉田光邦《关于宋代的铁》，收入刘俊文主编《日本学者研究中国史论著选译》第十卷，中华书局，1992。

5　参见 [美] 郝若贝《北宋中期中国铁与煤工业的革命（960—1126）》，《中国史研究动态》1981 年第 5 期。

6　漆侠：《宋代经济史》，中华书局，2009。

"宋代全年用铁在 15 万吨上下"[1]。年产铁 15 万吨是什么概念？不妨跟近代西欧比较一下：1640 年英格兰和威尔士的铁产量为 3 万吨，18 世纪初整个欧洲（包括俄罗斯）的铁总产量为 14.5 万—18 万吨。

明代呢？据黄启臣教授的统计，"明永乐初年我国的铁产量已经是 9700 吨了。嘉靖十三年（1534）仅广东的铁产量就达到了 3108 吨"[2]。但黄教授认为明代的铁产量"超过了中国历史上任何朝代的水平，并名列世界各国前茅"，此结论不知是如何比较出来的。

我的判断是，明朝铁的生产规模不太可能超过宋代，因为明清时期（晚清之前），坑冶业整体都陷入了低谷。明太祖朱元璋对矿产开发显然不感兴趣，曾有"近臣请开银场"[3]，朱元璋说："银场之弊，利于官者少，损于民者多，不可开。"其后，又有"请开陕州银矿者"，受到朱元璋的训斥："土地所产，有时而穷。岁课成额，征银无已。言利之臣，皆戕民之贼也。"

山东临淄县丞王基"乞发山海之藏，以通宝路"[4]，朱元璋"召而诘之曰：'汝云发山海之藏，须人力乎？自发乎？况发之未必得，而劳人莫甚焉……汝之言，果导人君以善乎？'"随后便将王基罢黜了。

王基算是幸运的。广平府吏王允道进言："磁州临水镇地产铁，

1　葛金芳、顾蓉：《从原始工业化进程看宋代资本主义萌芽的产生》，《社会学研究》1994 年第 6 期。

2　黄启臣：《明代钢铁生产的发展》，《学术论坛》1979 年第 2 期。下同。

3　张廷玉等：《明史》卷八十一《食货五》。下同。

4　余继登：《典故纪闻》卷三。下同。

元时尝于此置铁冶都提举司，总辖沙窝等八冶，炉丁万五千，户岁收铁百余万斤，请如旧置炉冶铁。"[1]朱元璋说："今各冶铁数尚多，军需不乏，而民生业已定，若复设此，必重扰之，是又欲驱万五千家于铁冶之中也。"竟将王允道"杖之，流海外"。当然，并不是说朱元璋时代就完全不采矿，但明政府对矿产开发的态度毫无疑问要比宋政府消极太多。

朱元璋之后，万历朝之前，朝廷时有矿禁。明成祖朱棣曾"斥河池民言采矿者"；仁宣两朝"仍世禁止，填番禺坑洞，罢嵩县白泥沟发矿"；英宗"下诏封坑穴"；景帝亦"尝封闭"；弘治年间，"四川、山东矿穴亦先后封闭"；嘉靖初年，"闭大理矿场"；隆庆初，"罢蓟镇开采，南中诸矿山，亦勒石禁止"。[2]由于政府频繁关闭矿场，明王朝的户部居然多了一项职能："以封闭密砂矿。"[3]

直至万历年间，迫于财政压力，"开采之端启，废弁白望献矿峒者日至，于是无地不开。中使四出"，皇帝以太监为矿使，派驻各地采矿。[4]从政府对矿产开发的态度来看，这更像是与宋代的"跨代连接"。所不同者，万历皇帝的矿使搞得民不聊生："富家巨族则诬以盗矿，良田美宅则指以为下有矿脉"；"矿脉微细无所得，勒民偿之"；"矿夫冗役为祸尤烈"。讽刺的是，自万历二十五年（1597）至三十三年（1605）八年间，"诸珰所进矿税银，几及三百万两"，平均每年只搜刮到30多万两银。最后，明王朝还是亡于财政溃败。

---

1 《明实录·明太祖实录》卷之一百四十五。下同。

2 张廷玉等：《明史》卷八十一《食货五》。

3 孙承泽：《春明梦余录》卷三十五。

4 张廷玉等：《明史》卷八十一《食货五》。下同。

继承明制的清王朝，对采矿同样缺乏热情。清初，"国家鉴前代开冶之害，一切银铜坑，俱封不开"[1]。康熙年间，有商民请求开采江西铅锡矿，皇帝给户部发指示："开矿事情甚无益于地方，嗣后有请开采者，俱不准行。"[2]记录此事的清朝文人赞叹说："大哉王言，洞见万里矣！"

雍正帝对矿务也不"感冒"："粤东开采一事，言之者甚众，朕殊不以为然。盖缘粤省不比滇黔，一者民俗善盗，二者米谷不敷，开采虽获矿砂之利，然寒不堪衣，饥不堪食，而聚集数十万不耕之人于荒山穷谷之中，其害不独有误农业而已。"[3]

虽然乾隆年间曾放开矿禁（金银矿仍封固不准开采），但嘉庆朝矿禁又回潮。嘉庆四年（1799），商民潘世恩、苏廷禄通过给事中明绳投递呈词，奏请开采邢台等地的银铅矿，结果皇帝震怒，发上谕：潘世恩、苏廷禄"揣摩迎合，觊觎矿苗，思擅其利，乃敢藉纳课为词，以小民而议及帑项，实属不安本分。俱着押递本籍，交地方官严行管束，毋许出境滋事"[4]。给事中明绳"以开矿事冒昧转奏，明系商人嘱托，冀幸事成分肥，殊属卑鄙。朕广开言路，非开言利之路也。聚敛之臣，朕断不用！"

嘉庆十二年（1807），又有商民杜茂封呈词，请开采邢台等地的银铅矿，结果受到皇帝更严厉的责斥："山场开采，例禁綦严，商民等违例营求，不但事不准行，俱有应得罪名。诚以开采一事，不独有妨地脉，且雇夫刨挖，均不过游手好闲之徒，将来日聚日多，

---

1 贺长龄：《皇朝经世文编》卷五十三。

2 王士禛：《香祖笔记》卷五。下同。

3 《世宗宪皇帝朱批谕旨》卷七十三。

4 《清实录·嘉庆朝实录》卷之四十三。下同。

互相争竞，所获之利有限，而流弊大无穷。杜茂封无知牟利，冒昧渎呈，实属大干厉禁，本应即照例治罪，但伊既力请试采，若不将各该山场断乎不可开采之故，带往周历指驳，尚无以折服其心。杜茂封着该部解往直隶，交署总督温承惠酌派大员，即带赴邢台、内邱一带，周历伊原呈内所称有矿山场，详悉指示，面加驳讯，使其无可置辩，再治以应得之罪。"[1]大概嘉庆皇帝觉得上次对潘世恩、苏廷禄的处分太轻了，所以这次加重了惩罚，以儆效尤。

此时，依西历为公元 1807 年，英伦在煤铁革命的推动下已经完成了近代化，再过 35 年，鸦片战争即将发生；又过 60 年，大清王朝的矿务利权尽落列强之手。

明朝学者邱濬分析过"我朝（明朝）坑冶之利比前代（宋代）不及什之一二"的原因：矿藏属于不可再生资源，挖一个少一个，"是以坑冶之利，在前代则多，在后代则少，循历至于今日尤其少焉，无足怪者"。[2]这个分析不无道理，但明王朝（包括清王朝）矿冶不振的主要原因不在于此，因为以古人的开采技术，被开发的矿藏只不过是小部分而已，只要积极勘探矿脉，总是能够发现新的矿藏，清代的商民能够一次又一次发现矿脉便是明证。问题的症结，还是在于明清政府对矿冶业不感兴趣。

铸钱·酒课·商税

在宋代，坑冶开采、烧炼出来的铜，主要用于铸造铜钱，一

---

1 《清实录·嘉庆朝实录》卷之一百七十三。
2 邱濬：《大学衍义补》卷二十九。

部分铁矿也会用于铸造铁钱，因此，在盛产铜矿与铁矿的矿场，宋政府往往会置立铸钱监，开炉铸钱。

有一位叫洪咨夔的南宋文人，写了一篇《大冶赋》，歌咏大冶富民钱监火热铸钱的盛况："丁夫竭作，匠师欢奋。煤突整洁，炭户充切，鼓两仪之钥而大播，役六丁之工而迭运……尽东门之沤麻，不足以为其贯引。百吏告功，三官动色。乃督鞾艘，乃输王国。版曹稽其赢虚之数，起部程其精粗之绩。谨内府之登储，衍外帑之桩积。"[1] 古时文人写赋，歌咏的对象多为山川美景、宫殿园囿，如司马相如的《上林赋》、杜牧的《阿房宫赋》、苏轼的《前赤壁赋》，为一个铸币厂写赋，非常少见。由此可见，在宋朝士大夫的观念中，铸钱并不是俗不可耐的事务，而是可以入诗的盛举。

在这首《大冶赋》的结尾，洪咨夔还以画龙点睛之笔写道："有管仲则藏富于国，得刘晏则钱流于地。"管仲、刘晏均为前朝理财名臣，洪咨夔赞美他们有"藏富于国""钱流于地"的功勋，其实就是宋人追求财政扩张的观念折射。

按宋人的货币观念，铜钱本身就是财富，铸钱越多，国库就越充盈，国家就越富裕。西欧早期重商主义者也持类似的观点，认为"货币即财富，财富即货币"。这种观念当然不符合经济学常识，不过，宋代商品经济持续发展，市场无疑需要越来越多的货币流通量，只要不发生严重的通货膨胀，货币量确实是国家财富量与经济规模的体现。

正是基于对"藏富于国""钱流于地"的追求，宋朝以最大

1　洪咨夔：《洪咨夔集》之《平斋文集》卷第一《大冶赋》。

的热情铸钱，成为中国历史上铸钱最为积极的一个王朝。我们来看看宋王朝的铸币量："国朝初，平江南，岁铸钱七万贯。自后稍增广，至天圣中，岁铸一百余万贯。庆历至三百万贯；熙宁六年已后，岁铸铜钱六百余万贯。"[1]

年铸钱量 600 万贯是什么概念？不妨跟其他王朝比较一下。西汉五铢钱的铸造量："自孝武元狩五年（前 118）三官初铸五铢钱，至平帝元始中，成钱二百八十亿万余"[2]，汉五铢钱的计量单位为枚，"二百八十亿万"即 280 亿枚，若按宋人的计量习惯，则为 2800 万贯。元狩五年至元始年间，约 120 年，平均每年铸钱不过 24 万贯。

唐朝的铸钱量呢？铸钱额最高的一年为唐玄宗天宝年间，"诸州凡置九十九炉铸钱……每炉计铸钱三千三百贯，约一岁计铸钱三十二万七千余贯文"[3]。寻常年份的铸钱量为数万贯至十几万贯不等。可知宋朝年铸钱量为唐朝的 10 倍以上，饶是如此，宋朝还是经常发生"钱荒"，铜钱供不应求。

相比之下，明王朝对铸钱的态度最为消极。按香港学者刘光临先生的统计，"明代政府从 1368 至 1572 年这 200 年总计铸造铜钱 400 万—600 万贯，只是北宋熙宁变法期间一年的铸币量"[4]；按黄仁宇先生的估算，宋朝"两年的铸钱数，就要超过四百年后

1　江少虞：《宋朝事实类苑》卷第二十一。
2　班固：《汉书》卷二十四下《食货志第四下》。
3　杜佑：《通典》卷九《食货九》。
4　刘光临：《明代通货问题研究——对明代货币经济规模和结构的初步估计》，《中国经济史研究》2011 年第 1 期。

朱明全朝代二百七十六年所铸之总和"[1]。

明王朝为什么如此缺乏铸币的热情呢？也许是因为，明前期政府要推行宝钞，明后期则有大量海外白银流入。然而，我们都知道，大明宝钞非常快就大幅度贬值，最后形同废纸；海外白银的流入，则要等到晚明，而且白银用于日常琐碎交易也非常麻烦，每一次交易都要称重量、验成色。因此，在很长时间内，明代民间的交易居然要靠宋朝流传下来的铜钱，一位明朝人说："予少时，见民间所用，皆宋钱，杂以金、元钱，谓之好钱。"[2]在白银与宋钱短缺的地方，人们则用布匹、皮毛、稻谷、贝壳、盐充当支付工具。明朝商品经济之倒退，显而易见。

宋明政府对待商品酒的态度，也存在强烈的反差。宋代是一个鼓励饮酒的时代，在张择端的《清明上河图》中，最多见的建筑物为酒店、酒肆，这是北宋东京酒店业的真实写照。南宋时，每当新酒出炉之时，临安诸官酒库必大张旗鼓，大做广告：用长竿挂出广告长幅，上书"某库选到有名高手酒匠，酿造一色上等醲辣无比高酒，呈中第一"之类的广告词；又"预颁告示，官私妓女，新丽妆着，差雇社队鼓乐，以荣迎引"，类似于今日的公司邀请演艺界明星来代言产品。[3]总之要打响品牌，吸引更多的酒家来批发他家出品的酒。

宋政府为什么要鼓励饮酒？因为酒的消费可以带来可观的酒税。据李华瑞先生统计，宋代酒税（含专营收入）常年保持每年

---

1 ［美］黄仁宇：《赫逊河畔谈中国历史》，生活·读书·新知三联书店，1997。

2 陆深：《燕闲录》。

3 吴自牧：《梦梁录》卷二。

宋佚名《闸口盘车图》中的官营作坊与酒店

1200万贯以上的规模。[1] 从一件发生在熙宁变法期间的事情，可以看出宋政府为求酒利无所不用其极的商人秉性："上散青苗钱于设厅，而置酒肆于谯门，民持钱而出者，诱之使饮，十费其二三矣。又恐其不顾也，则命娼女坐肆作乐以蛊惑之。"[2] 政府在官衙发放"青苗钱"贷款，同时又在城门处设立酒肆，看到老百姓借款后走出来，招揽他们进去饮酒，还担心老百姓不进来饮酒，特别请了一批歌妓在酒肆中唱歌跳舞，诱惑他们。

　　与宋政府的"贪婪"形成鲜明对比的是明朝朱元璋的做法。朱元璋曾下令禁酒，"曩以民间造酒醴，糜米麦，故行禁酒之令。今春米麦价稍平，予以为颇有益于民，然不塞其源，而欲遏其流，不可得也。其令农民今岁无得种糯，以塞造酒之源"。[3] 为防止平民浪费粮食用于酿酒，朱元璋干脆禁止民间种植糯稻。

1　参见李华瑞《宋代酒的生产和征榷》，河北大学出版社，2001。

2　王栐：《燕翼诒谋录》卷三。

3　顾炎武：《日知录之余》卷二。

不过，朱元璋倒曾命人建造酒楼："洪武二十七年，上以海内太平，思与民偕乐，命工部建十酒楼于江东门外……既而又增作五楼，至是皆成。诏赐文武百官钞，命宴于醉仙楼，而五楼则专以处侑酒歌妓者。盖仿宋世故事，但不设官酤以收榷课，最为清朝佳事。"[1] 但显然，朱皇帝的用意，无非是想在京城建几间酒楼营造一下歌舞升平的盛世气象，至于酒税收入如何，他是毫不在乎的，所以才"不设官酤以收榷课"。

宋王朝除了在各州县设立酒务，售卖官酒或者征收酒税，又遍设商税务，征收商品的流通税与消费税。宋朝商业发达，商税十分可观，是财政收入的重要组成部分，"州郡财计，除民租之外，全赖商税"[2]。熙宁十年，华亭县辖下的青龙镇，商税收入达 1.5 万贯。全国的商税收入呢？"至道中，岁入税课钱四百万贯；天禧末，增八百四万贯"[3]，"皇祐中，岁课缗钱七百八十六万三千九百"，北宋天禧之后，商税年额大约为 800万贯，庆历年间，商税收入更是达到"一千九百七十五万余贯"[4]。需要补充说明的是，这里的商税，并未包括茶盐酒的禁榷税与市舶收入。

那么明王朝呢？尽管朱元璋也在各州县设立税课司局，征收商税，但明代税课司局的数目远少于宋朝商税务。据《明史》的食货志记载，"税课司局，京城诸门及各府州县市集多有之，凡四百余所，其后以次裁并十之七"，而宋代的商税务多达 1800 多处。

1　沈德符：《万历野获编》补遗卷三。
2　徐松辑：《宋会要辑稿·食货一七》。
3　脱脱等：《宋史》卷一百八十六《食货下八》。下同。
4　张方平：《乐全集》卷二十四《论国计事》。

明代税课司局的课利额也很不成气候，洪武十三年（1380），吏部奏："税课司局岁收额米不及五百石者，凡三百六十四处，宜罢之。"[1] 也就是说，明王朝设立的 400 多所税课司局中，有364 所的年征税额居然不及 500 石米（从中我们还可以发现，明初商税是征收实物）。按明初两浙及京畿官田以银折收税粮的官定标准，"银每两准米二石"[2]，500 石米约可折银 1000 两，折钱 1000 贯。在宋代，年课利额 1000 贯以下的商税务，属于微小型场务，通常是承包给私人的："许人认定年额买扑，更不差官监管。"[3]

晚明之前，明王朝的商税总额也是微不足道的，"弘治时，商税课钞，共四千六百一十八万九十贯"，听起来似乎是一个大数目，但弘治年间大明宝钞已经严重贬值，"每钞一贯折收银三厘，是四千六百余万贯，以银计之，不过一十三万八千五百四十两有奇耳"。[4] 全国一年的商税收入，不足 13 万两白银，只有宋代商税规模的六十分之一（按银一两折钱一贯计算）。

宋明商税收入反差这么大，是因为宋朝商税率太高而明朝商税率超低吗？原因当然不可能这么简单。宋代"过税"的税率为2%，"住税"为 3%，合计 5%；明代商税率为"三十税一"，只是略低于宋朝。在实际的征税过程中，宋明两朝都存在横征暴敛的问题，但横征暴敛解释不了宋明商税的 60 倍反差。只能说，明前期的商业极为凋敝。

1　张廷玉等：《明史》卷八十一《食货五》。

2　顾炎武：《日知录》卷十一。

3　徐松辑：《宋会要辑稿·食货五四》。

4　王圻：《续文献通考》卷十八。

不过没关系，朱元璋对商税这点小钱也不在乎，他设计的赋税体系，重心放在田赋与力役上。直到万历年间，皇帝才饥不择食地征敛商税："天津有店租，广州有珠榷，两淮有余盐，京口有供用，浙江有市舶，成都有盐茶，重庆有名木，湖口长江有船税，荆州有店税。又有门摊、商税，油、布杂税，莫不设珰分职，横肆诛求。有司得罪，立系槛车；百姓奉行，若驱驼马。"[1]

财税结构

基于"理财"的迫切需求，宋朝政府不得不将财政收入的重心从农业税转移到商税、征榷、坑冶、海外贸易等领域，最终，形成了一种崭新的、不类汉唐明清而更接近于近代国家的财税结构。

财税结构是我们观察一个王朝是否出现近代转型的绝佳指标，因为不管哪一个国家，随着社会经济的发展，其财税结构总是会发生类似的变迁：

（1）从低税率转为高税率（因为现代政府要处理的事务远比古典政府复杂）。

（2）从人身支配的役折算成非人身支配的税；

（3）从以实物税为主发展至以货币税为主；

（4）从以人头税为主发展至以财产税为主；

（5）从以农业税为主发展至以商业税为主。

这些变化，全部出现在宋朝的财税结构中：

---

1 谷应泰：《明史纪事本末》卷六十五。

（1）宋朝的税率与税额，显然都是高于其他王朝的，正税之外又有大量杂税，所以朱熹才会吐槽说："古者刻剥之法，本朝皆备。"[1]

（2）宋朝的税负较重，但役极轻，"乡村下等人户，除二税之外，更无大段差徭"[2]。因为实行募兵制，臣民不用服兵役；劳役也不常见，宋人说："古者，凡国之役，皆调于民；宋有天下，悉役厢军，凡役作营缮，民无与焉。"[3]只剩下职役，但也已出现以钱代役的趋势，恰如苏辙所言："三代之民，以力事上，不专以钱。近世因其有无，各听其便。有力而无财者，使效其力。有财而无力者，皆得雇人。人各致其所有，是以不劳而具。"[4]

（3）宋朝赋税的征收，只有小部分征收实物，如田赋中的秋税、坑冶的抽分、市舶的抽解、地方上供的土贡，绝大部分都是征收货币。

（4）宋代的税基本上都是财产税，前朝遗留下来的"身丁钱"（人头税）正处于消亡的过程中。[5]

（5）农业税在宋朝财政收入中的比重越来越低，工商税与征榷收入成了宋代税收的主要构成。

现在我们就来看看两宋农业税与非农业税的比重。这首先需要有宋朝财政收入的统计数字。一些朋友也许会引用曾巩《议经费扎

---

1 黎靖德编：《朱子语类》卷第一百十。

2 司马光：《传家集》卷三十四《乞罢刺陕西义勇第四札子》。

3 章如愚：《群书考索》后集卷四十一。

4 苏辙：《苏辙集》之《栾城集》卷三十五《自齐州回论时事书（附画一状）》。

5 参见梁太济《两宋身丁钱物的除放过程》，收于《两宋阶级关系的若干问题》，河北大学出版社，1998。

子》与《宋史》中的数据，"皇祐、治平皆一亿万以上，岁费亦一亿万以上"[1]，"治平二年，内外入一亿一千六百十三万八千四百五"[2]，认为宋代的财政岁入超过一亿贯钱。这当然是一个误会，因为这里的"一亿一千六百十三万八千四百五"是指铜钱、白银、绢帛、谷米、草料等物资的总和，由于不知其具体比例，我们根本无法折算成钱贯。

我们需要的是一份以钱贯计算的财政收入清单。恰好南宋学者李心传记录了南北宋的"岁入缗钱"，我们先来看北宋部分："国朝混一之初，天下岁入缗钱千六百余万，太宗皇帝以为极盛，两倍唐室矣。天禧之末，所入又增至二千六百五十余万缗。嘉祐间，又增至三千六百八十余万缗。其后，月增岁广，至熙丰间，合苗役易税等钱，所入乃至六千余万。元祐之初，除其苛急，岁入尚四千八百余万。"[3] 可知北宋时，户部岁入的峰值是熙宁至元丰年间的 6000 余万贯，元祐初政府减税，岁入缗钱降至 4800 余万贯。

但这个 4800 余万贯是不是元祐初年的全部岁入呢？有没有漏计了地方留用的收入？宋依唐制，将天下正赋收入分为"上供""留州""送使"三部分，其中"上供"要解运京师入库，"留州"与"送使"则充地方经费，宋人称为"系省钱物"，即隶属于尚书省、留置在地方的财税收入，例都由户部（元丰改制前为三司）统一会计："祖宗之制，天下钱谷，自非常平仓隶司农寺外，其余皆总于三司，一文一勺以上悉申帐籍，非条例有定数者，不

1　曾巩：《曾巩集》卷三十《议经费扎子》。
2　脱脱等：《宋史》卷一百七十九《食货下一》。
3　李心传：《建炎以来朝野杂记》甲集卷十四。

敢擅支。故能知其大数。"[1] 因此，李心传这里的记录显然包含了"留州"与"送使"的数目。

但是，不要忘记了，李心传已明言这是"天下岁入缗钱"，除了缗钱，宋朝还有一部分实物税，大头是田赋。有没有缗钱之外的统计数据呢？有。元祐初，户部尚书李常、侍郎苏辙主持修订了《元祐会计录》，苏辙还因此写了一篇《元祐会计录叙》，一篇《收支叙》，一篇《民赋叙》。在《收支叙》中，苏辙列出了元祐初年的户部收入数目："今者一岁之入，金以两计者四千三百，而其出之不尽者二千七百；银以两计者五万七千，而其出之多者六万；钱以千计者四千八百四十八万（苏按：除米盐钱后得此数），而其出之多者一百八十二万（苏按：并言未破应在及泛支给赐得此数）；绸绢以匹计者一百五十一万，而其出之多者十七万；谷以石计者二千四百四十五万，而其出之不尽者七十四万；草以束计者七百九十九万，而其出之多者八百一十一万。"[2] 可知元祐初的岁入绝不止李心传记录的"四千八百余万"贯。

我们将金、银、绸绢、米谷都折算成缗钱（草的价值较低，略过不计）。当时金一两约值 10 贯钱，4300 两即值 4.3 万贯钱；银一两约值一贯钱，57000 两即值 5.7 万贯钱；绸绢每匹约值 1.5 贯钱，151 万匹即值 226.5 万贯钱；米谷 1 石约值 1 贯钱，2445 万石即值 2445 万贯钱。[3] 合计约 2680 万贯。加上按缗钱征收的货币税收入 4848 万贯，总数约为 7500 万贯。

---

1 司马光：《传家集》卷五十一《论钱谷宜归一札子》。

2 苏辙：《苏辙集》之《栾城后集》卷十五《收支叙》。

3 折算的标准可参见程民生《宋代物价研究》。

　　但这 7500 万贯钱就是元祐初年的全部财政收入吗？不是。须知北宋的财政管理是分成两个系统的：一个是户部左曹（元丰改制前为三司）统率的、由转运司—州县长官—市镇税官构成的财政收纳系统，掌田赋、商税、酒税、常贡、征榷之利，属于国家正赋；另一个是户部右曹（元丰改制前为司农寺）统率的、由提举常平司—州通判—县丞构成的财政收纳系统，掌常平、免役、坊场、坑冶、河渡、山泽、地利、榷货等经营性收入，以及户绝没纳之财。"左曹隶（户部）尚书，右曹不隶焉，天下之财分而为二。"[1] 苏辙也在《元祐会计录叙》中申明："若夫内藏右曹之积，与天下封桩之实，非昔三司所领，则不入会计，将著之他书，以备观览焉。"[2] 由此可知我们前面折算出来的 7500 万贯钱，只是户部可以会计的正赋岁入，户部右曹掌管的那部分经营性收入，是未计在内的。[3]

　　由于我们目前未能找到元祐年间的户部右曹收入账目，只能以其他年份的作为参考。户部右曹的职掌同熙宁变法后、元丰改制前的司农寺，司农寺执掌的财政收入主要有常平青苗钱、免役助役钱、坊场钱等。熙宁年间，青苗钱每年的息钱就达到 300 万贯，每年新增的常平本钱未计；元丰七年（1084），免役助役钱多达 1870 万贯；坊场钱即扑买坊场、河渡、盐井所得的收入，元丰七年为 500 万贯，另有谷、帛 90 多万石，折钱约 100 万贯；[4] 元丰七年，朝廷还将市易钱从户部左曹划到右曹，按熙宁十年市

1　脱脱等：《宋史》卷一百七十九《食货下一》。

2　苏辙：《苏辙集》之《栾城后集》卷十五《元祐会计录叙》。

3　参见东方飞龙《北宋中央财政收入水平初探》。

4　参见王曾瑜《锱铢编》，河北大学出版社，2006。

易司所收息钱（不含市利钱）计算，为 140 多万贯。[1] 此外，铸钱监每年新铸之钱，例入内藏库，也非户部所预，元祐年间，"岁铸二百八十一万贯"。[2]

这当然不是户部右曹的全部账目，不过主要的钱物窠名应该罗列在内了。合计起来，约有 3100 万贯，与前面我们统计出来的 7500 万贯相合并，岁入过亿贯。不过，元祐年间朝廷罢征免役钱，助役钱减半输纳，因此，元祐岁入应该不及一亿贯，但哲宗亲政之后，免役钱又恢复了。可以说，北宋自熙宁以降，除了元祐几年，其他年份应该都能够维持一亿贯左右的岁入规模。

这一亿贯的财政收入中，田赋折钱顶多是 3000 万贯左右（其中实物征收的米谷 2445 万石，折钱征收部分未知，但数目不会很大，如治平元年夏秋税收钱 493 万贯），比重大约只占 30%，非农业税的比重高达 70%。这是其他任何王朝（晚清除外）都未曾出现的财税结构。

再来看南宋的岁入。李心传说："渡江之初，东南岁入不满千万；逮淳熙末，遂增六千五百三十余万焉。今东南岁入之数，独上供钱二百万缗，此祖宗正赋也；其六百六十余万缗号经制，吕元直（吕颐浩）在户部时复之；七百八十余万缗号总制，孟富文（孟庾）秉政时创之；四百余万缗号月桩钱，朱藏一（朱胜非）当国时取之。自经制以下，钱皆增赋也。合茶、盐、酒算、坑冶、榷货、籴本和买之入，又四千四百九十余万缗。"[3] 可知淳熙末，

---

1 参见王盛恩《市易法新评》，《史学月刊》1996 年第 5 期。
2 庄绰：《鸡肋编》卷中。
3 李心传：《建炎以来朝野杂记》甲集卷十四。

朝廷岁入缗钱为 6530 余万贯。

那么这 6530 余万贯是不是南宋的全部财政收入呢？当然不是。

南宋时，天下财赋不再由户部左右曹分领，户部已经可以掌管原属右曹之财，李心传所说的茶、盐、酒算、坑冶、榷货之入，在北宋时都属于户部不预的右曹之财，此时则已归户部会计。但是，南宋的财税虽无左右曹的纵向分司，却出现了中央与地方的横向分隶，户部所能会计的财政收入只有"上供"部分，"留州""送使"这两部分，户部往往无法核算，南宋一位户部侍郎是这么说的："今户部所知之数，则上供而已；其留州、送使，无得而考焉。"[1]

南宋的"上供"，包括上供正赋与上供杂纳钱。李心传列出的上供钱、经制钱、总制钱、月桩钱与籴本和买之入，严格来说，都不是税种，而是财税分隶制度下，地方上缴中央的财赋窠名。

其中，上供钱即上供正赋，指地方政府从其征收的正赋（主要为田赋、商税等）中划出一定比例，解运京师，定额 200 万贯，所以李心传说，"上供钱二百万缗，此祖宗正赋也"。至于留给地方分配的正赋是多少，李心传没有说明。据宋代经济史学者包伟民先生的研究，北宋初，缗钱的上供比例不到 10%，"南宋上供正赋在全国财政总收支中所占比例不可考，不过可以肯定的是，随着'上供之外'的杂征调日益增额，上供正赋的地位必然会相应降低"[2]。假如按 10% 上供，则全国征收的正赋折钱至少有 2000 万贯，留在地方的大约有 1800 万贯。

1　徐松辑：《宋会要辑稿·食货五六》。

2　包伟民：《宋代的上供正赋》，《浙江大学学报》（人文社会科学版）2001 年第 1 期。

经制钱与总制钱来自宋政府从商税、酒税中加派的杂税："诸州经总制钱，皆出场务酒税杂钱，分隶以纳。"[1]月桩钱是地方供应军饷的缗钱窠名，按月桩管，所以称为"月桩钱"，原本是从经总制钱中拨出，但经总司"不能给十之一二，故郡邑多横赋于民"[2]，以曲引钱、纳醋钱、卖纸钱、户长甲帖钱、保正牌限钱、折纳牛皮筋角钱等附加税的名目征收。籴本则是地方措置来供中央和籴粮米的缗钱窠名，主要也是来自商税、酒税的加征。

经制钱、总制钱、月桩钱与籴本都属于正赋之外的杂征，宋人称为"杂纳钱"，由地方政府征收，按比例上供。上供比例是多少呢？绍兴二年，朝廷"令诸路转运司量度州县收税紧慢，增添税额三分或五分，而三五分增收税钱窠名自此始。至今以十分为率，三分本州，七分隶经总制司"[3]。孝宗朝时，"旧额凡杂纳钱，以十分为率隶，四为籴本，六为系省钱；其后，乃始增以二分分隶总制钱……久之，乃裒羡钱，校数岁之最为额，以十分分隶之，七为总制增税，三为在州钱，愈非旧比"[4]。大致可以说，南宋的杂纳钱大约 70% 归中央，30% 归地方。

李心传列出的杂纳钱，显然是上缴户部财政的那部分，总数大约有 2000 万贯（经制钱 660 余万，总制 780 余万，月桩钱 400 余万，籴本未知），可以推算留在地方的约有 900 万贯。

另外，南宋时，四川的财政是相对独立的，由总领所统收统支，朝廷鞭长莫及，无从会计与调拨。李心传所列，只是"东南

1　薛季宣：《浪语集》卷三十五。

2　李心传：《建炎以来朝野杂记》甲集卷十五。

3　马端临：《文献通考》卷十四《征榷一》。

4　陈傅良：《止斋先生文集》卷之五十一。

岁入"，因为他自己说了："今日天下既失其半，又四川财赋不归朝廷，计朝廷岁用数千万，皆取于东南"；"四川在远，钱币又不通，故无事之际，计臣得以擅取予之权，而一遇军兴，朝廷亦不问"。[1]那么南宋四川的岁入有多少呢？叶适说："别计四川之钱引，以三千三百余万矣。"[2]可知南宋四川之财政岁入有 3300 万余贯。

需要注意的是，四川的流通货币是以铁钱为本币的钱引，财政的会计也以钱引计算，因此，我们还要按当时的汇率换算成铜钱。绍兴年间，一位南宋官员提到四川钱引与铁钱、铜钱的汇率：钱引十道，按市价可换八贯铁钱，换铜钱则为四贯，可知钱引与铜钱的比价为 10∶4。[3]四川 3300 万贯钱引的岁入，折换成铜钱的话，约有 1320 万贯。

现在，我们可以来统计南宋淳熙年间的全部财政岁入了：上缴朝廷的缗钱为 6530 余万贯，地方系省正赋折钱约 1800 万贯，地方系省杂纳钱约 900 万贯，四川独立核算的岁入约 1320 万贯，合计超过一亿贯钱，与北宋后期大体持平。

在这一亿贯岁入中，来自田赋的贡献应该在 2000 万贯上下（因为按我们前面的估算，南宋正赋包含商税在内约有 2000 万贯，杂纳钱主要出自工商税），只占全部岁入的 20% 左右，非农业税的比重扩大至 80%。

这样的财税结构，正好跟明朝的完全相反。据黄仁宇统计，

---

1 李心传：《建炎以来系年要录》卷一百二十六；李心传：《建炎以来朝野杂记》甲集卷十七。
2 黄淮、杨士奇编：《历代名臣奏议》卷之九十六。
3 换算比例参考徐松辑《宋会要辑稿·刑法三》："若盗钱引十道，便以十贯为罪，市价止八贯，比之铜钱止是四贯，少一贯，遂处以死。"

1502 年（弘治十五年），田赋正额为 26799341 石米；1570—1590 年期间（隆庆至万历年间），钞关税、商税、蕃船抽分、房地契税、竹木抽分、矿银、渔课等收入，合计 943000 两银，役与土贡折色 1687000 两银。[1] 明代米价较低，弘治至隆庆年间，1 石米约 0.6 两银，26799341 石米可折银 1608 万两左右，加上工商税、役与土贡折色，共计 1871 万两，工商税在国家税收中的比重，只有 5% 左右。

财政岁入如此之少，明朝政府只能量入为出，将政府控制在最小规模，只维持最简单的政府职能（美其名曰"无为而治"），给官员发放最低标准的薪俸，同时以无偿征用民间物品及"配户当差"的全民服役来弥补财政收入之不足。"例如衙门内的传令、狱丁，都由各乡村轮派，即使文具纸张，甚至桌椅板凳、公廨之修理也是同样零星杂碎地向村民征取。官方旅行，也由民间支应，全国有上千的驿站亦即招待所和中继所，内有交通工具及食宿的诸项设备，只要有兵部（军政部）颁发的戡合（公事旅行证券），则各驿站有招待的义务，而被指派的民户也有供应的负担。"[2]

仅从正赋的税率来看，明王朝的税负是非常轻的，至少比宋代轻多了；但是，明人所承担的役极重，一位明朝的户部侍郎说："天下农民之病，自江而南，由粮役轻重不得适均；自淮而北，税粮虽轻，杂役则重。"[3] 畿辅之地，民户被勒令"供办器物，添设墩堡，修筑边墙。此其于事不可谓不繁，于民不可谓不扰也……

1　[美] 黄仁宇：《十六世纪明代中国之财政与税收》，生活·读书·新知三联书店，2001。

2　[美] 黄仁宇：《中国大历史》，生活·读书·新知三联书店，1997。

3　陈子龙辑：《明经世文编》卷之一百八十七。

则一人之身，百役丛集；一户之众，强半在官。远迩咸相顾失色"[1]。

不妨这么总结：明朝政府（以朱元璋为典型）解决问题的思路是，别收那么多的税，政府要那么多钱干什么？大家都节约一点，办公的物品从民间征用，干活的人也从人户中征用，要什么钱嘛！宋政府解决问题的思路恰恰相反：治国理政，哪件事都得花钱，士兵是用钱招募来的，夫役是要发工薪的，大部分政府消费品也是从市场购买来的，官府与官营手工业所需要的工匠也是"和雇"或"差雇"来的（和雇是自由雇佣，差雇虽带有强制性，但政府要付薪，而不是无偿征用），给贫民建立"养老院""孤儿院""福利医院""福利公墓"，全都是需要财政掏出钱来的。也因此，宋政府才会对"理财"、对工商税、对国家专卖、对海外贸易、对矿冶业、对金融业，都表现出强烈的兴趣与热情。

余话

我们该如何评价宋明两朝表现出来的不同气质呢？

从许多方面来看，宋王朝都非常像 16—18 世纪欧洲的重商主义国家——或者反过来说可能更准确：16—18 世纪欧洲的重商主义国家非常像宋王朝。关于这一点，刘光临先生曾援引宫崎市定的观点加以阐述："（宋朝）中央政府因为要维持大量的、直接统辖的军队，不得不广开财源，无所不用其极（刘按：即朱熹所云"古者刻薄之法，本朝皆备"）。也因此，宋代政府由竞逐财货，进而关注市场经济发展，以致推行重商主义政策来鼓励私

---

1 陈子龙辑：《明经世文编》卷之二百二十三。

人贸易、矿业，保护私有财产和人身自由。"[1]

明王朝则反其道而行之，朱元璋创立的"洪武型体制"，"就其反市场、反自由迁徙和自由择业，乃至打击知识分子和民间士绅、铲除江南地主阶层、钳制言论自由等项而言，明初统治秩序从立国原则、管制方式上，都是对宋代模式的反动"。从明王朝"以农为本"的财税体系以及明政府对国家专卖、海外贸易、工商业、矿冶业、金融业几乎毫不作为的政策态度来看，明清王朝可以说是名副其实的重农主义国家。法国重农学派魁奈高度赞美的"中国"，大概便是以明清王朝为想象范本的。

黄仁宇认为："一个现代化的国家与中国明清体制有一种基本不同之点，即是政府能直接参与国家经济的伸缩。它利用中央银行及证券市场的影响，可以左右商业的趋向。它的金融政策，可以使投资及雇用数量增减。它可以发行公债，用借贷的方式支付开销。它可以出卖国营资产，使货币回笼而信用紧缩。它的税收不光为收入着眼，也有管制的力量。此外它还有其他影响经济的办法。如果这些方法逐渐增善，政府即可以放松笼罩在人民头上的统治，而以服务代替警察权。明清之体系，无此可能，已不待言。"[2] 相较之下，我相信重商主义的宋代则有此可能。

重商主义的要旨不仅是"重商"，而且表现为国家对工商业的积极介入、干预，以国家力量开拓市场、扶持商业、发展海外贸易。重农主义的要旨也不仅是"重农"，更体现为国家对商业、

---

1 刘光临：《市场、战争和财政国家——对南宋赋税问题的再思考》，《台大历史学报》2008 年第 42 期。下同。

2 ［美］黄仁宇：《放宽历史的视界》，生活·读书·新知三联书店，2007。

市场、金融的漠不关心，采取无为而治的消极态度。

经济自由主义者几乎更青睐重农主义，而对重商主义嗤之以鼻，比如秦晖先生在其专栏文章《中国的崛起和"中国模式"的崛起》中便认为，17世纪英国的重商主义时代，"'重商主义'不是民间工商业受到尊重，而是政府'重'视对工'商'活动的管制与垄断，甚至重视自己入市牟利！""那个时代的官办经济，无论是国家（皇家）企业还是国家（皇家）特许垄断公司（如东印度公司），都既不是自由经济中与民企具有平等民法地位和交易权利的市场法人，也不是福利制度下公共服务的财政承担者，而就是'公权私用'的聚敛机器。"

然而，历史告诉我们：近代化的启动与展开可能并不符合经济自由主义的审美，不管是西欧、美国，还是日本，都是由重商主义政府提供了近代化转型的第一推动力，而不是完全靠市场自发的"看不见的手"。

16世纪英国的伊丽莎白女王向利凡特公司颁发海外贸易特许权，允许其垄断对奥斯曼土耳其的贸易，同时女王还向公司投资4万英镑，皇室对财富的贪婪以及对海外贸易的管控与扶持，构成了英国大航海的强大动力。[1] 北美在殖民地时期与建国初期，同样推行重商主义政策，包括颁发银行经营的特许状，政府出资修建公路、铁路、运河，通过加征关税保护本州航海业，等等。[2] 日本在明治维新期间，国家精英奉行的也是李斯特的重商主义学

---

1 参见李新宽《试析英国重商主义国家干预经济的主要内容》，《史学集刊》2008年7月第4期。
2 参见刘建芳《美国政府在早期现代化进程中的作用及影响》，《南京社会科学》2001年第6期。

说，[1]1874 年大藏卿大久保利通向明治政府提交《殖产兴业建议书》，确立了重商主义政策："大凡国之强弱，在于人民贫富；人民之贫富，在于物产之多寡；物产之多寡，在于是否勉励人民之工业。归根结底，未尝不在于政府官员之诱导与奖励之力。"[2]为此，明治政府兴办了大量"官立事业""模范工厂"（官营企业），诱导民间殖产兴业。

从这个角度看，我们会发现宋代在中国史乃至世界史上的特殊意义：它是重商主义的最早实践，在重商主义的驱动下，一个近代化的国家已经呼之欲出。但宋亡之后，特别是在朱元璋时代，国家又从重商主义的道路退了回去，回到井然有序的乡土世界。晚清重启近代化，才补上重商主义这一课。

1　参见贾根良《李斯特经济学的历史地位、性质与重大现实意义》，《学习与探索》2015 年第 1 期。

2　参见孙洋、弋慧莉《日本殖产兴业政策的实行与铁道知识的传入》，《长春理工大学学报》（社会科学版）2010 年第 5 期。

顿丘淇水雄朔方，官收榷算资公藏

——数目庞大的经济部门与监当官

　　与其他王朝相比，宋朝的政府部门设置与官员配置有什么特色？可能很多读者会马上想到"冗官冗政""官制混乱"。不必讳言，宋代官制确实有"冗官冗政"与"官制混乱"的弊病，这一点我们以后还会讲到，但除此之外，宋朝的官僚系统还有哪些不同于其他王朝的特点？

　　我们先来看一份隶属于宋朝中央政府的机构名单。元丰改官制之后，吏部主辖中下层官员的铨选。元祐四年（1089）八月，吏部将一批由文臣担任的职务列为"尚书左选"——榷货务、左右厢店宅务、文思院、内酒坊、法酒库、作坊、八作司、勾当市舶司、经养抚库务等；将另一批由武臣（宋代的武臣不一定是军职，而是指以武阶定禄的武选官）担任的职务列为"尚书右选"——都大巡河、法酒库、内酒坊、街道司、作坊、八作司、便钱博易务、排岸司、监修营房等。[1]这些机构的职能都跟"经济"有关，是宋朝政府设置来管理官营制造业、工商业、金融业、政

1　参见李焘《续资治通鉴长编》卷四百三十二。

府物资与财税事务的经济部门。在这类经济部门任职的官员，叫"监当官"。

再来看一份设于地方的政府机构名单——《嘉定镇江志》收录有宋代镇江府（润州）的官舍（政府办公楼）名录："官舍除州治外，凡十二处。通判在州衙西偏，推官在州衙南门外西偏，州院、司理院并在州衙南门外，兵马监押在州衙西南，监清酒、同监清酒、监茶税，同监税、监织罗务，并州衙西门外，监堰在州西南二里，回车院（招待所）在西北一里，盖是时，郡僚之数止如此，其后寖多……始时推官一员，监当官共七员，今推官分为节（度）、（观）察二员，而监当则有监仓、监库、监酒、监税、监闸，及排岸、巡铺、作院等官矣，兵官监当员众，无定居，不能尽述。"[1] 可见宋代的地方政府也配置了多名监当官，且出现越置越多的趋势。

中央政府与地方政府中出现了大量的经济部门与监当官，就是宋朝职官设置的一大特点，在宋朝之外的各个王朝(清末除外)，是找不到如此之多的经济部门的，其他王朝的官僚体系中也没有形成专门的"监当官"类别。

经济部门的大量设置

如果我们去查看《宋会要辑稿》食货类与宋代地方志的"官廨"部分，便会发现，宋政府在京师与地方设立很多以"务"命名的机构，如商税务、赡军务、都酒务、醋务、比较务、榷货务、便

1　卢宪：《嘉定镇江志》卷十二。

钱务、市易务、平准务、会子务、交子务、市舶务、坑冶务、造船务、窑务、冰井务、铸泻务、煎胶务、供庖务、水磨务、车营务、致远务、杂买务、竹木务、楼店务（店宅务）、折博务、博易务、津务、秤斗务、稻田务、石炭务等。

"务"，原意为"物务"，这里指"事务性机构"。管理"务"的监当官，即"监临物务""监当物务"之官，有时也称"厘务官"。在这些事务性机构中，除了冰井务、铸泻务、煎胶务、供庖务等少数几个部门的经济功能不太明显，其他的"务"都属于宋政府的经济部门，也因此，《宋会要辑稿》的编辑将它们列入"食货"卷，而不是"职官"卷。

除了"务"，宋朝还有许多"司""院""所""库""仓""局""场""监"命名的机构，也是经济部门，如：设立于京师的八作司、排岸司、汴河堤岸司、寺务司、市易司、都商税院、文思院、作院、都曲院、法酒库、交引库、司农寺诸仓、皮剥所、抵当所、石炭场、杂卖场、水磨茶场、和剂局、惠民局等；设立于地方的市舶司、粮料院、军资库、回易库、公使钱库、公使酒库、公使醋库、抵当库、都盐仓、常平仓、铸钱监、盐监、都茶场、合同场、茭草场、竹木场、采石场、炭场、榷场、修造场等。

此外，各个市镇、城门、祠庙，宋政府往往也会派驻监当官，负责征收商税；各处官营河渡、堰闸，亦有监当官负责管理。

需要特别说明的是，历代均设常平仓，用于粮食储备、备荒等，但它们的经济功能并不显著，只是单纯的仓储单位与社会救济部门。相比之下，宋朝的常平仓更像是一个商业投资机构，地方政府多以常平钱为本钱，投资于放贷业，收取息钱。王安石变法中的"青苗法"，政府向农民放贷青苗钱的本钱，主要便来自常平钱。

宋朝的公使钱库、公使酒库、公使醋库，也不仅仅是储存政

北宋张择端《清明上河图》中的商税务

府物资的仓库，而且是以国家物资为本钱进行经营、投资的商业
机构。南宋初年，岳飞的军队利用鄂州的公使库、激赏库、备边库、
回易库等 14 个库的本钱放贷，每年可收息钱 116 万多贯；淳熙
年间，台州的公使酒库"每日货卖生酒至一百八十余贯，煮酒亦
及此数，一日且以三百贯为率，一月凡九千贯，一年凡收十余
万贯"[1]。甚至连特供皇室的御酒库也向市民卖酒。南宋绍兴年间，

1　朱熹：《晦庵先生朱文公文集》卷第十八《按唐仲友第三状》。

吏部尚书张焘跟宋高宗说："禁中既有内酒库，而甲库所酿尤胜，以其余酤卖，颇侵户部赡军诸库课额。"[1] 御酒库将多余的美酒拿出来贩卖，由于品质太好，深受欢迎，竟将户部辖下官酒库的生意抢了不少。

宋朝的铸钱监、盐监，又与一般的经济部门不同。监，本为政府机构，如国子监、司天监，但宋代的一部分监，并不是一个机构，而是一个行政区，我们称其为"行政区监"，这些监的性质有点像今天的经济特区、开发区。

就行政级别而言，宋代少数行政区监的地位同下州，可领县；更多的行政区监同县，隶属于州郡。北宋初，宋朝境内设有两个同下州的行政区监——位于四川的富顺监与大宁监（均为盐监），以及十四个县级监；到了元丰八年（1085），同下州的监增至五个，分别为桂林监（铁冶）、大通监（铜冶），以及陵井监、富顺监与大宁监（均为盐监），县级监增至三十六个。[2] 这是宋代置监最热情的时期。

监作为行政区，当然有其管辖的区域，并辖有户口，设有行政与司法机关负责当地民政、财税与司法。其中州级监的行政长官叫"知监"，严格来说，他们不是监当官，而是与知州、知府同列；县级监的行政长官也叫"知监"，不过他们往往被视为监当官。

监同时又是生产单位，下设若干个"务"，负责开发盐矿、金属矿，并用冶炼出来的铜与铁铸造钱币。而当某个监的矿产资

---

1 佚名：《宋史全文》卷二十三上。
2 参见吕晋《宋代行政区监的建置沿革与时空分布特征》，西南大学硕士学位论文，2008。

源开发得差不多时，宋政府往往会撤销监的建制，将其改为普通的行政区，或者并入附近的行政区。同样道理，如果一个地区发现大规模的矿产，宋政府则会在那里成立行政区监，类似于今天许多地方所设的经济开发区。此外，宋代还有一批小型的监，隶属于县，不能算行政区，只是一个矿场、盐场。

设置行政区性质的监，是宋代特有的现象。欧阳修说，"监者，物务之名尔，故不载于地理。皇朝军监始自置属县，与州府并列矣"[1]。历史上，从未有一个王朝会像宋朝这样，出于开发盐业、矿业之目的而大举设立经济特区、开发区。为方便叙述，我将行政区监也列为宋朝政府的经济部门。

司、院、所、库、仓、局、场、监、务，宋朝设立的经济部门可谓五花八门，不过我们可以根据具体职能将其大致分成四大类：

（1）制造、采购、管理政府和皇室的用品及公共物资的机构，如坑冶务、窑务、冰井务、铸泻务、煎胶务、供庖务、造船务、水磨务、车营务、致远务、杂买务、折博务、稻田务、八作司、排岸司、文思院、作院、粮料院、皮剥所、法酒库、军资库等。

（2）生产、经营民用消费品的机构，如盐监、坑冶务（坑冶产品，例由官府抽解20%，自卖80%）、窑务（官窑产品"唯供御，拣退方许出卖"[2]）、竹木务、酒务、醋务、市易务、榷货务、都茶场、水磨茶场、炭场、石炭场、合同场、榷场、博易务、楼店务与汴河堤岸司（管理公租房）、和剂局与惠民局（经营药材）等；

（3）官营金融机构，如铸钱监、会子务、交子务、榷货务、

1 欧阳修：《新五代史》卷六十《职方考第三》。
2 周辉：《清波杂志》卷五。

便钱务、市易司（市易下界发行汇票）、公使钱库、抵当库、常平仓等；

（4）征收工商税的机构，如都商税院、寺务司、商税务、比较务、津务、汴河上下锁、竹木务（征收竹木交易税）、都茶场（征收茶税）、酒务（征收酒税）等。

这些经济部门的数目十分庞大，仅就商税务而言，"凡州县皆置务，关镇或有焉，大则专置官监临（景德二年，诏诸路商税年额及三万贯以上，审官院选亲民官临莅），小则令、佐兼领，诸州仍令都监、监押同掌之"[1]。也就是说，一个县至少有一个商税务。

再据台湾学者雷家圣博士的统计，熙宁十年之前，全国官设商税务多达1846处，酒务1861处，坑冶场务271处。[2]另据大陆学者苗书梅教授的统计，熙宁十年前有官设税务1857处，熙宁十年时增至2011处，元丰年间宋朝境内置有1235个县，平均每县有1.6处商税务。[3]还有大量场务通过"买扑"承包给了私人，尚未计算在内。

由于场务众多，且事务繁忙，元丰改制后主管库藏与在京场务的中央经济部门太府寺寺卿，被人戏称为"忙卿"，主管仓储的司农寺寺卿则被称为"走卿"："七寺闲剧不同，大府为忙卿，司农为走卿，光禄为饱卿，鸿胪为睡卿。盖忙卿所隶场务，走卿

1　马端临：《文献通考》卷十四《征榷考一》。
2　参见雷家圣《宋代监当官体系之研究》第六章，花木兰文化出版社，2009。
3　参见苗书梅《墓志铭在研究宋代官制中的价值——以北宋元丰改制以前的监当官为例》，台北《东吴大学历史学报》2004年6月。

仓庚，饱卿祠祭数颁胙醴，睡卿掌四夷宾贡之事。"[1] 而主管朝贡事务的鸿胪寺则沦为闲曹，因为宋王朝不重朝贡而重市舶。（参见后面的《苍官影里三洲路，涨海声中万国商——高度繁荣的宋朝海外贸易》一文）

监当官的数目

苗书梅教授还统计过宋代监当官的数目，北宋前中期，即宋仁宗到宋神宗时期，"全国的监当官总数大致在 3000 员以上"，其中坑冶、铸钱等官营制造业的监当官约有 350 员，茶、盐、酒、商税的监当官有 2500 员以上。[2]

各州县职官之中，监当官所占比例最大。比如在明州，全州除监当官之外的文武官员有 52 员，监当官则有 39 员之多，占州官员总数的近 43%；在湖州，州级官员有 21 员，其中监当官占 6 员，县级官员有 36 员，监当官占 12 员；在常州，州属文武官员约有 38 员，监当官占 12 员，又有隶属于三省和户部的激赏酒库监官 11 员，这两类监当官加起来，共有 23 员，占州属官员总数的 60%；在福州，州级官员有 24 员（安抚使属官未计入），其中监当官 7 员，约占 29%；在秀州华亭县，绍熙年间，除知县、主簿、县丞、县尉之外，另有监盐、监酒等场务监当官 10 余员。"这些数字说明，在两宋，正式的州县官员编制增加并不多，随着经济

1　王得臣：《麈史》卷下。

2　参见苗书梅《墓志铭在研究宋代官制中的价值——以北宋元丰改制以前的监当官为例》。

的发展，增加较多的是各类仓场库务院等监当官。"[1]

而且，越是工商业繁华的城市，宋政府设立的场务就越多，配置的监当官也越多，宋人甚至夸张地说："一务之中监当六七员，较祖宗朝殆三四倍。"[2]

由于宋代监当官编制庞大，以至许多我们耳熟能详的宋朝名人，都有担任监当官的仕途履历：吕夷简、晏殊、范仲淹都曾经当过泰州西溪镇的监盐仓官；范仲淹还监过楚州粮料院；张咏曾任濮州监酒税官；毕士安曾监汝州稻田务；梅尧臣曾监湖州商税；包拯曾监和州商税；柳永曾监舟山曙峰盐场；郑侠曾在京城监安上门；周敦颐曾任袁州芦溪镇监镇官；宗泽曾任润州监酒税官；李纲监过南剑州沙县税务；米芾担任过秀州青龙镇监镇官；贺铸三度当过铸钱监官；苏辙也做过筠州盐酒税官；"苏门四学士"都有过监税的经历，黄庭坚先后当过德州德平镇监镇官、鄂州监税官，张耒先后监过黄州酒税、复州酒税，秦观当过处州监酒税官，晁补之也在处州做过监盐酒税官，后又改监信州盐酒税。

晁补之有个姓刘的朋友，被任命为澶州监酒税，晁补之写诗作《赠送澶州监酒税刘铨殿直》相赠："顿丘淇水雄朔方，官收榷算资公藏。晨朝百贩罗庭堂，望门逆鼻闻椒浆。惜哉刘子气方刚，峨冠凛凛顾而扬。丈夫有志固难量，短袖不足供倡佯。"诗中所描述情景，大概便是晁补之当监酒税官时的亲历生活：每天清晨，数以百计的酒贩前来酒务批发官酒，一进门就可以闻到刺鼻的酒

---

1 参见苗书梅《两宋时期明州地方官僚体制研究——以监当官为中心的考察》，《高知大学技术研究报告：人文科学》，2007。

2 马端临：《文献通考》卷三十九《选举考十二》。

气。过着这种"市区收罢鱼豚税"[1]的落魄日子，诗人不由生出"丈夫有志固难量，短袖不足供倡佯"的感慨。

监当官是"皇皇求利"之官，接受儒家道德教化的士大夫很难对监当官履历产生认同感与荣誉感，但对于宋王朝而言，监当官系统的重要性不言而喻：比重占国家财税岁入 70% 以上的非农业税，都是依靠监当官系统征收；宋代发达的商品经济，很大程度上也是由宋政府的经济部门积极推动。一名开明的士大夫，应当如明朝人评吕夷简、晏殊、范仲淹监西溪镇盐仓："未尝以卑官自忽焉，彼固知民事之当慎也。"[2]

事实上，为数众多的宋朝士大夫都会选择以监当官为仕途起步："今盐酒税务监官，虽为卑贱，然缙绅士人、公卿胄子，未尝不由此进。"[3]因为按宋朝官制，初入仕者，需积两任监当官的"资序"，才有资格升迁为知县等亲民官："自监当入知县，知县入通判，通判入知州，皆以两任为限。"[4]

当然，一部分重要的经济部门，如铸钱监，监当官资序则在亲民官资序之上，必须是有担任过亲民官资历的官员才可以当这些重要部门的监当官。

对监当官的考课

当然，有了监当官的资序，也未必能够升迁，还需要绩效。

1　秦观：《处州水南庵》，收于《全宋诗》卷二百七十四。
2　史起蛰、张榘：《两淮盐法志》卷之十二。
3　苏轼：《苏轼文集》卷三十四《乞罢税务岁终赏格状》。
4　马端临：《文献通考》卷三十九《选举考十二》。

对绩效的评定，便是"考课"。按宋朝官制，上至京朝官，下至幕职、州县官，均要接受考课，然后按其考绩优劣决定升黜，"计在官之日，满一岁为一考，三考为一任"[1]。宋政府对州县官的考课是综合性的，如任内是否"狱讼无冤、催科不扰"，是否"振恤困穷、不致流移"，"农桑垦殖、水利兴修"几何。对监当官的考课，则以考核经济绩效为主。

根据北宋初的一份诏令，凡京朝官监临物务，或知州军监、通判兼监物务，赴任前要领一份"御前印纸"，"任内所收课利"如实填写于"印纸"，任满回京述职，"先赍御前印纸于三司，仍件析以闻任内所收课利，委三司磨勘增亏"，再据其绩效"详定升降"。[2]

一般的监当官，上任前也要到吏部领取"印纸"，任内如实填写场务经营情况："应监场务，须具租额及前界、递年实收钱数增亏，比类批书。敢有庇覆隐漏，干系官吏悉论以违制。或官吏为形势所抑，徇情批书不实，亦许经新到任官陈首，令具奏闻。"监当官还要每天向所属州县报告出纳账目："监当官掌场务、库藏出纳之事，其征榷场务，岁有定额，以登耗为殿最赏罚。凡课利所入，逐日具数申于州。"[3]

为考核监当官的经济绩效，宋政府建立了一套可量化统计的指标："是时条禁愈密，较课以租额、前界、递年相参。"[4]这里有几个概念要解释一下。较课，即对监当官的考课；租额、前界、

1　脱脱等：《宋史》卷一百六十三《职官三》。下同。

2　徐松辑：《宋会要辑稿·职官五九》。下同。

3　祝穆、富大用、祝渊：《古今事文类聚》遗集卷十四《总监当》。

4　脱脱等：《宋史》卷一百七十九《食货下一》。

递年则是较课的三项指标。

其中，递年指上一年的场务课利额；前界，指前一界的场务课利额，宋代场务多实行分界制，一般以三年为一界；租额，则是宋政府给某处课利场务设定的年度计划指标，又称"祖额"。

设立租额的做法，始于淳化三年（992）："令诸州县有税，以端拱元年（988）至淳化元年收到课利最多钱数，立为祖额，比较科罚。盖商税立额比较自此始。"[1] 以三年期的课利最高数立为租额。

不久，宋政府又改为以三年期的课利中数为额："咸平四年（1001）五月四日，敕诸州曲务，自今后将一年都收到钱，仍取端拱至淳化元年三年内中等钱数立为祖额，比较科罚，酒课立额至此始。"[2] 之后，宋朝基本上都是取三年或五年的课利中数立租额："祖宗旧制并政和新令，场务立额之法，并以五年增亏数较之，并增者取中数，并亏者取最高数，以为新额。"[3] 如果取样的五年课利情况都为亏损，则取课利最高的一年立额。

租额确定后，将成为衡量未来一界场务课利增亏的参考系数，界满，再视实际情况决定是否重新立额，如元祐元年，在京商税院"酌取元丰八年钱五十五万二千二百六十一缗有奇，以为新额"，三年界满，"又以天圣岁课为额"，因为在施行过程中发现552261贯钱的租额"立额既重，岁课不登，故言者论而更之"。

"较课以租额、前界、递年相参"，意思是说，对监当官经济

1　马端临：《文献通考》卷十四《征榷考一》。

2　马端临：《文献通考》卷十七《征榷考四》。

3　脱脱等：《宋史》卷一百八十六《食货下八》。下同。

绩效的考核，要分别比较本场务年度实际课利额与租额的增亏，比较本年度实际课利额与上一年课利额的增亏，比较本界实际课利额与上一界课利额的增亏。

增亏的计算，以十分为率，换成现在的说法，即采用百分制，增长/亏损 10% 叫"增/亏一分"，增长/亏损 1% 叫"增/亏一厘"。举例子来说，路转运使每年都要统计辖下各处酒务的课利数据："租额几处收钱若干；递年几处收钱若干；本年几处收钱若干；比租额增或亏若干分厘；比递年增或亏若干分厘。"[1]

通过"租额、前届、递年相参"的考课，基本可以知道一名监当官任内的经济绩效。然后，宋政府会根据绩效，对相关监当官、所在州县当职官、所在路转运使作出赏罚。

赏罚的方式主要有两种，一是行政上的奖励或处分，比如政和二年（1112），尚书省出台了一份对提点坑冶铸钱官的绩效考核办法："提点坑冶铸钱官以两司（时提点坑冶铸钱司分设二司）应管钱监每岁总计合铸钱数比较，增一分以上减二年磨勘，三分以上减三年磨勘，五分以上转一官；亏一分以上展二年磨勘，三分以上展三年磨勘，五分以上降一官。"[2]"减磨勘"即缩短转官考察期，"转一官"即升一级官阶，"展磨勘"即延长转官考察期，"降一官"即降一级官阶。

另一种是经济上的赏罚，比如发给业务津贴、业绩提成、罚俸、赔偿损失。根据元丰年间确立的监当官赏格，卖盐务、税务监官"年终课利增额，计所增数给一厘；卖盐务专副秤子、税务

专栏，年终课利增额，计所增数给半厘"；酒务监官"年终课利
增额，计所增数给二厘"；酒务专匠，年终课利增额，计所增数给
一厘"。[1] 这里的"给一厘"之类，就是业绩提成。卖盐务、税务
每年核算课利所得数，较租额增收部分，拿出 1% 奖励监当官，
0.5% 奖励一般工作人员；酒务的奖励更高一些，以增收课利的 2%
奖励监当官，1% 奖励酿酒工匠。

按康定元年（1040）发布的课利场务考核办法，"天下州县
课利场务，自今逐处总计，大数十分亏五厘以下，其知州、通判、
幕职、知县各罚一月俸；一分以下，两月俸；二分以上，降差遣。
其增二分以上，升陟之"。[2] 场务课利额出现亏减，州县官也要负
责任，轻则罚俸；亏得厉害的话，还会受到降职的处分。

绍兴年间，宋政府对建康府、岳州、潭州等地的市易务（经
营专卖、放贷业的官营机构）监当官的绩效考核办法是：本钱
十万缗以上的市易务，"每万缗收息钱三分已上，给五十千，官
吏均给；折一分已上，仍与专副备偿。其余以是为差。岁终，
委建康府都市易场监官点算置籍，申本司比较"。[3] 这里的"给
五十千，官吏均给"，也是业绩提成，发放标准为：每 10000 贯
本钱收得 30% 的利润（即 3000 贯），给市易务官吏奖励 50 贯钱；
如果亏损，则由本务官吏赔付。

在这一赏罚机制的激励下，绝大多数的监当官自然要以场务
课利的最大化为追求，"酒曲之利，但要增盈；商税之利，但求

---

1 苏轼：《苏轼文集》卷三十四《乞罢税务岁终赏格状》。

2 李焘：《续资治通鉴长编》卷一百二十七。

3 李心传：《建炎以来系年要录》卷八十七。

出剩"[1]。哪怕像苏辙这样清高的士大夫，在筠州盐酒税时，也得"坐市区鬻盐、沽酒、税豚鱼，与市人争寻尺以自效"[2]，不敢怠慢。

官方积极课利，有好处，也有坏处。坏处是场务官吏有盘剥商民的动机，苏轼曾提到他的亲身所见："臣至淮南，体访得诸处税务，自数年来，刻虐日甚，商旅为之不行，其间课利，虽已不亏，或已有增剩，而官吏刻虐，不为少衰。详究厥由，不独以财用窘急，转运司督迫所致，盖缘有上件给钱充赏条贯，故人人务为刻虐，以希岁终之赏，显是借关市之法，以蓄聚私家之囊橐。"[3]

好处是，政府获得了更多的财政收入。以矾的课利为例，熙宁元年（1068），宋政府从矾的专卖与课税中得钱"三万六千四缗有奇，并增者五年，乃取熙宁六年中数，定以十八万三千一百缗有奇为新额；至元丰六年（1083），课增至三十三万七千九百缗"[4]。15年间，矾课增长了近10倍。

而且，政府出于获得更多课利的目的，肯定也会积极发展工商业与制造业，扩大生产，开发新技术（比如将煤应用于冶炼、运用水力驱动水磨）、创新市场机制（以后我们将讲到的"买扑制"便是一项制度创新），在"做大蛋糕"的过程中，政府才能分到更多的"蛋糕"。熙宁至元丰年间矾课的飞跃式增长，显然不可能靠"官吏刻虐"完成（尽管不能排除"官吏刻虐"的因素），势必要由制矾工业与商业的高速发展来支撑：开发更多的矾矿，炼出更多的矾，同时有更多的消费者购买矾产品。

1　李焘：《续资治通鉴长编》卷二十四。

2　苏辙：《苏辙集》之《栾城集》卷二十四《东轩记》。

3　苏轼：《苏轼文集》卷三十四《乞罢税务岁终赏格状》。

4　脱脱等：《宋史》卷一百八十五《食货下七》。

为什么会有那么多的经济部门？

最后，我们还要来讨论一个问题：为什么宋政府会在京师与地方设置这么多的场务等经济部门？

场务最早出现在唐朝后期。唐前期，是没有商税的，国家税收主要由农业税与人头税组成，虽然唐政府设立了关、市来管理商业活动，但关的职能是查处违禁物，而不是征商税："凡关呵而不征，司货贿之出入。其犯禁者，举其货，罚其人。"[1] 市也不是征税机关，而是监管市场、制定物价、"禁察非为"[2]。直到唐德宗时，朝廷才采纳户部官员的建议，"税天下茶、漆、竹、木，十取一，以为常平本钱"[3]。很快皇帝又后悔了，"下诏亟罢之"。但此时，迫于财政压力，唐政府已无法拒绝商税方面的收入，又于贞元八年（792）在"出茶州县"及"商人要路"设立税务，加征茶税，"十税其一，自是岁得钱四十万缗"。

之后，控制了地方军政与民政的藩镇纷纷自行设置税务，并派出自己的幕僚主政，比如武宁军节度使在泗口设税场，"经过衣冠商客，金银、羊马、斛斗、见钱、茶盐、绫绢等，一物已并税"[4]。晚唐出现的商税场务有一个特点，即不受朝廷管辖，直接由地方藩镇控制。这一特点一直延续到五代。

赵宋立国，收藩镇兵权、利权归于中央，各地场务自然由朝廷选派官员充任，建隆年间，朝廷"以宣徽北院使李处新知扬州，

1　张九龄等：《唐六典》卷六。

2　王溥：《唐会要》卷八十六。

3　欧阳修、宋祁：《新唐书》卷五十四《食货四》。下同。

4　王溥：《唐会要》卷八十四。

枢密直学士杜镐监州税"，"以朝臣监州税始于此，盖收方镇利权之渐"。[1] 开宝三年（970），宋太祖又诏："禁诸州长吏亲随人掌厢镇局务。"[2] 监当官一概由朝廷任命。今天的宋史研究者也是从强化中央集权的角度来理解宋王朝的监当官设置的。[3]

但是，"收方镇利权"的动机，只能用来解释宋初朝廷大举以朝臣监场务，却无法解释为什么终宋之世场务与监当官会越设越多。更合理的解释，是宋王朝的"财政国家"特质激发了政府遍置课利型场务的热情。"财政国家"的特点之一乃是"量出制入"，在庞大财政开销的压力驱动下，宋政府对场务课利、专卖、特许经营、海外贸易、坑冶、放贷、发债、铸币等一切利权，都表现出勃勃兴趣，就如 16 世纪贪婪的威尼斯商人。

"量出制入"的国家财政，构成了西方近代化最大的动力机制。晚清学者王韬游历英国，发现英政府"所征田赋之外，商税为重，其所抽虽若繁琐，而每岁量出以为入"[4]。这样的财税格局同样见之两宋。主持熙宁变法的王安石说，"方今之所以穷空，不独费出之无节，又失所以生财之道故也"[5]。他认为，财政匮乏的基本原因，在于缺乏"生财之道"；富国的关键，不是一味"节用"，而是"善理财"，"善理财者，民不加赋而国用饶"。[6]

赋者，农业税也。司马光不理解"民不加赋而国用饶"，认

1　马端临：《文献通考》卷十四《征榷考一》。

2　脱脱等：《宋史》卷二《太祖二》。

3　参见雷家圣《宋代监当官体系之研究》第六章；幸彻《北宋时代监当官的地位》，《东洋史学》第 26 辑，1963 年 10 月。

4　王韬：《弢园文录外编》卷四《纪英国政治》。

5　王安石：《临川先生文集》卷七十五《与马运判书》。

6　杨仲良：《皇宋通鉴长编纪事本末》卷第五十七。

为这不过是变着法子盘剥民财的漂亮说辞而已。然而，有幸见识中西方近代化历史的我们应该明白：通过积极发展商品经济并开征商税，积极发展海外贸易并抽解关税，兴办官营实业，特许经营，铸币，发行公债，完全可以做到"民不加赋而国用饶"。

宋朝遍设场务，也宜从这个角度来理解。事实上，宋代至迟在熙宁之后，田赋在财政收入中所占比例已经很低，不足30%，来自工商税与禁榷方面的课利则贡献了70%以上的财政岁入。(参见前面《有管仲则藏富于国，得刘晏则钱流于地——宋王朝的"重商主义"》一文)

余话

继两宋之后，另一个具有"财政国家"性质的时代，是同治军兴之后的晚清。面对太平军叛乱、西方列强入侵的内忧外患，传统的"量入为出"财政已经不足以应对危局，清政府只能将目光投向工商税，"量出为入"。在朝廷鼓励（或默许）下，地方督抚先是开征厘金、筹集军需物资；随后，又致力于开设官办企业、办理洋务；进而，市政与公共工程建设也纳为政府事务。

于是，我们看到，就如宋政府广置"场务"，晚清的行政系统内也出现很多办理商税、军需、洋务、实业、市政、公共工程的"局所"，如厘金局、筹饷局、转运局、洋务局、商务局、水利工程局。这些"局"，滥觞于同治军兴之时地方督抚的因事制宜，盛行于洋务运动兴起之后，大量分布在天津、汉口、上海、广州等洋务与商贸发达的城市。

在"局所"兴起的过程中，晚清的财政收入结构也发生了宋朝式（也是近代式）的变迁。晚清之前，清政府的财政收入主要由田赋、盐税、关税（盐税、关税均为工商税）三大块组成，其中田赋在三大税种中的比重占 70% 以上，盐税与关税之和，尚不到 30%；晚清时开始加征厘金，工商税的比重逐渐上升，至 1911 年（宣统三年），厘金、盐税、关税三者的比重已占国家财政收入的 70% 以上，田赋的比重下降至 30% 以下。[1] 正好恢复到宋朝水平。

随着近代化的深入展开，晚清的官僚也认识到："古之制国用者，量入以为出；今之制国用者，量出以为入。盖以财限事则庶政坐困，因事理财则百废兴举"；"大抵国家文明程度愈进，则其经费愈繁"。[2] 如果王安石听到这些议论，他一定会同意。

不过，与"务"为宋政府主动、积极置立的常设部门不同，晚清的"局"并不是清代官僚体系的正式机构，而是地方当局临时增设的编外部门，用清人的话来说，"局所之设，原于咸同之际为行军一时权宜，非国家法定官制。自是厥后，时局日变，旧有之官不周于用，局所之设愈多"[3]。这个差异值得我们注意，因为它揭示了一个历史事实：宋朝的近代化是内生的，晚清的近代化却是被动的。

以上海为例——我们千万不要以为上海开埠之前是一个小渔村，其实早在宋代，上海已经是一个繁华的市镇，叫青龙镇。镇，

1　参见戚亚强、夏国祥《略论晚清田赋改革思想》《江苏工业学院学报》(社会科学版) 2004 年第 4 期。

2　转引自倪玉平《从"量入为出"到"量出为入"：清代财政思想的转变》，《光明日报》 2017 年 8 月 7 日刊文。

3　孙洪伊：《裁并关于财政之各局所及关于行政之各局所，并设分科莅（隶）属于相当之行政长官》，天津《大公报》1909 年 10 月 19 日刊文。

唐朝时指军事驻地，但宋时完全摆脱了军事据点的色彩，成为未设县建制的区域性商业中心，"民聚不成县而有税课者，则为镇"[1]。有些市镇，不论是经济发展水平，还是商税收入数额，都超过一般县城。青龙镇就是这样的市镇。

宋代青龙镇有监镇官，还设置了巡检司、监狱、商税务、酒务、市舶务、造船场、茶税场、盐场、库仓、镇学等机构，经济部门占了绝大多数。南宋末，因吴淞江改道与淤积，商业重心转移到邻近的上海镇。上海镇的机构设置可参考青龙镇，差异不会很大。

明清时，上海已置县，人口、区域都远大于昔日上海镇。但行政上升了级的上海县，就经济部门的设置而言，可能未必如宋时青龙镇之发达。清代上海县有三个衙门：一是上海知县衙门，职权宽泛，什么都可以管，但又什么都可以不管；一是驻上海县城的苏松太道台衙门，其职责侧重于军政；还有一个是移驻上海县城的同知衙门，协助道台办理海防。此外，还有一个负责征收关税的江海关，是上海县最重要的经济机构。

如此粗线条、简约的政府机构，在上海开埠之后，显然无法应对近代化的复杂挑战，正如清人所言，"旧有之官不周于用"。为了应对纷至沓来、眼花缭乱的近代化事务，上海当局不得不在传统官僚机构之外，设立各种临时性质的"局"，民初《上海县续志》收录的"局"即有三十余个，如糖捐局、布捐局、出口局、江南制造局、轮船招商局、洋务局、总工程局等，多数成立于同治至光绪年间。

晚清置"局"的灵感，也许来自宋代的"务"。想到这里，

1　高承：《事物纪原》卷七。

忍不住想提一个假设：假如让宋王朝面对 19 世纪的近代化挑战，它的表现会怎样？我相信，宋政府会比晚清政府更加积极、熟练地拥抱近代化。

共占花园争赵辟，竞添钱贯定秋娘

——世界最早的招投标制度

今天的话题，我们从一本曾经走红一时的穿越小说说起。这部穿越小说叫《新宋》，讲的是当代一名历史系大学生——石越穿越到宋神宗时代，运用现代经济学知识协助宋政府开展变法的故事。里面有一个情节，石越被朝廷任命为杭州知州，赴杭州赈灾，但杭州财政已虚空，不过这难不倒石越，他很快就想出了一个主意，贴出告示："为了募款赈济灾民，恢复生产，石学士决定预售杭州所辖盐场、茶场三年产盐、产茶，并公开竞标拍卖盐场开发权，只是所有款项，一律要用粮食或者粮八钱二的比例支付。"[1]

有读告示的杭州市民不知"公开竞标拍卖"为何物，另一人告诉他："所谓公开竞标拍卖，这石学士告示上说得明白，是所有想买盐场开发权的官民都先缴纳三百贯定金，然后聚集一堂，对盐场进行叫价，价高者得，如果叫了价最后不想买，三百贯定金罚没，并另有处罚，如果没有购买到，那么三百贯定金依然退回。"

1　阿越：《新宋》，四川科学技术出版社，2005。下同。

　　《新宋》的作者显然是将这个"公开竞标拍卖"当成石越的一项创举来写的，属于穿越回去的现代人才能设计出来的制度创新。殊不知，在石越穿越回去之前，宋朝人早已在玩"公开竞标拍卖"了，宋人管这叫"买扑"，有时候也称"扑买""承买"。扑，有博弈、竞争之意；买，即买卖、交易。合起来，"买扑"的意思就是竞价拍卖。你要是穿越回宋代，跟宋朝人说"公开竞标拍卖"，他可能会听不懂，这并不说明宋人没见识，而是你自己没见识，因为你若有见识，应该跟宋人说"买扑"。你说"买扑"，宋人一听就知道是什么了。

　　简单地说，宋朝的买扑制度，就是私人向宋政府承包某项国有产业之若干年经营权、收益权的机制；换个角度来说，亦即宋政府将某项国有产业之若干年经营权、收益权拍卖给私人的机制。

　　买扑制度在宋朝的应用非常广泛。宋政府在批准盐、茶、酒、醋、矾等禁榷品的专卖权时，或者出让盐井、盐场、酒坊、醋坊、茶园、茶场、矾场、坑冶、河渡、集中屠宰场等坊店场务的特许经营权时（《新宋》中的"预售杭州所辖盐场、茶场三年产盐、产茶"，当属此项）；或者拍卖官田、官宅舍、陂塘、草葑菱荡、沙涂及其他国有财产的所有权、使用权时；或者召商承包某个墟市、税场、祠庙（宋代的祠庙往往也是集市）的商税时，通常都会采用买扑的方式。石越所穿越到的时代，即宋神宗时期，买扑更是盛极一时，宋人用"遍天下扑买"来形容。[1]

　　跟今天的招投标制度一样，宋朝的买扑有相当完备的程序，从确定标底、公告招标，到公众投标、政府评标、中标公示，再

1　李焘：《续资治通鉴长编》卷二百十七。

到流标的处理，都有程序可走，都有法度可依，比《新宋》的描写要复杂、严谨得多。

为了让你更深入地了解宋代的买扑制度，我打算用酒的买扑为例，来展现宋朝买扑的流程与程序。恰好晚明凌濛初编撰的《二刻拍案惊奇》中有个故事："宋淳熙年间，明州有个夏主簿，与富民林氏共出衣钱，买扑官酒坊地店，做那沽拍生理。夏家出得本钱多些，林家出得少些。却是经纪营运，尽是林家家人主当，夏家只管在里头照本算帐，分些干利钱。"[1] 故事虽为明朝人撰写，原型却来自南宋《夷坚志》的记载："明州人夏主簿与富民林氏共买扑官酒坊，它店从而沽拍，各随数多寡，偿认其课。"[2] 夏家与林家究竟是怎么买扑到明州酒坊的，小说没有交待，不如我们现在就根据宋代买扑酒的法定程序，重建夏家与林家买扑酒坊的过程吧。

招标：立价出榜

在宋代，酒属于专卖品。《宋史》总结了"宋榷酤之法"："诸州城内皆置务酿酒；县、镇、乡、闾或许民酿而定其岁课，若有遗利，所在多请官酤；三京官造曲，听民纳直以取。"[3] 按照这一描述，我们可以知道，宋代商品酒的生产与销售，主要有三种形式：

（1）京师之地，国家垄断酒曲，正店向政府购买酒曲酿酒，

---

1 凌濛初：《二刻拍案惊奇》卷十六。
2 洪迈：《夷坚志》支戊志卷五。
3 脱脱等：《宋史》卷一百八十五《食货下七》。

元夏永《丰乐楼图》中的宋朝酒楼，宋政府常以买扑的方式拍卖官营酒楼的经营权

然后自由售卖，因为曲价中已包含了税金，政府不再另外向正店收酒税；

（2）诸州城内，官酿官卖，禁止民间私酿酒；

（3）县城、市镇、乡村允许酒户自行酿卖，为特许经营，政府收其酒税，但只要酒利稍厚，政府就会设法改为官酤。

不过，《宋史》的这个总结是不完整的，因为实际上，宋朝对于国有酒业还实行买扑制，即通过拍卖的方式将酒业的特许经营权转让给私人。

官酿官酤，固然可以垄断酒利，但实行起来，却是弊病丛生。首先，官酿官酤效率低下，且缺乏控制成本的动力，扣除了"以官钱市樵薪及官吏、工人、役夫俸料"等成本之后，"岁计所获利无几"；其次，官营酒厂对酒的质量也很不在乎，"酝齐不良洁，酒多醨坏不可饮"[1]。朝廷"知其弊"，因此"下诏募民自酤"，即推行买扑制。

明州的夏主簿与富民林氏要买扑酒坊，离不开一个前提条件——明州官府想拍卖当地某个国有酒坊的特许经营权。我们设定淳熙年间，明州政府要拍卖辖下一处酒坊经营权。一般来说，宋朝政府不会将酒坊的永久经营权拍卖出来，而是只拍卖若干年的经营权，通常以三年为一界，这便是宋代买扑的分界制，比如乾兴初年，朝廷的一道诏书说，"乡村毋得增置酒场，已募民主之者，期三年"[2]。元祐年间，尚书省言："承买场务，三年为界满。"[3]

界满之后，政府会收回经营权，重新拍卖。不过，原承包人有优先买扑权，"（期满）前一年，许自陈接续承买，勘会无欠，给帖；有欠或不自陈，即别召承买"。如果原承包人无意再买扑，或者亏欠官款，则酒坊的经营权重新拍卖。

拍卖酒场经营权之前，明州政府需要先评估"标的"的标底，用宋人的话来说，这叫"立价"，亦即估定所要拍卖的坊场经营权之底价。这个底价如何确定呢？主要会采纳下面几个原则之其中一种：

1　李焘：《续资治通鉴长编》卷三十五。下同。

2　脱脱等：《宋史》卷一百八十五《食货下七》。

3　李焘：《续资治通鉴长编》卷四百三十八。下同。

（1）按市价设定标底，如熙宁三年（1070），陕西拍卖"酒税等诸般场务"，即以"自来私卖价数"召人承买。[1]

（2）按历年最高课利额设定标底，如天圣元年（1023），朝廷决定拍卖诸处酒务特许经营权，便"以大中祥符元年至乾兴元年内取一年课高者为额"[2]。

（3）按次高课利额设定标底，如元祐元年，朝廷要求各地拍买坊场，"若累界（课利）有增无减，即取累界中次高一界为额"[3]。

（4）按近几年平均课利额设定标底，如宣和七年（1125），河东路欲将本路酒务"立价出卖"，便是"通取以前不亏官本三年所收课利，内除米曲糜费本钱外，计净利均为三年课额，召人承买"。[4]

（5）按历年课利额的中位数设定标底，"如（酒坊营利）增亏不常者，即取酌中一界为额"[5]。

标底确定下来之后，便可以"于要闹处出榜""召人承买"了，[6]即在各州县、市镇的要道、街衢、闹市贴出公告，说明政府要拍卖哪个酒坊，位于何处，底价是多少贯钱，欢迎有意竞买者在限期内前来竞价投标。竞价的方式是：竞买人各自在底价基础上自主添价。

官府接受投标的限期一般为一至三个月，如大中祥符八年，

1　李焘：《续资治通鉴长编》卷二百十七。

2　徐松辑：《宋会要辑稿·食货二》。

3　李焘：《续资治通鉴长编》卷三百七十九。

4　徐松辑：《宋会要辑稿·食货二》。

5　李焘：《续资治通鉴长编》卷四百十九。

6　李焘：《续资治通鉴长编》卷二百十七。

京师曲院出榜召在京酒户承买特许酿酒权与专营权，"仍与限一月，内经曲院投状，以认买得曲多者，许令置店开沽"[1]；熙宁三年，陕西拍卖酒场，则"于要闹处出榜，限两个月召人承买"[2]；元祐年间买扑坊场，"界满前一年，见买扑人不拖欠，即先限一月取问愿与不愿接续承买，如不愿即出榜，限一季内许人投状"[3]，招标时间为三个月。

明州的夏主簿与富民林氏想来是看到了政府的招标公告，才合伙买扑酒坊的。不过，并非任何人都有参与买扑的资格，宋政府对买扑坊场的人有资质审查与限制，国家公职人员、拖欠官款之人，通常是不允许参与买扑的。元祐六年（1091），工部申明了一条禁制令："监司及当职官员、吏人，并州县在任官员或吏人、公人，各不得承买官估卖之物及请佃承买官田宅，违者徒二年。"[4]绍兴二十七年（1157），户部又言："诸路州县人户买扑场务"，"除见欠官钱物及见充吏人、贴司、巡检司、土兵、军员之家外，其余不以有无拘碍，并许实封投状承买，候界满无欠少，听依条接续"。[5]

明州夏主簿具有官人身份，若按北宋时的惯例，是不可以参加买扑的。不过，南宋时，为了将坊场拍卖出去，宋政府有时候又不再限制公职人员参与买扑，比如绍兴元年（1131），兴国军拍卖辖下大冶县与通山县的酒务，"不拘命官、商贾，愿以家财

---

1 徐松辑：《宋会要辑稿·食货二》。

2 李焘：《续资治通鉴长编》卷二百十七。

3 李焘：《续资治通鉴长编》卷四百十九。

4 李焘：《续资治通鉴长编》卷四百六十一。

5 李心传：《建炎以来系年要录》卷一百七十七。

计置，许于本务造酒出卖，月纳净利"。[1] 因此，夏主簿在淳熙年间与富民林氏合伙拍下明州的酒坊，也并非不可能。就算政府限制官员买扑，也是有变通的办法的，比如由合伙人林氏出面投标，夏主簿只参与投资。

投标：实封投状

总之，夏主簿与合伙人想拍下酒坊，必须在限期内前往投标。投标通常采取"实封投状"的方式，类似今天的密封投标。

明州政府已预先造好一批木柜，锁好，派人送至辖下各县衙，接受投标人的标书："州军造木柜封锁，分送管下县分，收接承买实封文状。"[2] 凡符合投标资质、有意投标的大宋商民，均可在规定的期限内，前往县衙，在投标文状上填好自己的姓名、户等、愿意出的竞买价、抵押财物、担保人姓名及其财产状况，然后密封，投入木柜中。这个过程就是"实封投状"。

实封投状之时，有吏人监守木柜，凡前来投标的商民，均登记其编号、姓名与投状时间，造册存档："置印历，抄上承买人户先后资次、姓名"；然后，在密封的文状（标书）封皮上，"押官用印记入柜"。这叫"置历拘籍"。在印历上注明"先后资次"（投标时间）很重要，为什么呢？我们后面会说到。

决定你能不能拿下酒坊的一个关键因素，是你在文状上填报的竞买价。你的出价需要在政府公布的底价基础上增添若干，其

1　徐松辑：《宋会要辑稿·食货二》。
2　徐松辑：《宋会要辑稿·食货六一》。下同。

299

他竞标人也会依据自己的判断加价。只有在所有竞标者中，你的竞买价为最高，才能买扑到"标的"（比如酒坊的三年经营权），因为宋政府通常都是按最高价原则选定中标者："实封投状，着价最高者得之"；"取看价最高人给与"；"着价最高者方得承买"。[1]

实封投状的机制下，投标之人志在必得，必定形成竞相添钱之势。元稹的诗作《赠吕三校书》写道："共占花园争赵辟，竞添钱贯定秋娘。"说的是文人学士为讨得教坊艺人的芳心，争着掏钱，看谁掏的钱多。我们将此诗句移用来比喻宋代买扑制的实封投状，也是十分形象的。

参加买扑的人，该如何拿捏自己的竞买价，是一大难题：如若出价不高，显然会输给竞争者；但若出价过高，又有得不偿失的风险，即便中标，今后亦可能无利可图。总之如何出价，非常考验竞标者的智慧与理性。不是所有的人都具有足够的智慧与理性，恰恰相反，"无知之民利于苟得，竞立高价，务相倾夺，止快目前之欲，不为后日之计。然而一界之内，丰凶不常，或遇水旱之灾，即有败阙之弊，往往破家竭产"[2]。许多人都因为高价买扑坊场，却在承包期内无法营利，而亏掉了老本，甚至不但自己倾家荡产，还连累担保人。

由于实封投状容易造成这样的不良后果，一些正统的宋朝士大夫对其非常反感："实封投状之法，自谓尽善矣，不知此乃投骨斗狗之术，角胜负得者，固小人之常态，而河北之民为甚，椎

1　马端临：《文献通考》卷十九《征榷考六》；李焘：《续资治通鉴长编》卷二百一十八；李焘：《续资治通鉴长编》卷二百二十。
2　李焘：《续资治通鉴长编》卷四百十九。

剿侵夺之风，非一日故也。方实封投状时，不顾岁入之实于己如何，惟恐'买名钱'（相当于承包费）之不多于其侪辈，及其得之或破产，不足以为约，而奸欺抵诈，上下相蒙，纷然并出。"[1]

元祐元年，在正统士大夫的强烈建议下，朝廷废黜了实封投状之法，改推"酌中立额"制。所谓"酌中立额"，即取该坊场历界买扑钱数的中位数，立为定额，召人承买，不许竞价。在界满前一年，若原承包人没有拖欠官款，官府会先问他"愿与不愿接续承买"，如愿意，则不另行拍卖；如不愿意，即"出榜，限一季内许人投状"[2]。但不搞竞价了，按什么标准确定中标者呢？按投标人的抵押财产："两人以上下状，惟给已业抵当最多之人，盖因其有自爱之心，必能生防患之虑，委之场务，可无他虞。"保守派官员相信，这样的机制，可以"不使愚民贪得忘患"。

但是，酌中立额制也有其缺陷，那就是缺乏竞争性，能买扑到坊场者多为豪富之家。而且，由于买扑钱数立有定额，"沽买兴盛之处，（承包商）过赢厚利，（政府）并不增长价钱"，如此一来，难免"大段亏减岁入"。因此，元祐三年（1088），实行了两年多的酌中立额制便被罢去，试行"明状添钱"法。

这个"明状添钱"法，跟《新宋》里石越设计出来的"公开竞标拍卖"差不多：各竞拍人"明书钱数，众各相知，又择价高之人便行给付"，即公开叫价、竞价，价高者得。显然，"明状添钱"的拍卖法，比"实封投状"还要刺激，也更能激发竞争。宋人评价说："实封投状虽非善法，然所添之直，人不相知，惟至限满

1　晁说之：《景迂生集》卷二。

2　李焘：《续资治通鉴长编》卷四百十九。下同。

启封，方见合给之主。今则明书钱数，众各见闻，又择价高之人便行给付，民既是贪得，无有远图，并驱争先，更进迭长，惟恐失之，岂念后患。臣窃谓坊场、河渡之类，既许民间承买，输纳官课之外，必有余得，乃可为生。今若复开争端，明状买价，人知无益，谁肯徒劳。惟是贪迫之人苟求侥幸，一遭凶岁，鲜不破家，赏纳不充，累及同保，则明状之害，有甚于实封者矣。"

"明状添钱"法只试行不足三个月，便被叫停了，朝廷最后还是恢复了"实封投状"旧法。从"实封投状"到"酌中立额"，再到"明状添钱"，又回到"实封投状"，是一个试错的过程。经过一系列试错、比对，宋政府遴选出最不坏的买扑机制。明州的夏主簿与合伙人，也应该是通过实封投状的方式买扑到酒坊的。

定标：出帖给付

一至三个月的招标期限一到，即截止投标，"限外即不得增价争买"。附郭县必须将装有买扑文状的木柜运回州政府，"聚州官当厅开拆"；外县则委派州通判前往主持拆封；外县若有多处，则除委通判外，选委幕职官"分头前去开拆"。[1] 这么做，自然是为防止县衙官吏舞弊。

拆封评标的过程必须是公开的，有州政府官员在场监督，搞暗箱操作是不行的："先将所投文状，当官验封，开拆签押，以时比较，给卖着价高人。"给价最高的那个人将获得该次拍卖的坊场经营权。

1　徐松辑：《宋会要辑稿·食货六一》。下同。

如果给价最高的有两人以上，则先投状的那一个中标："内着价同者，即给先投状人"；"如着价同，并与先下状人"[1]。因此我们才说在印历上注明投标时间很重要。

如果中标的人临时反悔，不想承买呢？罚没其所出竞买价的10%。

明州夏主簿与合伙人之所以能买扑到酒坊，自然是因为他们出的竞买价最高。不过，中标之后，到实际取得酒坊经营权，还有一个程序要走："仍先次于榜内晓示百姓知委。"[2] 类似于今天的公示。

走完公示的程序，中标人按其承买价向政府缴纳承包费与抵押财物，这个承包费有时候还可以"分期付款"，比如熙宁四年，京西路拍卖坊店场务，实封投状，价高者得，"其钱听作三限，每年作一限送纳"[3]。政府则向中标人"出帖给付"[4]，这个"帖"，便是所拍卖坊场的特许经营许可证书。夏主簿与合伙人的手里，也应该有一张这样的"帖"。

"出帖给付"意味着买扑程序全部走完，政府与承买人正式确立合同关系：承买人取得某处坊场的特许经营权，在合同有效期内，这一权利不可以剥夺，即使有其他人出更高的价钱，政府也不可以转授，"他人虽欲增课以售，勿听"[5]。

这一套程序走下来，夏主簿与合伙人才买扑到明州酒坊的一

1　李焘：《续资治通鉴长编》卷二百二十。
2　李焘：《续资治通鉴长编》卷二百十八。
3　李焘：《续资治通鉴长编》卷二百二十。
4　李焘：《续资治通鉴长编》卷四百十九。
5　脱脱等：《宋史》卷一百八十五《食货下七》。

界经营权，一界通常是三年，三年即将期满之时，明州官府会重新立价，先询问他们愿不愿意按新价继续承包酒坊，若夏主簿与合伙人不想承包，则启动新一轮买扑的程序。

当然，在政府拍卖坊场的过程中，也可能会出现无人问津的情况。如果政府定的拍卖底价过高，或者所拍卖的坊场营利能力太差，商民显然就不会有多少热情参加买扑，假如限期之内无人竞拍，即为流标。

针对流标的情况，宋政府在元祐五年（1090）提出："买扑场务败阙，无人承买，听自陈，差官体量减定钱数承纳，仍其减数出榜召人，或添价承买。无人投状，再差官减定，若减及五分以上，无人投状，即申提刑司差官与本州岛县再减，出榜如上法。减及八分，无人承买，申提刑司审察权停闭。"[1]意思是，第一次流标后，调低标底，重新公告招标；若再流标，再一次调低标底，公告招标；若前后多次流标，标底调减 50% 以上，需向提刑司备案；如果调减 80% 还是无人承买，该坊场申请停闭。

这就是流行于宋代的处理国有资产产权流转的买扑制。放在 13 世纪之前，它无疑是世界上最先进的招投标制度，即使以今天的眼光来看，也挑不出大的制度性缺陷。《新宋》的作者，在读到宋人关于买扑的记载之后，只好承认："这些事情，真是轮不到石越去搞'创举'，因为招标投标的事情，宋人居然已经玩了几十年了……不得不再次感慨，宋代真是一个让人惊叹的时代。"[2]

1　李焘：《续资治通鉴长编》卷四百四十六。

2　语见《新宋》作者阿越新浪博客 2008 年 7 月 14 日文章。

政府采购中的买扑

我们且慢感慨，因为更值得惊叹的还在后头。

宋朝政府不但将招投标制度用于坊店场务经营权的拍卖，在政府消费品购买中，也引入了买扑的机制。

不管是古代政府，还是现代政府，都需要消耗一定的消费品，比如粮食、布料、办公用具等。这些政府消费品如何取得，却是古今迥异。古典政府的消费品，多以实物税的方式向民间无偿征用，比较典型的做法就是明王朝：政府的运转主要依赖实物税与劳役，各衙门的"文具纸张，甚至桌椅板凳、公廨之修理"，都"零星杂碎地向村民征取"。现代政府的消费品，基本都是通过政府购买的形式从市场中获得。近代化的特征之一，即表现为：政府消费品的获得从征用制向购买制转换。

在中国历史上，宋朝可谓是政府购买最为发达的王朝，宋人马端临说："市者，商贾之事也。古之帝王，其物货取之任土所贡而有余，未有国家而市物者也"；"籴者，民庶之事。古之帝王，其米粟取之什一所赋而有余，未有国家而籴粟者也"。[1]古，即距宋代较远的年代，那时候是没有"政府购买"这回事的；那么今（宋代）呢？另一位宋人周行己说："物出于民，钱出于官。天下租税常十之四，而籴常十之六。与夫供奉之物、器用之具，凡所欲得者，必以钱贸易而后可。"[2]政府购买已成为宋朝的常态。

政府购买有两种形式，一种是政府直接向商人购买需要的消

1　马端临：《文献通考》自序。
2　周行己：《浮沚集》卷一。

费品，另一种是召商承买——通过招投标的方式将政府需要购买的消费品承包给商人采办，此亦即买扑制在政府采购中的应用。熙宁七年（1074），河北修建楼橹，需添置一批"守具及军器合用物料"，宋神宗批示说，"可速相度，差官往出产路划刷计置，或令市易务募商人结买"。[1]"差官划刷计置"是指官府派人前往产地直接采购，"募商人结买"则是招募商人承买。

宋人发现，在政府采购中引入买扑机制，可以节省政府成本。因为政府购买中的招投标原则，与拍卖坊店场务经营权的原则不一样。简单地说，拍卖经营权是自由报价，价高者得；承包政府购买也是自由报价，但价低者得。

我们来看一个例子：熙宁三年"制置条例司言：'诸路科买上供羊，民间供备几倍。而河北榷场博买契丹羊，岁数万，路远抵京，则皆瘦恶耗死。屡更法不能止，公私岁费钱四十余万缗。近委著作佐郎程博文访利害。博文募屠户，以产业抵当，召人保任，官预给钱，以时日限口数、斤重供羊。人多乐从，得以充足岁计。除供御膳及祠祭羊依旧别圈养栈外，仍更栈养羊常满三千为额，以备非常支用。'从之。博文所裁省冗费凡十之四，人甚以为便"[2]。

这个事例告诉我们：宋朝宫廷日常食用与政府公宴的羊肉基本上来自政府采购，即"科买"或者"博买"。科买是向民间征购，带有强制性，结果导致"民间供备几倍"；博买虽然是自由交易，但官府从北方买来的契丹羊，肉瘦，价贵，运到京师来，还死了不少。有一位叫程博文的官员提出了一个改革方案：向社会招标。

1　李焘：《续资治通鉴长编》卷二百五十四。
2　李焘：《续资治通鉴长编》卷二百一十一。下同。

有意承包政府购羊的商人，可用产业作抵押，并找好担保人，向政府投标，谁出价低，谁便获得承包权。政府向中标者预付货款，并约定采购羊的数量与交货日期。实行买扑制后，宋政府不但购买到足够数量的肥羊，而且节约了 40% 的成本。

因此，买扑制是朝廷鼓励的政府采购方式，也是宋朝法定的政府采购形式之一。《庆元条法事类》卷第四十八所载"关市令"说："诸供官之物，转运司预度出产处，计置价钱，下本州选官体访所产多寡、约数，于要便处置场，作料次请钱，比市价量添价和买，召人中卖。即愿先一年召保请钱认数中卖者，听。"置场召人中卖，指政府直接向商人购买；请钱认数中卖，则是指商人承包购买。

不妨跟明王朝的做法比较一下，我们马上会发现宋代政府购买制度的先进性。以修城墙为例，建造城墙需要大量的砖头，如何筹集这么多的砖头呢？朱元璋的做法是：命令各地人户无偿制造供应。

我们在南京的明代城墙上可以看到许多铭记着文字的灰砖，其中有一块，上面刻着三行文字："招甲 席俊翁 甲首 方朝张/窑匠 卢立/造砖夫 广福寺。"这些文字透露了明初的征用制＋工役制信息：卢立是砖窑的工匠，负责烧制砖头，供应京师建城墙；甲首方朝张，是里甲制下的甲长，负责征收建造城墙的砖头，然后交给里长，即招甲席俊翁；广福寺则为砖窑提供造砖的夫役。每一块砖头，从烧造出来，到运至南京，都由民间以服役的形式负其责，官府不发薪水，只提供口粮。

宋朝政府的做法呢？南宋初，洪州城池"自建炎三年十月内经金人残破之后，不曾修治城壁"[1]，李纲任洪州知州后，决定重修城池，合计需用"新砖一百余万"[2]。这么多新砖从哪里来？李纲的办法是，"令窑户断扑供应"。断扑，即买扑，向窑户招标："勾到南昌、新建两县窑户，高与价值，每一口砖计价钱二十文足，令结揽烧变，应副使用。"[3]

你看，同样是修建城墙，同样是需要大量新砖，砖头的筹集方式却大不相同，朱元璋靠行政权力，宋政府靠市场机制。

事实上，宋朝有一部分官营窑务，日常所需的木柴（烧窑的燃料），也是以断扑的方式承包给木柴供应商，比如熙宁七年，"在京窑务，所有柴数，于三年内取一年最多数，增成六十万束，仍与石炭兼用。除场驿课扑到外，召人户断扑，自备船脚"。[4]

上面所说的"石炭"，就是煤。宋代已大规模开采煤矿，将煤用作冶炼、窑作和日常生活的新燃料。我们可以确定，宋朝有一些煤矿也是通过"买扑"承包给了私人，因为天圣六年（1028），陕西奏请将本路坑冶、场务课税所得送纳附近州军，作为军费，其中提到："邠州永昌、韩村、秦店、左胜、洪河、龙安庄、曹公庄、房陵村、李村买扑石炭，定平县张村、陵头村等务，并赴宁州。"[5]这里的务，即官营的石炭务；"买扑石炭"，则是承包给私人的煤矿场。

今天，当我们说起招投标制度的历史渊源时，许多人都会说：

1 李纲：《梁溪集》卷一百五。

2 李纲：《梁溪集》卷一百一。下同。

3 李纲：《梁溪集》卷一百五。

4 徐松辑：《宋会要辑稿·食货五五》。

5 徐松辑：《宋会要辑稿·食货四八》。

招投标制度是西方国家发明的，迄今有 200 多年的历史，最早的招投标制度出现在政府购买领域，那是 1782 年（清乾隆四十七年），英国政府成立了皇家文具公用局，首次采用招投标采购公用品；1861 年（清咸丰十一年），美国开始在政府采购中推行密封投标制。

许多人都不知道，其实不管是密封投标制，还是政府购买中的一般性招投标，都是中国两宋时期已发展得非常成熟的常见制度。

余话

最后，我们需要来回答一个问题：为什么招投标制度在宋朝的政府购买中已广泛应用，到了明朝朱元璋时代，反而倒退回到落后的征用制＋工役制呢？这是因为，宋人玩得非常娴熟的买扑制度，在宋亡之后不但未能继续演进，反而消亡了。

元朝尚保留着买扑制，不过多用于包税，"有以银五十万两扑买天下差发（即赋税徭役）者，有以银五万两扑买燕京酒课者，有以银一百万两扑买天下河泊、桥梁、渡口者，耶律楚材曰：'此皆奸人欺下罔上，为害甚大。'咸奏罢之"[1]。但终元之世，包税制一直存在，并未罢废。买扑制在元朝蜕变成包税制，结果是拖累了买扑制的名声。

宋人也有买扑商税的做法——我们知道，宋朝是一个将征税的重点从农业税向工商税转移的王朝，宋政府在各州县、市镇均

---

1 邱濬：《大学衍义补》卷三十二。

设置了税务，有一些小的墟市、祠庙，也有商税可征，不过，由于税额很小，如果政府在这里设立税务、派驻人员，肯定很不划算；如果放弃征税，官府又不甘心。经权衡利弊，宋政府干脆实施买扑制，将一部分税场承包给商人："转运司相度到辖下州军管界镇务、道店、商税场务，课利年额不及千贯至五百贯已下处，许人认定年额买扑，更不差官监管，别无妨碍。"[1]

但包税只是宋朝买扑制度的一个方面而已，宋朝买扑制最常见、多见的应用，是政府拍卖坊店场务经营权以及召商承包政府购买。可惜，入元之后，原本极为发达的买扑制只剩下包税制，到明朝时，买扑制完全消失，人们更是不知道买扑为何物了，以致明代大学者邱濬看到文献记载的宋朝扑买、承买制度，只能简单地将它理解成包税制："所谓扑买者，通计坊务该得税钱总数，俾商先出钱与官之，然后听其自行取税以为偿也"；"所谓承买者，凡有坊场河渡去处，先募人入钱于官承买，然后听其自行收税以偿之也"。[2]

邱濬看到的文献记载，有这么一段话："宋神宗元丰中（邱濬应该记错了，实为熙宁中），王安石行新法，既鬻坊场河渡，又并祠庙鬻之，募人承买。哲宗元祐中，刘挚言：'坊场旧法，买户相承皆有定额，请罢实封之法，酌取其中定为永额，召人承买。'"对这段记载，他发表了评论："墟市之聚集既买之，津渡之往来又买之，甚至神祠之祭赛亦买之，为国牟利之琐琐至于如此，虐民慢神不亦甚哉。"可以看出来，邱濬对宋人的买扑之法

1　徐松辑：《宋会要辑稿·食货五四》。
2　邱濬：《大学衍义补》卷三十二。下同。

是不以为然的,甚至是十分反感的,基本认同耶律楚材的看法:"此皆奸人欺上罔下,为害甚大。"

显然,元明时期的名臣学者们,已经失去了理解招投标制度的经济学方法论。

若使银壁可以铸，当造白币权飞钱

——丰富多样的金融工具

假设我们是生活在明朝京城的大商人，要到陕西购买一批货物，本钱大约是 1000 两银子。以前没有银行，没有信用卡，更没有电子支付，这 1000 两笨重的白银如何从京城运到陕西？只能用很笨的办法：将银子装上马车，物理搬运。为了提防途中遇到劫盗，我们还得雇请保镖护送。

你可能会说：我们可以找镖局运送呀。不好意思，明朝时镖局还未诞生。你可能也会说：不能将 1000 两白银换成银票吗？不好意思，不能，因为明朝时尚没有可以"汇通天下"的票号，虽然明末有一些商号会出具一种叫"会票"的票据，但可汇兑的范围实在有限。

再假设我们是生活在宋代京城的大商人，也要到陕西采购一批约值 1000 贯钱的商货。宋人使用的主要货币是铜钱，比白银更笨重，1000 贯钱重约 4000 斤，若雇人搬运，可能会累死几匹马。不过，宋朝商人不需要这么辛辛苦苦搬运，因为宋朝政府设有货币汇兑机构，我们只要在京师的官营汇兑机构存入 1000 贯钱，便可领到一纸汇票，到达陕西后，再用这张汇票向当地政府兑换现钱。

这么说来，宋代的金融工具要比明代的发达得多？是的，正是如此。

我们都知道，宋朝官僚机构庞大，是冗官的表现，但还有另一个原因也导致了官僚机构的扩大，那就是宋政府设立了远多于其他王朝的经济部门，其中包括交子务、会子务、便钱务、榷货务、折博务、买钞所（场）、检校库、抵当所、常平仓（青苗钱）、市易司（务）、内藏库等金融机构。

我们将一个部门界定为金融机构，是因为它具有汇兑、发行货币与有价证券、调节货币供应量、吸纳存款与放贷等基本职能。宋朝的金融机构同样具备这些金融职能，比如设于益州的交子务，是发行和管理四川交子（纸币）的机构，大观年间改为"钱引务"。设于南宋临安的会子务，是印制、储存、发放东南会子（纸币）的机构。

市易司创立于熙宁变法期间，总辖京师及地方市易务。其中京师市易务的职能有三："时其贵贱，以平百货，则归市易上界"；"飞钱给券，以通边籴，则归市易下界"；"听民质取，以济缓急，则归抵当所"。[1] 换成现在的说法，也就是把京师的市易务分设为三个部门：市易上界是官营贸易公司；市易下界发行汇票；抵当所则向城市、市镇商人提供抵押贷款、担保贷款，"每岁收息钱二分"[2]，有点像工商银行。

常平仓本为粮食储备机构，但熙宁变法期间，朝廷推行青苗法，利用常平仓的储备金向农户提供小额抵押贷款，年息"不得

1　徐松辑：《宋会要辑稿·职官二七》。

2　李焘：《续资治通鉴长编》卷三百九十一。

过二分"[1]，有点像农业银行。梁启超评价王安石变法，便称"青苗与市易二法皆与今世银行所营之业相近，青苗则农业银行之性质也，市易则商业银行之性质也"[2]。

商业银行

不论古今，金融机构最重要的一个分支，就是以存款（支付利息）、贷款（收取利息）、汇兑为核心业务的商业银行。现在，我们先到宋朝的城市逛逛"商业银行"。

"银行"一词，并非近代才出现的新词。明朝人编纂的《金陵古今图考》收录有一幅《南唐江宁府图》，图中标注的街名就有"银行"。前些年南京玄津桥将这幅《南唐江宁府图》复刻出来，有市民还以为复刻时将地名写错了。其实，宋元时期金陵真的有"银行"，南宋《景定建康志》称，"今银行、花行、鸡行、镇淮桥、新桥、笪桥、清化市，皆市也"[3]。元朝时建康府改名集庆路，元人修《集庆续志》，也记载说："银行，今金陵坊银行街，物货所集。"[4]

北宋福州也有"银行"，《八闽通志》收录了蔡襄任福州知州时发布的十六条法令，其中第五、第六条是这么说的："市行见行铜钱，如有夹杂砂蜡新钱，许人告"；"银行辄造次银出卖，许人告捉"[5]。

1　徐松辑：《宋会要辑稿·食货一三》。
2　梁启超：《王安石传》，商务印书馆，2015。
3　周应合：《景定建康志》卷十六。
4　张铉：《至正金陵新志》卷四上。
5　黄仲昭：《八闽通志》卷之八十五。

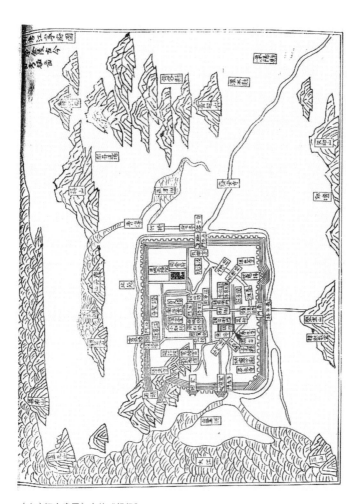

《南唐江宁府图》中的“银行”

可见"银行"之名，至迟宋时已有之。但彼时的"银行"，显然是指"金银行"，而不是今日的"金融银行"。不过，我们也不能因此就认为宋朝"银行"与现代银行业毫无关联，因为宋朝"银行"的一项业务是买卖生金银，实质上就是货币兑换。按宋人交易习惯，金银一般并不直接用于支付，而是要先兑换成铜钱；同时，由于金银具有价值贮存功能，许多有钱人家又需要将铜钱兑换成金银，用于储存。提供这种货币兑换的金融机构，就是"银行"。前面提到的蔡襄的两条法令，即旨在规范民间的金融市场秩序。显然，宋朝"银行"已开始涉足商业银行的一部分业务，尽管它还不是现代意义上的银行。

商业银行的另一项传统业务——放贷，出现的时间就更早了。生活在北魏的僧人昙曜就曾用"僧抵户"所缴纳的地租"僧只粟"作为本金，从事放贷业，"俭年出贷，丰则收入"[1]。昙曜和尚可以说是中国典当行的鼻祖。但我们也不能说从事放贷业的机构就是银行，否则，古代的高利贷商人都可以自称"银行家"了。我们认为，"有息存款"才是银行的标志，因为存款有利息，银行机构才可以吸引社会的闲散资金，将闲散资金纳入资本市场的循环中，在这个过程中，银行是资本敛散的信用中介，而传统典当行通常并没有这样的金融功能。

许多人可能会说，如此说来，唐朝的柜坊就是中国最早的"银行雏形"了，因为柜坊的主要业务便是接受客户存款。然而，没有任何史料显示唐朝的柜坊有吸收存款并支付利息的表现，柜坊只是向客户提供一个带锁的柜，供客户存放财物，柜坊不但不用

1　魏收：《魏书》卷一百一十四《释老志十》。

付利息，还要收取"僦值"，即租柜费用。换言之，客户的存款只能在柜坊中积淀下来，并没有进入资本流转的循环中，并不创造"钱生钱"的金融效益。将唐朝柜坊称为"银行雏形"，只怕是一些学者的自作多情。如果非要比拟，将柜坊比成银行的保险柜服务无疑更恰当。

那么中国最早的银行雏形是什么？我们认为，是北宋出现的"抵当所"。抵当所脱胎于宋朝的"检校库抵当所"，所以在介绍抵当所之前，我们需要先简单讲讲检校库。

宋代的检校库，原本是一个负责清点和管理遗孤财产、户绝财产、无主货物、有纠纷的财物、官府收缴的赃物、人户存入财物的机构，它最主要的功能还是代管遗孤财产："揆之条法，所谓检校者，盖身亡男孤幼，官为检校财物，度所须，给之孤幼，责付亲戚可托者抚养，候年及格，官尽给还。"[1] 根据宋朝立法，对亲人离世的遗孤，政府有责任将他们的财产核查清楚、登记在册，存入检校库代为保管，并定时从代管的财产中划出若干，发给遗孤作为生活费，等遗孤长大成人，政府再将代管的财产返还给他们。宋政府希望通过官方的检校，使失去亲人的未成年人的权益得到保护，免遭他人侵夺。

宋神宗朝时，检校库的功能又发生了一项重大的变化——熙宁四年五月，开封府检校库的勾当官吴安持（王安石的女婿）向朝廷提了一个建议："本库检校小儿财物，月给钱，岁给衣，逮及长成，或至罄竭，不足推广朝廷爱民之本意。乞以见寄金银、

1　幔亭曾孙辑：《名公书判清明集》卷之七。

见钱，依常平仓法贷人，令入抵当出息，以给孤幼。"[1] 意思是说，孤幼的财产存放在库里，只会越发越少；如果投资于资本市场，则将用之不竭，请朝廷批准京师检校库开展放贷业务，用利息收益来支付遗孤的生活费，这样就不存在坐吃山空的问题了。宋神宗同意了这一建议，从此检校库获得了将它代为管理的财产用于放贷的法律授权。

日本汉学家仁井田陞认为，宋代的检校是一种"公的监护制度"；另一位汉学家加藤繁则将检校库界定为"中国十世纪乃至十三世纪左右所实行的一种官营信托"。[2] 我们认为，熙宁四年五月之前的检校库，是财产监护机构；熙宁四年五月之后的检校库，则演变成为信托投资机构。这一检校制度是宋代独有的，未见于其他朝代。

京师检校库原本隶属于开封府，涉足放贷业务之后，成立了"检校库抵当所"，并从熙宁五年（1072）开始，同时接受市易司的管辖。也就是说，此时的抵当所实行双重领导机制，开封府与市易司都是它的上司。到了熙宁九年，抵当所的金融业务又完全划归市易司管理，与检校库分离，所以有时也称为"市易抵当"。

正如"抵当"的名字所揭示，抵当所的主营业务是提供抵押贷款，年利率大致为20%。同时，抵当所也接受存款，当时京师许多政府部门都将公款存入抵当所生息。如熙宁五年七月，"诏给武学钱万贯，送检校库出息，以供公用"；同年十一月，"诏给

---

1 李焘：《续资治通鉴长编》卷二百二十三。
2 ［日］仁井田陞：《中国法制史》，牟发松译，上海古籍出版社，2011；［日］加滕繁：《中国经济史考证》，吴杰译，商务印书馆，1959。

国子监钱二万贯，送检校库出息"；熙宁六年十二月，"都水监言：'乞将本监钱一万五千贯送抵当所，出息供用。'从之"。[1]这些例子说明，抵当所出现了"有息存款"的业务，资本非常雄厚。

市易抵当的经营规模也远非民间典当行可比，从京师到州县，再到市镇，都有抵当所的营业处。根据崇宁二年的一道诏书，凡万户以上的县，或者虽无万户却地处"要紧去处"的县，都要设立抵当所，任命专职官员管理；不及万户且非冲要的县，以及"系商贩要会处"的市镇，也要设立抵当所，由监当官兼领。[2]不夸张地说，宋代抵当所的营业处遍布天下。

这是官营抵当的优势，可以借助国家的力量迅速扩张规模。南宋时，虽然熙宁变法被官方否定，但抵当所却保留了下来。

向抵当所借贷的人，除了需要贷钱济困的贫民，主要是商贩，这也是抵当所为什么要设在"商贩要会处"的原因。商人借钱，通常用于经营与生产。熙宁五年，宋神宗问王安石："市易卖果实，审有之，即太繁细，令罢之如何？"[3]王安石说：市易务并没有卖水果，是果子行"自投状乞借官钱出息"，抵当所便给果子行贷了款，但果子行商贩都是穷人，没有抵押物，所以"本务差人逐日收受合纳官钱，初未尝官卖果实也"。这段对话告诉我们：抵当所给京师果子行提供了做生意的本钱。

元丰五年（1082），神宗"诏内外市易务，在京酒户罚息钱并除之"。[4]罚息钱是因借款人逾期未还款而产生的罚金。在京酒

1　徐松辑：《宋会要辑稿·职官二七》。
2　徐松辑：《宋会要辑稿·食货三七》。
3　李焘：《续资治通鉴长编》卷二百四十。下同。
4　徐松辑：《宋会要辑稿·食货七》。

户向抵当所贷款开酒店，可能因为经营不善，未能及时偿还贷款，被抵当所罚息。但神宗下令免除酒户的罚息。这个诏令说明，在京酒户也从抵当所借到了经营的资本。

现在，我们可以总结说，抵当所通过"有息存款"，将社会的闲置资金（主要是政府部门的闲置经费）集中起来，再通过发达的放贷网络，将一部分闲置资金转化为商人的商业资本。正是在这个意义上，我们认为宋代的抵当所是银行的雏形。

清末有个叫陆士谔的小说家，写了一部脑洞大开的《新水浒》，其中有一章写的是，梁山好汉"神算子"蒋敬到雄州金租界开办银行，当时"雄州一埠，银行林立，外国银行则有辽人所开的'契丹银行''大辽商业银行''辽宋银行''耶律银行'，金人所开的'大金银行''尼玛哈银行'，蒙人所开的'蒙古银行''完颜银行'，夏人所开的'大夏银行'。中国银行则有蔡京奏办的'大宋银行'、童贯奏办的'劝业银行'，再有商民股开的'利商银行''雄州银行''河朔银行'，一共十余家"[1]。

陆士谔大概是将清末上海租界的金融景象搬到了水浒世界中。不过，宋朝银行业的发达程度并不比陆士谔的想象逊色。除了遍设于商贩要会处的官营抵当所，民间的解库、质库也很繁荣，南宋时的杭州，"府第富豪之家质库，城内外不下数十处，收解以千万计"[2]。

当然，晚清的民间金融也非常活跃，山西票号名噪一时，但清政府对于开办银行却毫无兴趣，直到光绪三十一年（1905），

1　陆士谔：《新水浒》第九回。
2　吴自牧：《梦粱录》卷十三。

才批准成立第一家官营银行——户部银行。如果换成宋王朝，以宋政府开设抵当所的热情，估计会将银行开遍各大商埠。

便钱汇兑

说了存款与贷款，再来说说宋人的金融汇兑。

所谓汇兑，我们将其定义为"在甲地存入现金，换成票据，然后凭票在乙地取款"，借用这一金融工具，人们可以免却搬运货币之苦，它的使用有利于长途贸易、大宗交易的发展。

中国最早的现金汇兑出现在中晚唐，叫"飞钱"。唐宪宗时，"商贾至京师，委钱诸道进奏院及诸军、诸使富家，以轻装趋四方，合券乃取之，号'飞钱'"[1]经营飞钱业务的是诸州驻京师的进奏院（类似于驻京办）以及豪富之家。不过，唐代飞钱的结算地理范围应该是"一对一"的单线形式，比如甲州驻京师的进奏院只能办理汇往甲州的飞钱；如果要汇钱到乙州，只能在乙州驻京师的进奏院入钱。

唐朝飞钱刚出现时，是不合法的，京兆尹裴武曾奏请朝廷，禁止进奏院、富家向商贾提供飞钱，"廋索诸坊"，查禁京师飞钱。不久，由于顶不住铜钱不足的压力，又有主管财政的官员提议，"许商人于户部、度支、盐铁三司飞钱，每千钱增给百钱"，即由三司办理汇兑，收 10% 的手续费，但是，"商人无至者"，没有人愿意来纳钱。

赵宋立国后，"取唐朝飞钱故事，许民入钱京师，于诸处州

1　欧阳修、宋祁：《新唐书》卷五十四《食货四》。下同。

便换"[1]。具体操作方式与始初的唐朝飞钱略有不同：接受商人入钱的机构不再是进奏院，而是三司（相当于国家财政部）；开宝三年，朝廷又成立"便钱务"，专门接受商人入钱，"先是，商人先经三司投牒，乃输左藏库，所由司计一缗私刻钱二十。开宝三年，置便钱务，令商人入钱者诣务陈牒，即日辇致左藏库，给以券，仍敕诸州俟商人赍券至，即如其数给之，自是无复留滞"。

这意味着，宋代的"便换"是政府提供的合法的金融服务，而且汇兑的地理范围是"一对多"的，即不管往哪个州汇款，都可以往便钱务入钱。便钱务按入纳的资金数目开具汇票，并收取2%的手续费。这种汇票，宋人称为"便钱"。

大约在宋真宗时，办理便钱的业务并入榷货务，便钱务似乎不再单设。换言之，往诸州汇款的商人，在北宋初期，可以在京师便钱务入钱，宋真宗朝之后，则往榷货务入钱（熙宁年间，榷货务曾并入市易务，元丰年间又恢复榷货务设置，因此，市易务一度也是从事现金汇兑的机构）。

宋朝商人通过京师便钱务、榷货务汇往地方的商业用钱，数目相当庞大，如至道三年（997），便钱务吸纳的商人资金钱为170万余贯，大中祥符七年，榷货务吸纳的入便资金超过260万贯，天禧五年（1021）则为280万贯。北宋政府还将每年入便260万贯钱列为榷货务必须完成的年度额度，若未能完成任务，则处罚榷货务官吏："在京榷货务入便，请以大中祥符七年收钱二百六十一万余贯为额，每岁比较。不及数，当职官吏准条科罚。"[2]

1　李焘：《续资治通鉴长编》卷八十五。下同。

2　徐松辑：《宋会要辑稿·食货五五》。

南宋"静江府卖钞库之记"铜印

从中亦可见当时民间的长途贸易与资金往来是比较繁忙的。

在京师入钱、地方取款，只是宋代便钱汇兑的形式之一，宋政府也向商人提供在地方州郡入钱，至京师或其他州郡提款的汇兑服务。天禧五年，福建建州开发通德铜场，政府需要一大笔钱向矿场购买冶炼出来的铜，福建路转运使提议在建州"置便钱务，听民纳钱，于江、浙请领"[1]，商人在建州便钱务纳钱，可以到浙江取款；"熙宁、元丰间，遇有边事，许诸色人于边上入便钱，却于在京、向南请领"[2]，商民在沿边州郡入钱，可以到京师或南方州郡提现；元祐年间，诏"商旅愿于陕西内郡入便铜钱，给据

1　李焘：《续资治通鉴长编》卷九十七。
2　李焘：《续资治通鉴长编》卷五百十二。

请于别路者，听"[1]，陕西是铁钱区，不过朝廷允许商民在陕西入纳铜钱，然后凭券到其他行政区兑取。

宋政府之所以热衷于发展官营便钱业务，除了因为民间存在着发展长途贸易与异地汇兑的市场需求，更是出于政府财政转移的需要，比如，将地方政府征收的税钱调集到中央政府，或者给急需用钱的地方拨款。

从商人的角度来看，他在京师便钱务（或榷货务）纳钱，然后到地方取款，相当于将一笔钱从京师汇入了地方。而从政府的角度来看，商人纳钱于京师而提现于地方，意味着地方财政的现金转移到了中央政府。这两个过程是同步发生的。进而言之，官营便钱汇兑的发展，不但方便了商人的长途贸易与异地结算，同时政府也得以低成本地将地方征收的税钱转移到京师，用宋人沈括的话来说，就是"四方上太府钱募民入资，太府持券以受钱于外州，以省转送之费"[2]。太府，即太府寺，北宋中央政府的财务出纳机构，榷货务即隶属于太府寺。

自宋朝以降，财权收归中央，各地征收的税钱，一部分留地方公用，另一部分则调集至京城，或者按朝廷的统筹，调拨到另一个地方。那么，这么多的税钱该如何调运？有两种办法，其一是纲运，即物理搬运。由于宋朝的本币为铜钱，属贱金属货币，十分笨重，物理搬运的成本大得难以承受，因此宋朝的纲运一般先将铜钱换成黄金、白银等"轻赍"，再解运入京。比如宋仁宗时期，"广南西路每年上供钱八万贯，近令收买银货上京。至年终，

1　脱脱等：《宋史》卷一百八十《食货下二》。
2　李焘：《续资治通鉴长编》卷二百八十。

如有支买不尽钱，搬运上京"[1]。

但是，即便是白银等"轻赍"，运输也极为麻烦，"自远州用小船搬运至桂州后，合成纲运，逐次别差纲官、舟船、人丁，牵驾艰阻，动乃数日，乃得至全、永州交纳。彼中又别差人船，至过重湖、江淮，方得到京"。因此，有官员提议："令在京榷货务明出榜示，诸色人有见钱据纳下，于广南西路除融、宜、邕、钦、廉等五州外，任便指射请领，与免请到钱商税。"朝廷从之。这便是调集税钱入都的第二种办法：便钱汇兑。商人在京师榷货务纳钱，然后到广南西路领取，等于是帮政府将税钱从广南转移到京师，公私两便。

仁宗朝以后，宋政府的财政转移，基本上都是以便钱汇兑为首选，汇兑不尽的钱，才采用纲运。举个例子：假设甲地有若干万贯的税钱需解往京师，通常的做法是，榷货务贴出公示，召商人在京师入钱，然后往甲地取款。假设乙地急需用钱，要求中央政府拨一笔巨款，通常的做法也是召商人往乙地纳钱，然后赴京师提款。

为了引导资金的流向，完成定向的财政转移，宋政府会巧妙运用市场调节机制。比如流入京师的资产比较多，商人在京师入便时便需要缴纳手续费；而沿边州郡军需庞大，流入的货币不足，商人在沿边入便，则不但不收手续费，还给予补贴，从而鼓励更多的资金流向沿边州郡。

这方面的例子是很多的。北宋天圣年间，商民在河北、河东、陕西入便，领取"见钱交引"，可往京师榷货务兑现，按"加饶则例"，

1　徐松辑：《宋会要辑稿·食货三七》。下同。

商人可以获得 1%—3% 的政府补贴。[1]熙宁至元丰年间，商民在
西北沿边入钱，也"支与加抬及脚乘钱"[2]，"加抬"即政府补贴，"脚
乘钱"即商人入钱时所产生的运输成本，也由政府支付。

南宋绍兴初年，朝廷屯兵于婺州，对抗金兵，需要大量资金，
但当时婺州与杭州水路不通。交通不便，怎么办？宋政府印制了
一批"见钱关子"，交付婺州，然后召商入便，"其法：入见钱于
婺州，执关子赴杭、越榷货务请钱，每千搭十钱为优润"[3]，即给
予 1% 的补贴。绍兴年间，为及时将诸州税钱调集到行在杭州，
南宋政府召商赴左藏库入纳钱银，前往江浙、荆湖、福建等路提
现时，每贯钱可获得"优润钱自九文至五十文"不等，优润钱视
其运输成本分为"十五等"。[4]

宋朝中央政府给地方的紧急拨款，也会使用便钱汇总，因为
便钱汇总要比物理搬运便捷得多，如元丰六年，西北沿边急需用
钱，朝廷拨了一百万缗现钱，派人运往沿边，但我们完全可以想象，
搬运一百万缗钱肯定会耗费时日，所以熙河路经略安抚制置使李
宪又给朝廷上了一份报告，说搬运现钱太慢了，"恐不能接应急
用，欲望依此数别赐见钱公据，每道止以十万缗为率，仍加息一
分，庶速得支用"[5]。要求朝廷改拨见钱公据给熙河路，然后召商
在西北沿边入纳现钱，商人再持见钱公据到榷货务兑现，政府补
贴 10% 的利息。朝廷同意了李宪的申请，"更赐续起常平、坊场

1　徐松辑：《宋会要辑稿·食货三六》。

2　李焘：《续资治通鉴长编》卷五百五十二。

3　李心传：《建炎以来朝野杂记》甲集卷十六。

4　李心传：《建炎以来系年要录》卷一百八十二。

5　李焘：《续资治通鉴长编》卷三百三十四。下同。

积剩钱五十万缗，限十日出给公据，仍差使臣赍至经制司。如积剩未至，以元丰库郿延路入便见在钱借支"。

见钱公据、见钱交引与见钱关子都是宋政府为实现财政资金的异地转移而创设的票据，类似于现在的汇票。历史上，几乎没有一个朝代会像宋政府这样，娴熟地运用金融工具来解决财政转移的问题。

明王朝在晚明之后，白银成为事实上的本币，不但民间的大宗交易与长途贸易都使用白银，政府赋税也折银征收。然而，尽管白银是贵金属货币，但物理搬运还是比较麻烦，明末之时，民间有一些商号已私自发行会票，用于白银的长途汇兑。生活在明末的陆世仪说："今人家多有移重赀至京师者，以道路不便，委钱于京师富商之家，取票至京师取值，谓之会票。此即飞钱之遗意。"[1] 同时代的陈子龙也说："今民间子钱家多用券，商贾轻赍往来则用会（票），此即前人用钞之初意也。"[2] 不过，明末会票的签发者并不是专业的金融机构，而是个别商号；能够利用商号的业务网络汇款的，也是少数人，如商号东家的同乡、朋友、亲戚。

鉴于民间会票的经验与公共性金融汇兑的缺失，陆世仪建议明政府设立官营的汇兑机构："宜于各处布政司或大府去处设立银券司，朝廷发官本造号券，令客商往来者纳银取券，合券取银，出入之间，量取路费微息，则客商无道路之虞，朝廷有岁收之息，似亦甚便。"[3] 陈子龙也认为，"岂有可以私行，反不可以公行者"？[4]

1　陆世仪：《论钱币》，收于贺长龄《皇朝经世文编》卷五十二。
2　陈子龙：《钞币论》，收于王鎏编《钱币刍言》。
3　陆世仪：《论钱币》，收于贺长龄《皇朝经世文编》卷五十二。
4　陈子龙：《钞币论》，收于王鎏编《钱币刍言》。

然而，明政府显然无意于开发金融工具，陆世仪设想的"银券司"始终都未能成立。各地税银解往京师，还是采取古老的纲运，他们倒是发展出一种叫"银鞘"的押运技术："以整木一段，锯开凿孔，放入元宝，合而为一，外以铁箍束之，曰'银鞘'，十锭计五百两为一鞘。"[1] 与宋政府采用的便钱汇兑相比，可谓有着古代与近代之别。

清代在民间票号诞生之后，银票兴起，成为"汇通天下"的金融工具，晚清政府的财政转移也用上了银票，但一些官员却反对这么做："臣见近来各省解部之款，每以道路多警为辞，率用银号会票，乃从前未有之事。此端一开，流弊有不可胜言者……解部之款，动逾巨万，会票一到，银价立昂。去冬岁暮已迫，会票积多，银价大长，已属明证，如同时并到，市银不敷应用。"[2] 他们还建议朝廷，"饬下各省督抚、各关监督，嗣后解部之款，仍照例镕成纹银批解，毋得借口路警，率行会兑"。对"擅用会票"者，"查明从严参办"。

此时已是同治三年（1864），西方近代银行业方兴未艾，并开始进入中国，本土票号的出现，也基本解决了白银的长途汇兑问题，清政府官员却居然还希望以古老的纲运取代近代化的金融汇兑。

中央银行（一）

现在，我们已经知道，一名宋朝人如果想将一笔现钱从京师

1　李鹏年等：《六部成语》。
2　盛康：《皇朝经世文续编》卷三十一。下同。

汇到外地，可以找在京榷货务办理便钱，从外地汇款至京师，也是到在京榷货务兑取。但我们还需要知道，现金汇兑并不是榷货务的全部工作，作为宋朝政府最重要的经济部门之一，榷货务承担着多方面的金融职能。

宋朝的榷货务系统包括设于东京开封的在京榷货务和设于东南地区的沿江六榷货务、十三山场（南宋时，设行在榷货务、建康榷货务与镇江榷货务，同时承担在京榷货务的职能）。十三山场是宋政府向种茶户收购茶叶的山场；沿江六榷货务是储存与批发茶叶的机构，在京榷货务则"给交钞往还，而不积茶货"[1]。

这里涉及宋代的禁榷制度，我们有必要先来了解一下——宋王朝对茶、盐、矾、香药、犀角、象牙等商品实行一种可以称为"间接专卖"的禁榷制度：商人要贩卖茶盐矾香，通常需要先到京师榷货务缴纳现钱、楮币、金银，领到一张钞引，然后凭钞引到指定地点提取货物。

比如盐的贩卖，"许客于在京榷货务入中金银钱帛，纽算交引，就解州两池榷盐院请盐，往南地兴贩"[2]；茶的贩卖，"听商人于榷货务入纳金银、缗钱……即本务给钞，取便算请于场，别给长引，从所指州军鬻之"[3]；矾的贩卖，"客人纳钱赴榷货务算请矾货，系给钞引付客人，执前去矾场照会请矾"[4]；香药、犀象的贩卖，"客旅于在京榷货务入纳见钱十千，共算请二十千香药、象牙，取便

1　马端临：《文献通考》卷十八《征榷考五》。

2　徐松辑：《宋会要辑稿·食货三六》。

3　脱脱等：《宋史》卷一百八十四《食货下六》。

4　徐松辑：《宋会要辑稿·食货三四》。

于在京或外处州、军贩卖"[1]。

可以说，榷货务是禁榷制度的产物。"榷货"的意思，即"榷卖货物"。不过，除了香药、象牙、犀角等奢侈品，北宋在京榷货务与南宋三大榷货务一般并不批发货物，而只签发钞引。换句话说，榷货务的业务是金融性质的，榷卖物类似于"商品期货"。

一直以来，研究者都是从"商业"的角度理解宋代的禁榷制度，认为那是宋政府垄断禁榷品市场利权的体现，这么理解当然有道理，但我们还可以从"金融"的角度来解释禁榷制度——政府发行茶引、盐钞等钞引，相当于是用茶、盐等期货吸纳商民的货款，完成政府融资，日后再用禁榷品偿还。这就是金融的玩法。发行钞引的榷货务，就是一个金融机构。

榷货务也是宋朝"入中"制度的重要组成部门。宋政府为解决沿边驻军的物资供给，鼓励商民在沿边军州入纳现钱或粮草，这便是"入中"。接收钱粮的机构，为沿边军州政府，或朝廷设于边境的折博务，它们会给"入中"的商民开具一张面值超过入纳数目的"交引"，商民可凭这张交引，到京师榷货务兑换现钱，或者在榷货务"翻换"盐钞、茶引："雍熙后用兵，乏于馈饷，多令商人输刍粮塞下，酌地之远近而为其直，取市价而厚增之，授以要券，谓之交引，至京师给以缗钱，又移文江、淮、荆湖，给以颗、末盐及茶。"[2]

榷货务签发的钞引，类似于特许经营凭证兼提货凭证。但钞引的持有人并不一定要提货，也可以将钞引转卖出去，这时候，

1　徐松辑：《宋会要辑稿·食货三六》。

2　马端临：《文献通考》卷十八《征榷考五》。

钞引实际上就是既可兑现，又可流通的有价证券。

权货务还参与度牒的发行。度牒是僧尼、道士的身份证明，拥有官府颁发之度牒的出家人，才是合法的出家人。但宋朝的度牒也是一种特殊的有价证券，宋政府经常将"空名度牒"（未登记出家人姓名的度牒）当成财政工具与货币工具：（1）在财政紧张时，宋政府往往会印制一批空名度牒，直接鬻卖，借以弥补财政赤字；（2）当地方政府或某个部门需要中央财政拨款时，朝廷往往不是直接拨现钱，而是拨给若干道空名度牒；（3）有时候，政府还会用空名度牒回笼超发的纸币；（4）宋朝的政府购买物品时，有时也会直接用度牒支付；（5）权货务在兑付商人的钞引时亦会搭配度牒。

宋政府平均每年发售近万道空名度牒，但出家人数量并没有随之出现明显增长。北宋前期，出家人申领度牒是免费的，但需通过考试，僧尼人数一直保持在 40 万名左右；北宋中期开始鬻卖度牒，僧道人数反而出现断崖式下跌，只保留 20 万名左右，这一数字一直保持到南宋。[1] 显然，许多人向政府购买度牒并不是因为要出家当和尚。

那么，宋人为什么要竞相购买度牒呢？一种常见的观点认为，由于出家人拥有免征或减征赋税的经济特权，所以，宋朝的富户便通过购买度牒的方式来逃避赋税。然而，研究宋代社会史的学者指出一个事实："唐朝中期以后，寺院、僧尼免除赋税的特权逐渐丧失，但彻底打破寺院、僧尼的免赋特权还是在宋代"；"到

1　参见曹旅宁《试论宋代的度牒制度》，《青海师范大学学报》（社会科学版）1990 年第 1 期。

南宋时期，与一般老百姓一样，僧道照样交纳人头税，而且比一般老百姓高得多"。[1] 如此说来，逃避赋税并不是宋代富民争购度牒的动机。

让我直接说出谜底吧，宋朝的富人愿意掏一大笔钱购买若干道度牒，其实是出于理财的考虑——因为宋代的空名度牒就是一种理财工具。

宋朝自治平四年（1067）发售空名度牒以来，度牒的官方交易价大体上是逐步上涨的，熙宁年间一道度牒售价为120贯钱，元丰七年为130贯，建中靖国元年（1101）为220贯，绍兴三十一年（1161）涨至500贯，绍熙三年（1192）涨至800贯，嘉定五年（1212），竟然是"每度牒一道，价千五百缗"[2]。南宋度牒价格暴涨，主要是因为会子贬值，换言之，空名度牒比会子更能保值，具有价值贮存的功能。宋人购买度牒，就像今人购买纸黄金一样，在纸币贬值的过程中可以保有购买力。

之所以说度牒具有购买力，是因为宋朝的空名度牒是可以当成货币使用的，法国汉学家谢和耐说：宋王朝出售度牒的做法，"使得度牒成了在市场上进行交易的对象，它们原来固有的作用和意义已所剩无几。旅行家们使用这种度牒来交纳自己的旅费，商人也用它们来交纳自己的贷款，这就是纸币的雏形之一"[3]。

不过，富户屯积空名度牒，还不仅仅是为了保值，或者将度牒当支付工具使用，更是想投机炒卖，因为宋政府有时候发售度

1　参见游彪《关于宋代寺院、僧尼的赋役问题》，《中国经济史研究》1990年第1期。

2　脱脱等：《宋史》卷一百八十一《食货下三》。

3　[法]谢和耐：《中国5—10世纪的寺院经济》，耿升译，上海古籍出版社，2004。

牒太多，导致度牒交易价下跌，此时，豪富之家往往会低价大量购入，以图日后高价卖出："所有者皆兼并豪右之家，方且待价，必厌其所欲然后售。"[1] 比如宣和年间，空名度牒的交易价"折价至九十千"，甚至一度跌至"二十千一纸"，"而富家停塌"，即大量购入、屯积度牒，其后度牒价格"渐增至百余贯"，炒卖度牒的富户狠狠赚了一笔。[2] 又如孝宗即位之初，度牒"每道权减作三百一十二贯出卖"，到淳熙年间，又回升到 500 贯每道，"富豪之家曾先请买，增价出卖，有至五百贯以上者"。[3]

空名度牒并未书填出家人姓名，因而是可以转手的，《水浒传》里有个赵员外，便送了鲁智深一道度牒。在宋朝，民间的度牒交易也是合法的，根据建炎年间的一条法令，商民在本州郡购买了度牒，"如客人再行翻改往别路州军者，许令经守臣陈状，当官拆实封递牒验实，于公据后批凿某州军、某年月日，验认别无虚伪，系衔用印押字。仍别给折角实封递牒，当官面付，客人赍执前去所指州军货卖"。官府只是禁止买卖伪造的度牒，禁止将亡故僧道的度牒"或洗改转卖，或承代诡名"。正是在这个意义上，我们认为宋代的空名度牒是一种有价证券。

由于空名度牒实质上已成了一种有价证券，明人陆容谈楮币，便将宋代的度牒列了进来："曰楮币耳，宋有交子、会子、关子、钱引、度牒、公据等名，皆所以权变钱货，以趋省便。"[4] 宋人修《皇宋中兴两朝圣政》，也将度牒列入"财用门"，与楮币并列。宋朝度牒

1　徐松辑：《宋会要辑稿·职官一三》。
2　王栐：《燕翼诒谋录》卷五。
3　徐松辑：《宋会要辑稿·职官一三》。下同。
4　陆容：《菽园杂记》卷八。

的发行部门也显示了它的财政属性：本来度牒是礼部的祠部签发的，但空名度牒经礼部签署后，往往由榷货务发行，如建炎三年（1129），宋高宗诏，"榷货务见卖度牒等，于即今价直上添入绫纸工费钱出卖"[1]，度牒的售价原为每道 110 贯钱，现在每道增添 10 贯。绍兴四年（1134），宰相又提议："榷货务出卖祠部度牒，远方不能就买，欲量付诸路。"行在榷货务发行的空名度牒，远方之人购买不到，因此政府考虑将度牒的发行权下放到路级部门。

总而言之，榷货务的金融职能之一就是发行盐钞、茶引、矾引、香药钞、犀象引、空名度牒等有价证券，以及兑付便钱、关子、交引等票据。

榷货务也是纸币的发行机构。我们都知道，宋朝的第一张纸币，也是世界最早的纸币，出现在北宋前期的四川，发行机关是益州交子务。崇宁年间，蔡京政府扩大交子之法，在陕西、淮南等地都置交子务，发行交子。由于滥发，交子严重贬值，又于崇宁四年（1105）停止发行交子（四川除外），改为行用钱引："诸路更用钱引，准新样印制，四川如旧法。罢在京并永兴军交子务"；"其已行交子，渐次以钱引兑换，官吏等并归买钞所，共为一局，合用'榷货务买钞所'朱记"。[2] 钱引由买钞所发行，而买钞所正是隶属于榷货务的金融部门。

那么，钱引是什么呢？从名字看，"钱引"与"盐引""茶引"的构词方式是一样的，盐引可兑盐，茶引可兑茶，钱引则可以兑换成现钱（至少政府是这么承诺的）。如果说盐引、茶引有点像盐、

1　徐松辑：《宋会要辑稿·职官一三》。下同。

2　脱脱等：《宋史》卷一百八十一《食货下三》；徐松辑：《宋会要辑稿·食货二七》。

南宋行在榷货务都茶场铜印

茶的期货仓单，钱引则类似于银行的兑换券。由于钱引印有面值，也可以作为信用货币使用，就如今天香港商业银行发行的港币，性质都是兑换券——你取一张港币出来（港府发行的 10 元面额港币除外），仔细看，便会发现票面上注明有"凭票即付多少港元"的字样。"钱引"亦含有"凭票即付铁钱"的意思。

绍兴三十年（1160），南宋政府开始发行新的楮币——东南会子；次年二月，"诏会子务隶都茶场"[1]，会子的发行部门会子务隶属于都茶场，而都茶场又隶属于行在榷货务，"以榷务门官兼领"[2]。换言之，南宋会子也是由榷货务发行的。在今天的杭州南宋钱币博物馆里，藏有一块南宋时期的都茶场铜印，印文为"行在榷货务都茶场中门朱记"。说不定 800 年前，榷货务门官就是用这块铜印在刚刚印制出来的会子上盖章的。

为什么宋政府要将纸币的发行权划归榷货务？因为榷货务是控制国家专卖、签发有价证券的机构，掌握着大量的国家资产，每年经榷货务系统签发的茶、盐、香、矾、钞引，价值以千万贯

1　脱脱等：《宋史》卷一百八十一《食货下三》。
2　潜说友：《咸淳临安志》卷九。

计,这笔资产可以给楮币的信用背书。所以南宋学者马端临说:"会子务隶都茶场。正以客旅算请茶、盐、香、矾等,岁以一千万贯（实则不止一千万贯）,可以阴助称提,不独恃见钱以为本,又非全仰会子以佐国用也。"[1]

南宋有几个货币区,东南地区流通的是东南会子,淮南地区则使用以铁钱为本币的淮南交子,淮南商民进入东南,或者东南商人进入淮南,都要兑换货币。提供货币兑换的机构也是榷货务。乾道二年（1166）,朝廷拨给"交子、会子各二十万,付镇江、建康府榷货务,使淮人之过江、江南人之度淮者,皆得对换,循环使用"[2]。

以上是两宋榷货务发行楮币的情况。楮币容易贬值,严重的贬值会让楮币丧失货币的基本功能,形同废纸。为避免人们蒙受太严重的损失,宋政府通常会将这套楮币回收回去,而负责回收的机构,还是榷货务,因为榷货务可以通过茶盐钞引回购旧币。比如崇宁五年,诸路钱引因为滥发而信用崩溃,朝廷只好停止印刷新币,并回收在市场中流通的旧引:"钱引本以代盐钞,而诸路行之不通,欲权罢印制。在官者,如旧法更印解盐钞;民间者,许贸易,渐赴买钞所如钞法分数计给。"回收钱引的机构正是榷货务下属的买钞所;回收的方式是允许商民赴买钞所,用钱引兑换等值的盐钞或者现钱。

乾道四年（1168）,东南会子确立分界制,三年一界,新一界会子发行,与上一界会子并行,但同时慢慢回收上一界会子,

1　马端临:《文献通考》卷九《钱币考二》。
2　脱脱等:《宋史》卷一百八十一《食货下三》。下同。

于三年内收尽。次年，由于第二界会子已经发行，宋政府"令行在榷货务、都茶场将请算茶、盐、香、矾、钞引，权许收换第一界，自后每界收换如之"。榷货务负有动用有价证券回收上一界会子的职责。

流通中的楮币若发生贬值，榷货务通常也会动用现钱或有价证券回笼过剩的流动性，保持币值大致稳定，这叫"称提"，马端临说榷货务"岁以一千万贯，可以阴助称提"，便是这个意思。

说到这里，我们可以发现，宋朝的榷货务，实际上充当了半个中央银行的角色。[1]

中央银行（二）

还有半个中央银行呢？是内藏库。

内藏库是宋王朝的中央金库，前期不受三司或户部管辖，"外庭不得预其事"[2]，因此也被后人视为"天子私库"。但宋人未必会同意这个判断，宋真宗说："太祖以来，有景福内库，太宗改名内藏库，所贮金帛，备军国之用，非自奉也。"[3]司马光亦说："彼内藏库者，乃祖宗累世之所蓄聚，以备军旅非常之用也。"[4]尽管编撰《文献通考》的宋人马端临将宋之内藏库与汉之少府、唐之琼林库相提并论，但同为宋人的苏辙却不这么认为，他说："元

1　关于宋代榷货务的金融职能，可参见姜锡安先生论文《宋代榷货务的金融职能与性质》，《中国钱币》1993 年第 1 期。

2　脱脱等：《宋史》卷一百七十九《食货下一》。

3　徐松辑：《宋会要辑稿·食货五一》。

4　黄以周：《续资治通鉴长编拾补》卷七。

丰及内库财物山委，皆先帝多方蓄藏，以备缓急。若积而不用，与东汉西园钱，唐之琼林、大盈二库何异？"[1] 苏辙强调的正是内藏库区别于前朝天子私库的公共功能。

而且，元丰改官制后，将内藏库划归户部管理："以金部左藏案主行内藏之出纳，而奉宸库则隶于太府，所以示天子至公，无内外之异也。"[2] 元祐年间，又"令户部、太府寺，于内藏诸库皆得检察"[3]，即内藏库须接受太府寺的审计，不再是"外庭不得预其事"。因此，称宋代内藏库为天子私库是不十分准确的，毋宁说，内藏库是国家的战略储备金库。

从内藏库物资的使用情况来看，内藏库也更像是战略储备库，而非天子私藏。尽管皇室的日常用度取之内藏库，但这部分的支出只占很小比重，内藏库更重要的开支，乃是用于国家的公共事务，包括且不限于：（1）赞助军费，如熙宁四年，河东军费不足，神宗"令三司借内藏库银二十万两付本路"[4]；（2）赞助政府购买，如大中祥符九年（1016），"发内藏钱二十万贯，令三司预市绸绢，以济京东、西路之乏。时青、齐间绢直八百，绸六百，官给绢直一千，绸八百，民极以为便"[5]；（3）赞助国家福利，如北宋京师设东南西北四所福田院，"岁出内藏钱五百万给其费"[6]；（4）赞助官营企业，如熙宁变法期间，神宗皇帝下诏，"天下商旅物货至京，

1　脱脱等：《宋史》卷一百七十九《食货下一》。

2　黄淮、杨士奇编：《历代名臣奏议》卷之九十一。

3　脱脱等：《宋史》卷一百七十九《食货下一》。

4　李焘：《续资治通鉴长编》卷二百十九。

5　李焘：《续资治通鉴长编》卷八十六。

6　脱脱等：《宋史》卷一百八十四《食货下六》。

多为兼并之家所困，宜出内藏库钱帛，选官于京师置市易务……遇有客人物货出卖不行、愿卖入官者，许至务中投卖。"[1]

更值得我们注意的是，宋朝内藏库还发挥了"中央银行"的一部分功能。[2]

首先，内藏库掌握着铜钱货币的发行权。宋代楮币与有价证券的发行机构是榷货务，铜钱的发行机构则是内藏库："故事，诸监所铸钱悉入于王府（内藏库），岁出其奇羡给之三司，方流布于天下"[3]，各个铸钱监每岁新铸造的铜钱名义上都要先存入内藏库（实际上各铸钱监的铜钱当然不可能全部运到京师，但名义上发行权归内藏库），再由内藏库拨给财政部门——三司（户部）使用。此外，内藏库还掌管金银的储备，政府从坑冶课利所得的金银、商民入纳榷货务的金银、地方上供的金银，都要存入内藏库。

三司（户部）获得内藏库划拨的金属货币（主要是铜钱）后，又通过政府购买、发放薪俸、赈灾等方式，将铜钱投放入市场，流布于天下。经过若干轮流通，一部分铜钱又通过政府税收、国家专卖、坊场买扑等方式，回流到政府手里。这些回流的铜钱，照例也要按一定比例纳内藏库封桩，退出流通。从财政的角度来说，这是储备；从金融的角度来说，这又是平抑通货膨胀的货币流量控制。北宋货币经济非常发达，商品经济十分繁华，这一市场盛况很大程度上是宋政府通过"投放货币—回笼货币"的货币循环创造出来的。而在北宋的货币循环中，内藏库无疑充当了枢

1　马端临：《文献通考》卷二十《市籴考一》。

2　参见程民生先生论文《宋代内库的金融职能》，《中州学刊》1987 年第 3 期。

3　脱脱等：《宋史》卷一百八十《食货下二》。

南宋"一贯背合同"铜印

纽的角色。

南宋时期的情况又略有不同。自宁宗朝以降，宋政府新铸造的铜钱基本都存入内藏库，不再拨给户部行用："宁庙即位，在宥三十年，理庙四十一年，度庙十年，德祐一年勿问，总计八十一年，新铜钱并入内藏库，未尝行用。庆元至咸淳，几易年号，民间无此新铜钱，一文尽在内帑，计铜钱一千二百万贯，并纳入内藏库不用，而造会子一贯为七百七十。"[1] 为什么南宋后期内藏库不再发行新铸铜钱？因为当时流通的主要货币已经是会子等楮币，新铸的铜钱要作为"称提"楮币的储备金储存起来。内藏库储备的这部分铜钱，我们也可以理解成榷货务发行楮币的"锚"。

回笼纸币与有价证券正是内藏库发挥"央行"职能的第二个体现。前面我们说过，茶引、盐钞、关子等有价证券是由榷货务负责兑付的，但有时候，榷货务兑付钞引的储蓄不足，这就需要内藏库放款资助，比如皇祐二年（1050），在京榷货务"积钱少，不能支入中之费"，宋仁宗"出内藏库钱帛百万以赐三司"，用于兑付"入中"商人的钞引。[2]

几年后，至和元年（1054），在京榷货务又出现"帑藏益乏"的问题，商人算请"久未能得"[3]，只好将手中钞引折价转让出去，"其钞每百千止鬻六十千"。有人向仁宗皇帝建议："今若出内藏库钱二百万缗，量增价收市之，岁可得遗利五十万。"仁宗一听，觉得很有道理，便采纳了这个建议，"出内藏库钱二百万缗"，收

---

1 方回：《续古今考》卷十。
2 章如愚：《群书考索》后集卷六十四。下同。
3 毕沅：《续资治通鉴》卷第五十四。下同。

购河北入中军粮钞。但此举受到谏官范镇的反对，范镇说："内藏库、榷货务同是国家之物，岂有榷货务固欲滞商人算钞，而令内藏库乘贱以买之？与民争利，伤体坏法，莫此为甚。"如果宋仁宗将两百万缗内藏库钱借给榷货务，我想范镇应该就不会反对了。后来宋神宗借内藏库钱两百万缗给三司回购超发的盐钞，便没人觉得不妥。

我们也说过，宋政府发行的纸币如果发生严重贬值，通常由榷货务用茶引、盐钞、空名度牒等有价证券称提纸币。但是，榷货务发出去的有价证券如果超出市场需求，它们也会贬值，这个时候，又需要内藏库出手了——内藏库会动用储备来回笼有价证券。比如天禧五年，因为"陕西交引益贱"，宋真宗"出内库钱五十万贯"收购茶叶交引，而后销毁，以减少交引的流通量；[1] 熙宁七年，陕西"盐钞大出，多虚钞而盐益轻"，宋神宗"诏以内藏钱二百万缗假三司，遣市易吏行四路请买盐引"，即回购市场中流通的盐钞。[2]

宋政府有时还会直接动用内藏库储备回笼贬值的纸币。乾道年间，谏官陈良祐进言"会子之弊"，请求孝宗"捐内帑以纾细民之急"，孝宗依议，"慨然发内府（内藏库）白金数万两收换会子，收铜版勿造，军民翕然"。[3] 端平至嘉熙年间，会子因滥发而严重贬值，"禁帑出黄白金四千余万缗，并销两界（会子）"[4]。

还有一点我们也要指出来：内藏库与三司（户部）构成了一

1　脱脱等：《宋史》卷一百八十三《食货下五》。

2　马端临：《文献通考》卷十六《征榷考三》。

3　脱脱等：《宋史》卷三百八十八。

4　魏了翁：《鹤山集》卷十九。

种类似于债权人与债务人的关系，有点像央行与财政部的关系。我们知道，内藏库是国家的战略储备金库，新铸铜钱、金银储备和一定比例的货币税都要存入内藏库。这些金属货币都属于国家储备。三司（户部）有自己的国库——左藏库，一般性的财政开支都由左藏库支付，而当左藏库不足、财政出现赤字时，就需要动用内藏库的储备了："县官（此处"县官"为"朝廷"之意）有巨费，左藏之积不足给，则发内藏佐之。"[1]

有意思的是，这个"发内藏佐之"的方式，通常不是直接给财政部门拨款，而是由内藏库向政府提供贷款："自乾德、开宝以来，用兵及水旱赈给、庆赐赏赉，有司计度之，所阙者，必籍其数以贷于内藏。"[2] 既然是借贷，当然需要偿还，"俟课赋有余即偿之"。不过，如果财政实在没有盈余还贷，皇帝通常也会蠲免债务，比如从淳化朝至景德朝二十年间，三司"岁贷百万，有至三百万者，累岁不能偿，则除其籍"。

我们应该如何理解内藏库与朝廷之间的借贷关系呢？有一部分宋朝士大夫显然并不认同这一借贷关系，天禧元年，因为发生旱蝗之灾，宋真宗担心国用不足，问参知政事李迪"何以济"[3]，李迪说："祖宗初置内藏库，欲办兵复西北故土及以支凶荒。今边鄙无他费，陛下用此以佐国用，则赋敛宽，民不劳矣。"真宗说："当出金帛数百万借三司。"李迪说："天子于财无内外，愿诏赐三司以显示德泽，何必曰借？"

1　脱脱等：《宋史》卷一百七十九《食货下一》。
2　李焘：《续资治通鉴长编》卷六十七。下同。
3　李焘：《续资治通鉴长编》卷九十。下同。

李迪反对"曰借"，是因为他认为国库不应分内外。但实际上，宋代内藏库与左藏库的界限是分得很清楚的，三司（户部）动用左藏库钱是不存在"借"的，而用内藏库钱，通常都需要"借"。特别是宋神宗朝，内藏库向政府放贷后，会一再要求政府偿还。如熙宁七年，"内藏库乞令三司分二年偿借过买钞钱帛三百万"；次年，由于政府部门曾借内藏库钱未偿还，神宗又诏："司农寺岁支坊场钱二十万缗，都提举市易司岁支息钱二十万缗，偿内藏库。"[1]

那么，这是否说明内藏库的性质就是天子私库呢？我觉得不应该这么理解，毋宁说，"曰借"恰好体现了内藏库作为国家储备银行的特点，因为，为政府提供贷款正是储备银行的职能之一。在现代国家，政府也常常向央行或储备银行借款。所不同者，现代储备银行的出借，是印钞票，宋代内藏库的出借，是拿出真金白银。

基于上面三点理由，我们才说，内藏库如同"储备银行"，与权货务一起构成了宋王朝的"央行"系统。当然，这里的"中央银行"也好，"储备银行"也好，都需要打上引号，毕竟它们与现代国家的中央银行不同。

虽然都属"央行"系统，但内藏库与权货务的职能并不重叠，让我们总结一下：宋代的权货务控制着信用货币、有价证券的储备与发行，内藏库则控制着金银、铜钱的储备与发行。权货务是政府的组成部分，内藏库则相对独立于政府。权货务是金融调控的前台部门，内藏库则是金融调控的后台部门。权货务带有商业

---

1 徐松辑：《宋会要辑稿·职官二七》。

性金融机构的属性，内藏库则强调其作为国家储备银行的职能。

宋朝诗人方逢辰在外遇雪，看到墙壁被大雪覆盖成银壁，立即浮想联翩：如何将这"银壁"铸成"银币"，用来"称提"纸币与证券？他写下了《南康遇雪》，其中有两句："若使银壁可以铸，当造白币权飞钱。"这里的"飞钱"，既包括交子、会子等信用货币，也包括盐钞、茶引等有价证券。老天爷当然不会降下白花花的银币，对"飞钱"的调控，还得靠政府设置的"央行"。

纵览历史，除了宋代，我们在其他王朝找不到类似于"央行"的政府机构（直到清末，清廷才成立了户部银行，承担中央银行的部分职能），最典型的时期莫如明代。明王朝的主要货币是白银与铜钱，但银钱的流量对明政府来说几乎是失控的，明政府似乎也无意于掌控货币主权，白银的流通规模取决于海外白银的流入量，铜钱的行用主要依赖从宋朝流传下来的宋钱。政府从未想过要发行标准化的银币，也严重缺乏铸造铜钱的热情，有明两百余年的总铸币量，只相当于宋神宗时期一年的铸币规模。

政府债券

前面我们提到宋朝出现的几种票据、证券。宋政府发行（主要是通过榷货务系统发行与兑付）的票据、证券，大致可以分为三大类：一是商人入纳金银、现钱或粮草后政府发给的用于提取盐、茶、矾、香药、犀象等禁榷品的凭证，如盐钞、茶引、矾引、香药钞、犀象引，类似于期货仓单；二是商民从甲地存入现钱，然后到乙地兑取现钱的凭证，如便钱、见钱交引、见钱公据、见钱关子，类似于汇票；三是以铜钱或铁或白银为本位的楮币，如交子、钱引、会子、银会子，早期类似于银行兑换券，后期发展成不可兑换的信用货币（详见《黄金弃卖如土贱，楮币翔踊余贯缗——宛如"点金术"的楮币制度》一文）。至于空名度牒，则是一种比较特殊的有价证券。

好像还缺少了一项近代国家常见的融资工具——公债券。宋朝有公债券吗？相信许多人会说，没有。

我读过几位经济史研究者的相关文章，他们都认为，中国古代政府没有借债的观念，也从未有借债之举，"为战争筹集经费的办法，除了借款，还有增税、募捐、铸币或者发钞、专卖、官商营业甚至卖官鬻爵等。（晚清之前）中国古代基本不用借款为战争筹资，但把借款之外的方法都用了个遍"[1]，既然并无政府借债之举，更遑论发行公债券。

公债券这么高档的金融工具，只能产自西方，不可能诞生在传统中国。"我们今天熟悉的证券市场起源于 13 至 14 世纪的威尼斯和弗洛伦萨，是由这些城邦国家的政府公债而发展出来的"，因为古代西欧国家不能随便征税，"一旦出现大额战争开支，政府就只能靠公债，等战争胜利并得到敌方资产后，再把战利品分给贷方，还清债务。古代公债市场就是这样被逼出来的"。[2] 而在古代中国，政府"对征税毫不犹豫，古代的争议更多是围绕到底以人头收税还是以田亩计税上，而且还总是有财政盈余，往国库里存钱"，这就不需要通过政府借债来解决战争经费问题。

然而，这些论断并不合宋朝史实。为解决战争经费问题，宋

1　姚枝仲：《债务的世界：政府债务膨胀史》，澎湃新闻·澎湃研究所 2017 年 7 月 4 日刊文。
2　陈志武：《国富与民富：证券市场为何起源于西方》，经济观察网 2018 年 5 月 4 日刊文。下同。

政府经常举债（不包括前面我们介绍过的向内藏库借钱）。随手举两个例子。庆历年间，"西鄙用兵，急于财用，三司患不足者数十万"，有大臣提议借债，朝廷"呼数十大姓计之，一日而足"，"不扰民而国家事办"。[1]北宋末年，"杭州军贼未殄，所屯诸军、保甲计日已久，糜费不资，而两浙漕司尽所有以供亿，今已匮竭，至于借贷民间，以应军须"[2]，议者要求朝廷拨出盐钞钱济急、还贷。

当过三司使的宋祁还向宋仁宗提出一个庞大的政府借债计划："臣愚以为，请自京师及天下应有物力人户，计直及钱一万以上者，官司明谕诏旨，许令百姓各指实自言有多少见钱及他物，实若干数目，先作簿抄上，然后官司普令十分中官借二分助军钱，许于所在送纳，仍各逐家给付州县帖，开坐敕命，候将来边鄙罢兵日，并支还象牙、香药、茶盐，许百姓任便于京师外州清算。其所借到钱，于逐州县置彼处所出百货轻赍，入京付榷货务，减市贾收钱，仍别立库承贮，以备军须警急。如此，钱稍有次序。乞朝廷下诏，普减天下租税三分至一半以下，以明国家损豪强、优力农、称物平施之义。"[3]

按照宋祁的这一设想：户产达到万贯以上的居民自行申报财产，政府登记造册，然后向各户借钱（借款额度为户产的20%），发给"州县帖"（相当于债权文书）。所借铜钱如何搬运到京师是一大问题，宋祁建议，就地购买贵重物品，比如金银绢帛，然后运入京师榷货务，以略低于市价的价格出售，换成铜钱入库储存，

1　李焘：《续资治通鉴长编》卷三百九十六。
2　许景衡：《横塘集》卷十一《乞应副两浙漕司札子》。
3　宋祁：《景文集》卷二十八《乞损豪强优力农札子》。

作为军事储备。等到战事结束，政府即用象牙、香药、茶盐等偿还本息。另外，这笔战争融资完成后，政府再宣布减税 30%—50%。——你看，宋人还设想通过政府借债的方式来降低税率。

一些朋友可能会说，宋祁的政府借债计划其实是强制性的借贷，天底下有这样的公债吗？有。中世纪威尼斯城邦为筹措到战争经费，曾发行过大规模的政府公债，这个威尼斯公债其实就是强制性贷款——政府先估算居民的财富水平，然后根据其财产摊派债券。简直就是按宋祁的设计施行的。

不过在宋朝，宋祁这个向全民借债的计划，应该没有推行，但小规模的政府借债是常有的。[1] 当然，政府有借债之举，并不等于有公债券发行。

那么宋政府是否发行过公债券呢？香港岭南大学教授刘光临先生认为，南宋的会子即具有公债券的性质："窃以为宋代的会子不是现代意义上的货币，而是某种具有流通性质的政府债券。会子由盐钞、交子发展而来，本身价格可以浮动，政府没有强制取消其他货币，而是以其财政收入为担保，并且许诺二至三年后兑现（南宋政府也几次以金钱或实物来回收会子），而实际上通过兑换而换界，就是发行新会子，以债滚债，成为中长期债券。"[2]

也有学者不同意将南宋会子说成是政府债券。[3] 好吧，会子其实并不是我们要介绍的公债券，我们想说的宋朝公债券，是关子。

1　参见程民生《宋代的"公债"》，《中国史研究》2006 年第 3 期。

2　刘光临：《市场、战争和财政国家——对南宋赋税问题的再思考》。

3　参见包伟民《再论南宋国家财政的几个问题——答刘光临君》，《台大历史学报》2010 年第 46 期。

关子作为一种信用票据，最早见之北宋末。当时商人在沿边军州入纳粮草，政府用关子支付，然后商人带着关子到在京榷货务兑换成现钱。榷货务有一笔专门的资金用来兑付关子，叫"转廊钱"："自榷货务出见钱，以寄外廊，而后给关子付诸路籴买，俟商贾来请，故谓之转廊钱。"[1] 此时的关子，只是一种跟便钱差不多的汇票。

南宋绍兴元年，朝廷要给屯驻婺州的抗金部队拨款，由于"舟楫不通，钱重难致，乃诏户部造见钱关子付婺州，召客人入中，执关赴榷货务请钱，有愿得茶、盐、香货钞引者听"[2]。这个时候的关子，也是汇票。

绍兴六年，南宋朝廷再次印发关子充当籴本。本来，宋政府想要发行的并不是关子这样的汇票，而是交子那样的楮币。当时有财政官员提议"依四川法造交子，与见缗并行"，于是朝廷设置行在交子务，印造三十万贯交子付江淮行用，又造一百五十万缗充籴，并打算将交子"悉行东南"。[3] 但朝廷的计划遭到一部分大臣反对，反对者说，发行交子需要准备金，"四川交子行之几二百年，公私两利，不闻有异议者，岂非官有桩垛之钱，执交子而来者，欲钱得钱，无可疑者欤"[4]？而现在发行一百五十万贯交子充籴本，"未闻桩拨此钱，何以示信于人乎"？如果朝廷非要发行不可，也不如印造关子，"止用数十万道，听客人于沿边入中斛斗或纳钱兑便，令持关子赴行在，请换见钱或茶盐引及香药

1　陈均：《九朝编年备要》卷二十八。

2　马端临：《文献通考》卷九《钱币考二》。

3　李心传：《建炎以来系年要录》卷九十八。

4　李心传：《建炎以来系年要录》卷一百一。下同。

杂物之类，庶几便商贾、省漕运，不失朝廷置关子之本意"。

由于反对"无锚"发行交子的意见十分强烈，朝廷又确实拿不出太多钱来作为交子的准备金，只好停止印发交子，废罢行在交子务，改为发行见钱关子。

为什么宋人强烈反对印造交子，却不反对发行关子？显然，在宋人的观念中，关子与交子是两种不同的票据。南宋政府发行交子，是计划将它当成货币使用的，但因为缺乏充足的准备金，受到廷臣反对；关子则不是货币，"本意"如同便钱，用于资金汇兑而已。那我们为什么还要将关子说成公债券呢？

这是因为，宋政府"用日益窘，既无见钱，但虚出关子付外路。商贾已纳粮草，得关子赴京务请钱，率不能给"[1]。在榷货务本钱不足、无法随时兑付的情况下，宋政府通常会延期承兑关子，导致关子债券化。

让我举一个例子。北宋崇宁初年，"蔡京初拜相，有巨商六七辈，负官钞至庭下，投牒索价。且曰：此章相公开边时，此曾相公罢边时所用，合三百七十万缗不能偿者"[2]，章惇与曾布当宰相时，政府欠下商人 370 万贯债务，蔡京执政后，这些商人带着"官钞"前来索债。宋徽宗得知政府欠债未偿之后，说道："辱国！且奈何？"让蔡京想办法偿还债务。当时"国用常匮，视三百七十万余缗为未易偿"，蔡京想出了一个"打套折钞"的法子：将"诸司库务故弊之物，若幕帟、漆器、牙、礼锦段之属及粗细色香"，按比例打包成若干套，折算成钱贯，按价值高低分

1　陈均：《九朝编年备要》卷二十八。

2　陈均：《九朝编年备要》卷二十六。下同。

若干等，编成字号，用来偿还债务。刚开始时，商人不接受，认
为打套的价值偏低。后来有人愿意先试试，领了一套在市场上售
卖，结果发现"惟乳香一物，足偿其本，而他物利又自倍，于是
欣然"。蔡京用这打套折钞之法，"不半年，尽偿所费"。

商人向蔡京政府索债时所带的"官钞"，便是宋政府发行的
关子或其他名目的钞引。由于政府延后偿还，于是关子成了一种
类似公债券的信用票据。蔡京的继任者王黼执政时，为兑付商人
"入中"的关子，又将已发行出去的关子"以急缓新，次为七等"[1]，
排定偿还的时间表。这样的关子，更是跟公债券没什么分别。

关子债券化的情况同样出现在南宋初，其时"州县以关子充
籴本，未免抑配，而榷货务又止以日输三分之一偿之，人皆嗟怨"[2]，
州县官府购买粮食，以关子支付，但榷货务又缺乏足够的钱本承
兑，只好将兑付时间延后。我们前面说过，关子原本是汇票，但
因为政府延后兑付，关子的性质便悄然发生了变化，变成政府向
民间赊买物品的欠条，所以宋人认为，"有司措置，浸失（关子）
本意"[3]，但用金融的眼光来看，这就是关子的债券化。

由于关子的兑付往往都要延期，绍兴六年，宋政府干脆在关
子的背面印上延期兑付的日期。当年十月，右司谏王缙进言："州
县和籴关子，勘合缴连，多所阻滞，乞令只于关子背批凿年、月、
日、州名，用印给付，任其行使。"[4]朝廷从之。官府批凿的兑付
日期通常是在三四年后，到期兑付之前，关子可以转手流通，"任

1 陈均：《九朝编年备要》卷二十八。
2 脱脱等：《宋史》卷一百八十一《食货下三》。
3 李心传：《建炎以来系年要录》卷一百一。
4 李心传：《建炎以来系年要录》卷一百六。下同。

其行使"，就如今日的"国库券"。这时候的关子，已演变成一张政府债券。

绍兴二十九年（1159），宋政府又发行了一种设定兑付期和面额的关子：为给诸路屯驻大军筹集经费，"榷货务场印给公据、关子赴三路总领所，招诱客人等请。淮西、湖广各关子八十万缗，淮东公据四十万缗，皆自十千至百千，凡五等，内关子作三年行使，公据作二年，许钱银中半入纳，依自来优润分数"[1]。这次发行的见钱公据、见钱关子，有面值（从 10 贯到 100 贯，分 5 种面值），有利息（优润分数），有兑付期（关子 3 年，公据 2 年），商民自愿入纳现钱与白银申领。你说，这是不是公债券？

其实，宋政府给付"入中"商人的钞引（包括关子在内），都具有延期兑付的特点，从"入中"领钞到凭钞兑取，需要一段相当长的时间。宋人说："商人既已入中，候其换交引，往亭场，川路修邈，风波阻滞，计须二年以上方到。"[2] 也就是说，宋政府至少可以延迟两年兑付商人手中的钞引，因此，这些钞引都可以看作是宋政府发行的债券。

不过，有公债券发行，并不意味着有债券市场出现。我们还要继续探究：宋王朝有没有形成一个债券市场。

公债市场

宋朝官方发行的各种钞引（公债券）有一个重要的特点：既

---

1 李心传：《建炎以来系年要录》卷一百八十二。
2 李焘：《续资治通鉴长编》卷五十。

可以找政府设立的榷货务兑现，也可以在市场上转手交易，比如王黼排定关子的兑付时间表后，有一些商贾"莫能久候，因贱货之交引铺"[1]。钞引之所以可以转手交易，离不开下面这几个因素：

其一，宋政府为激励商人"入中"，支付给商人之钞引的价值，通常远高于商人入纳之钱粮的价值，这叫"加饶"。"加饶"是附加于钞引上的巨大利润空间，可以吸引买家来购买钞引。北宋前期，若"入中"以汇票结算，"加饶"200%以上，"如粟价当得七百五十钱者，交引给以千钱，又倍之为二千，切于所须，故不吝南货"；若以茶盐钞结算，"加饶"更是高达500%以上，"当得十五六千至二十千，辄加给百千。又有官耗，随所饶益"[2]。

其二，由于种种原因，比如榷货务的现金不足时，便可能会无法及时兑付"入中"商人的汇票。皇祐年间，"入中者浸多，京师帑藏益乏，商人持券以俟，动弥岁月，至损其直以售于蓄贾之家"[3]。又如茶盐的产量不足时，也会供不应求，大约咸平年间，"沿江榷货务交引纷至，茶不充给，计岁入新茶，一二年不能偿其数"[4]，导致钞引滞积。一部分商人急于售钱，便会降价抛售手中的交引。同时，另一部分商人则愿意逢低吸筹，购入交引，等待升值。

其三，宋政府虽然对钞引的兑现有着严格的审核程序，但这是为了防止伪引，而不是将钞引与原持有人相捆绑。兑付的基本原则是"凭票给货"，"认引不认人"，正如明朝拟话本小说《二

1　陈均：《九朝编年备要》卷二十八。

2　李焘：《续资治通鉴长编》卷六十。

3　脱脱等：《宋史》卷一百八十四《食货下六》。

4　徐松辑：《宋会要辑稿·食货三六》。

刻拍案惊奇》所说：“宋时禁茶榷税，但是茶商纳了官银，方关茶引，认引不认人。有此茶引，可以到处贩卖。”[1]

正是基于此，宋朝的京师以及“冲要州府”出现了交易钞引的“交引铺”，有点像近代的证券交易所。宋朝的交引铺是民营金融机构，多由金银锦帛铺演变而来，这是因为钞引交易都是大宗生意，金银锦帛铺才有雄厚的资本收购钞引。

在北宋东京开封，“南通一巷，谓之‘界身’，并是金银彩帛交易之所，屋宇雄壮，门面广阔，望之森然，每一交易，动即千万，骇人闻见”[2]。这里的“金银彩帛交易之所”便兼营钞引交易，每一单交易，都是以千贯、万贯计算。在南宋行在杭州，“自五间楼北，至官巷南御街，两行多是上户金银钞引交易铺，仅百家余。门列金银及见钱，谓之看垛钱，此钱备入纳算请钞引。并诸作匠炉韝，纷纭无数”[3]。杭州城内，单“五间楼北，至官巷南御街”这一条“金融街”，就集中了一百多家交引铺。这些交引铺的门面，都摆出大堆“金银及见钱”，以示自己的资金流充足，随时可以向榷货务或“入中”商人购买钞引。

宋朝的其他城市，如靠近西北边境的重镇、商业发达的东南城市，也有交引铺。《宝庆四明志》记录有南宋明州的六所交引铺：西门引铺、南门引铺、沈店引铺、宋招桥引铺、望春桥引铺、江东引铺。其中西门引铺一年缴纳的商税有“一千七百二十六贯六百七十三文”，南门引铺的商税有“二千六百三十六贯

1　凌濛初：《二刻拍案惊奇》卷八。

2　孟元老：《东京梦华录》卷之二。

3　耐得翁：《都城纪胜》。

六百六十七文"，沈店引铺的商税有"二千一百九十七贯五十六文"，宋招桥引铺的商税有"九百六十贯六百五十七文"；望春桥引铺的商税有"七百四十八贯七百四十二文"，江东引铺的商税有"二千六百四十二贯二百一十文"，合计"一万九百一十二贯五文"，可见交易额很大。[1]

跟今天的证券交易一样，交引铺也是通过低价买入钞引、高价卖出的方式赚取利差。以茶引的交易为例，"入中者非尽行商，多其土人，既不知茶利厚薄，且急于售钱，得券则转鬻于茶商或京师坐贾号交引铺者，获利无几。茶商及交引铺，或以券取茶，或收蓄贸易，以射厚利"[2]。有时候，开交引铺的"金融大鳄"还会利用其市场垄断地位，极力压低钞引的市场价，购入证券，如皇祐年间，北商"券至京师，为南商所抑，茶每直十万，止售钱三千，富人乘时收蓄，转取厚利"[3]。

除了从事钞引交易，交引铺还买卖生金银（生金银的实质就是货币）、销售金银器及金银首饰（因此铺内才需要配备"作匠炉鞴"）、兑换货币（比如以白银兑换铜钱，以铜钱兑换会子）。前面我们提到宋朝的"银行"，交引铺也可归入金银行业，如此说来，宋朝"银行"尽管不同于今天的银行，但它们显然已经向金融机构演化，而不仅仅是金银作坊。事实上，英国的金融票据"金匠券"也是从金匠行业发展起来的。中西金融业的演进路径其实都差不多，绝不能说只有西方传统才具备孕育现代金融业的因子。

1 罗濬：《宝庆四明志》卷第五。
2 李焘：《续资治通鉴长编》卷一百。
3 李焘：《续资治通鉴长编》卷一百七十。

从某种意义上来说，宋代钞引交易的出现，等于是创造了一个发达的公债市场，并带动资本的高效周转。

受诱人的钞引"加饶"所吸引，行商、"土人"会积极贩运军需物资前往沿边州郡"入中"，以手中物资换取一张"加饶"的钞引。如前所述，由于钞引的延时兑付特征，我们可以将其理解为公债券，"加饶"则可以理解为政府支付的优厚利息。政府借此实现了"战争融资"的动员，通过市场将后方的大批军需物资调到沿边。

如果沿边州郡政府以现金支付的方式购买物资呢？效果会大打折扣，因为沿边政府需要储积大量笨重的铜钱。而入纳军需物资的商人得到现钱后，如果直接搬运回去，无疑非常费劲；如果就地采购回货，沿边又没有多少值钱的货物。如此一来，商人"入中"的热情就会大减。沿边政府用公债券来支付，就不存在这样的麻烦。

行商或"土人"得到钞引后，前往榷货务兑换现钱或茶盐货物，总是需要一段时间，甚至需要排队等候，而自己又"急于售钱"，"莫能久候"，如何是好？特别是"土人"，做的是小本买卖，前往榷货务取货的成本是他们承担不起的。如果钞引不能便捷兑现，他们的"入中"热情也会受影响。证券市场的出现，近乎完美地解决了这个问题。

这个市场的交易者一般是"土人"（沿边本地小商民）、行商（北商）、中小券商、交引铺户（大券商）、盐茶商人（南商）等。"土人"得到钞引后，往往"诣冲要州府鬻之"，而"寡至京师"；[1]

1　李焘：《续资治通鉴长编》卷六十。

中小券商从"土人"处购得钞引，再带至京师倒卖给交引铺；"急于售钱"的北商也可以将手中钞引卖给交引铺，快速套现；交引铺则将钞引屯积起来，等钞引升值时再高价转卖给南商；南商向交引铺购买钞引，虽然需要支付更高的价格，但也免去了驮着钱粮跑到沿边州军"入中"的长途劳顿。

与此同时，北商卖出钞引、得到现钱后，在"入中加饶"的吸引下，又会在京师积极采购物资，贩运往沿边地区；为给这些"入中"的货商供货，又有其他商人通过发达的水路，源源不断地从南方运来粮食、绢布等商品，"以至漆、蜡、纸、布、绸、绢、丝、绵，萃于京师，阜丰征算"[1]。

你看，通过钞引（公债券）的发行与流通，宋政府在缺少现钱的情况下，却能够运用金融机制调集到巨额的军需物资，完成战争融资，同时还拨动了资本与商品的流转（交引铺的出现，又加速了这一过程），从而促进了长途贸易的发展，带动了沿途运输业、仓储业、旅店业、手工业、商业、金融业的兴起。用宋人的话来说，"使商贾之业得通于道途，必兼并之家不拥其财币，则市井繁富，泉货通流，交易贸迁，各得其所"；"以此，所由州县，贸易炽盛，至为良法"[2]。一张小小的钞引，将整个市场都搅动起来。这很不简单。

不过，这样一套融资机制，需要一个支撑点：钞引的市场价不能跌破商人"入中"的成本价，否则，商人无利可图，便会失去"入中"的热情与兴趣，政府也将无法利用它征集、调拨军需。

1　徐松辑：《宋会要辑稿·食货二三》。下同。
2　马端临：《文献通考》卷十六《征榷考三》。

因此，当流通市场中的钞引发生严重贬值之时，宋政府通常都会介入。

宋政府调节钞引市场价的办法就是设立买钞机构，在钞引的市场价太低时，以高于市场价的价格买入钞引；而当钞引的市场价过高时，又以低于市场价的价格出售钞引，借此来平抑钞引买卖的市场价格，使钞引的交易价维持在合理区间。

此法由范祥于嘉祐年间创立于陕西，故又称"范祥钞法"。办法是："陕西贮钱五百万贯，不许辄支用。大约每钞极贱至五贯，即官给钱五贯五十文买之。极贵，则减五十文货之。低昂之权，常在官矣。钞法无时而不行。"[1]

熙宁十年，市易务"于在京等七处置场"购买盐钞，"每席三贯四百，权于内藏库借见钱二十万贯应副收买"，即设立买钞场，向内藏库借钱回购钞引。[2]崇宁二年，因山西解池"无盐可还"，解盐钞滞积贬值，"在京交引铺户，乘时贱买，致沿边入纳艰阻，侵坏钞法"，朝廷又复设买钞所，以东南末盐、乳香、茶钞、度牒、杂物等博换商人的盐钞。[3]

在宋代，钞引的交易一直都是合法的，即使在出现大铺商操纵交引价格的情况下，宋政府也没有考虑取缔钞引交易市场，而是设买钞所（场）对冲交引铺，增价回购钞引，就如今日证券市场中，政府用"平准基金"救市。

我们应该怎么评价宋代出现的债券市场呢？让我引述刘光临

---

1 王巩：《随手杂录》，收于陶宗仪《说郛》。
2 李焘：《续资治通鉴长编》卷二百八十一。
3 杨仲良：《皇宋通鉴长编纪事本末》卷第一百三十二。

先生的一段话吧："在中国历史上，政府向商人个人、家族或群体举债并不罕见，但是（宋朝）政府走向公债市场，并懂得如何维系其债务信用，却是中国，也是世界财政史上开天辟地的一大突破"，"文艺复兴时期的意大利、十七世纪的荷兰，还有十八世纪的英国，都在南宋之后走过相似的道路。因为只有为战争而举债的政府，才有可能比任何私人商人和企业家需要，同时也有能力借得起如此巨大规模的债款。最终结局就是市场化的战争催生了包括中央银行、股票交易所等在内的公共金融机构。"[1]

但遗憾的是，在中国，宋代之后，再没有一个王朝有兴趣去发展债券市场。"中国历史上，有哪些朝代大规模利用公债来应付财政支出？答案似乎只有宋朝"，"巨大军事动员压力推动南宋政府在十世纪以来财政实践的基础上，又发展出一个规模颇大的公共金融市场。南宋灭亡之后直至太平天国将近六百年间（1279—1864），中国再无此种以间接税和权卖收入为基础的公债制度"。[2]

其实明王朝还保留着食盐的间接专卖，并延续了"入中"的制度（时人称为"开中"）：商人运粮到边关入纳，可换取盐引，再凭引到指定的产盐地领盐贩卖。不过，明代的"开中"规模远小于宋代"入中"，明王朝的军需物资主要依靠自给自足的军屯，"开中"只是补充而已。而且，明政府也不打算发展盐引交易市场，根据成化十九年（1483）的一条法令，"客商典当引目与人，名

1　刘光临：《市场、战争和财政国家——对南宋赋税问题的再思考》。
2　卜永坚：《盐引·公债·资本市场——以十五、十六世纪两淮盐政为中心》，《历史研究》2010 年第 4 期；刘光临：《市场、战争和财政国家——对南宋赋税问题的再思考》。

为伙支；或典卖有势之人，名为卖支"，都是犯法的行为，"俱问罪，引目、盐货入官"。[1] 也就是说，按明朝"开中"法的制度设计，盐引与持有人是捆绑在一起的。

但是，如果不允许盐引交易，有一个问题便无法解决：盐商在关境领到盐引后，必须千里迢迢赶往产盐地，再花上几年时间等候支盐。这明显是违背市场逻辑的。市场的力量必然会慢慢地将明政府的不合理设定扭转过来，所以，大约从明中期开始，食盐市场形成了"边商"与"内商"的分工："边商难于守支（即守候支盐），故卖引于内商；内商难于报中（即在边关入纳粮草），故买引于边商。一专报中、一专守支……彼此交易，两利俱全。"[2] 明政府也默许边商与内商的盐引交易。

但后来，从内商中又分化出操纵引价、囤积盐引的"囤户"（类似于宋代的交引铺户）。他们在无盐可支时压低引价，大量收购盐引，等到有盐可支时再高价抛售。明政府无法容忍这样的行为，于万历四十五年（1617）变革盐法，废除了食盐的间接专卖制，实行纲盐制：官府编制纲册，只有纲册上有名的纲商才准许贩盐，而且，纲商的身份是世袭的，这一做法大概是从明初的"诸色户计"制度获得灵感的。其后清朝入关，亦沿用纲盐制。纲盐制下的盐引，不再是可以流通的有价证券，而是证明纲商身份的特许经营执照。

明清两朝纲盐制的推行，制造了一批巨富的盐商家族，但从金融的角度来看，明清政府却从此错失了证券市场的发育好时机。

1　李东阳等：《大明会典》卷之三十五。
2　庞尚鹏：《清理盐法疏》，收于陈子龙辑《明经世文编》卷之三百五十七。

余话

现在我们回顾一下，前面我们谈到了宋代的各个金融部门：便钱务、榷货务、买钞所、抵当所、内藏库、交引铺等。除了交引铺，其他都是宋政府设立的机构。宋代诞生的各种信用工具——交子、会子、关子、便钱、盐钞、茶引等，也都是由政府部门（主要是榷货务）发行。

不过，这并不表示宋代民间社会就没有自发的金融组织。发明私交子的四川交子铺，提供抵押贷款的解库与质库，主营货币兑换的兑便铺，发行"寄附钱会子"（类似存单、汇票）的寄附铺，交易生金银的"银行"，以及交引铺等，都是宋时出现的民营金融机构。

但我们得承认，宋朝的民间金融发育程度远远不如官营金融业。以国家的力量发展金融业，既展示了宋朝政府对经济事务的热切和对市场机制的熟悉，也使得宋代的金融形态全然有别于明清时期。

明清时期特别是清代后期，民间金融非常发达，涌现了当铺（主营抵押贷款）、钱铺、账局、钱庄、银号（以上均主营银钱兑换、存贷款、发行银票）、票号（主营现金汇兑）等民营金融机构，并发展出会票（汇票）、凭帖（本票）、兑帖（支票）、壶瓶帖（类似融通票据）、期帖（远期汇票）、银票等金融票据，但明清政府对于金融业的发展，差不多持一种"冷眼旁观"的消极态度，既无参与其中的热情，对于金融市场的监管也几乎不感兴趣，要等到光绪三十四年（1908），晚清政府才出台《银行通行则例》。

持自由放任立场的学者应该会认同明清的金融发展模式，因为明清政府的"无为而治"显然更符合经济自由主义的教义。然而，从历史的经验来看，不管是西欧，还是晚清与日本，在近代转型中，社会经济的近代化总是要求国家介入市场、开拓市场，积极发展金融、商贸，而不是超然于市场之外。宋代蓬蓬勃勃的国家金融事业，恍如是近代金融景象。

黄金弃卖如土贱，楮币翔踊余贯缗

——宛如『点金术』的楮币制度

本篇我们要跟着意大利商人马可·波罗的脚步，到 13 世纪的八里城看看元朝汗廷设立的"造币局"。这个造币局制造的货币，不同于马可·波罗在欧洲见过的任何货币，既不是金币、银币，也不是铜钱，而是一种纸币。

马可·波罗介绍说，"此币用树皮作之"[1]，先将树皮"制以为纸，与棉纸无异，惟其色纯黑。君主造纸既成，裁作长方形，其式大小不等"，上面"钤盖君主印信，由是每年制造此种可能给付世界一切帑藏之纸币无数，而不费一钱"。

纸币造好之后，"用之以作一切给付。凡州郡国土及君主所辖之地莫不通行。臣民位置虽高，不敢拒绝使用，盖拒用者罪至死也……各人皆乐用此币，盖大汗国中商人所至之处，用此纸币以给费用，以购商物，以取其售物之售价，竟与纯金无别"；"诸臣民有需金银、宝石、皮革用以制造首饰、器皿、衣服或其他贵重物品者，可赴造币局购买，唯意所欲，即以此种纸币给价"。

1　[意]马可·波罗：《马可波罗行纪》。下同。

对此神奇的纸币，马可·波罗大概觉得有点不可思议，其形容为"大汗专有方士之点金术"。有意思的是，宋末元初的许衡也认为，"夫以数钱纸墨之资，得易天下百倍之货；印造既易，生生无穷，源源不竭。此世人所谓神仙指瓦砾为黄金之术，亦何以过此？"[1]

纸币，当然不是元朝皇帝"专有方士"或什么神仙的"点金术"，而是宋朝文明的产物。由于纸币以楮皮纸印制，宋人又习惯将纸币称为"楮币""楮券"。

四川交子

许多人都知道，世界最早的纸币是北宋的交子，诞生于四川。不过，交子刚开始出现时，严格来说，并不是货币。早在北宋初（大约淳化年间，公元 10 世纪末），益州已有私交子流通，"私以交子为市"[2]。这时候的交子，是民间交子铺自由发行的票据，类似于存单或者兑换券。市民在交子铺存入铁钱，即可换成交子；而持有交子的商民，既可随时往交子铺兑换成现钱，"凡遇出纳，本一贯取三十钱为息"，交子铺会收取 3% 的手续费，也可直接将交子用于交易支付，交子的纸面有手写的金额，"以便贸易"。[3]

交子为什么会出现在北宋四川？我们认为，原因有二。其一，四川为铁钱区，铁钱笨重，不适宜用于大宗交易与长途贸易，"蜀

1　黄淮、杨士奇编：《历代名臣奏议》卷之二百七十三。

2　李焘：《续资治通鉴长编》卷五十九。

3　费著：《楮币谱》，收于法式善《陶庐杂录》卷二。

用铁钱，其大者以二十五斤为一千（即一贯），其中者以十三斤为一千，行旅赍持不便"，"街市买卖至三五贯文，即难以携持"。[1] 其二，四川商品经济相当繁荣，熙宁年间，四川的商税收入占全国商税总额的 26%，绍兴年间，四川的酒税收入占全国酒税总额的 40%，足以证明四川市场交易之活跃，这就需要有支持活跃交易的支付工具，于是轻便的交子应运而生。[2]

然而，由于交子一开始是自由发行的，似乎任何商人都可以发行交子，只要有人买账。交子市场缺乏必要的监管，很快便"奸弊百出，狱讼滋多"[3]，比如说，有些交子铺收到现钱、开出交子后，却拒绝将交子兑换成现钱。交子的信用也因此受到严重破坏。大约宋真宗景德初年（11 世纪初），益州知州张咏对混乱不堪的交子市场作了一番整顿。

整顿的结果是，益州政府不再允许民间私人自由发行交子，改由十六家富民联合经营："益州豪民十余户连保作交子，每年与官中出夏秋仓盘量人夫，及出修糜枣堰、丁夫物料。诸豪以时聚首，同用一色纸印造。印文用屋木人物，铺户押字，各自隐密题号，朱墨间错，以为私记。书填贯（数），不限多少。"[4] 十六家大铺户相互担保，获得发行交子的特许权。他们统一了交子的用纸与样式：朱墨双色印刷，面额临时填写，券面印有"屋木人物"图案，又有铺户的签名与暗记，签名为信用背书，暗记为防伪标

1 马端临：《文献统考》卷九《钱币考二》；李攸：《宋朝事实》卷十五。
2 参见张邦炜、贾大泉《宋代四川经济发展的不平衡性》，《西南大学学报》（社会科学版）1989 年第 2 期。
3 李焘：《续资治通鉴长编》卷五十九。
4 李攸：《宋朝事实》卷十五。下同。

志。同时，十六家铺户也需要承担受许人的义务：每年替官府支付一定的公共工程建设经费。

益州私交子于是从"自由发行"阶段进入"特许经营"阶段。这一阶段的交子，性质仍然是存单（或汇票），但在支付时与现钱无异：交子铺"收入人户见（现）钱，便给交子，无远近行用，动及万百贯"。交子的面额为手书，"书填贯（数），不限多少"；交子也可随时兑换成现钱，但交子铺要"每贯割落三十文为利"，即收 3% 的手续费。

但交子发行日久，又生弊病。交子铺收了商民存款，"收买蓄积，广置邸店、屋宇、园田、宝货"。但当商民持交子兑换现钱时，交子铺因现金流不足，只好"关闭门户不出"，导致商民"聚众争闹"。最后，官府不得不介入，"差官拦约"，经官方调停，交子铺答应承兑交子，但"每一贯多只得七八百"。也就是说，一名小市民积了 10 贯钱，为方便交易，到交子铺兑换成 10 贯交子，想换成现钱时，却只能换 7 贯钱，利益受到"侵欺"。私交子再次发生了信用危机。

到了天禧末（1020 年代），益州知州寇瑊干脆禁止交子流通，"诱劝交子户王昌懿等，令收闭交子铺，封印卓，更不书放"，"其余外县有交子户，并皆诉纳，将印卓毁弃讫"，并奏请朝廷下诏，申明"益州今后民间更不得似日前置交子铺"。寇瑊上奏后便调任他职，宋政府便让新任益州知州薛田、四川转运使张若谷"同共定夺"。薛、张报告说，"自来交子之法久为民便，今街市并无交子行用"，以致"市肆经营买卖寥索"，"今若废私交子，官中置造，甚为稳便"——提出发行官交子、取代私交子的建议。

天圣元年十一月，朝廷批准了薛田等人的建议，"诏从其请，

山西宝宁寺水陆画《往古顾典婢奴弃离妻子孤魂众》（局部）中的纸钞

始置益州交子务”[1]，并于次年开始发行第一界官交子，共发行
“一百二十五万六千三百四十贯，其后每界视此数为准”[2]。交子从
此进入官方发行阶段。

1　李焘：《续资治通鉴长编》卷一百一。
2　费著：《楮币谱》，收于法式善《陶庐杂录》卷二。下同。

官交子的发行采用分界制，两年一界，每界发行额为 1256340 贯。新一界交子发行，即收回上一界交子（熙宁五年起改为两界并行，相当于一界流通四年），交子兑界，交子务要收 3% 的"纸墨费"。分界发行，是官交子不同于私交子的特点。

分界发行也是宋代楮币有别于现代纸币的地方。站在宋政府的立场来说，楮币分界有什么好处呢？其一，以 1000 年前的造纸技术，一张纸币在使用数年后难免会破烂，换界有利于纸币的新旧更替；其二，纸币比金属货币更容易产生伪钞问题，换界可以淘汰伪钞；其三，换界便于官方掌握、控制投放入市场的纸币数量；其四，换界时通常都会有一部分楮币因为未能成功兑换而成了废币，等于变相增加了政府的铸币税；其五，宋政府通过换界，还可以额外获得 3% 的手续费收入。有人认为分界是交子落后于元明宝钞的体现，我不同意这种看法，恰恰相反，我认为分界是交子发行的成功经验。

官交子还有一点也跟私交子不同：票面的金额不再是临时书写，而是固定下来，面额从一贯至十贯。之后交子的面额又有过两次调整，一次是在宝元年间："以十分为率，其八分每道为钱十贯，其二分每道五贯。若一贯至四贯、六贯至九贯，更不书放"，即改为 10 贯与 5 贯两种面额，其中 10 贯的发行量占 80%，5 贯的占 20%。另一次调整是在熙宁年间："逐界交子十分内，纽定六分书造一贯文，四分书造五百文，重轻相权，易为流转"[1]，交子面额改为 1 贯与 500 文两种，其中 500 文的发行量占 40%。固定面值的出现，意味着交子在形式上更加接近货币。

---

1 李攸：《宋朝事实》卷十五。

官交子还获得了法偿地位，"州县之折纳、四方之征商、坊场河渡之课息，不贵其钱，不拘其楮"[1]，在交子流通区内，民众可以用交子缴纳田赋、商税、承包坊场河渡。换言之，官交子实质上已经跟法定货币差不多。我们说，交子是世界上最早的纸币，指的是官交子，而非私交子。

不过，官交子在发行之初，仍然保留着银行存单的性质：每一道交子都可以兑换成等值的铁钱（需扣除3%的手续费）；交子的投放，也是采用"纳钱请交"的方式，"候有人户将到见钱，不拘大小铁钱，依例准折，交纳置库收锁，据合同字号给付人户（交子），取便行使"。[2] 也就是说，市民在交子务交纳多少贯现钱申请交子，交子务即往市场投放多少贯交子，市场中的交子流通量，等于市民申领的交子总额，等于他们缴纳给交子务的现钱数量。经济学常识告诉我们，此时官交子与铁钱的比价，是不会贬值的，会一直保持1∶1（忽略手续费）。

但是，庆历年间（1040年代），宋政府对交子的投放，在"纳钱请交"之外，又打开了财政发行的通道。因为庆历年间，宋朝与西夏发生军事冲突，西北边防急需大量军用物资，而朝廷一下子掏不出那么多现钱，便先后两次拨给秦州六十万贯交子，用来支付商人"入中"粮草的报酬。由于这六十万贯交子"并无见钱桩管，只是虚行刷印"，商人领到交子后，无法兑换成现钱，这些交子只能进入流通，"散在民间"。这是交子财政发行的开始。

熙宁变法期间，国家财政急剧扩张，又有更多的交子通过财

---

1 谢维新：《古今合璧事类备要》外集卷六十六《财用门·楮币》。
2 李攸：《宋朝事实》卷十五。下同。

政发行投放入市场：熙宁四年，"赐提举成都府路常平司交子钱二十万缗为青苗本钱"；同年又"赐交子十万缗为梓州路常平籴本"；成都府转运司还要每年拨给熙河路交子十万贯，"客人于熙河入纳钱四百五十或五百，支得交子一纸，却将回川中交子务，请铁钱一贯文足见钱"（意味着益州交子务用于兑付交子的本钱每年都要减少 10 万贯）；元丰五年，朝廷又从成都路拨交子十万缗给泸州，用于公共工程的修造。[1]

财政发行的交子越来越多，如果益州交子务没有足够的准备金兑付交子，交子与铁钱的比价将无可避免地发生贬值。熙丰年间，四川交子已出现贬值，如第二十六界交子 1 贯只能兑换现钱 940 文，第二十七界交子 1 贯只能兑换现钱 960 文。不过，此时交子的贬值还是非常轻微的。

四川交子的信用崩溃，发生在宋徽宗朝，因为当时用兵陕西，朝廷发行了巨量交子"以助边费"，"较天圣一界逾二十倍，而价愈损"，交子发行量是天圣年间一界交子的 20 倍。[2] 可想而知，交子的贬值狂潮来临了，一贯面值的交子，只能兑换二三百文钱。宋政府为了挽回楮币的信用，于大观元年（1107）将交子改为钱引。"钱引"二字强调的是可兑换性，就如"茶引"可以兑换成茶叶，"盐引"可以兑换成食盐。宋政府希望通过强调"钱引"的可兑换性来为新楮币的信用背书。但实际上，钱引很快又因为滥发而严重贬值，"引一千者今仅直十之一"。

1　李焘：《续资治通鉴长编》卷二百十九；李焘：《续资治通鉴长编》卷二百二十；李焘：《续资治通鉴长编》卷二百五十八。

2　脱脱等：《宋史》卷一百八十一《食货下三》。下同。

直至大观末、政和初（1110 年代），钱引的发行恢复天圣旧法，每界限额 125 万贯，并以 50 万缗铁钱为准备金，赋予钱引完全的法偿地位，这才慢慢重建钱引的信用，"引价复平"。此后，四川钱引一直行用到南宋末宝祐年间，才因为信用崩溃而被宣告作废，改为发行四川会子。

官交子（川引）从北宋天圣二年（1024）问世，到南宋宝祐四年为川会所代替，行用两百多年。其间，除了北宋末与南宋末出现非常严重的贬值，其购买力大体上一直保持稳定，通胀都是在可控制、可接受的范围内。这很了不起。

东南会子

除了四川交子（钱引），北宋政府还发行过几种行用时间非常短的楮券，如陕西交子、诸路钱引、小钞；南宋政府亦发行过多种信用货币，如两淮交子、湖北会子、关外银会子、四川小会子等。其中流通范围最大、行用时间最长的是东南会子。

跟四川交子一样，东南会子也是起源于民间私自发行的存单。至迟在北宋末，东京开封城内便出现了"寄附钱物会子"：市民在寄附铺存入现钱，换成一纸会子。会子既可随时兑换成现金，也可直接用于支付，或者作为汇票携带出城。到了政和三年（1113），宋政府对民间会子的流通范围作出了限制：不准携带出城，不准在外处行使。因为尚书省认为，"诸色人多将京城内私下寄附钱物会子之类出城，及于外处行使，有害钞法"[1]，大概民

1　徐松辑：《宋会要辑稿·刑法二》。

间交子的行用威胁到官方所发行钞引的地位了吧。

南宋初，杭州城内也有"寄付兑便钱会子"流通。绍兴五年（1135），宋政府也曾出台禁令，限制民间会子的流通范围："临安府在城寄付兑便钱会子毋得出门"，但"都人不以为便，翌日遽罢之"，禁令只执行了一天，第二日便废止了。[1]

发行私会子的铺商究竟为何许人也？史料的记述语焉不详，只说"当时临安之民，复私置便钱会子，豪右主之"[2]。据研究宋代经济史的学者李埏、林文勋的猜测，发行私会子的"豪右"应该是交引铺商："联系会子本又是一种票据，再证之于四川交子最初是由成都的十六户富商发行的这一事实，我们认为，这些'豪右'当是临安城内开设交引铺的大商人……交引铺商人一方面财力较大，现钱充足；另一方面又长期从事买卖交引业务，对票据的发行较为熟悉，最有条件发行便钱会子。"[3]

假如李埏、林文勋两位学者的推测无误，那么中西方纸币的源头倒是差不多。17 世纪时，英国伦敦的市民习惯将黄金委托给金匠保管，换成存单。渐渐地，人们发现，用存单进行支付要比直接用黄金方便多了，于是这些存单便作为准货币流通起来，人称"金匠券"。1694 年英格兰银行成立，开始模仿金匠券发行纸币。

清代出现的银票，本质上也是一种银行存单。由于银票的携带、汇兑都比较方便，商民更喜欢用银票汇兑，或者用于日常支

1　李心传：《建炎以来系年要录》卷九十三。

2　李心传：《建炎以来朝野杂记》甲集卷十六。

3　李埏、林文勋：《论南宋东南会子的起源》，《思想战线》1994 年第 1 期。

付，最早发行银票的山西票号也被一些人称为"中国现代银行的乡下祖父"。

不管是宋代的金银交引铺、清代的票号，还是 17 世纪英国的金匠，所从事的行业都属于"金银行"。换句话说，中西方的早期银行家都可以追溯到"金银行"。

说回南宋会子。绍兴三十年，钱端礼知临安府，将民间的便钱会子收为官营，由临安府印制、发行，"于城内外流转"[1]；不久之后，钱端礼迁户部侍郎，会子又改为户部印造——看来钱端礼真不愧姓钱，对货币发行抱有非常高的热情。经钱氏"专委经画"[2]，宋政府于次年二月正式设立行在会子务，主持会子的发行，发行范围也扩大到东南诸路。

官会子有固定的面额，开始时"分一千、二千、三千，凡三等"[3]，意思就是有三种面额：1 贯、2 贯、3 贯；隆兴元年（1163）"更造五百文会，又造二百、三百文会"[4]，增印了 500 文、300 文、200 文三种小面额会子；之后，东南会子只发行四种面额："自一贯、五百、三百至二百，凡四等，民甚便之。"[5]

有了固定面额的官会子，显然比之前的民间便钱会子更接近货币。不过官会子最初还是保留着银行存单的性质，《宋史》中钱端礼的传记透露了钱端礼奉旨造会子的细节："端礼尝建明用楮为币，于是专委经画，分为六务，出纳皆有法，几月易钱数

1　脱脱等：《宋史》卷一百八十一《食货下三》。
2　脱脱等：《宋史》卷三百八十五《钱端礼传》。
3　李心传：《建炎以来系年要录》卷一百八十八。
4　脱脱等：《宋史》卷一百八十一《食货下三》。
5　李心传：《建炎以来朝野杂记》甲集卷十六。

百万。"[1] 可知此时会子的投放采取了"纳钱请会"的方式：市民在会子务入纳现钱，换成会子行用。

另有南宋人陈宓的记述："阜陵（宋孝宗）之始造会子也，出内府钱三百万，开会子务六所，书之币则曰：就某处兑换，收工墨直二十文。此信足以行其权，名足以副其实也。"[2] 据此可知早期的官会子也是可以兑现的，市民可以在交子务"纳钱请会"，也可以"持会换钱"（不过兑现时会子务要收 2% 的"工墨费"），会子上注明了兑换的地点。为方便市民兑换钱会，宋政府设立了六所会子务。

总而言之，正如宋人所言，"楮之始行，非以为楮，以楮飞尔"[3]，官会子刚发行时，并不是纸币，而是与"飞钱"差不多的银行存单。作为银行存单的官会子，理论上是不会贬值的，只要会子务不将市民入纳的本钱挪作他用。但朝廷发行会子，意在筹措财政资金，怎么可能不挪用市民的本钱？

而且，官会子的投放，除了"纳钱请会"，还有财政发行："其合发官钱，并许兑会子，输左藏库"，政府支付的薪俸、赏赐、籴本，都折换成会子发放。[4] 也就是说，市场上流通的会子数量远大于市民存入会子务的现钱。为了保持钱会 1∶1 的比价，会子务需要储存一笔准备金，所以才有宋孝宗"出内府钱三百万"的记载。隆兴二年（1164），孝宗又"令礼部降空名度牒一万道，分下诸

---

1 脱脱等：《宋史》卷三百八十五《钱端礼传》。

2 陈宓：《复斋先生龙图陈公文集》卷第二十三。

3 徐鹿卿：《清正存稿》卷五《论待敌救楮二札上枢密院》。

4 脱脱等：《宋史》卷一百八十一《食货下三》。

路出卖，于建康府置务，桩垛见钱，专充会子本钱"[1]。

这些记载也显示，从绍兴三十年到孝宗朝前期，官会子都是一种可兑现的票据，否则，宋政府就不必准备会子本钱了。一些学者认为"会子一开始就是不可兑换的、由国家信用支持的纸币"[2]，并不准确。

但后来东南会子确实演变成了不可兑现的纸币。这个变化是从什么时候发生的呢？我们尚无法确定具体的时间点。可以知道的是，乾道四年之前，会子是不分界的。不分界的原因可能就是，按最初的设计，会子可以随时兑换成现钱。

乾道四年会子开始立界，以三年立为一界，"界以一千万贯为额，随界造新换旧"，"凡旧会破损，贯百字存、印文可验者，即与兑换"。[3] 兑换时，会子务"每道收靡费钱二十足，零百半之"，即兑换一贯以上，收 2% 的手续费；一贯以下，收 1% 的手续费。政府没有提及官会兑换成铜钱的手续费，可能这个时候，会子已经成为不可兑换的货币。

宋政府又规定，会子的发行"如川钱引例，两界相沓行"[4]，即两界会子并行，同时以新会子、钞引逐渐回收旧会子，至第三界会子发行时收尽第一界旧会子。由此可知，东南会子的法定发行量为每界 1000 万贯，两界并行，总流通量控制在 2000 贯以内。以南宋的财政岁入与商品经济规模，是可以支撑起区区 2000 万贯纸币的流通量的。

1　佚名：《宋史全文》卷二十四上。

2　高聪明：《宋代货币与货币流通研究》，河北大学出版社，2000。

3　脱脱等：《宋史》卷一百八十一《食货下三》。下同。

4　李心传：《建炎以来朝野杂记》甲集卷十六。

但是，我们知道，南宋王朝常年面临战争与备战造成的巨大财政压力，又失去北方的铜矿产地，无法像北宋时那样大规模铸币，军需的筹措、官俸与军饷的支出、财政的周转、市场的运转，都离不开会子。因此，南宋政府只有实行扩张性货币政策，增加会子的供给。

淳熙三年（1176），宋孝宗"诏第三界、四界各展限三年，令都茶场会子库以第四界续印会子二百万，贮南库"，即第三界与第四界会子各延期行用三年，同时增印第四界会子200万贯。[1]会子延期，意味着旧会子没有按时回笼，仍然在流通，此时再加上新会子发行，市场上的会子流通量自然大增。

庆元元年（1195），宋宁宗又"诏会子界以三千万为额"，会子的发行额扩大到每界3000万贯。由于会子经常延期，往往三界并行，总发行量达9000万贯之巨。不过此时还不算超发太严重。

会子不可收拾的滥发是从开禧年间（1205—1207）开始的。当时北伐用兵，靠印钞解决军需，第十一、十二、十三界会子同时流通使用，"几及一亿四千万，其价浸损"[2]。嘉定八年（1215）以降，南宋连续与金、蒙古交战，交子又泛滥发行、行用延期，至绍定六年（1233），又是三界交子（第十四、十五、十六界）并行，总计"已及三亿二千九百余万"[3]。淳祐六年（1246）虽然又恢复二界并行，但会子的发行数却达至顶峰："旧者已及四十二千万，新者已及二十三千万"[4]，旧者为第十七界会子，新

1　脱脱等：《宋史》卷一百八十一《食货下三》。下同。
2　戴埴：《鼠璞》之《楮券源流》。
3　脱脱等：《宋史》卷一百八十一《食货下三》。
4　孙梦观：《雪窗先生文集》卷一《丙午轮对》。

者为第十八界会子，两界总发行额高达 6.5 亿贯。

会子滥发的结果，毫无疑问就是货币贬值，贬值最严重的就是第十七界会子，每贯"不及六十七文行用"[1]。景定二年（1261），浙东"官盐买价每斤不过二百文旧会，实则不过十一文见钱"[2]。"旧会"即第十七界会子。

由于第十七界会子的信用已经崩溃，景定五年（1264），宰相贾似道干脆"改造金银见钱关子，以一准十八界会子之三，十七界废不用"[3]。十七界会子被直接宣布为废纸，政府改为发行"金银见钱关子"，每贯按"省陌"折钱七百七十文足，"同见钱转使"[4]；十八界会子同时流通，与关子的官方比价是 3∶1，即三贯会子换一贯关子。

20 世纪 80 年代初，安徽东至县发现一套南宋金银见钱关子钞版，其中票面版有横排的眉标，文曰"行在榷货务对桩金银见钱关子"；竖排的面额居于钞版正中，文曰"一贯文省"；面额两边有注文："应诸路、州、县公私从便主管，每贯并同见钱七百七十文足，永远流转行使。如官民户及应干官司去处，敢有擅减钱陌，以违制论，徒二年，甚者重作施行。其有赍至关子赴榷货务对换金银见钱者，听。"这些信息显示，按宋政府的设计，南宋末的金银见钱关子是一种以榷货务的封桩金银现钱为信用担保的兑换券，持有人可以随时到榷货务兑换成现钱。

1 张端义：《贵耳集》卷上。
2 黄震：《慈溪黄氏日抄分类》卷七十一《申陈提举到任求利便札状》。
3 佚名：《宋史全文》卷三十六。下同。
4 脱脱等：《宋史》卷一百八十一《食货下三》。

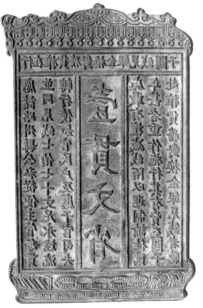

安徽东至县发现的南宋金银见钱关子钞版

贾似道政府改"会子"为"关子"，跟宋徽宗将"交子"改叫"钱引"一样，都是试图通过强调"可兑换"来重建新纸币的信用。

称提理论

北宋的四川交子（钱引）与南宋的东南会子，都经过类似的发展阶段：从私人发行到官方发行，从"纳钱请领"到财政发行，从可兑现到不可兑现。宋人对于楮币的认识，也随着楮币形态的演进而深化。

当交子（钱引）与会子是一种可兑现票据时，必须有准备金担保其信用。宋人将准备金称为"本钱"，假如交子与会子完全以"纳钱请领"的方式发行，本钱就是市民入纳的现钱。但我们知道，宋代更大规模的楮币是通过财政发行的渠道投放入市场的，这就需要政府划出准备金。

四川官交子的发行，原来是有准备金的，"大凡旧岁造一界，备本钱三十六万缗，新旧相因。大观中，不蓄本钱而增造无艺，至引一缗当钱十数"[1]宋徽宗朝交子严重贬值，就是因为"不蓄本钱而增造无艺"，换成现在的说法，这叫"无锚印钞"。大观末年，四川钱引之所以能够重建信用，原因之一便是朝廷从四川提举诸司封桩钱中，调拨了"五十万缗为成都（钱引）务本（钱）"。东南官会子开始发行时，朝廷也是拨了本钱的。

在这个阶段，宋人普遍认为，楮币的信用唯有靠准备金维持："交子之法，以方寸之纸，飞钱致远，然不积钱为本，亦不能以

1　脱脱等：《宋史》卷一百八十一《食货下三》。下同。

空文行"[1];"有本钱足恃，法乃可行，如多出空券，是罔民也"[2]。

熙宁八年（1075）发生的一场政策辩论，正好反映了宋人当时对于信用货币的认知情况。宋政府曾在陕西发行交子，但很快就弊病丛生，因此，朝廷就要不要废止陕西交子而展开了一次辩论。宰相王安石力主废止陕西交子，副宰相吕惠卿则认为不妨保留。王安石说，交子会妨碍盐钞的发行。神宗皇帝说："交子自是钱对，盐钞自以盐对，两者自不相妨。"[3]交子是缗钱的兑换券，盐钞是食盐的兑换券，两者可以并行。王安石又说："（若发行交子）怎得许多做本？"发行交子的准备金从哪里来？吕惠卿说："自可依西川法，令民间自纳钱请交子。即是会子，自家有钱便得会子，动无钱，谁肯将钱来取会子？"吕惠卿所说的"会子"，是指北宋时民间出现的类似于存单、汇票的"寄附钱物会子"。

在这场辩论中，不管是主张保留陕西交子的一方，还是提出废除陕西交子的一方，都承认楮币的发行不可无本钱。只不过王安石认为，交子为财政发行，因此财政必须先掏出本钱来，拿不出本钱就别发行；吕惠卿则认为，交子完全可以采用"纳钱请领"的方式发行，本钱来自商民入纳，不用财政掏一文钱。倒是宋神宗说了一句思想超前的话："但出纳尽，使民间信之，自不消本。"意思是，国家给交子的信用背书，赋予交子法偿地位，取得民间的信任，便可以无本发行交子。但神宗的意见立即受到反对，一名大臣说："始初须要本，俟信后，然后常得行。"

1　李焘：《续资治通鉴长编》卷二百五十九。

2　脱脱等：《宋史》卷三百四十一《赵瞻传》。

3　李焘：《续资治通鉴长编》卷二百七十二。下同。

这次辩论的结果，是宋神宗同意废止陕西交子，撤销陕西交子务，已发放出去的交子用盐钞回收。

宋人对发钞本钱的认识，有一个逐渐深化的过程。熙宁年间，大家还认为，印发交子的准备金必须足额，假如发行一万贯交子，政府就要准备一万贯现钱用于承兑。熙宁七年，中书言："今若于陕西用交子，止当据官所有见钱之数印造。假如于边上入中万缗，却愿于某州军纳换，即须某州军纳换处有钱万缗，画时应副支给。如此，则交子与钱行用无异。"[1]

到了北宋末，宋人又发现，国家发行楮币的准备金，其实是可以不足额的，只需要准备一定比例的准备金，就足以维持楮币的信用了。生活在北宋后期的周行己提出一个观点："臣欲各于逐路转运司置交子，如川法，约所出之数，桩钱以给，使便于往来，其说一也；朝廷岁给逐路籴买之数，悉出见钱公据，许于京师或其余铜钱分路就请，以便商贾，其说二也……国家常有三一之利，盖必有水火之失、盗贼之虞、往来之积，常居其一，是以岁出交子、公据，常以二分之实，可为三分之用。"[2]

周行己说，我提两个建议吧：第一，各路转运司都设交子务，发行交子，交子务根据交子的投放量预留好准备金数额；第二，各路购买政府公用品都用见钱公据支付，商贾再凭公据到京师或铜钱区兑换现钱。而国家发行交子与见钱公据，只要储备三分之二的准备金就足够了，因为交子、公据在行用时，"必有水火之失，盗贼之虞，往来之积"。

1　李焘：《续资治通鉴长编》卷二百五十四。
2　周行己：《浮沚集》卷一。

周行己用"往来之积"来解释不用准备足额的准备金，无疑抓到了要害：交子（会子亦一样）投放进市场后，总是有一部分处于流通的状态，不会被拿去兑换成现钱，此即"往来之积"。交子的信用越高，人们就越愿意用交子，而不会急着将它兑换成现钱，毕竟使用楮币要比用现钱方便得多，因而，"往来之积"也会越多。换言之，准备金就可以更少，并非一定是三分之二。实际上，四川交子的准备金只有三分之一左右，便足以维持交子的信用："设法者措置得宜，常预桩留本钱一百万贯，以权三百万贯交子，公私均一，流通无阻，故蜀人便之。"[1]

总而言之，周行己的"三分之二准备金"未必精确，但在世界金融史上，应该是他第一个提出了准备金不需足额的理论。

当财政发行成为宋朝楮币的主要投放渠道之后，四川钱引与东南会子都演变成了不可兑换的货币。这是宋代楮币发展的新阶段。这一形态的楮币是不需要准备金的，楮币信用靠国家信用背书，用苏轼的话来说，这叫作"裂纸以为币，符信一加，化土芥以为金玉"[2]。符信者，国家信用的象征也。

随着不可兑换货币的推行，宋人对纸币的认识也更加深刻，不再强调"积钱为本"。生活在南宋中期的杨冠卿曾以四川钱引为例，解释了楮币的信用所系："夫蜀之立法则曰：租税之输、茶盐酒酤之输、关市梁泽之输，皆许折纳，以惟民之便，此一法也。又有一法焉：贱则官出金以收之，而不使常贱；贵则官散之，以示其称提，使之势常平，而无此重彼轻之弊。夫如是，则楮与

1　李纲：《梁溪集》卷一百四之《与右相乞罢行交子札子》。
2　苏轼：《苏轼文集》卷七《杂策》。

钱常相权，而公与私常相济，何弊之有哉？"[1]

杨冠卿认为，楮币信用的维系，关键在于两点。第一，赋予楮币法偿地位，不但民间的交易任便使用楮币，人民缴纳租税、算请禁榷物，都可以用楮币，这样才可以建立起楮币的信用。

我们前面说过，四川钱引的法偿地位是完全的，市民纳税全部用钱引都没问题，川引的信用有赖于此。由于政府要求以交子纳税，人们甚至以黄金兑换交子，宋人程公许有诗《泸水清》曰"黄金弃卖如土贱，楮币翔踊余贯缗"，其所描述的，便是"楮币重于黄金"的情景。

东南会子却没有取得完全的法偿地位，而是实行"钱会中半"制："诸路总领、监司、州军受纳、解发钱贯，须是会子、见钱各半。"[2]老百姓缴税，交一半现钱一半会子。"钱会中半"的不完全法偿地位当然也可以维系会子的信用，但南宋政府为征收到更多的铜钱，有时又会调低税额中的会子比例，导致会子贬值。因此，杨冠卿提议朝廷立法，申明"钱会中半"之制不可动摇："今为之法曰：吾之楮与铜初无轻重也，将以相权而行也。自今日以往，凡远近之输于公者，钱楮各半，否则不纳也。"[3]

但是，只有法偿地位并不足以支撑起楮币的信用。明代的宝钞、民国的金元券，都是法币，但都以一泻千里的速度贬值，很快就形同废纸。纸币的信用还取决于另一个因素：流通量是否超出市场交易之需求。货币超发必然造成通货膨胀。宋人也是明白

1　杨冠卿：《客亭类稿》卷九《重楮币说》。
2　谢深甫监修：《庆元条法事类》卷第三十。
3　杨冠卿：《客亭类稿》卷九《重楮币说》。

这个道理的，宋孝宗说："新印会子比旧又增多。大凡行用会子，少则重，多则轻。"[1] 袁燮说："盖楮之为物也，多则轻，少则贵，收之则少矣；贱则壅，贵则通，收之则通矣。"[2]

袁燮所说的"收之"，套用现在的金融行话，就是"回笼货币""收缩流动性"的意思；用宋人常用的概念来说，叫"称提"。称，权衡也，指调节货币的流通量；提，提振也，指提高货币的购买力。杨冠卿提出的维系楮币信用的第二点，便是实行"称提"之策：发生通货膨胀时，政府动用金银、现钱回笼楮币；发生通货紧缩时，则向市场投放更多楮币，使楮币的汇率维持在合理区间。

"称提"是宋代最重要的货币理论，也是南宋时期常见的货币政策。我们知道，南宋时四川钱引已经成为不可兑换的货币，因而也就不存在准备金，但四川的财政部门却储备了"称提钱"，用于必要时回笼钱引。有意思的是，因为财政困难，"称提钱"是向成都酒务借来的："成都有称提钱近二十七万，其借有酒本者，二十六万有奇，借而复还，阙而复取，乃为旋转。"[3]

东南会子也常有"称提"，如乾道二年，孝宗皇帝"以会子之弊，出内库及南库银一百万收之"；淳熙三年，"户部岁入一千二百万，其半为会子，而南库以金银换收者四百万，流行于外者才二百万耳"。[4] 宋孝宗对会子的发行比较克制，又多次以储备金"称提"，所以孝宗一朝，会子的价值大体保持平稳，没有发生严重贬值。

1　佚名：《宋史全文》卷二十七上。

2　黄淮、杨士奇编：《历代名臣奏议》卷之二百七十三。

3　郑刚中：《北山集》卷二十《答张子公》。

4　脱脱等：《宋史》卷一百八十一《食货下三》。下同。

南宋政府最大规模的两次称提，是在嘉定年间与端平至嘉熙年间。

我们知道，因开禧用兵，第十一、十二、十三界会子并行，总发行量达 1.4 亿贯，发生严重的通货膨胀，宋政府不得不于嘉定初年开始称提会子。为回笼货币，宋宁宗"诏封桩库拨金一百五万两（两为钱四十贯）、度牒七千道（每道为钱一千贯）、官告绫纸、乳香（乳香每套一贯六百文），凑成三千余，添贴临安府官局，收易旧会，品搭入输（十一界会子二分，十二、十三界会子各四分）"，总共用了大约 4000 万贯的财政储备。

端平至嘉熙年间的称提，则是因为嘉定八年之后的货币滥发。这一次称提，朝廷动用了更多的财政储备："捐内帑、金银、度牒、官诰及盐钞、卖乳香等，以收两界（会子）……在京十局，共支过金九万一千八百三十余两，银二百一万六千九百余两，诸州品搭之数不与焉，如官诰，如度牒，如盐钞，印造换给，则又不知纪极矣。"[1]

两次大规模的称提会子，特别是后一次称提，差不多耗尽了南宋政府的财力。当时不少大臣对此都感到非常痛心："端平初元，因换会子，遂出累朝所积金银，弃之轻于泥沙，至今帑藏枵虚，言之哀痛！"[2] 今天许多人往往只看到南宋会子的滥发，却不知宋政府称提会子的艰辛，甚至断言"纸币其实就是朝廷敛财的工具"。然而，宋政府若为敛财，为什么要掏空财政储备，将会子回收销毁？将钱烧掉不心痛吗？

1　吴泳：《鹤林集》卷二十一《缴薛极赠官词头》。

2　黄淮、杨士奇编：《历代名臣奏议》卷之二百七十三。

四川交子（钱引）行用 200 多年、东南会子行用 100 余年而不坠，哪是一句"敛财工具"可以解释的？明末大思想家黄宗羲在见识了失败的大明宝钞制度之后，忍不住高度评价宋朝的楮币之制："钞（指四川交子）起于唐之飞钱，犹今民间之会票也，至宋而始官制行之。然宋之所以得行者，每造一界，备本钱三十六万缗，而又佐之以盐酒等项。盖民间欲得钞，则以钱入库；欲得钱，则以钞入库；欲得盐酒，则以钞入诸务。故钞之在手，与见钱无异。其必限之以界者，一则官之本钱，当使与所造之钞相准，非界则增造无艺；一则每界造钞若干，下界收钞若干，诈伪易辨，非界则收造无数。宋之称提钞法如此。"[1] 此话虽说有些溢美，但大体还是属实的。

余话

马可·波罗看到的元朝宝钞就是建立在宋朝交子、会子的制度基础上的。元钞具有完全的法偿地位，人户"所纳酒醋税、盐引等课程，大小一切差发，一以元宝（即宝钞）为则"[2]；并且备有"称提"的本钱："印造中统元宝……稍有壅滞，出银收钞，恐民间疑惑，随路桩积元本金银，分文不动。"[3] 这些都是延用宋人创立的制度。不过元钞不分界，这对控制货币流量与维持货币购买力是不利的。

朱元璋建立明王朝之后，也实行宝钞之制。官方规定 1 贯钞

1　黄宗羲：《明夷待访录·财计》。

2　王恽：《秋涧集》卷八十。

3　吴澄：《草庐吴文正公集》卷之四十三《刘忠宪公行状》。

兑 1000 文铜钱或 1 两白银，4 贯钞兑 1 两黄金。但明政府发行宝钞，完全可以用"随心所欲"来形容，既不设准备金，不分界发行，又无发行额度的预算，无任何称提的政策。总而言之，朱元璋想印多少贯钞票就印多少贯。据研究者统计，单单洪武一朝，大明宝钞的发行量已高达 10450 万锭，流通中的宝钞约有 9200 万锭。[1] 1 锭等于 5 贯，9200 万锭有 4.6 亿贯。而另一方面，明初，官府严厉限制人口流动，工商业严重凋敝，社会退回自然经济状态，财税规模极小，且赋税以实物为主，这四五亿贯的宝钞怎么能流通？

如此随心所欲地印钞，大明宝钞当然以史上最快速度与最大幅度贬值，洪武二十六年（1393），"时两浙、江西、闽、广，民重钱轻钞，有以钱百六十文折钞一贯者，由是物价翔贵，而钞法益坏不行"[2]，1 贯宝钞只能折 160 文钱。正统十三年（1448），朝廷"禁使铜钱，时钞既通行，而市廛仍以铜钱交易，每钞一贯折铜钱二文"[3]，宝钞跟废纸没什么差别。其后，随着海外白银的流入，民间的交易基本以银钱为主，没有人愿意使用宝钞，"积之市肆，过者不顾"[4]，只不过官府还在坚持使用，比如在发给官员的俸禄或赏赐中搭配宝钞。一位明朝人说："宝钞，今惟官府行之，然一贯仅直银三厘，钱二文，民间得之，置之无用。"[5]

1　参见陈昆、李志斌《财政压力、货币超发与明代宝钞制度》，《经济理论与经济管理》2013 年第 7 期。

2　张廷玉等：《明史》卷八十一《食货五》。

3　《明实录·明英宗实录》卷之一百六十六。

4　《明实录·明宪宗实录》卷之二十七。

5　陆容：《菽园杂记》卷十。

于是，我们可以发现，明王朝的货币政策非常奇怪，常人很难理解：

（1）明代的主要货币是宝钞、白银与铜钱。宝钞属于法定信用货币，但非常快就形同废纸，民间的交易没有谁愿意使用宝钞。奇怪的是，朝廷却没有停止发行，官俸、兵饷的发放都要搭配一定比例的宝钞，老百姓缴纳田赋与杂课也要求交一定比例的宝钞。直到明末，朝廷还保留着赐钞的惯例，茶课、租税中也保留征钞的做法。

（2）从明中后期开始，白银已经成为最重要、最常用的货币，但明政府从未想过以白银为本币发行银票，也一直没有铸造标准化的银币，虽然晚明之时，已有大量西班牙银元从海外流入，如果政府略有作为，完全是可以仿造银元的。别说铸造银元，明政府就连给市场制定一套统一的白银成色与平砝标准都做不到，各个地方甚至各家银号的白银成色与天平砝码标准都不相同，这一家银号出品的五十两十足银锭，按另一家银号的标准，可能并没有五十两整，也不是十足银。因此，用白银支付的每一次交易，结算时都要称重量、验看成色、换算平砝，十分麻烦。

（3）白银更适用于大宗贸易，市井间的日常琐碎交易需要大量铜钱，但明王朝却很少铸币。据学者的研究与统计，"明代政府从 1368 至 1572 年这 200 余年总计铸造铜钱 400 万—600 万贯，只是北宋熙宁变法期间一年的铸币量"[1]，以至明朝人使用的铜钱主要就是宋钱。朱元璋甚至禁止铸造、行用铜钱："宜令有司，

1　刘光临：《明代通货问题研究——对明代货币经济规模和结构的初步估计》，《中国经济史研究》2011 年第 1 期。

悉收其钱归官，依数换钞，不许更用铜钱行使。限半月内，凡军民商贾所有铜钱悉送赴官，敢有私自行使及埋藏弃毁者，罪之。"[1] 禁用铜钱，是为了推行宝钞。但朱元璋对宝钞的发行又过于随心所欲，导致宝钞以史上最快的速度贬值。

（4）由于宝钞不可用，铜钱不够用，在明王朝的许多地方，人们只好使用原始的实物货币进行交易，比如江西，"地瘠民贫，日中为市，多用米、谷，盖金银甚寡，而钱法未行也"[2]。不仅江西如此，其他地方的交易也使用实物货币："云南专用海贝，四川、贵州用茴香花银及盐、布，江西、湖广用米谷、银、布，山西、陕西间用皮毛。"[3] 贝壳、茴香银、盐、布、米谷、皮毛等实物，都成了"代币"。

弘治年间，朝廷开铸"弘治通宝"，要求"旧未行钱地方"也设法铸钱，却受到工科给事中的反对，反对的理由是，那些地区"自来钱法不通，骤欲变之，难矣"，朝廷又何必多管闲事？更不可思议的是，云南没有海（洱海不是海），不产海贝，但云南产铜，拥有采矿铸钱的自然条件，明政府就是不开矿，不铸钱，"而反以重价远购海贝"[4]。

其实，宋代也时常发生"钱荒"，特别是南宋时期，许多地方都发现铜钱不够用，所以市井间也出现了多种"代币"。绍兴年间，徽州"小郡在山谷之间，无积镪之家，富商大贾足迹不到，

1　顾炎武：《日知录之余》卷二。
2　潘季驯：《潘司空奏疏》卷五《条议钱法疏》。
3　《明实录·明孝宗实录》卷之一百九十七。下同。
4　《明实录·明神宗实录》卷之四十八。

货泉之流通于廛肆者甚少，民间皆是出会子，往来兑使"[1]；南宋后期，杭州出现了一种"钱牌"，"朝省因钱法不通，杭城增造镮牌，以便行用"[2]；还有一些地方因为"铜锭日寖稀少，而无以为之贴凑也"[3]，日常交易缺乏铜钱找零，"州县权时施宜，或为纸帖子，或为竹木牌，或作五十文，或作一百文，虽不可以通行，而各处行之为便"。

宋朝市场出现的"代币"，跟明朝人使用的"代币"，性质完全不同：宋朝"代币"都是信用性质的，属于"信用货币"的范围，比如一片竹木牌，或一张纸帖，既没有什么实用性，也不是什么稀缺品，但盖上政府的符信，便可以当成 100 文钱使用。明朝"代币"都是典型的实物货币，以原始的实用价值与天然的稀缺性来保证其作为货币的价值。宋明经济哪个发达哪个落后，不言自明。

明朝人的货币思想，亦出现了明显的倒退。宋朝士大夫已然明白货币的本质乃是"信用"，而不是"实用"，因而，纸币是可行的，辛弃疾在《论行用会子疏》中说道："世俗徒见铜可贵而楮可贱，不知其寒不可衣，饥不可食，铜楮其实一也。今有人持见钱百千以市物货，见钱有搬载之劳，物货有低昂之弊；至会子，卷藏提携，不劳而运，百千之数亦无亏折，以是较之，岂不便于民哉？"[4]

但在数百年后的明朝，思考经济问题的学者对于"信用货币"的性质却怎么也理解不了。最博学的明代学者之一丘濬便认为：

1　洪适：《盘洲文集》附录《户部乞免发见钱札子》。
2　吴自牧：《梦粱录》卷十三。
3　吕午：《左史谏草》。下同。
4　黄淮、杨士奇编：《历代名臣奏议》卷之二百七十二。

"所谓钞者，所费之直不过三五钱，而以售人千钱之物。呜呼！世间之物，虽生于天地，然皆必资以人力，而后能成其用。其体有大小精粗，其功力有浅深，其价有多少。直而至于千钱，其体非大则精，必非一日之功所成也。乃以方尺之楮直三五钱者而售之，可不可乎？"[1]与其说丘濬的金融知识太粗陋，不如说明代信用经济极不发达，限制了时人对纸币的想象力。

明朝君臣也弄不明白纸币得以有效行用的机制。崇祯十六年（1643），皇帝在户部尚书倪元璐、户部侍郎王鳌永、户部司务蒋臣等"言利之臣"的鼓励下，决定恢复发行大明宝钞，"特设内宝钞局，昼夜督造，募商发卖，贯拟鬻一金，无肯应者"。[2]朝廷规定新钞一贯兑银一两，但没有一个商人敢用真金白银换宝钞。王鳌永便建议政府让利，"每贯（宝钞）止鬻九钱七分（白银）"；内阁辅臣蒋德璟则极力反对发行宝钞，说："民虽愚，谁肯以一金买一张纸？"崇祯皇帝说："高皇帝时，如何偏行得？"（其实，如前所述，朱元璋的宝钞发行也很失败）蒋德璟说："高皇帝似亦以神道设教。"崇祯皇帝说："只要法严，宝钞自然行得。"蒋德璟说："徒法亦难行。"

在这次争论中，无论是坚持发行宝钞的皇帝与户部官员，还是反对发行宝钞的阁臣，都说不清楚宝钞"行得"或"难行"的根本原因。蒋德璟居然认为明初宝钞可以行用，是因为朱元璋有"神道设教"之能，如此见识，跟马可·波罗以"专有方士之点金术"解释元朝宝钞有一拼；而崇祯皇帝与倡议发钞的"言

1　丘濬：《大学衍义补》卷二十七。
2　《钦定续文献通考》卷十《钱币考》。下同。

利之臣"，同样"不详其行坏之始末，徒见尺楮张纸居然可当金银，但讲造之之法，不讲行之之法"。[1] 难怪黄宗羲对双方的见解都极不以为然。

不管崇祯皇帝发行宝钞的决心多么坚定，大明宝钞也不可能再行用了，因为次年，大明便宣告灭亡。清承明制，清政府除了铸钱更积极一些，总体的货币政策跟明王朝一样消极、不作为。尽管白银是官民行用的最重要货币，但清政府同样没有设立统一的白银成色与平砝标准，没有铸造标准化的银币，没有发行官方的银票，白银的使用还是非常不方便。用晚清康有为的话来说，就是"吾元宝及锭，形体既难握携，分两义无一定，有加耗、减水、折色、贴费之殊，有库平、规平、湘平、漕平之别异，轻重难定，亏耗滋多。而彼（指泰西银元）重率有定，体圆易握，人情所便，其易流通固也"。[2]

想想，真的很不可思议，从明中叶白银成为主要货币以来，直至晚清币制改革之前，少说也有 300 年时间，明清两朝政府居然未能想到发行银币或银票，一直忍受着称量货币的种种不便。虽然清中期终于出现了号称"汇通天下"的银票，但那是民间山西票号的金融创新，跟清政府毫无关系，政府对于货币基本持消极立场。熟悉洋务的晚清大臣曾纪泽将清政府消极无为的货币政策描述得很动听："我国家于商民生计，纯任自然。事苟便于民生，一任流通，未始不足与钱法相辅。"[3] 但说破了，其实就是政府不

1　黄宗羲：《明夷待访录·财计》。

2　康有为：《上清帝第三书》，收于《康有为全集》第二册，中国人民大学出版社，2007。

3　转引自张宁《币政逆转：唐宋变革说反例》，《中国社会科学报》2015 年 9 月 14 日刊文。

作为，国家职能退化。

由于国家对货币的放任自流，晚清之世，中国市场中流通着五花八门的货币：除了本土铸造的铜钱、称量货币形态的白银，还有民间各个钱铺、票庄发行的各种钱票、银票，又有大量从海外流入的鹰洋、日本龙洋、烂板银元、港纸、日本金元票、俄帖等，"一任流通"，清政府几乎完全失去了货币主权与货币调控能力。

货币的自由竞争可能很符合自由主义的浪漫想象，但对于生活在其中的市民来说，他们却必须为如此混乱不堪的币制支付昂贵的代价，还是来听听当时人怎么说的吧："一市之内，（货币）混杂既不可名状；若甲市与乙市交通，其棼乱更甚矣。无异分一国为数十百国，国内之通商汇兑，视对外之通商汇兑尤为复杂。全国生计机关，为之凝滞。"[1]

中国历史从朱元璋时代开始，就走上了一条与"唐宋变革"的方向截然相反、与西欧重商主义背道而驰的道路。直至清末，在近代化压力下与西法影响下，政府才知道改革币制，统一货币发行权，开始成立银行，铸造银币，发行官票，发行公债，扩张财政……

---

1 转引自张宁《中国近代"货币竞争"现象论析》，《光明日报》2008 年 9 月 14 日刊文。

苍官影里三洲路，涨海声中万国商

——高度繁荣的海外贸易

今天的话题，我们要从 1793 年即清乾隆五十八年说起。这一年八月十三日，刚好迎来八十寿诞的乾隆皇帝，在承德避暑山庄接受了英国马戛尔尼使团的觐见与祝寿。英王乔治三世派遣使团不远千里、漂洋过海来到大清国，当然不是为了向乾隆爷拜寿，而是希望说服大清国开放门户，允许两国自由通商。

马戛尔尼使团具体提出了哪些通商请求呢？我们翻开《清实录》，里面收录有乾隆皇帝写给英王的两封敕谕，敕谕上乾隆爷提到：

> 尔国王表内恳请，派一尔国之人住居天朝、照管尔国买卖；
>
> 尔使臣称，尔国货船将来或到浙江宁波、珠山及天津、广东地方收泊交易；
>
> 尔使臣称，尔国买卖人要在天朝京城另立一行，收贮货物发卖；
>
> 尔使臣称，欲求相近珠山地方小海岛一处，商人到彼，即在该处停歇，以便收存货物；

据称，拨给附近广东省城小地方一处，居住尔国
夷商，或准令呁门居住之人出入自便；

又据称，英吉利国夷商自广东下呁门，由内河行走，
货物或不上税，或少上税。[1]

据此敕谕可知，马戛尔尼使团向乾隆皇帝提出了六条通商请
求。为方便理解，我翻译成大白话：

（1）请允许英国派遣大使驻于京师，照管英商对华贸易；

（2）请开放宁波、珠山（即舟山群岛）及天津、广东等口岸，
允许英国商船靠岸贸易；

（3）请允许英国商人在京师设立商行，收贮商货；

（4）请批准英国商人租借舟山一处小海岛居住、收存货物；

（5）请允许在广州城附近选择一处地方作为英商的居留地，
并允许呁门（即澳门）的英商自由出入广东；

（6）请允许英国商船通过内河自广东进入呁门，并减免关税。

对马戛尔尼提出的这六条通商请求，乾隆爷逐条拒绝，理由
是"与天朝体制不合，断不可行"。在敕谕的最后，乾隆爷还跟
英王推心置腹地说："以上所谕各条，原因尔使臣之妄说，尔国
王或未能深悉天朝体制，并非有意妄干……今尔使臣所恳各条，
不但于天朝法制攸关，即为尔国代谋，亦俱无益难行之事，兹再
明白晓谕。尔国王当仰体朕心，永远遵奉。"

马戛尔尼使团铩羽而归。

这不是西洋人第一次来到东亚大陆，向老大帝国请求自由通

---

1 《清实录·乾隆朝实录》卷之一千四百三十五。下同。

商。早在 17 世纪初，已有荷兰海商进入广州城，"言欲通贡市"，但由于没有朝贡的表文，广州地方官府"不敢闻于朝，乃遣返"。[1]其时，尚是明朝万历年间。

半个世纪后，明清已经易代，清顺治九年（1652），荷兰东印度公司又派人来广州，"请贡，兼请贸易"，广东巡抚具奏朝廷，"经部议驳"。[2]荷兰人的通商要求被清廷驳回，理由是荷兰商人没有贡表，亦无旧章可循。

顺治十二年（1655），荷兰东印度公司终于派了一支正式的使团，带着荷兰国王的进贡表文与贡品，前往北京朝贡。次年，荷兰使团抵达京师，向顺治皇帝行三跪九叩之礼，请求发展朝贡贸易。顺治皇帝这才批复："着八年一次来朝，员役不过百人，止令二十人到京，所携货物在馆交易，不得于广东海上私自货卖。"[3]允许荷兰每八年来华进行一次朝贡贸易。

也是在顺治十二年，清廷开始实施海禁，严禁中国海商航海："无许片帆入海，违者立置重典。"[4]又于顺治十八年（1661）推行更严酷的"迁海令"，强制沿海居民迁离故土，摧毁海边房屋与船只，沿海岸线制造出一个漫长的无人区。

海禁针对的是国内的渔民与海商，与蕃商朝贡关系不大。但八年一次的朝贡贸易，显然不是荷兰人想要的结果，所以荷兰人实际上也没有按时入贡。十年后，即康熙四年（1665），礼部尚书向皇帝报告说，"又查得，顺治十三年荷兰国来进贡时，谕曰：

---

1 张廷玉等：《明史》卷三百二十五《外国六》。
2 梁廷枏：《海国四说》卷三，收入《清代史料笔记丛刊》第二十六册。
3 《清朝文献通考》卷三十三。
4 《清实录·顺治朝实录》卷之九十二。

'隔八年来朝拜一次。钦此。'如今算来，康熙二年当为进贡之年，但至今尚未进贡"。[1] 清廷大臣哪里知道荷兰人意不在朝贡，而在通商。

到康熙二十三年（1684），清廷才结束海禁，宣布开海："今海内一统，寰宇宁谧，无论满汉人等一体，令出洋贸易，以彰富庶之治，得旨允行。"[2] 但出海的商船规格与船员规模均受限制："商贾船许用双桅（换言之，即不准用双桅以上），其梁头不得过一丈八尺，舵水人等不得过二十八名；其一丈六七尺梁头者，不得过二十四名；一丈四五尺梁头者，不得过十六名；一丈二三尺梁头者，不得过十四名。于未造船时，亦具呈该州县，取供严察。"[3]

放开海禁次年，清廷又在厦门设闽海关，宁波设浙海关，广州设粤海关，上海设江海关（一说江海关初设于连云港的云台山，后才迁至上海），管理海外贸易，史称"四口通商"。荷兰商人自此可以在沿海口岸与大清国互市，不再需要依赖朝贡贸易的渠道。

但康熙的"四口通商"体制推行了 70 余年便被他的孙子乾隆给废止了。乾隆二十二年（1757），大清皇帝发下谕旨："令行文该国番商，遍谕番商。嗣后口岸定于广东，不得再赴浙省。"[4] 只准许西洋商船在广东口岸互市，这便是"一口通商"体制。

今人对"一口通商"体制有过误解，以为"一口通商"是"封闭江、浙、闽三海关，仅留广州一口与外贸易"，"标志着清代闭

1　中国第一历史档案馆：《康熙初年荷兰船队来华贸易史料》，《历史档案》2001 年第 3 期。

2　《清朝通志》卷九十三。

3　《钦定大清会典则例》卷二十四。

4　《清实录·乾隆朝实录》卷五百五十。

关政策的制度化"。[1] 但事实上，乾隆没有下令关闭江、浙、闽三大海关，只是规定西洋商人只可以在广州口岸贸易，但东洋和南洋商船还是可以在江、浙、闽三关停泊互市的。不过，一些替"一口通商"体制辩诬的学者又有点矫枉过正了，认为乾隆的"一口通商"政策"合乎国情"，且"任何主权国家都有权制定自己的对外贸易政策，有权决定开放哪些港口或关闭哪些港口"。[2] 持此论者，没有看到乾隆"一口通商"政策与 18 世纪以来国际贸易潮流和近代通商体制的背道而驰。

作为海上贸易后起之秀的英帝国，自然要想方设法让清王朝开放更多口岸。正是在这一历史背景下，英王派遣了马戛尔尼使团前来清国觐见乾隆皇帝，但结果我们知道了，没戏。

过了 20 多年，嘉庆二十一年（1816），英国又派了另一个使团，循乾隆五十八年贡道，到达京师觐见嘉庆帝，再次提出通商要求。但嘉庆看到英使呈上来的贡表，"抗若敌体"，很不高兴，"绝不与通"。[3] 英使又一次无功而返。

通过遣派上表无法说服清王朝开放门户的英国人不会甘心放弃东亚最庞大的市场。又过了 20 多年，道光二十年（1840），英国凭恃其坚船利炮，对清国发起了一次军事进攻，这便是鸦片战争。英人大获全胜，成功迫使清廷签订《南京条约》。条约规定，英人可"寄居大清沿海之广州、福州、厦门、宁波、上海等五处

1　谢俊美：《论清代的闭关政策》，《历史教学》1979 年第 10 期；张光灿：《论清代前期的闭关政策》，《宁夏大学学报》1985 年第 2 期。
2　廖声丰：《乾隆实施"一口通商"政策的原因——以清代前期海关税收的考察为中心》，《江西财经大学学报》2007 年第 3 期。
3　赵尔巽等：《清史稿》卷一百五十四《邦交二》。

港口，贸易通商无碍"；英国君主可"派设领事、管事等官住该五处城邑，专理商贾事宜"。[1] 至此，乾隆缔造的"一口通商"体制屈辱收场，进入西方列强主导的"五口通商"时期。

此外，清政府还向英人割让香港岛，并赔款"二千一百万圆"洋银。当初马戛尔尼使团未能实现的目标，全都变本加厉在《南京条约》中实现了。后世称赞乾隆皇帝维护了"贸易主权"的人，不知有没有想过，正是乾隆的颟顸自大埋下了子孙丧权辱国的祸根。

我之所以要先讲述这一段不怎么愉快的近代史，是因为它有助于我们理解接下来要细说的宋代海外贸易制度的历史意义。

从朝贡贸易到互市

如前所述，从顺治，到乾隆、嘉庆，清朝皇帝对彼时世界正在兴起的近代通商体制无疑是毫无兴趣的，甚至是心怀警惕的，他们能理解并且欣然接受的，还是传统的朝贡贸易。

朝贡是中原王朝安排天下秩序的一项政治机制：诸蕃国尊奉中原王朝为宗主国，定期派遣贡使，带着表文、贡品入贡，中原王朝则盛情款待，给予丰厚的回赐。通过朝贡，中原王朝与诸蕃国共同确认了双方的政治关系。

朝贡也包含了国际贸易的功能，因为进贡与回赐的实质便是商品交换，这便是朝贡贸易。按照"薄来厚往"的朝贡贸易惯例，中原王朝给予蕃国贡使的回赐，其价值通常都远远超过贡品的价

---

1 《南京条约》第二条。

值。诸蕃国之所以热衷于前来中原朝贡，最大的动力也是来自经济上的收益。而对于中原王朝来说，朝贡体制固然可以带来四夷宾服、万国来朝的政治荣耀，但经济上却是得不偿失的。

朝贡贸易萌芽于先秦，唐朝时达至鼎盛状态，诗人王维极富感染力的诗歌《和贾至舍人早朝大明宫之作》描绘了四海入贡大唐的盛况："九天阊阖开宫殿，万国衣冠拜冕旒。"宋人修《新唐书》，赞叹道："唐之德大矣！际天所覆，悉臣而属之；薄海内外，无不州县，遂尊天子曰'天可汗'。三王以来，未有以过之。至荒区君长，待唐玺纛乃能国；一为不宾，随辄夷缚。故蛮琛夷宝，踵相逮于廷。"[1]

但朝贡贸易只是中原王朝与诸蕃国维持经济往来的形式之一，除了朝贡体制，还有互市机制。所谓互市，用现在的话来说，即双边贸易。互市一般不带政治内容，双方平等交易、互通有无，参与贸易者多为民间商人、边民。历史上，中原王朝与诸蕃国的贸易基本上就在朝贡框架与互市框架下进行。两个贸易框架并行不悖。近代荷兰商人、英国商人向明清政府提出的通商体制，其实跟中国传统里的互市制度是非常接近的。

互市兴于汉，"自汉初与南越通关市，而互市之制行焉"[2]，鼎盛期则是宋代。宋王朝跟海外诸蕃国的贸易关系有一个显著的特点：轻朝贡而重互市。"万国衣冠拜冕旒"的盛唐气象可能足以令宋人由衷赞叹，但宋朝君臣却未必愿意追求这样的朝贡盛况。

可能许多人会以为，宋朝国力衰微，根本就没几个入贡的藩

1　欧阳修、宋祁：《新唐书》卷二百一十九《北狄》。

2　脱脱等：《宋史》卷一百八十六《食货下八》。

属国吧，所以才会轻朝贡而重互市。此说不合史实。宋朝虽然未能恢复汉唐旧疆，但北宋时，与宋王朝保持朝贡关系的有于阗、高昌、吐蕃、甘州、西夏、大理、女真、渤海、高丽、日本、交趾、占城、三佛齐、阇婆、真腊、勃泥、天竺、大食等 40 多个蕃国与地区；南宋时亦有罗斛、大理、蒲甘、交趾、占城、真腊、真里富、三佛齐、大食、高丽、日本、阇婆等 12 个蕃国与地区入贡。[1]

宋王朝对朝贡是有意地加以抑制的。大中祥符九年，宋真宗采纳广州官员的建议，下诏限制各国朝贡使团的规模："每国使、副、判官，各一人；其防援官，大食、注辇、三佛齐、阇婆等国勿过二十人，占城、丹流眉、渤泥、古逻摩迦等国勿过十人。"[2]

建炎四年（1130），安南入贡，宋高宗指示广西经略安抚司："免使人到阙。所进方物，除华靡之物更不受，余令界首交割，差人押赴行在。回赐令本路转运、提刑司于应管钱内取拨，依自来体例计价，优与回赐。"[3] 婉拒贡使入行在，并谢绝接收一部分贡品，贡品与回赐只是在边境交割。

绍兴三十二年（1162），宋孝宗继位，旋即下诏："比年以来，累有外国入贡，太上皇帝冲谦弗受，况朕凉菲，又何以堪。自今诸国有欲朝贡者，令所在州军以理谕遣，毋得以闻。"[4] 干脆婉拒入贡。

淳熙三年，广西经略司奏，因朝廷赐给安南国王牌印，安南已准备好"进谢章表、方物纲运，欲依例差人管押赴行在投进"，

1　参见黄纯艳《宋代朝贡体系研究》，商务印书馆，2014。
2　徐松辑：《宋会要辑稿·蕃夷七》。
3　徐松辑：《宋会要辑稿·蕃夷四》。
4　脱脱等：《宋史》卷一百一十九《宾礼四》。

但孝宗说，"入贡之物，以十分为率，止受一分，就界首交割，优与回赐"。[1] 自此，"止受一分，就界首交割"便成了南宋接受海外蕃国朝贡物品的惯例。

为什么宋王朝要抑制朝贡贸易的规模？自然是基于经济上的务实考虑。四海入贡固然很风光，很有面子，但从经济的角度看，是非常不划算的：不但要"优与回赐"，而且，贡使入境后的食宿、路费都例由朝廷负责，贡品还不能收税。宋人坦率地说，蕃国入贡，"朝廷无丝毫之益，而远夷获不赀之利"[2]，得不偿失。

在抑贡的同时，宋王朝对互市框架下的贸易则表现出极大的兴趣与热情。宋代有两条法律，我们放到一起来看，便会发现宋政府对于朝贡与互市态度的反差之大：一条法律说，"海舶擅载外国入贡者，徒二年，财物没官"[3]，严厉禁止出海的商人搭载外国入贡者来华；另一条法律说，"如蕃商有愿随船来宋国者，听从便"[4]，如果海商搭载蕃商前来大宋互市，则受宋政府欢迎。

我们说的宋代互市，包括两种形式，一是陆地边境的双边贸易，一是沿海港口的市舶。宋政府在宋辽边境、宋夏边境、宋金边境均设置有榷场，供双方的商人、边民交易，政府则从中收取商税与牙税。不过榷场互市不在我们细述的范围，我们要重点介绍的是市舶。

宋朝君主对市舶的重视程度，超过中国历史上其他任何王朝。

---

1 徐松辑：《宋会要辑稿·蕃夷四》。

2 李焘：《续资治通鉴长编》卷四百三十五。

3 谢深甫监修：《庆元条法事类》卷第七十八。

4 参见[日]板胜美编、[日]三善为康《朝野群载》卷二十，其中收录有宋朝出海公凭所载海商法。

宋神宗曾对提举九路银铜铅锡坑冶、市舶的官员说："东南利国之大，舶商亦居其一焉。昔钱（指吴越钱氏）、刘（南汉刘氏）窃据浙、广，内足自富，外足抗中国者，亦由笼海商得术也。卿宜创法讲求，不惟岁获厚利，兼使外蕃辐凑中国，亦壮观一事也。"[1]

宋高宗也多次跟大臣说："市舶之利最厚，若措置合宜，所得动以百万计，岂不胜取之于民！朕所以留意于此，庶几可以少宽民力尔"；"市舶之利颇助国用，宜循旧法以招徕远人，阜通货贿"。[2] 从宋朝君主的言论中，我们可以知道，宋王朝之所以热心于市舶，同样是出于经济收益的考虑。如果说，朝贡贸易是亏本的生意，市舶显然就是非常划算的贸易，不但国家能从中课税，参与海外贸易的众多商民也获益匪浅。

不管是海商出洋贸易，还是蕃商来华互市，都受到宋政府的鼓励。根据宋王朝的市舶立法，"诸市舶纲首（相当于船长），能招诱舶舟、抽解物货，累价及五万贯、十万贯者，补官有差"，海商若招商引资的效果显著，蕃商若纳税 5 万贯以上，宋政府都会给予奖励。[3] 绍兴年间，海商蔡景芳因为成功"招诱舶货"，使政府收到 98 万缗的市舶税；大食蕃商蒲啰辛因为在华"贩乳香直三十万缗"，分别获赠"承信郎"的官衔（荣誉性质）。

绍兴年间还有一个叫蒲亚里的阿拉伯富商，娶了一名宋朝官员的妹妹为妻，在广州定居下来。宋高宗得悉这一情况后，指示广州官员"劝诱亚里归国"[4]。是宋朝不欢迎阿拉伯商人吗？当然

---

1 杨仲良：《皇宋通鉴长编纪事本末》卷第六十六。
2 徐松辑：《宋会要辑稿·职官四四》。
3 脱脱等：《宋史》卷一百八十五《食货下七》。下同。
4 徐松辑：《宋会要辑稿·职官四四》。下同。

不是。而是因为，蒲亚里在中国定居后便不再从事外贸了，宋政府希望他回国招揽蕃商，"往来干运蕃货"。前面我们提到的蒲啰辛，后来归国，宋廷也拜托他回去"说喻蕃商广行搬贩乳香前来。如数目增多，依此推恩。余人除犒设外，更与支给银、彩"[1]。

帆船时代的航海，全赖对风信的掌握与利用。冬季，北风南吹，是宋朝海商出海远航的时节；夏天，季候风往北，是海商回航归国的日子。因此，每年十月至十一月，主管海外贸易的各处市舶机构与沿海地方政府，照例都要举行"遣舶祈风"的祭祀仪式；四月则举行"回舶祈风"的仪式，祈求神灵"大彰厥灵，稗波涛晏清，舳舻安行，顺风扬帆，一日千里，毕至而无梗焉。是则吏与民之大愿也"[2]。官方主持祈风，其意义不在于祈祷是否更为灵验，而是表明政府的态度：国家是和人民站在一起的，都祈愿上苍保祐航海平安。

宋政府又多次册封妈祖等海神，如宣和五年（1123），宋徽宗赐莆田县神女祠"顺济"匾额，"顺济"二字即是庇佑航海之意。宋朝敕封妈祖的次数至少有14次，其中8次敕封与妈祖护航有关。朝廷对妈祖的敕封，正是一个王朝对海上贸易支持度的反映。敕封次数越多，显示政府对海上贸易越重视；相反，如果很少敕封或干脆不敕封，则表示政府不在乎海上贸易。我们来看明代，可以确证的册封妈祖只有一次，即永乐年间封妈祖为"护国庇民妙灵昭应弘仁普济天妃"，这次敕封的背景正好是郑和下西洋，之后明廷对妈祖再无敕封之举。而清初三十年，朝廷厉行海禁，也

1　徐松辑：《宋会要辑稿·蕃夷四》。
2　真德秀：《西山文集》卷五十四《祈风祝文》。

未有对妈祖进行任何册封。

每年发舶时节，市舶机构与地方政府照例要设宴犒劳即将扬帆出海的蕃商、海商，既是为他们饯行，祝他们一路顺风，亦表达欢迎他们明年满载而来之意："每年发舶月份，支破官钱管设津遣，其蕃汉纲首、作头、梢工等人，各令与坐，无不得其欢心。非特营办课利，盖欲招徕外夷，以致柔远之意。"[1] 曾有官员提出，各个市舶港每年宴请蕃商、海商的支出"不下三千余贯"，这笔钱"委是枉费"，不如节省下来，犒劳蕃商的宴会就不要办了。但广州市舶司反对，因为广州每年犒劳蕃商、海商，"或遇发船众多及进贡之国并至，量增添钱数，亦不满二百余贯，费用不多，所悦者众"，从而带动更多的蕃商来华贸易。与政府从市舶中的获益相比，这点犒劳之费算什么？

朝廷最终采纳了广州市舶司的意见。

繁忙的港口

在回顾了宋王朝对朝贡与互市的不同态度之后，我们不妨到宋代的港口城市作一番"实地考察"。

如果我们有机会从半空鸟瞰宋朝境内的海岸线，将会看到，从东北方的胶州湾，到中部的杭州湾和福州、泉州、漳州金三角，再到南部的广州湾、琼州海峡，布满了供宋朝商民与蕃商开展市舶的港口，用宋人的话来说，"今天下沿海州郡，自东北而西南，

---

1 徐松辑：《宋会要辑稿·职官四四》。下同。

南宋马和之《早秋夜泊图》中的商船

其行至钦州止矣。沿海州郡，类有市舶"[1]。

众多港口城市当中，密州、明州、杭州、泉州、广州均设有市舶司。广州市舶司的设立时间最早，北宋初，宋王朝平定南汉后便在广州设置了广南东路市舶司；密州市舶司的存在时间最短，因为靖康之变后，密州已落入金人之手；明州与杭州市舶司则于元丰年间改为市舶务，其后，温州、江阴军、秀州华亭县也设了市舶务，位于钱塘江口的澉浦镇则设有市舶场，均归两浙路市舶司管辖；泉州市舶司的设立最晚，元祐年间才设置，却后来居上，于南宋时期成为最大的贸易港。

宋朝的市舶司、市舶务，相当于今天的海关，其职能包括："阅货"（检查进口商品），抽解（征收关税），博买（采购一部分蕃货），发放"公凭"（给海商发出海贸易许可证、给蕃商发完税凭证），查禁走私及违禁品，维修港口设施。市舶场则是最低层级的市舶机构，可能只具有抽税的单一职能。

凡海商出海贸易，只要到市舶司、市舶务办理好手续，领到"公凭"，便可满载商货，扬帆启航。按元祐年间的市舶法，"诸商贾许由海道往外蕃兴贩，并具人船物货名数所诣去处，申所在州，仍召本土有物力户三人，委保物货内不夹带兵器，若违禁以堪造军器物，并不越过所禁地分。州为验实，牒送愿发舶州，置簿抄上，仍给公据。方听候回日，许于合发舶州住舶，公据纳市舶司"[2]。

凡蕃商来华贸易，或海商从远洋回货，一般亦在设有市舶机构的港口入关，完成抽解与博买手续，然后便可自由交易。据熙

1　周去非：《岭外代答》卷三《外国门下》。

2　苏轼：《苏轼文集》卷三十一《乞禁商旅过外国状》。

宁年间的一份诏书，"诸泉、福缘海州有南蕃、海南物货船到，并取公据验认。如已经抽买、有税务给到回引，即许通行。若无照证，及买得未经抽买物货，即押赴随近市舶司勘验施行。诸客人买到抽解下物货并于市舶司请公凭引目，许往外州货卖"[1]。

现在我们就到这几个设有市舶机构的发舶港看看。密州的板桥镇濒临黄海，是北方最发达的贸易港，宋人说，"本镇自来广南、福建、淮、浙商旅乘海船贩到香药诸杂税物，乃至京东、河北、河东等路商客般运见钱、丝绵、绞绢往来交易，买卖极为繁盛"[2]。因此，宋政府才在密州板桥镇设置了市舶司。

杭州地处东海之滨，为"万室东南富且繁"之所在，"闽商海贾，风帆浪舶，出入于江涛浩渺、烟云杳霭之间，可谓盛矣"。[3] 从杭州钱塘江口出海，可抵达明州，明州"虽非都会，乃海道辐凑之地，故南则闽、广，东则倭人，北则高句丽，商舶往来，物货丰衍"[4]。

从明州沿海岸线南下，可达温州，时人称温州为"小杭州"，宋朝诗人杨蟠的诗作《永嘉》这么形容温州的商业繁华："一片繁华海上头，从来唤作小杭州。水如棋局分街陌，山似屏帏绕画楼。是处有花迎我笑，何时无月逐人游。西湖宴赏争标日，多少珠帘不下钩。"

还有一个港口城市也被称为"小杭州"，那就是位于杭州湾北部、吴淞江边的华亭县青龙镇。宋时青龙镇，"海舶辐辏，风

1　徐松辑：《宋会要辑稿·职官四四》。

2　李焘：《续资治通鉴长编》卷四百九。

3　欧阳修：《欧阳修全集》卷四十之《有美堂记》。

4　张津：《乾道四明图经》卷一。

樯浪楫朝久上下，富商巨贾，豪宗右姓之所会也，人号小杭州"[1]。华亭县市舶务即设在青龙镇，有学者统计过熙宁十年前后各个市舶港的商税收入，青龙镇的商税收入为 1.5 万贯，仅排在杭州、福州、广州、温州、明州、泉州等州郡之后，超过了华亭县（华亭县的市舶务与青龙镇的市舶务互相独立）、江阴军。[2] 南宋末，由于吴淞江的改道与淤积，商船难以抵达港口，青龙镇才逐渐衰落，商业中心转移到华亭县的另一个市镇——上海镇："华亭北曰华亭海，迨宋末人烟浩穰，海舶辐辏，即其地立市舶提举司，及榷货场，为上海镇。"[3] 南宋政府在上海镇设立的市舶机构为市舶分司。

青龙镇、上海镇都在今上海市辖区内，前面我们说过，早在宋代，青龙镇就已经是商贸繁忙、蓄货堆积的港口城市了。

青龙镇附近还有一个市镇，叫澉浦镇，镇民"不事田产，无仓廪储蓄，好侈靡，喜楼阁，惟招接海南诸货，贩运浙西诸邦，网罗海中诸物以养生"[4]。宋政府也在这里设了一个市舶场，负责抽取关税。

从澉浦镇、青龙镇、上海镇等沿海市镇，通过长江水道可到达江阴军，此处"路达钱塘，以东则海，以南则控引苏湖，是为两浙之门户（宋人吕祉奏议)"[5]，海外贸易也很发达，王安石在诗文《予求守江阴未得酬昌叔忆阴见及之作》中描述说："黄田港

1　郭经修，唐锦纂：《弘治上海志》卷二。

2　参见王辉《青龙镇：上海最早的贸易港》，上海人民出版社，2015。

3　《上海县志》总序，明嘉靖三年刊本。

4　常棠：《澉水志》卷上《地理门》。

5　刘徐昌点校：《嘉靖江阴县志》卷二，上海古籍出版社，2011。

北水如天，万里风樯看贾船。海外珠犀常入市，人间鱼蟹不论钱。"

要论最为繁华的贸易港，如果时间点选在南宋时期，当属福建路的泉州。周必大在一份他替皇帝起草的诏命上说："泉南地大民众，为七闽一都会，加以蛮夷慕义，航海日至，富商大贾，宝货聚焉。"[1] 生活在宋末元初的文人吴澄也说："泉，七闽之都会也。番货远物、异宝珍玩之所渊薮，殊方别域、富商巨贾之所窟宅，号为天下最。"[2] 咸淳年间到过泉州的意大利商人雅各，更是用极细致的笔触描述了泉州港的商业盛景：

> 它是一个不同凡响的城市，具有很大规模的贸易，是蛮子（欧洲人对宋人的蔑称）的主要贸易地区之一。我和我的仆人带着满船的胡椒、芦荟木、檀香木、樟脑、精选的香水、珍贵的玉石珠宝、海枣、衣料等货物就在此上岸。

> 这是一个很大的港口，甚至比辛迦兰（广州）还大，商船从中国海进入到这里。它的周围高山环绕，那些高山使它成了一个躲避风暴的港口。它所在地的江水又广又宽，滔滔奔流入海，整个江面上充满了一艘艘令人惊奇的货船。每年有几千艘载着胡椒的巨船在这里装卸，此外还有大批其他国家的船只，装载着其他

1　周必大：《文忠集》卷一百九《赐敷文阁直学士中大夫陈弥作辞免差遣知泉州恩命不允诏》。
2　吴澄：《吴文正公集》卷十六《送姜曼乡赴泉州路录事序》。

的货物。就在我们抵达的那天，江面上至少有 15000
艘船，有的来自阿拉伯，有的来自大印度，有的来自
锡兰（Sailan），有的来自小爪哇（Java the Less），还有
的来自北方很远的国家，如北方的鞑靼（Tartary，恐
怕就是今天的西伯利亚或俄罗斯。——译者注），以及
来自我们国家的和来自法兰克其他王国的船只。

的确，我看见停泊在这儿的大海船、三桅帆船和
小型商船比我以前在任何一个港口看到的都要多，甚
至超过了威尼斯……如果一个人没有亲眼目睹这一情
景，简直无法相信。[1]

而在泉州港崛起之前，广州港才是宋朝最繁荣的港口，宋人
描述说："岭以南，广为一都会，大贾自占城、真腊、三佛齐、阇婆，
涉海而至，岁数十柁。凡西南群夷之珍，犀、象、珠、香、琉璃
之属，禹不能名，高不能计。"[2]广州市舶司的岁入约占全国市舶
总收入的十分之八，"三路（广南、福建、两浙）各置提举市舶官，
三方唯广最盛"；"广州自祖宗以来兴置市舶，收课入倍于他路"，
直到南宋时市舶收入才被泉州港超过。[3]

除了这些设有市舶司、市舶务的发舶港，宋朝境内还有大量
未设市舶机构的港口，如福建的福州港、漳州港，广南的潮州港、

---

1 ［意］雅各·德安科纳：《光明之城》，杨民等译，上海人民出版社，1999。

2 洪适：《盘洲文集》卷三十一《师吴堂记》。

3 朱彧：《萍洲可谈》卷二；徐松辑：《宋会要辑稿·职官四四》。

钦州港、琼州港，它们是不是就关起大门、禁止贸易呢？

当然不是。熙宁变法以前，不设市舶机构的港口也允许发舶出海、住舶交易，宋朝海商只要在所在州郡申领公凭，便可就地发舶："诸客旅于海道商贩，于起发州投状，开坐所载行货名件、往某处出卖，召本土有物力户三人结罪，保明委不夹带禁物，亦不过越所禁地分。官司即为出给公凭。"[1] 熙宁变法之后，宋政府强化了对市舶的管理，不设市舶机构的港口不再具有发舶权，海商出洋需要先至发舶港申请公凭。但是，非发舶港并不是从此关闭大门，而是作为辅助港，供海商、蕃商转口贸易，蕃商来华、海商回航，只要在发舶港完成纳税手续，领到公凭，即可在本港口或者转运至其他港口住舶贸易。

因此，我们在未设市舶机构的港口城市，也可以看到繁忙的商贸活动。让我们来看看宋诗里的港口城市吧。苏轼的《舶趠风》诗写道："三旬已过黄梅雨，万里初来舶趠风。几处萦回度山曲，一时清驶满江东。"诗人自注："吴中梅雨既过，飒然清风弥旬，岁岁如此，湖人谓之舶趠风。是时海舶初回，云此风自海上与舶俱至云尔。"[2] 此诗所咏对象为自然气候，反映的却是贩海商船趁着季候风回到家乡、泊满苏州港的情景。龙昌期的《三山即事》诗写道："百货随潮船入市，万家沽酒市垂帘。苍烟巷陌青榕老，白露园林紫蔗甜。"[3] 说的是福州的海外贸易盛况。

南宋楼钥的长诗《送万耕道帅琼管》也曾写过海南岛的海外

1　苏轼：《苏轼文集》卷三十一《乞禁商旅过外国状》。
2　苏轼：《苏轼诗集》卷十一《诗七十二首》。
3　厉鹗：《宋诗纪事》卷八。

贸易："流求大食更天表，舶交海上俱朝宗。势须至此少休息，乘风径集番禺东。不然舶政不可为，两地虽远休戚同。"[1] 宋时海南岛是南海过往商船的补给点与中转站，许多南洋商船都要在这里暂泊、补给、贸易。宋政府虽然未在海南岛置立市舶机构，却设有"津务"，负责向住舶的商船抽税："舶舟之中，分三等；上等为舶，中等为包头，下等名蚤船。至则津务申州，差官打量丈尺，有经册以格税钱；本州官吏兵卒，仰此以瞻。"[2] 这一根据商船体积计算的商税，有点像"船舶吨税"。

宋代李邴在《咏宋代泉州海外交通贸易》中写道："苍官影里三洲路，涨海声中万国商。"描述的是泉州港的繁华商贸，但借用来形容宋朝的各个港口城市，也是恰如其分的。读这首诗，我总是会联想到唐朝王维的"九天阊阖开宫殿，万国衣冠拜冕旒"。如果说，"万国衣冠拜冕旒"表达了朝贡体制下的政治荣耀，那么"涨海声中万国商"体现的便是通商体制下的商业繁华。我喜欢"万国商"，因为它更具近代气质。

宋政府对蕃商的保护

"涨海声中万国商"的海外贸易盛况，当然不是从地下冒出来的，也不是仅凭鼓励市舶的表态就能自发形成的。政府还需要建立一系列维护海上安全与合法贸易，保护蕃商私有财产与在华居留权的制度与机制，在这个基础上，繁忙的市舶贸易才得以展

1　楼钥：《攻愧集》卷三。
2　赵汝适：《诸蕃志》卷下。

开、维持。

海上商船的往来，会引来掠食者，那就是海盗。南宋后期，东南沿海一带，"海贼船只递年往来漳、潮、惠州界上冲要海门，劫掠地岸人家粮食，需索羊酒，专侯番船到来，拦截行劫"[1]。为打击海盗，维护海上商路安全，宋政府在广州、泉州、漳州等沿海港口设立"望舶巡检司"，或在海岛驻扎寨兵，巡视海路。这大概就是世界上最早的保护商贸的海上护卫队了。

福建路的福州、泉州、漳州、兴化军，"尽是边海，若是舟船要到城下，逐州各有海口小港，约近百里至七十里，其海口旧时各有镇寨，把扼海路"[2]。这些镇寨就是"望舶巡检司"，只是"后来无事，兵士渐次减少"，海上巡逻松懈。庆历年间，蔡襄在担任福建路转运使时，重新整顿了巡检司的海上巡警制度：将福州、泉州、漳州、兴化军的巡检司入海舟船"量与修整"，并"令教习舟船，谙习水势"，"往来海上巡警"。

这套"海上巡警"的制度一直维持到南宋。嘉定年间，海寇入犯泉州，知泉州的真德秀牒请左翼军遣发官兵，并劝谕诸湾民船与官军汇合，"前去收捕"[3]，擒获海盗首领四人、盗徒一百三十二人，此役之后，泉漳一带"盗贼屏息，番舶通行"。

广州港七百里外的㳡洲岛，也驻扎有寨兵："广州自小海至㳡洲七百里，㳡洲有望舶巡检司，谓之一望，稍北又有第二、第三望，过㳡洲则沧溟矣。商船去时，至㳡洲少需以诀，然后解去，

---

1 真德秀：《西山文集》卷十五《申尚书省乞措置收捕海盗》。
2 蔡襄：《端明集》卷二十一。下同。
3 真德秀：《西山文集》卷八《泉州申枢密院乞推海盗赏状》。下同。

谓之'放洋'。"[1]望舶巡检司的职责是为进出港商船护航，从外洋而来的商船，每次行使到㳠洲岛附近的海域时，"则相庆贺"。为什么？因为船到这里，就意味着安全了，"寨兵有酒肉之馈，并防护赴广州。既至，泊船市舶亭下"。

天有不测之风云。除了有海盗觊觎，海上商船还可能会遭遇风浪造成的海难。针对海难的频仍发生，宋王朝也建立了海难救助制度。首先，按北宋末的一项立法，发生海难后，本船水手有义务马上施救，若见危不救，即触犯刑法："诸州船因风水损失，或靠阁收救未毕……本船艄徒互相计会，利于私取财，坐视不救……若纵人盗者，徒二年；故纵而盗罪重者，与同罪；取财赃重者，加公取罪一等。"[2]

其次，根据北宋真宗朝形成的一项惯例，凡遭遇海难的蕃船漂泊至大宋境内，当地官府有责任"据口给粮，倍加存抚，俟风顺遣还"[3]。元丰年间，有高丽国商人"因风失船，飘流至泉州界"，获救，后高丽商人至州衙自陈："愿来明州，候有便船，却归本国。"[4]于是泉州官方"给与沿路口券，差人押来"。明州知州曾巩认为，泉州方面只是给落难蕃商"口券"（免费食品券），不太厚道，"恐于朝廷矜恤之恩，有所未称"，因此，他建议，"今后高丽等国人船，因风势不便，或有飘失到沿海诸州县，并令置酒食犒设，送系官屋舍安泊，逐日给与食物，仍数日一次别设酒食。阙衣服者，官为置造。道路随水陆给借鞍马舟船。具析奏闻。其欲归本国者，

1 朱彧：《萍洲可谈》卷二。下同。

2 徐松辑：《宋会要辑稿·食货五〇》。

3 李焘：《续资治通鉴长编》卷八十六。

4 曾巩：《元丰类稿》卷三十二。下同。

取禀朝旨"。

再次，按元符年间确立的一条法令，"蕃舶为风飘着沿海州界，若损败及舶主不在，官为拯救，录物货，许其亲属召保认还，及立防守盗纵诈冒断罪法"[1]。地方官府若发现有遭遇海难的蕃船漂至境内，有责任打捞、保全他们的货物，登记在案，日后交还给货主或其亲属，冒领、盗取、诈骗落水蕃船的财物，将会被判罪。南宋时，"常有船遇风至吴江境上，部使者藉之，凡得数万缗"[2]，当地官府企图将这些落水财物籍没充公。后来船主找上门来，要求取回财产，地方官不答应，船主便起诉至户部。户部支持船主的诉求，行文让地方政府归还财产。

宋政府对蕃商财产的保护，还包含了对其财产继承权的尊重。北宋元祐年间，广州有一好事之人，跑到京师户部检举一事："蕃商辛押陁罗者，居广州数十年矣，家赀数百万缗"，"近岁还蕃，为其国主所诛"。[3]辛押陁罗没有亲属，只收养过一个童奴为养子。好事之人认为，按大宋法律，辛押陁罗为"户绝"，其财产应当收归政府。户部的郎官说，"陁罗家赀如此，不可失也"。

当时任户部侍郎的苏辙将举报人叫来，问他："陁罗死蕃国，为有报来广州耶？"举报人说："否，传闻耳。"苏辙又问："陁罗养子所生父母、所养父母有在者耶？"举报人说："无有也。"苏辙再问他："法告户绝，必于本州县，汝何故告于户部？"举报人说："户部于财赋无所不治。"苏辙说：你的举报完全不合法

1　徐松辑：《宋会要辑稿·职官四四》。
2　魏了翁：《鹤山集》卷八十六。
3　苏辙：《龙川略志》卷五《辨人告户绝事》。下同。

律程序，"此三项皆违法，汝姑伏此三不当，吾贷汝"。举报人不服。苏辙告诉他："汝不服，可出诣御史台、尚书省诉之。"其人乃服。在这个故事中，苏辙公正地维护了蕃商辛押陁罗养子的财产继承权。

南宋乾道年间，一位真腊商人不幸死于明州，留下庞大遗产，却没有亲人在侧。当时有吏人提出，何不将这笔遗产没收入官。明州政府不同意，而是"为具棺殓，属其徒护丧以归"，将商人的遗体与遗产送回他的国家。[1] 真腊国王很受感动，发来感谢信："吾国贵近亡没，尚籍其家。今见中国仁政，不胜感慕，遂除籍没之例矣。"送信的使者还说，"死商之家，尽捐所归之赀，建三浮屠，绘王像以祈寿"。"王像"是当时知明州的崇宪靖王赵伯圭的画像。

蕃商的在华合法贸易与正当商业利益，当然也受宋朝法律保护。北宋初，太宗皇帝下诏："市舶司监官及知州、通判等，今后不得收买蕃商杂货及违禁物色。如违，当重置之法。"[2] 禁止官员私自向蕃商购买蕃货。宋政府为什么要出台一条有些奇怪的禁令呢？原来，当时"南海官员及经过使臣多请托市舶官，如传语蕃长所买香药，多亏价直"，许多官员都请托市舶官向蕃商购买香药，交易时又倚仗权力压低价格，损害了蕃商利益。谏官向宋太宗报告了这一现象，所以朝廷才立法禁止官员向蕃商购买蕃货。

南宋初，高宗皇帝又立法："有亏蕃商者，皆重置其罪。今提刑司按举闻奏。"开禧年间，泉州与广州市舶司有些官员打着"和

1　楼钥：《攻愧集》卷八十六。下同。

2　徐松辑：《宋会要辑稿·职官四四》。下同。

买"的旗号，扣留蕃商的一部分货物，要求"售以低价"，导致"蕃船颇疏，征税暗损"。宋廷得悉情况后，立法规范了市舶司对蕃货的抽解与博买章程："申饬泉、广市舶司，照条抽解和买入官外，其余货物不得毫发拘留，巧作名色，违法抑买。如违，许蕃商越诉，犯者计赃坐罪。"蕃商若受不公待遇，允许越级申诉。

不妨跟清乾隆时代的做法比较一下。乾隆二十四年（1759），清廷已实行"一口通商"，西洋商船只准许在粤海关报关、住舶，英国东印度公司欲打开大清国更多口岸，便委派英商洪任辉"赴宁波开港。既不得请，自海道入天津，仍乞通市宁波，并许粤海关陋弊"[1]。此事让乾隆龙颜大怒，认为洋人"挟词干禁"，挑战天朝体制。[2]尽管洪任辉对粤海关的检控基本属实，但他还是被乾隆惩罚"在澳门圈禁三年，满日逐回本国"，理由是他"勾串内地奸民，代为列款，希冀违例别通海口，则情罪难以宽贷"；与洪任辉有商业与资金往来的徽商汪圣仪也"躺着中枪"，被发边充军；更倒霉的是那个替洪任辉书写状词的"内地奸民"刘亚匾，竟被"即行正法示众"。

洪任辉事件之后，乾隆皇帝又采纳两广总督李侍尧议订的"防范夷商规条"[3]：禁止洋商在广州过冬，"夷船至粤卖货后，令其依期回国，即有行欠未清，亦令在澳门居住，将货物交行代售"；禁止洋商与广州市民直接做生意，"其买卖货物，必令行商经手，方许交易"，即特许洋行垄断外贸；禁止洋商任意出入广州城，

---

1 赵尔巽等：《清史稿》卷一百五十四《邦交二》。

2 《清实录·乾隆朝实录》卷之五百九十八。下同。

3 《清朝文献通考》卷三十三。下同。

只准暂时"寓歇行商馆内"，不得自行租住民宅；禁止洋商雇用内地人，"除设立通事、买办外，如有无赖民人、贪财受雇者，交地方官严禁"[1]。洪任辉企图通过控告粤海关腐败，促使清廷开放更多口岸，结果适得其反，反而引来乾隆对海外贸易的更严厉管制。

还是说回宋代吧。按宋朝市舶法，"自来，海外诸国蕃客将宝货渡海赴广州市舶务抽解，与民间交易，听其往还，许其居止"[2]。蕃商只要依法在市舶司报关、完成纳税手续之后，便可往还他处，自由贩卖蕃货，或者在华居留。两宋时期，在华居住的蕃商很多，他们自称"住唐"，实际是"住宋"。宋政府还在广州、泉州等蕃商云集的城市，拨出专门的住宅区供蕃客聚居，人称"蕃坊""蕃人巷"。

蕃坊、蕃人巷通常设有蕃长，"管勾蕃坊公事，专切招邀蕃商人贡，用蕃官为之，巾袍履笏如华人"[3]，蕃长例由蕃人充任，但需要经宋朝州郡政府同意、备案和任命。

蕃坊拥有一定的司法自治权，如广州蕃坊内，"夷人有犯，其酋长得自治而多惨酷"[4]，蕃长按照蕃法惩处犯罪的蕃人，用刑残酷，有违人道主义。因此，广南东路转运使张岊之"请一以汉法从事"。之后，蕃坊只保留杖罪的处罚权："蕃人有罪，诣广州鞫实，送蕃坊行遣。缚之木梯上，以藤杖挞之，自踵至顶，每藤杖三下折大杖一下。盖蕃人不衣裈袴，喜地坐，以杖臀为苦，反

---

1 《清实录·乾隆朝实录》卷之六百二。
2 徐松辑：《宋会要辑稿·职官四四》。
3 朱彧：《萍洲可谈》卷二。
4 脱脱等：《宋史》卷三百三。下同。

不畏杖脊。徒以上罪则广州决断。"[1]

不过，由于文化习俗的差异，即便是轻罪，依大宋法律与依蕃坊习惯法，刑罚还是不一样。同罪异罚，有损法律公正。如泉州"蕃商杂处民间，而旧法：与郡人争斗，非至折伤，皆用其国俗，以牛赎罪"，因为处罚很轻，以致斗殴案件"寖亦难制"。[2]后汪大猷知泉州，对众人说："安有中国而用夷俗者？苟至吾前，当依法治之。"自此，"蕃客始有所惮，无敢斗者"。

宋政府还为"住唐"蕃客修建了学校——蕃学，供其子女入学读书。熙宁年间，广州知州程师孟在羊城"大修学校，日引诸生讲解，负笈而来者相踵。诸蕃子弟，皆愿入学"[3]。广州蕃坊蕃长辛押陁罗"闻风而起，亦捐资以完斋宇，且售田以赠之。后置别舍，以来蕃俗子弟之愿学者"[4]。此时的蕃学，附设于广州州学之内。

宋徽宗朝时，广州与泉州都出现了独立于州学的蕃学："大观、政和之间，天下大治，四夷向风，广州、泉南请建番学。"[5]大观二年三月，广州蕃学建成，曾任贺州州学教授的曾鼎旦上书朝廷："切见广州蕃学渐已就绪，欲乞朝廷择南州之纯秀、练习土俗者，付以训导之职，磨以岁月之久，将见诸蕃之遣子弟，仰承乐育者，相望于五服之南矣。"[6]宋廷批准了曾鼎旦的建议，并任命他为广

1　朱彧：《萍洲可谈》卷二。
2　楼钥：《攻愧集》卷八十八。下同。
3　龚明之：《中吴纪闻》卷三。
4　阮元：《广东通志》卷二百六十九。
5　蔡绦：《铁围山丛谈》卷第二。
6　徐松辑：《宋会要辑稿·崇儒二》。

州蕃学的首任教授。

广州、泉州的蕃坊与蕃学，见证了大宋王朝的开放胸襟。800 年后马戛尔尼使团向清朝乾隆帝提出的请求，并没有超过宋代已经施行的开放政策。另一方面，宋朝蕃坊的有限自治权与晚清租界的治外法权也完全不是一回事，宋朝的主动开放并没有损伤主权，晚清的被动开放却以丧失主权为代价。

中国的大航海时代

每年春夏季节，风从南方来，一艘艘满载香料、象牙、犀角、珍珠、皮货、胡椒、苏木、硫黄等蕃货的帆船，陆续来到宋朝港口住舶交易；冬季，北风南吹，则有数以万计的宋朝海商驾着满载瓷器、陶器、丝绸、布帛、漆器、工艺品、茶叶、果脯等商货的海船，挂起风帆，从各个港口出发，驶往大洋深处。这里有个细节值得注意：宋朝出口的商品基本上都是手工业制品，而从海外进口的货物，则多为天然产品，这完全是发达经济体与落后经济体之间的贸易结构。

我们现在无法统计宋朝海商的精确数目，但可以确定那是一个规模十分庞大的群体。绍兴三十年，南宋朝廷为加强海防，曾命令福建路安抚司招募水手，"漳、泉、福、兴积募到船三百六十只，水手一万四千人"[1]，你看，仅福建的漳州、泉州、福州、兴化四郡，便有至少 14000 名水手。

福建路之外，两浙、两广的港口，亦是舟楫云集，千帆竞发。

1　梁克家：《淳熙三山志》卷第十八。

宋人对此有描述："贩海之商，无非豪富之民，江、淮、闽、浙处处有之。"[1] 实际上，从事海商行业之人，不仅有水手，也不仅是"豪富之民"，当时各个阶层都有人加入到海舶队伍。

官僚集团中有经营海舶者，他们"以公侯之贵，牟商贾之利。占田畴，擅山泽，甚者发舶舟，招蕃贾，贸易宝货"[2]，或者"以钱付纲首、商旅，过蕃买物"[3]。权贵、官僚、士大夫群体从事海舶业，肯定用不着亲自出海，通常都是委派亲信（千人）放洋，这叫"发舶舟"；或者以资本委托海商经营，类似于入股。

甚至，沿海地区的政府机构也参与海舶，如绍兴年间，"泉、广二舶司及西、南二泉司遣舟回易，悉载金钱"[4]。应该说，市舶司这么做是违法的，因为宋王朝一直禁止政府机构与官员从事海舶。北宋初，宋太宗便下诏申明"食禄之家，不许与民争利"，"自今宜令诸路转运司指挥部内州县，专切纠察，内外文武官僚敢遣亲信于化外贩鬻者，所在以姓名闻"。[5] 南宋时，孝宗皇帝又重申禁令："见任官以钱付纲首商旅过蕃买物者，有罚。"[6] 只是利之所在，禁之不止罢了。

民间的"豪富之民"当然也不会放过海舶厚利。他们是大海商，财大气粗，自备有大海船，比如在福建路，"漳、泉、福、兴化，凡滨海之民所造舟船，乃自备财力典贩牟利"[7]。又如杭州凤凰山

1 包恢：《敝帚稿略》卷一《禁铜钱申省状》。

2 脱脱等：《宋史》卷三百八十八《陈良佑传》。

3 脱脱等：《宋史》卷一百八十六《食货下八》。

4 脱脱等：《宋史》卷一百八十三《食货下二》。

5 徐松辑：《宋会要辑稿·职官四四》。

6 脱脱等：《宋史》卷一百八十六《食货下八》。

7 徐松辑：《宋会要辑稿·刑法二》。

一带，是典型的富人区，"寄寓人多为江商海贾，穹桅巨舶，安行于烟涛渺莽之中，四方百货，不趾而集，自此成家立业者众矣"[1]。大海商从事海舶业也有两种方式：一是亲自担任纲首（船长），率领船队出海；一是雇用"职业经理人"带领船队，自己并不涉洋。

大海商之外，又有中小海商。他们主要是生活在沿海州县的一般"海船户"。海船户有上、中、下户之分，上户为大海商；中、下户为中小海商，占海船户的大多数。"大抵海船之家，少中上户，轻生射利，仅活妻孥者皆是"；"平时海舟欲有所向，必先计物货，选择水手，修葺器具，经时阅月，略无不备，然后敢动"。[2]

有些海船户，因为缺乏足够的本钱筹集货物、雇请水手，贩海乏力，就会将自己的小帆船租赁给其他海商，赚点"船脚糜费"。而需要向海船户雇船的商人，通常也是小海商。

如果没有财力购置海船，连雇船都有困难，是不是就无法当一名往海外淘金的海商呢？不是的。你还可以带着自己的商货或本钱，搭乘其他海商的海船出洋贸易，宋人称他们为"贴客"。宋代的远洋海船很大，"深阔各数十丈，商人分占贮货，人得数尺许，下以贮物，夜卧其上。货多陶器，大小相套，无少隙地"[3]，这些在大海船中只占尺许空间储物的商人，就是"贴客"。

一艘宋朝海船上的水手、船员，其实也有着"小海商"的身份，而不仅仅是海船的雇员，因为按宋代水运惯例，商船可以不向水手、船工支付薪水，但允许他们无偿使用 20% 的舱位搭载

1　吴自牧：《梦粱录》卷十八。

2　廖刚：《高峰文集》卷五《漳州到任条具民间利病五事奏状》。

3　朱彧：《萍洲可谈》卷二。

私货，这叫"以舱代薪"。通过"以舱代薪"的机制，水手、船工得以借着航海的机会，做点贩海的小生意。泉州曾出土一艘南宋沉船，从船上发现一批货物木签，其中一部分木签分别写着"吴兴水记""丘碇水记""陈小工记""张什""张绊""安厨记"等字样，研究者相信，"这些'水''碇''绊''什''十''工''厨'等字，指的是从事不同工种的船员和水手，这些木签是用以标明他们各自贩运的货物"。[1]

生活在海边的升斗小民，显然不具贩货出海的财力、物力，但他们同样有参与海舶的渠道："盖因有海商，或是乡人，或是知识，海上之民无不与之相熟。所谓'带泄者'，乃以钱附搭其船，转相结托，以买番货而归，少或十贯，多或百贯，常获数倍之货。"[2]有点像时下颇为流行的"众筹"。

开放的市舶制度、多样化的参与渠道、诱人的商业利润，吸引了大量宋朝子民加入贩海的行列，连出家人都不甘寂寞，亦投身于海舶，出没风波里。北宋时杭州有僧人，法名净源，"旧居海滨，与舶客交通牟利，舶客至高丽，交誉之"[3]。

那么，宋朝海商的总体规模有多大呢？宋人说："凡贩海者，以百人为率"；"海舶大者数百人，小者百余人"；"海商之舰，大小不等，大者五千料，可载五六百人；中等二千料至一千料，亦可载二三百人"。[4]可知宋人航海所用的商船，载客量在 100 人以上。以两浙、福建、两广三路每年各有 300 艘商船扬帆出海计算（这

1　廖大珂：《福建海外交通史》，福建人民出版社，2002。

2　包恢：《敝帚稿略》卷一《禁铜钱申省状》。

3　李焘：《续资治通鉴长编》卷四百三十五。

4　吴潜：《许国公奏议》卷之四；朱彧：《萍洲可谈》卷二；吴自牧：《梦粱录》卷十二。

宋佚名《江天楼阁图》上的商船

是保守估算¹⁾），粗略估算下来，直接参与航海的宋朝海商，少说也有 10 万人之众。

宋朝海商不但规模大、人数多，而且足迹遍布东南亚与印度洋，远抵非洲东海岸。远洋贸易需要有发达的造船术、航海术提供支撑，宋人的造船术放眼当时世界，堪称首屈一指，多桅帆、平衡舵、水密舱等技术已广泛应用，造出来的海船"大者五千料，可载五六百人；中等二千料至一千料，亦可载二三百人"。料，是宋人对船舰载重的计量单位，一料等于一宋石，相当于今天的60 千克。宋代常见的大型航海商船，可载五千料，即载重 300 吨。

但五千料并不是宋代海船的最大装载量，宋人还造出更巨大的航海帆船。北宋宣和年间，宋廷因为要派遣使团访问高丽，诏令船坞制造了两艘巨舰——"康济号""通济号"，名曰"神舟"。²同时委托福建、两浙监司"顾募客舟"六只随行。客舟"其长十余丈，深三丈，阔二丈五尺，可载二千斛粟"。二千斛等于二千料，即载重约 120 吨。那么"康济号"与"通济号"神舟的装载量是多少呢？"神舟之长阔高大、什物器用、人数，皆三倍于客舟也"，换言之，一艘神舟的装载量至少是六千料，换算成今天的说法，载重达 360 吨，排水量可达 1000 吨以上。难怪宋人形容两艘神舟"巍如山岳，浮动波上"。

这里的神舟并非商用船。那么商用的宋朝帆船是不是也有大如神舟者？有。南宋时，从广州港出发、"浮南海而南"的巨船，

1　据梅应发等《开庆四明续志》卷第六，嘉熙年间，明州、温州、台州三郡，一丈以上的海船数为"三千八百三十三只"。当然，这些海船包括并未参与海舶贸易的渔船。
2　徐兢：《宣和奉使高丽图经》卷三十四。下同。

"舟如巨室，帆若垂天之云，柂长数丈，一舟数百人，中积一年粮，豢豕酿酒其中"。[1] 大小大致跟神舟相仿。

此时指南针技术亦已应用于航海。宋人说，"自入海门，便是海洋，茫无畔岸，其势诚险。盖神龙怪蜃之所宅，风雨晦冥时，惟凭针盘而行，乃火长掌之，毫厘不敢差误，盖一舟人命所系也。愚屡见大商贾人，言此甚详悉"。[2] 南海之外，"渺茫无际，天水一色。舟舶来往，惟以指南针为则；昼夜守视唯谨，毫厘之差，生死系焉"。[3] 从"针盘""毫厘不敢差误"等语，可以知道：宋人航海所用的指南针，是一种有刻度的罗盘。

航海的罗盘产生之后，以"针盘"刻度为基准的航线记录也随之出现了，叫"罗经针簿"。生活于宋末元初的周达观记录了从温州往真腊（今柬埔寨境内）的航线："自温州开洋，行丁未针，历闽广海外诸州港口，过七洲洋，经交趾洋，到占城。又自占城顺风可半月到真蒲，乃其境也。又自真蒲行坤申针，过昆仑洋入港，港凡数十，惟第四港可入，其余悉以沙浅，故不通巨舟。"[4] 所谓"行丁未针""行坤申针"，是指按罗盘刻度"丁未""坤申"方位航行。

凭着遥遥领先于世界的造船技术、指南针技术与丰富的航海经验，宋朝的商船不但直达南洋群岛，而且穿过马六甲海峡，驶入孟加拉湾；不但在印度半岛住舶交易，而且横渡印度洋，进入阿拉伯海与波斯湾；不但与阿拉伯诸国贸易，而且通过红海，抵达非洲北部，或者从亚丁港南下，到达非洲东海岸。

1　周去非：《岭外代答》卷六。
2　吴自牧：《梦粱录》卷十二。
3　赵汝适：《诸蕃志》卷下。
4　周达观：《真腊风土记》。

19 世纪以来，非洲的摩加迪沙、桑给巴尔岛、基尔瓦岛、马菲亚岛、哥迪遗址，都曾先后发掘出宋代铜钱；[1] 在福斯塔特、埃得哈布港、摩洛哥、埃塞俄比亚、索马里、肯尼亚、坦桑尼亚等地区，也发现了大量宋代瓷器碎片。[2] 这些宋朝铜钱与瓷器应该就是宋朝的远洋商船带来的。12 世纪的阿拉伯地理学家伊德里西记述说，"中国人每遇到国内骚乱，或者由于印度局势动荡，战乱不止，影响商业往来，便转到桑奈建（桑给巴尔）及所属岛屿进行贸易。由于他们买卖公平，举止温和，态度适中，很快和当地居民发生了密切关系"。

宋人已经知道非洲东海岸城邦（伊德里西称其为"僧祇城邦"）以及北非古国的存在，并记录了它们的地理位置、物产资源、风土人情，以及从大宋航海至此处的里程与日程。赵汝适的《诸蕃志》收录的"弼琶罗"，即今之索马里摩加迪沙，"中理国"在索马里南部海岸，"昆仑层期"在马达加斯加，"层拔国"为桑给巴尔，"蜜徐篱"为埃及，"木兰皮"是今之摩洛哥。《诸蕃志》还记载了一条从泉州到埃及的航线："大食，在泉之西北；去泉州最远，蕃舶艰于直达。自泉发船四十余日，至蓝里（亚齐岛）博易，住冬；次年再发，顺风六十余日，方至其国。本国所产，多运载与三佛齐（东南亚古国）贸易贾转贩以至中国。其国雄壮，其地广袤。民俗侈丽，甲于诸蕃。天气多寒，雪厚二三尺，故贵毡毯。国都号'蜜徐篱'，据诸蕃冲要。"[3]

1　参见许永璋《北宋钱币在非洲的发现及相关问题》，《中原文物》1993 年第 2 期。

2　参见马文宽《中国古瓷在非洲的发现》，紫禁城出版社，1987。下同。

3　赵汝适：《诸蕃志》卷上。

今天许多人还以为晚清魏源编撰的《海国图志》是中国人第一次"开眼看世界"的著作，但在南宋《诸蕃志》面前，600 年后才问世的《海国图志》安敢称"第一"？

随着宋朝海商的崛起，原来由阿拉伯商人控制航线的印度洋，此时已成为大宋商船的天下，"13 世纪初，中国拥有印度洋上最好的船舶，所以从阿拉伯人手中夺走了大部分的海上贸易"[1]。元朝时访问过杭州、广州的摩洛哥旅行家依宾拔都他发现，印度与中国之间的海上交通，皆操之于中国人之手。[2]

说起中国历史上的"大航海"，许多人立即会想到明初郑和七下西洋的伟大壮举。在"郑和下西洋"的光芒之下，宋朝海商的航海活动显得默默无闻、平淡无奇，你甚至连一名宋朝航海家的名字都叫不出来。郑和率领的庞大舰队，官兵与船员数量多达两三万人，曾在海外大败马六甲海盗，耀兵异域，震撼一时。

然而，郑和下西洋之时，民间航海活动与民间海外贸易却被明王朝严厉禁绝。朱棣即位之初，便下禁令："缘海军民人等，近年以来，往往私自下番，交通外国，今后不许，所司一遵洪武事例禁治。"[3]永乐五年（1407），郑和首次航海不久，朱棣又下诏强调："不许军民人等私通外境，私自下海贩鬻番货，依律治罪。"[4]真可谓"只准郑和出海，不准百姓放洋"。非但如此，老百姓还要为郑和船队的建造无偿提供物资（如木材与桐油）和力役，为

1　[美] 李露晔：《当中国称霸海上》，邱仲麟译，广西师范大学出版社，2004。
2　参见张星烺译《摩洛哥旅行家依宾拔都他及其〈游记〉》，收于张星烺编《中西交通史料汇编》第二册，中华书局，2003。
3　《明实录·明太宗实录》卷之十。
4　《明实录·明太宗实录》卷之六十八。

船队将要出洋进行的海外贸易进贡丝绸、茶叶等物品。

朝廷派遣郑和下西洋，目的自然是招徕朝贡，恢复万国来朝的荣耀，清人修《明史》，看得很清楚："自成祖以武定天下，欲威制万方，遣使四出招徕。由是西域大小诸国，莫不稽颡称臣，献琛恐后。又北穷沙漠，南极溟海，东西抵日出没之处，凡舟车可至者，无所不届。自是，殊方异域，鸟言侏离之使，辐辏阙廷。岁时颁赐，库藏为虚。而四方奇珍异宝、名禽殊兽进献上方者，亦日增月益。盖兼汉、唐之盛而有之。"[1]

但明朝开国皇帝朱元璋建立的以低税率＋实物税＋劳役制为特征的财税体系，又根本无法维持长久的、大规模的官方航海活动。每一次下西洋，都免不了劳民伤财。因而，在宣德年间最后一次航行之后，郑和的船队便系统性地自我毁灭了。成化年间，宦官集团尝试恢复明初的航海冒险，向兵部索取《郑和出使水程》（郑和下西洋档案文书），遭到文官集团的抵制。兵部尚书刘大夏抢先一步将档案文书取走，一把火烧掉，说："三保下西洋，费钱粮数十万，军民死且万计。纵得奇宝而回，于国家何益！此特一敝政，大臣所当切谏者也。旧案虽存，亦当毁之以拔其根。"[2]

不要责怪明代文官集团的保守，根源其实在明王朝极为落后的财税体系。黄仁宇说："明朝的第一个皇帝（朱元璋）不顾世界潮流，制造出来的一种财政体系，过于简陋；第三个皇帝（朱棣）又不顾其设计之目的，只拉过来将之滥用，第五个皇帝（明

1　张廷玉等：《明史》卷三百三十二《西域四》。

2　严从简：《殊域周咨录》卷八《真腊》。

宣宗朱瞻基）采收缩退后政策，使之不致全面崩溃。"[1]

中国历史上的大航海时代，出现在宋代，而不是郑和下西洋之时。

从市舶到朝贡贸易

宋王朝为什么热衷于发展海外贸易？从其初衷来看，显然不必过誉，无非是因为市舶可以带来可观的财政收入，用宋高宗的话来说，就是"市舶之利最厚，若措置合宜，所得动以百万计"，"市舶之利颇助国用，宜循旧法以招徕远人，阜通货贿"。[2]

那么宋政府每年从市舶中获利几何呢？南宋学者李心传做过统计："绍兴末，两舶司（广州、泉州）抽分及和买，岁得息钱二百万缗。"[3] 宋高宗也说："朕曾问阐（张阐，曾提举两浙路市舶）市舶司岁入几何，阐奏抽解与和买以岁计之，约得二百万缗。"[4] 宋政府的市舶收入，主要来自两大块：一是抽解，即征收关税，税率大致为10%；一是博买（和买），即市舶司优先购买一部分进口奢侈品，博买的比例为20%—40%，博买到的商货除了供皇室消费，主要用于榷卖，赚取利润。抽解所得加上博买利润，每年200万贯左右。南宋政府的财政岁入大约有1亿贯，来自市舶的收入贡献了2%。

这一笔市舶岁入当然不会自己从天上掉下来。为了抽到更多

1　[美]黄仁宇：《中国大历史》。
2　徐松辑：《宋会要辑稿·职官四四》。
3　李心传：《建炎以来朝野杂记》甲集卷十五。
4　徐松辑：《宋会要辑稿·职官四四》。

的市舶税，宋政府必须积极修建港口与码头，招揽蕃商来华，鼓励海商出洋（宋政府对出口的货物并不征税，但海商回舶时，带回来的蕃货需要报税）。还需要制定市舶条法，对海外贸易加以规范；需要保护航海安全与蕃商财产；需要将市舶关税的税率维持在均衡水平——政府当然倾向于征收到更多的市舶税，但如果税率过高，显然会挫伤海商、蕃商的积极性，导致海外贸易凋敝，进而影响政府的税收。政府与商人长时段的博弈，会使税率大体保持在均衡水平。

而随着海外贸易的发展，造船业、仓储业、运输业、旅店业、金融业、出口商品制造业、进口商品销售业，也被拨动起来，次第展开，从中获益的宋朝商民不计其数。这便是政府的重商主义触发的连锁反应。

宋朝开启的、由财政动力驱动的市舶热情，一直保留到元代。元朝市舶制度"大抵皆因宋旧制"，亦在广州、泉州、温州、杭州、明州、上海镇、澉浦镇等港口城市设立市舶司，主持海外贸易。[1]所不同者，元朝出现了"官本船"制度：官府"造船给本，令人商贩，官有其利七，商有其三。禁私泛海者，拘其先所蓄宝货"。[2]通过"官本船"制度，元朝政府垄断了市舶之利，中小海商则解决了从事贩海业的成本问题。元代还时有"禁私泛海"之举，不过每一次海禁的时间只有两三年，旋禁旋开。总体来说，元王朝的海外贸易还是非常繁华的。元人说，当时"中国之往复商贩于

1　宋濂等：《元史》卷九十四《食货二》。

2　宋濂等：《元史》卷二百五《奸臣传》。

殊庭异域之中者，如东西州焉"[1]，并不是夸大之词。

而建立明王朝的朱元璋，却对市舶之利毫无兴趣。他梦想恢复的，是盛唐之时"万国衣冠拜冕旒"的朝贡盛况，而不是宋朝式的"涨海声中万国商"。从明初至隆庆元年（1567），这 200 年间，明朝施行的海外贸易制度绕不过两个关键词："海禁"与"贡舶"。

"海禁"针对的是中国海商。至迟在洪武四年（1371），明王朝已经实施海禁："仍禁濒海民不得私出海。"[2] 洪武三十一年（1398），朱元璋临终前，还不忘重申海禁，令沿海卫所严查私自下海的商民："今后不问军民，但自是拿住私自下海的人，问他往何外国买卖通透消息，若拿有实迹可验的，就全家解来，赏原拿人大银两个、钞一百锭。"[3]

为禁绝海商出海之路，明政府还强制将民间海船改为平头船，因为平头船无法作远洋航行，永乐二年（1404），"禁民间海船，原有海船者，悉改为平头船，所在有司防其出入"[4]。之后，又禁民间制造双桅、三桅大船。弘治十三年（1500）规定，"擅造二桅以上违式大船；将带违禁货物下海入番国买卖"之人，"正犯处以极刑，全家发边卫充军"；嘉靖四年（1525），朝廷要求"将沿海军民私造双桅大船尽行拆卸，如有仍前撑驾者，即便擒拿"；嘉靖三十三年（1554）又下令："有将双桅三桅大船下海，及沿海居民遇夷船乘风飘泊、私送水米者，俱坐通番重罪。"[5]

1　汪大渊：《岛夷志略》后序。
2　《明实录·明太祖实录》卷之七十。
3　黄佐：《广东通志》第七卷《事纪五》。
4　《明实录·明成祖实录》卷之二十七。
5　李东阳等：《大明会典》卷之一百三十二。

"贡舶"则针对来华贸易的蕃船。按明制，"凡外夷贡者，皆设市舶司领之，许带他物，官设牙行，与民贸易，谓之互市。是有贡舶即有互市，非入贡即不许其互市矣"[1]。市舶必须在朝贡的框架下进行，故称"贡舶"。

我们前面说过，中原王朝与诸蕃国的贸易，有两个框架：朝贡与互市。两个贸易框架并行不悖，从唐至元，市舶均属互市，宋元时期还出现了"重市舶而轻朝贡"的趋势。但这一趋势在明代出现逆转，朱元璋不但"重朝贡而轻市舶"，甚至用朝贡体系吞并了互市架构，市舶被纳入朝贡体系内。

也因此，"市舶"一词的词义在明朝发生了微妙的变化——明朝人说，"贡舶与市舶，一事也"，认为"市舶"就是"贡舶"。那"市舶"原来的含义——民间海外贸易又叫什么呢？明朝人发明了一个新词：商舶。而且，他们认为，商船是不合法的，属于王法禁止的走私活动："市舶与商舶二事也。贡舶为王法所许，司于市舶贸易之，公也；海商为王法所不许，不司于市舶贸易之，私也。"

发生变化的还有市舶司的职能——朱元璋立国后，尽管保留了宋元的市舶机构建制，在江苏太仓、浙江宁波、福建泉州、广东广州设置市舶司，但明朝市舶司的职能已经完全改变："市舶提举司，掌海外诸番朝贡市易之事，辨其使人表文勘合之真伪，禁通番，征私货，平交易。"[2]换言之，明代的市舶司不类海关，而是接待朝贡使团的外事机构。

---

1 《钦定续文献通考》卷二十六《市籴考》。下同。
2 《钦定续文献通考》卷六十《职官考》。

我们完全可以想象，贡舶＋海禁制度之下，明王朝的民间海外贸易，该是多么的寂寥、冷清。

但贡舶的制度注定是不可持久的，最重要的原因是财政无法维持这种亏本的买卖。按明代朝贡惯例，蕃国入贡的物品，一般分为"正贡"和"附搭货物"。对正贡，朝廷要收下来，同时按"薄来厚往"的原则给予丰厚回赐。我们已多次说过，经济上这是得不偿失的。

对附搭货物，朝廷则按一定比例抽解、抽买，然后准许在京师同文馆、地方市舶司与中国商民交易。抽解即抽税。但明前期对贡舶税收并不怎么在乎，时常免除抽解之税，比如洪武四年，朱元璋下谕旨："占城海舶货物，皆免其征，以示怀柔之意。"[1]永乐初年，西洋剌泥国入贡，"因附载胡椒与民互市，有司请征其税"，朱棣说："商税者，国家以抑逐末之民，岂以为利？今夷人慕义远来，乃欲侵其利，所得几何？而亏辱大体万万矣。"[2]

朱棣这段话，也透露了明朝财税体系的设计思路：国家财税以农业税为本，且以实物形式征收，再以全民服役相配合，足以保障政府的运转，不需要依赖市场、商业与货币。之所以征收商税，意不在财政扩张，更不表示对商业的器重，而是为了抑制良民从商逐利。

如此反市场的贸易体制安能持续？到明中期，朱元璋设计的那一套贡舶制度便难以为继了。一方面，由于朝贡有入贡次数、贡品数量的限制，蕃商欲打破这一限制，便通过行贿明朝官员的

---

1 《明实录·明太祖实录》卷之六十七。
2 《明实录·明太宗实录》卷之二十四。

方式，获得"私通贩易"的机会，从而突破了"非入贡不许互市"的格局。另一方面，明朝的地方官员也更热衷于发展商舶，而视接待朝贡使团为苦差，因为商贸可以征税，接待贡使却要垫付路费、伙食费。

嘉靖三十二年（1553），葡萄牙商人经广东海道同意，获准在澳门居留、晒藏商货。广东地方政府的这一创举，更是打破了朝贡贸易体制的僵化格局：澳门渐渐发展成市舶贸易的中转站，"蕃舶每岁乘南风而来，七八月到澳"；广州府提前一个月贴出告示，召告商人，发给"澳票"（批准前往澳门贸易的凭证）；蕃舶一到澳门，"抽分官（税官）下澳，各商亲身同往"，完税后，蕃舶即可与持有"澳票"的中国商人自由交易。[1]

大约也是从嘉靖朝后期开始，葡萄牙商人又获准每年两次进入广州城，参加集市。"一次是在一月，展销从印度来的船只所携带的货物，另一次是在六月末，销售从日本运来的商品。这些市集不再像从前那样在澳门港或在岛上举行，而是在省城本身之内举行……在这里，他们必须晚间待在他们的船上，白天允许他们在城内的街道上进行贸易。这种公开市场的时间一般规定为两个月。"[2]

澳门与每年两次的广州交易会，成为明朝中后期对外贸易的特别通道，这个特别通道之所以被打开并维持下去，动力来自广东地方政府的财政压力，并不表明朝廷已经回归宋朝的开放政策。

与此同时，明初确立的海禁政策也难以为继，尽管从洪武年间到嘉靖年间，朝廷一再申明海禁立场，但民间的走私活动一直

1　陈子龙辑：《明经世文编》卷之三百六十八。
2　[意] 利玛窦、[比] 金尼阁：《利玛窦中国札记》，何高济等译，中华书局，2010。

对海禁政策发起挑战，骚扰沿海地区多年的所谓"倭寇"，实际上多数都是贩海的走私团伙。隆庆元年，明王朝终于采纳福建地方官员的建议，宣布开禁，"准贩东西二洋"，允许海商前往吕宋、苏禄等东洋诸国与交趾、占城、暹罗等西洋诸国贸易，史称"隆庆开关"。[1]

不过，我们需要注意，"隆庆开关"是有限度的，完全不可跟宋元时期的开放格局相提并论。首先，开禁的港口只有福建的月港，其他港口并未开放；其次，即便在月港，也只是准许海商出海，而不准蕃船住舶，这一点，当年荷兰商人留下的记载可以证明："假如我们要寻求贸易机会，就只能前往广州。因为中国皇帝颁令，漳州可发舶前往各国，但不准外国人前去。与此相反，外国人可到广州，但不许华船从广州前往外国，违者处以重刑。"[2]明朝官员的说法也可作为佐证："粤与闽、浙同一防倭也，而浙未尝与夷市，闽市有往无来……粤则与诸夷互市。"[3]

而且，从月港出发的商船数目有定额限制："岁限船八十有八，给引如之，后以变量有限，而愿贩者多，增至百一十引矣。"[4]明政府从月港征收的引税、水饷、陆饷、加增饷等，合计起来，万历四年（1576）约为一万两白银，随后又"累增至二万有余""骤溢至二万九千有奇"，从"累增""骤溢"的用词，可以看出明朝人对市舶收入的沾沾自喜。然而，每年两三万两银的市舶收入，不过是南宋市舶岁入的零头而已，何足道哉？

1　张燮：《东西洋考》卷七《饷税考》。
2　[荷]包乐史：《中荷交往史》，庄国土、程绍刚译，荷兰路口店出版社，1989。
3　《明实录·明神宗实录》卷之五百九。
4　张燮：《东西洋考》卷七《饷税考》。下同。

月港的开放，广州—澳门贸易中心的形成，意味着朱元璋创设的海禁＋贡舶体制已经被历史淘汰，摆脱了洪武体制束缚的明朝中后期，海外贸易当然要比明前期活跃得多，大量的海外白银正是在这一时期流入的。不过，如前所述，我们也不必高估中晚明的开放性。总体而言，中晚明的海外贸易并没有恢复宋元时期的盛况。

清承明制，顺治朝至康熙朝初期的海禁与朝贡贸易制度，明显延续了明太祖朱元璋的治国思路。说起来，顺治帝最赞赏的前朝帝王，便是朱元璋，他曾问大学士范文程、陈名夏等人："上古帝王，圣如尧舜，固难与比伦，其自汉高以下，明代以前，何帝为优？"[1]众学士对曰："汉高、文帝、光武、唐太宗、宋太祖、明洪武，俱属贤君。"顺治曰："此数君者，又孰优？"陈名夏曰："唐太宗似过之。"顺治曰："岂独唐太宗。朕以为历代贤君，莫如洪武。何也？数君德政有善者，有未尽善者，至洪武所定条例章程，规画周详，朕所以谓历代之君，不及洪武也。"范文程等奏曰："诚如圣谕。"

清廷放开海禁、设四海关之后，乾隆又改"四口通商"为"一口通商"，拒绝马戛尔尼使团通商请求，对朝贡贸易深为迷恋，对通商体制抱以警惕。如此眼界，如此格局，继承的也是朱明遗产，而不是宋元传统。

---

1 《清实录·顺治朝实录》卷之七十一。下同。

政治

中道难行古已然，东边扶起又西边

——宋代朋党中的『左右派』

年号（一）

自汉武帝建元之后，直到清末宣统，中国人基本上都以年号纪年。清人赵翼说，"年号纪元自汉武始，上自朝廷，下至里社，书契记载，无不便之，诚千古不易之良法也"[1]。也就是说，年号的使用，是为了方便纪年。年号的用字一般选取吉祥字，通常并无特别的政治含义。不过，宋代例外。

北宋后期，从"元祐"至"崇宁"，年号通常含有深刻的政治寓意，改元往往意味着朝廷的施政路线发生改变。要深入理解这一点，我们应该从北宋两个具有坐标意义的年号说起。

一个是宋仁宗的"嘉祐"。"嘉祐"本来并无特殊的政治含义，只是普通的吉祥字，宋仁宗改元"嘉祐"，只是出于祈福之意。至和三年（1056），"仁宗不豫，久之康复，又改元曰嘉祐"；

---

1 赵翼：《陔余丛考》卷二十五。

"时，上疾平以太宗至道年升遐，恶其年号，遂诏中书改元嘉祐"。[1]
但北宋元祐朝之后，"嘉祐"的年号却被赋予不寻常的政治内涵，简单地说，一部分宋朝士大夫相信，"嘉祐之治"代表了一种近乎完美的施政状态，后世君臣需要做的就是忠实效法仁祖，恢复"嘉祐之治"。

比如北宋大观年间，御史官陈师锡上书宋徽宗，说："宋兴一百五十余载矣，号称太平，飨国长久，遗民至今思之者，莫如仁宗皇帝。臣窃尝考致治之本，亦不过于开纳直言、善御群臣，贤必进，邪必退……以致庆历、嘉祐之治，为本朝甚盛之时，远过汉唐，几有三代之风……臣愿陛下远思尧、舜、禹、稷任贤去邪之道，中采齐桓、管仲善善恶恶之戒，近法仁祖纳谏御臣之意，则太平之盛，指日可见。"[2]南宋淳熙元年（1174），宋孝宗在一份诏书上说："庆历、嘉祐之治，上参唐虞，下轶商周，何其盛哉！"[3]

可见，至少在一部分宋人的心目中，嘉祐是"盛治"的标志，是衡量后世施政是否"达标"的坐标。

另一个具坐标意义的年号是宋神宗的"熙宁—元丰"，时人习惯合称"熙丰"。"熙宁"与"元丰"原本也是吉祥字，并无特别的政治寓意。相传"熙宁末年旱，诏议改元。执政初拟'美成'，上曰：'羊大带戈，不可。'又拟'丰亨'，上曰：'亨字为子不成，惟丰字可用。'改元元丰"[4]可见"元丰"的含义也是祈福，祈祝五谷丰登。但神宗去世后，"熙丰"也被一部分士大夫赋予强烈

---

1 欧阳修：《归田录》卷一；陈均：《九朝编年备要》卷十五。

2 赵汝愚编：《宋名臣奏议》卷十七。

3 佚名：《宋史全文》卷二十六上。

4 陈郁：《藏一话腴》乙集卷上。

的政治寓意，因为宋神宗在位期间，起用变法派，厉行新法，以图革除祖宗朝积弊。他所用的年号，也因此被认为是"变法"的象征。

比如元符三年（1100），福建路提举常平官钟世美上书宋徽宗，"乞复熙宁、绍圣故事"，称宋哲宗亲政后，"振起斯文，六七年间，天下大治，复见熙丰之盛"。[1] 崇宁三年（1104），大臣评议先帝，称"哲宗皇帝蚤以元良，绍膺大统，临御之初，恭默退托，而权臣擅政，朋党蔽朝，肆为纷更，以逞私意，熙丰之良法善制扫荡尽矣"[2]。

如此看来，在另一部分宋朝士大夫的心目中，"熙丰"也是"盛治"的标志，象征着敢于革旧鼎新的"良法善制"。

进而言之，崇尚"嘉祐"与崇尚"熙丰"的北宋士大夫，实际上分属两大阵营：前者为旧党、保守派，宋人称为"元祐党人"；后者显然是新党、变法派，宋人称为"元丰党人"。陈师锡在进呈宋徽宗的奏疏上高度评价"嘉祐之治"，钟世美上书宋徽宗则极言"熙丰之盛"，反映了元祐党人与元丰党人在争夺皇帝对己派的支持，推行己派的政治主张。

"嘉祐"与"熙丰"正好分别代表了宋朝士大夫两种不同的施政主张、方针、路线。宋人在议政时，也常以"嘉祐""熙丰"指代两个派系的不同政见，如元祐三年，秦观论役法，提到当时"士大夫进用于嘉祐之前者，则以差（差役法）为是而免（雇役法）为非；进用于熙宁之后者，则以免（雇役法）为得而差（差

1　陈均：《九朝编年备要》卷二十五。
2　徐松辑：《宋会要辑稿·礼五八》。

五代周文矩《文苑图》（宋摹本）中的士大夫

役法）为失"[1]。建炎四年，一位司法官进言称："比年以来，法令变更，易于反掌。且如靖康元年九月十三日议者乞用元丰、嘉祐之法，仍候修书之成。殊不知两法之中，自相抵牾者固多。"[2] 南宋人刘实甫则将"熙丰之急政"与"庆历嘉祐之缓势"对举。[3]

再进而言之，"嘉祐"与"熙丰"似乎有着某种内在的背反关系。"熙宁变法"所欲变革者，便是积累至嘉祐朝的旧制弊病。嘉祐三年（1058），王安石给仁宗皇帝上万言书，直言"天下之财力

1　陈亮辑：《苏门六君子文粹》卷二十五。
2　徐松辑：《宋会要辑稿·刑法一》。
3　吕中：《宋大事记讲义》原序。

日以困穷，而风俗日以衰坏"，"方今之法度，多不合乎先王之政故也"，因而必须"改易更革"。[1] 但嘉祐年间王安石的变法主张未获支持，他到宋神宗熙宁年间才得以一展抱负。后来吕祖谦评论说："安石变法之蕴，亦略见于此书（指《上仁宗皇帝言事书》），特其学不用于嘉祐，而尽用于熙宁，世道升降之机，盖有在也。"[2]

而在元祐党人及其追随者看来，"熙宁变法"亦是对"嘉祐之治"的反动。南宋光宗朝的御史刘光祖说，本朝士大夫议论，"庆历、嘉祐盛矣，不幸而坏于熙、丰之邪说，疏弃正士，招徕小人，幸而元祐君子起而救之，末流大分，事故反覆。绍圣、元符之际，群凶得志，绝灭纲常，其论既胜，其势既成，崇、观而下，尚复何言？"[3]

南宋之世，由于国家经历过北宋末的"靖康之耻"，王安石、蔡京等新党主持的变法被认为是导致靖康之变的诱因，受到士大夫众口一词的批判。因而，"嘉祐之治"大获青睐，理想的状态即回归"嘉祐之治"，这也显示了南宋的整体施政风格带有一种"向后看"的保守主义倾向，缺乏锐意进取、外向开拓之心。

这一"向后看"的保守主义风格还体现在南宋的年号上，如宋孝宗年号"淳熙"，原拟"纯熙"，中书门下省认为："若淳化、雍熙言之，当用'淳熙'字，庶几仰体主上取法祖宗之意。"[4] 孝宗从之；孝宗之子光宗即位，改元"绍熙"，意为"绍淳熙之政"[5]；

1　王安石：《临川先生文集》卷三十九《上仁宗皇帝言事书》。

2　陈邦瞻：《宋史纪事本末》卷八。

3　脱脱等：《宋史》卷三百九十七《刘光祖传》。

4　李心传：《建炎以来朝野杂记》乙集卷七。

5　李心传：《建炎以来朝野杂记》甲集卷三。下同。

宁宗继统，改元"庆元"，则是"锐意庆历、元祐故事"；宋理宗的年号"宝祐"，意为"绍开宝之宸谟兴起，百度体嘉祐之圣德"[1]。在这众多致敬的年号中，并无一个向"熙丰"致敬。

年号（二）

"嘉祐"与"熙丰"的政治寓意，其实是后人追加的，仁宗与神宗在世时，肯定想不到他们的两个年号会成为后世两大士大夫阵营的政治图腾。

第一个主动注入施政路线含义的宋朝年号，是宋哲宗的"元祐"。我们都知道，神宗英年早逝，年幼的哲宗继位，由太皇太后高氏（宋英宗皇后）垂帘听政，改元"元祐"。高氏同情旧党，听政之时，召回熙丰时期被逐的保守派官员，委任司马光执政，废黜熙丰新法，史称"元祐更化"。

新的年号"元祐"有何深意？宋人说："元祐之政，谓元丰之法不便，即复嘉祐之法以救之。然不可尽变，大率新、旧二法并用，贵其便于民也。议者乃云：'对钧行法。'朝士善谑乃云：'岂独法令然，至于年号，亦对钧矣。'"[2]元祐建元，预示着"熙丰之法"被摒弃，新政府转而取法"嘉祐之治"，虽然名义上"大率新、旧二法并用"，但实际上，新法悉被废罢，元祐党人无疑更偏爱嘉祐之治："哲宗即位，宣仁后（太皇太后高氏）垂帘同听政，群贤毕集于朝，专以忠厚不扰为治，和戎偃武，爱民重俗，庶几

1　赵汝腾：《庸斋集》卷三。
2　李焘：《续资治通鉴长编》卷三百六十四。

嘉祐之风矣。"[1]

元祐八年（1093），宣仁太后去世后，哲宗皇帝亲政，并下御札："改元祐九年为绍圣元年，布告多方，使咸体朕意"，"诏既下，天下晓然知上意矣"。[2] 这里的"上意"，指宋哲宗决意罢黜元祐党人，起用元丰党人，叫停"元祐更化"，接续"熙丰新法"。为什么天下人从一个年号就能想到皇帝的心意？因为"绍圣"者，"绍述圣皇"之谓也。绍述，意为继承、发扬光大；圣皇，自然是指哲宗的父皇神宗皇帝。

"绍圣"是北宋第二个具有政治路线宣示意义的年号。事实上，亲政的宋哲宗与执政的元丰党人也确实按"绍述圣皇"的宣示，恢复了宋神宗未竟的变法大业。

宋朝第三个有着鲜明政治路线寓意的年号，是宋徽宗的"建中靖国"。哲宗早逝无子嗣，由其弟弟徽宗继位，向太后（宋神宗皇后）"权同处分军国事"。徽宗即位之后，宣布于次年改元"建中靖国"。建中，意为建立中道的治理；靖国，意为消弥国家之前的争端，"盖垂帘之际，患熙丰、元祐之臣为党，故曰建中靖国"[3]，"谓建大中之道，无熙宁、元祐之分也"[4]。

徽宗消弥党争的决心似乎是很大的。他令翰林学士撰诏宣布改元时，宰相曾布说："建中乃唐德宗幸奉天时年号，不若更之。"徽宗说："太平亦梁末帝禅位年号，太宗用之，初何嫌焉。"遂下诏不疑。然而，这一旨在促使元丰与元祐党人和解的新年号，仅

1　邵伯温：《邵氏闻见录》卷第十三。

2　杨仲良：《皇宋通鉴长编纪事本末》卷第一百。

3　蔡绦：《铁围山丛谈》卷第一。

4　曾敏行：《独醒杂志》卷三。下同。

仅维持了一年。向太后逝世之后，徽宗皇帝亲政，便于次年改元"崇宁"。

"崇宁"，又是一个明确宣示执政路线的年号，"崇宁者，谓崇熙宁也"。宋徽宗通过改元，向天下人宣告：他将接过父亲（神宗）与兄长（哲宗）的薪火，继续推行"熙宁新法"。为此，宋徽宗罢免了属于元祐党的宰相韩忠彦，拜元丰党人蔡京为右相。拜相制书颁下之时，徽宗将蔡京请至延和殿，赐坐，并诚心向他请教："神宗创法立制，先帝继之，两遭变更，国是未定。朕欲上述父兄之志，卿何以教之？"[1]国是，为宋代特有的政治概念，相当于"基本国策"。徽宗之意，显然是要将"绍述新法"确立为"基本国策"了。

从熙丰，到元祐，再到绍圣，到建中靖国，到崇宁，每一次改元，都是在宣告施政路线的改弦更张、改途易辙。而施政路线的更改，又意味着元祐党人与元丰党人的轮替，可谓"你方唱罢我登场"：熙丰自然是元丰党人执政，元祐自然是元祐党人上台，绍圣时元丰党人卷土重来，建中靖国则是元丰与元祐党人联合执政，崇宁又是元丰党人秉政。

这样的"年号政治"，我们在其他王朝是不可能见到的。

左右（一）

今人习惯将保守派称为"右翼"，将变法派称为"左翼"。巧的是，宋人有时也使用"左右"的概念来形容元丰党人与元祐党

1　脱脱等：《宋史》卷四百七十二《蔡京传》。

人这两大阵营。

绍圣初，哲宗亲政，锐意绍述，起用元丰党人，支持变法的章惇被召回朝廷，拜为宰相。章惇从湖州回京，途经山阳县，当地官员都来拜谒。明州通判陈瓘当时在山阳，也"随众谒之"。章惇"素闻瓘名，独请登舟，共载而行"。[1] 二人遂在江上小舟展开了一场关于施政之道的对话。

章惇向陈瓘讨教"当世之务"。陈瓘说："请以所乘舟为喻，偏重，其可行乎？或左或右，其偏一也。明此则可行矣。"章惇听后，"默然未答"。陈瓘反问他："上方虚心以待公，公必有以副上意者，敢问将欲施行之序以何事为先？何事为后？"章惇说："司马光奸邪，所当先辨。"陈瓘说："相公误矣，此犹欲平舟势而移左以置右也。果然，将失天下之望矣！"

陈瓘又"极论熙丰、元祐之事，以为元丰之政，多异熙宁，则先志固已变而行之。温公不明先志，而用母改子之说，行之太遽，所以纷纷至于今日。为今之计，惟当绝臣下之私情，融祖宗之善意，消朋党，持中道，庶乎可以救弊。若又以熙丰、元祐为说，无以厌服公论，恐纷纷未艾"，"譬如此舟，移置之左，则左重，移置之右，则右重，俱不可也"[2]。

按陈瓘的说法，熙宁变法，专任新党，排斥旧党，就如江中行舟，众人都坐在舟之右侧，舟有"右倾"之险；元祐更化，司马光悉罢新法，专用旧党，相当于安排众人全部坐到舟之左侧，舟又有"左倾"之险。现在章相公还朝，又欲"移左以置右"，

1　李焘：《续资治通鉴长编》卷四百八十五。下同。

2　陈邦瞻：《宋史纪事本末》卷十。

只怕舟势又无法平衡了。执政之道，应该是消朋党，持中道，不偏不倚。

陈瓘"辞辩渊源，议论劲直"，章惇虽然觉得"逆意，亦颇惊异。遂有'兼取元祐'之语，留瓘共饭而别"。[1] 但章惇执政后，实未"兼取元祐"，而是将元祐党人悉数放逐，白白浪费了陈瓘的苦口婆心。

后徽宗继位，陈瓘又上书与皇帝论治道："今所以保四海而固天禄者，在允执厥中以奉天而已，无过不及之谓中，不高不下之谓中，不左不右之谓中。"[2] 希望徽宗平衡左右，取中道而行。

建中靖国元年七月，宰相曾布也跟徽宗说："元祐、绍圣两党皆不可偏用。臣窃闻江公望尝为陛下言：'今日之事，左不可用轼、辙，右不用京、卞。'缘此等人在朝，决不免怀私挟怨，互相仇害，则天下士类为之不安。士类不安，则朝廷亦不安矣。愿陛下深思熟计，无使此两党得志，则和平安静，天下无事，陛下垂拱而治矣。"[3] 当时苏轼、苏辙兄弟隐然是元祐党人的领袖，蔡京、蔡卞兄弟则是元丰党人的中流砥柱。曾布认为，这两对兄弟，一左一右，均不可偏用。

我们现在习惯将曾布列入变法派，不过曾布自己却以"中立"自命，他曾自谓："布自熙宁立朝，以至今日，时事屡变，惟其不雷同熙宁、元丰之人，故免元祐之祸；惟其不附会元祐，故免绍圣之中伤，坐视两党之人反覆受祸，而独泰然自若，其自处，亦必粗有义理，以至处今日风波之中，毅然中立，每自谓存心无

1　李焘：《续资治通鉴长编》卷四百八十五。

2　黄淮、杨士奇编：《历代名臣奏议》卷之四十四。

3　杨仲良：《皇宋通鉴长编纪事本末》卷第一百三十。下同。

愧于天，无负于人。"

曾布跟皇帝说"左不可用轼、辙，右不用京、卞"时，宋徽宗"颔之而已"，是点头表示同意的。但吊诡的是，到了建中靖国元年十一月，徽宗一日单独留下曾布，给他看一幅变法派小将邓洵武进献的《爱莫助之图》，"其图如史书、年表，例为旁通，分为左右。自宰臣、执政、侍从、台谏、郎官、馆阁、学校，分为七隔。左曰绍述，右曰元祐，左序助绍述者，宰相执政中，温益一人而已，其余每隔止三四人，如赵挺之、范致虚、王能甫、钱遹是也；右序举朝辅相、公卿、百执事皆在其间，至百余人"。

邓洵武将此图命名为"爱莫助之图"，用意很明显："陛下方绍述先志，群臣莫助之者"，因为陛下现在所任用的官员，除了温益、赵挺之、范致虚、王能甫、钱遹屈指可数的几名元丰党人（列于图之左序），其余的全都是元祐党人（列于图之右序）。

邓洵武又在《爱莫助之图》的左序"别立一项，用小帖揭去"，这是邓洵武建议的宰相人选，是扭转乾坤的关键人物，不过其姓名被邓洵武用小帖子覆盖住。曾布问其人为谁。徽宗说："洵武言非相蔡京不可，以不与卿同，故揭去。"此时，宋徽宗已决意要拜蔡京为相，绍述父兄之志。

这幅《爱莫助之图》有一个细节很有意思：邓洵武将元祐党人名单列于右序，将元丰党人名单列于左序，正好跟今人称保守派为"右翼"、革新派为"左翼"相吻合。这自然是一种巧合，因为陈瓘与曾布则将元祐党人列为"左"，将元丰党人列为"右"。宋人显然不会晓得现代政治学说的"左右翼"概念，不过，如前所述，不止一位宋朝士大夫会用"左右"来形容元丰党人与元祐党人，至于谁为左，谁为右，并不重要，重要的是，"左右"均偏离了中道，是各执一端。

除了"左右"，宋人还常常使用"中"的概念来描述一种理想的执政路线。中，即不左不右，不偏不倚。换句话说，中就是平衡左右派，兼用元丰与元祐党人，兼取新旧法。美国汉学家伊沛霞将建中靖国年间的兼用元丰、元祐党人解释为"建立联合政府"[1]，堪称是精妙的概念转译。可惜的是，宋人虽知中道可贵，不可偏颇，但知易行难，"建中靖国"仅仅一年，便被执其一端的"崇宁"所代替，恰如宋人陈普《咏史》诗云："中道难行古已然，东边扶起又西边。"未免令人叹息。

左右（二）

我们将宋人的这一首咏史诗改动几个字，变成"中道难行古已然，右边扶起又左边"，可能更加切合北宋后期的党争特点。因为，如果我们去了解元丰党人与元祐党人各自的政治主张，看看他们之间针锋相对的辩论，便会发现，他们的分歧，恰恰如同近代左右翼政党的分野。

旧党领袖司马光与新党中人吕惠卿有过一次辩论。熙宁二年，吕惠卿任经筵讲官，他在给神宗皇帝讲课时，借机鼓吹变法："法不可不变，先王之法，有一岁一变者，'正月始和，置于象魏'是也；有五岁一变者，'五载一巡守'，'考制度于诸侯'是也；有一世一变者，'刑罚世轻世重'是也；有百世不变者，'父慈、子孝、兄友、弟恭'是也。"[2]

1　[美]伊沛霞：《宋徽宗》，韩华译，广西师范大学出版社，2018。

2　司马光：《涑水记闻》卷第十六。下同。

　　司马光则提出反驳，称吕惠卿对经史的理解是错误的："'正月始和，置于象魏者'，乃旧章也，非一岁一变也……天子恐诸侯变礼易乐，故五载一巡守，有变乱旧章者，则削黜之，非五岁一变法也。刑罚世轻世重者，盖新国、乱国、平国，随时而用，非一世一变也。且治天下，譬如居室，弊则修之，非大坏，不更造也。"司马光之意，当然不是想与吕惠卿讨论学术问题，而是要向皇帝表明观点：不可轻易变法。

　　司马光与王安石也有过辩论。熙宁元年，王安石、司马光在迩英殿奏对。司马光说，国家当务之急，是节省冗费，比如郊赉（郊祀后给大臣的例行赏赐），可免就免。王安石则说："国家富有四海，大臣郊赉所费无几，而惜不之与，未足富国，徒伤大体……且国用不足，非方今之急务也。"[1]司马光说："国家自真庙之末，用度不足，近岁尤甚，何得言非急务邪？"王安石说："国用不足，由未得善理财之人故也。"司马光又说："善理财之人，不过头会箕敛，以尽民财。如此，则百姓困穷，流离为盗，岂国家之利耶？"王安石则说："此非善理财者也。善理财者，民不加赋而国用饶。"司马光反驳说："天下安有此理？天地所生财货百物，止有此数，不在民则在官。譬如雨泽，夏涝则秋旱。不加赋而上用足，不过设法阴夺民利，其害甚于加赋。"[2]

　　总而言之，司马光主张"轻租税、薄赋敛"，王安石则认为"此皆腐儒之常谈，不足为"，尽管没有明言加税，但其广开财源的

1　司马光：《传家集》卷四十二《迩英奏对》。下同。

2　苏轼：《苏轼文集》卷十六《司马温公行状》。

财税思想是显而易见的。[1] 清人顾栋高一言指出了司马光与王安石的财税思想差异："公（司马光）意专主省国家之用，而荆公（王安石）则欲网天下之利，其用处自不同耳。"[2]

苏辙的思想转变也折射出元丰党人与元祐党人的政见差异。我们都知道，苏辙是元祐党人中很有名的人物，不过年轻时他的思想非常激进，如同一名狂热的左翼文青，王安石变法之初，苏辙还入三司条例司协助变法。

王安石变法的旗号之一是"抑兼并"，即运用国家力量调节贫富差距，他有一首《兼并》诗，表达的正是摧抑兼并的政治理想："三代子百姓，公私无异财。人主擅操柄，如天持斗魁。赋予皆自我，兼并乃奸回。奸回法有诛，势亦无自来。后世始倒持，黔首遂难裁。秦王不知此，更筑怀清台。礼义日以媮，圣经久埋埃。法尚有存者，欲言时所哈。俗吏不知方，掊克乃为材。俗儒不知变，兼并可无摧。利孔至百出，小人私阖开。有司与之争，民愈可怜哉！"[3]

青年苏辙的思想与王安石《兼并》诗如出一辙，甚至有过之而无不及，他曾向仁宗皇帝进策论："臣闻古者，天下皆天子之人，田亩之利、衣衾之用，凡所以养生之具，皆赖于天子……至于末世，天子之地转而归于豪民，而天下之游民饥寒朝夕之柄，天子不恤，而以遗天下之富贾……愚以为当今之势，宜收天下之田，而归之于上，以业无田之农夫，恤小民之所急，而夺豪民假贷之利，以

1　司马光：《传家集》卷六十《与王介甫书》。
2　转引自丁万明《试论司马光的经济思想》，《北京工商大学学报》（社会科学版）2007年第2期。
3　王安石：《临川先生文集》卷四《兼并》。

收游手之用。故因其所便而为之计，以为莫如收公田而贷民急。"[1]
这番言论，简直就是王安石《兼并》诗的注脚。

但苏辙晚年已成为一名著名的保守派，对王安石的《兼并》诗与抑兼并主张又提出猛烈批判："王介甫，小丈夫也。不忍贫民而深疾富民，志欲破富民以惠贫民，不知其不可也。方其未得志也，为《兼并》之诗……及其得志，专以此为事，设青苗法，以夺富民之利。"富民之利焉可夺？"州县之间，随其大小，皆有富民，此理势之所必至，所谓'物之不齐，物之情也'。然州县赖之以为强，国家恃之以为固，非所当忧，亦非所当去也。能使富民安其富而不横，贫民安其贫而不匮。贫富相恃，以为长久，而天下定矣。"[2]你看，此时的苏辙跟年轻时判若两人，与王安石也早已分道扬镳。

南宋叶适提过跟苏辙差不多的观点："今俗吏欲抑兼并，破富人以扶贫弱者，意则善矣"，然而不可推行，因为"富人者，州县之本，上下之所赖也"，"小民之无田者，假田于富人；得田而无以为耕，借贷于富人；岁时有急，求于富人；其甚者佣作奴婢，归于富人；游手末作，俳优技艺，传食于富人"，"富人为天子养小民，又供上用，虽厚取赢以自封殖，计其勤劳，亦略相当矣"，"故臣以为儒者复井田之学可罢，而俗吏抑兼并富人之意可损"。[3]叶适是旧党的同情者，对熙宁变法多有批评。

元丰党人毫无疑问是重商主义的践行者，强烈主张政府积极

1　苏辙：《苏辙集》之《栾城应诏集》卷十《进策五道（第二道）》。

2　苏辙：《苏辙集》之《栾城三集》卷八《诗病五事》。

3　马端临：《文献通考》卷一《田赋考一》。

介入、干预市场。熙宁变法的"市易法"，即国家在城市设立市易务（相当于官营商贸公司、官营城市商业银行），通过"贵买贱卖"的方式调控市场、干涉物价、限制市场自发的定价权力，并从中赚取商业利润，同时，市易务也利用官方本钱向商户提供贷款，收取二分利息。叶适对这样的经济干预政策很不以为然，他说："今天下之民不齐久矣，开阖、敛散、轻重之权不一出于上，而富人大贾分而有之，不知其几千百年也，而遽夺之，可乎？夺之可也，嫉其自利而欲为国利，可乎？"[1]

元丰党人对国家福利的推行也相当积极，我们以前讲过宋朝政府救济贫民的福利体系，这个福利体系主要是在熙宁、崇宁年间迅速发展起来的，在蔡京执政期间达至鼎盛状态："崇宁初，蔡京当国，置居养院、安济坊。给常平米，厚至数倍。差官卒充使令，置火头，具饮膳，给以衲衣絮被……三年，又置漏泽园……诸城、砦、镇、市户及千以上有知监者，依各县增置居养院、安济坊、漏泽园。"[2]我们应该注意两点：其一，元丰党人对贫民福利的关注，与其"振乏绝，抑兼并"的施政纲领是密切相关的；其二，福利政策离不开充盈的财政收入提供支撑，而元丰党人恰恰追求"藏富于国"，因而才有更多的财政拨款投入福利建设。（参见前面《哀宗幸有此奇特，信知福利非唐捐——宋王朝的国家福利与"福利病"》一文）

说到这里，我们会恍然发现，元丰党人的施政理念多么像近代左翼政府：倾向于变革，支持国家干预经济，追求财政收入增

---

1 马端临：《文献通考》卷二十《市籴考一》。
2 脱脱等：《宋史》卷一百七十八《食货上六》。

长，主张以国家权力调节贫富差距，重视贫民福利。而元祐党人（及其同情者）多么像近代右翼政府：倾向于保守，主张轻赋薄敛、藏富于民，反对国家与民争利，承认贫富差距具有历史合理性，反对政府"劫富济贫"。

可以说，熙丰、绍圣、崇宁时期的宋朝政府是左翼政府，元祐政府是右翼政府，建中靖国时期则出现了短暂的左右翼联合政府。

这是宋代党争（严格来说，是北宋党争）全然不同于其他王朝之朋党的一大特点。

士大夫政治

历朝历代，或暗或明都有朋党与党争，比如汉朝的"党锢之祸"，唐朝的"牛李党争"，明朝则有东林党与阉党的政争。但这些党争，均与北宋元丰、元祐党人之争不同。

史学大家吕思勉先生讨论过这个问题。他说："从来论（朋）党的人，每将汉朝的甘陵，唐朝的牛李，和宋朝的新旧党，并为一谈，这是大错。汉朝的甘陵，只是一班轻侠自喜、依草附木之徒，再加以奔走运动，营求出身，以及有财有势、标榜声华之士，以致闹成党锢之祸；唐朝的牛李，只是官僚相排挤，哪里说得上政见？宋朝的新旧党，却是堂堂正正，各有其政见的。固然新旧党中，各有坏人；新旧党互相排挤报复，也各有不正当的手段；然而不害其为有政见。"[1]

另一位史家柳诒徵先生也说，"汉之党人，徒以反对宦官、

---

1 吕思勉：《中国政治思想史》，中华书局，2012。

自树名节为目的，固无政策之关系。其与之为难之宦官，更不成为敌党。唐之牛僧孺、李德裕虽似两党之魁，然所争者官位，所报者私怨，亦无政策可言"[1]；至于晚明东林党人与阉党之间的倾轧，亦似汉代"党锢之祸"的翻版而已。"论史者恒以宋之党祸比于汉、唐，实则其性质大不相同。新旧两党（即元丰党人与元祐党人）各有政见，皆主于救国，而行其道。特以方法不同，主张各异，遂致各走极端。纵其末流，不免于倾轧报复，未可纯以政争目之；而其党派分立之始，则固纯洁为国，初无私憾及利禄之见羼杂其间，此则士大夫与士大夫分党派以争政权，实吾国历史仅有之事也。"

也就是说，其他王朝之朋党，实际上都是出于私谊、私怨、私利、私人关系而结成的政治小圈子，并未提出共同的施政纲领，他们与对手之间的施政主张究竟有何区别，也不是很明确。北宋元丰党人与元祐党人则是士大夫集团基于施政主张、方针、路线之差异而分化为一新一旧两个阵营，他们的政见分化，与近代左右翼的分野几乎没有什么差别。

假设有两位北宋的士大夫分别加入了元丰党人阵营与元祐党人阵营，那是因为他们对公共事务的政见各不相同，而跟他们的私人关系，比如血缘、亲戚、师生、朋友关系，往往毫无关系，"他们上朝意见不和，下来还是好朋友，王安石跟苏东坡常常在一起写诗，一起下棋，可是上朝的时候你是新党，我是旧党，清清楚楚"[2]。王安石与司马光、章惇与苏轼，同样既是政敌，又是好朋

1　柳诒徵：《中国文化史》，东方出版中心，2007。下同。
2　蒋勋：《宋词的圆满与宋代的人文生态》，《全国新书目》2012 年第 4 期。

友（章苏二人后期关系才恶化）。

不仅如此，北宋有几对亲兄弟、亲叔侄还分属新旧党。元祐元年，一名保守派台谏官上书说："今日去奸邪、进忠贤，其势甚易。若蔡确、韩缜、章惇之奸邪，天下所愿去者也；司马光、范纯仁、韩维之忠贤，天下所愿进者也。"[1] 韩缜被他视为"奸邪"，韩维则被视作"忠贤"，其实韩缜与韩维就是一对亲兄弟，只不过韩缜是支持变法的元丰党人，韩维则是反对变法的元祐党人。

曾巩与曾布也是一对兄弟，曾巩对变法颇多异议，曾布却属变法派阵营。王安石与王安国也是兄弟，王安石是熙宁变法的领袖，王安国却"常非其兄所为"[2]，神宗皇帝问他：你兄长执政，外间物论如何？王安国实话实说："但恨聚敛太急，知人不明耳。"还有，吕公弼、吕公著兄弟都不满王安石变法，但他们的侄子吕嘉问却是王安石的忠实追随者，曾提举在京市易务，力推新法。

说到这里，忍不住想到美国的一条"政治八卦"：担任过加利福尼亚州州长的好莱坞影星阿诺德·施瓦辛格是共和党人，而他的妻子玛利亚·施赖弗则明确支持民主党。曾有人问施瓦辛格："两人的政治观点截然不同，是否会影响到夫妻之间的关系？"[3] 施瓦辛格回答说："当然会。最近大选形势如此激烈，我们闹矛盾的次数更多了。"他们的婚姻最终以离婚收场。政见分歧影响了夫妻关系，这境界看来不如北宋士大夫。

我们甚至可以说，北宋的元丰、元祐党人，不似传统的朋党，

1　李焘：《续资治通鉴长编》卷三百六十五。

2　司马光：《涑水记闻》卷第十六。下同。

3　见 2011 年 5 月 11 日《广州日报》报道。下同。

反而更像是近代的左右翼政党。吕思勉先生说："他们（新旧党）对于多种政治问题，都有不同的见解；而其见解，都是新党代表我所谓进化派，旧党代表我所谓保守派的。"[1] 唐德刚先生也说："北宋朝廷中新旧两派，都不致因政争杀头。中央政府中的政治斗争，只是胜者当国，败者下放……当时朝士也就各以己见，在新旧左右之间，分别作其拥护与反对的选择，则朝政便有其现代化的政党轮替的意味了。"[2]

元丰、元祐党人的阵营分化，实是宋代"士大夫政治"发展的自然结果，"盖宋之政治，士大夫之政治也，政治之纯出于士大夫之手者，惟宋为然，故宋无女主、外戚、宗王、强藩之祸。宦寺虽为祸而亦不多"[3]。宋朝君主承认"与士大夫共治天下"，士大夫也当仁不让，以天下为己任，但各人看待公共问题的角度不同，解决公共问题的方案亦不同，由此形成的施政主张也各不相同，尽管没有哪两个人的政见会完全一样，但同声相应，同气相求，意见相近的士大夫会走到一起，于是便产生了结党营"公"的需求。

早在庆历年间，参知政事范仲淹在回答仁宗皇帝关于"自昔小人多为朋党，亦有君子之党乎"[4] 的询问时，便提出"相朋无害""朋党不可禁"的看法："方以类聚，物以群分。自古以来，邪正在朝，未尝不各为一党，不可禁也，在圣鉴辨之耳。诚使君

1　吕思勉：《中国政治思想史》。

2　唐德刚：《读〈宋史·范仲淹传〉对中国传统和现代文官制的认识》，台湾《传记文学》2000 年第 77 卷第 2 期。

3　柳诒徵：《中国文化史》。

4　杨仲良：《皇宋通鉴长编纪事本末》卷第三十八。

子相朋为善，其于国家何害？"[1] 范仲淹的支持者欧阳修也著《朋党论》为"朋党"正名，认为朋党的出现是理所当然的，君子也可以结成朋党："大凡君子与君子，以同道为朋；小人与小人，以同利为朋。"[2] 历代王朝均视朋党为政治大忌，唯独宋代士大夫敢公然宣扬"朋党"。

范欧二公的朋党论，体现的便是宋代士大夫结党营"公"的自觉。熙宁变法推行后，士大夫集团基于政见异同的分化与组合就如水到渠成，赞同新法的士大夫形成了左翼的变法派（元丰党人），反对新法的士大夫形成了右翼的保守派（元祐党人）。

遗憾的是，不管是元丰党人，还是元祐党人，都辜负了历史，因为双方热衷于倾轧的极端做派恶化了党争，不但败坏了朋党竞争的声名，还内耗了国家的元气。呜呼！

---

1 司马光：《涑水记闻》卷第十。

2 杨仲良：《皇宋通鉴长编纪事本末》卷第三十八。

事权轻重视其差，恩荣轻重视其位

——繁杂而灵活的官制

开封博物馆收藏有一件北宋时期的碑刻"开封府题名记碑"，碑上刻录了自宋太祖建隆元年（960）至宋徽宗崇宁四年一百余年间历任开封府长官的名单，是非常珍贵的文物与史料。

如果我们在崇宁四年来到开封府，会看到这块"题名记碑"就竖立在府衙中。宋王朝的每一个衙门，都有一块"题名记碑"，刻勒着本衙门历任行政长官的名录。这是宋政府的一个惯例。为什么宋政府会形成这样一种惯例呢？让我引述几位宋人的说法。

司马光《谏院题名记》："天禧初，真宗诏置谏官六员，责其职事；庆历中，钱君始书其名于版。光恐久而漫灭，嘉祐八年刻著于石。后之人将历指其名而议之曰：某也忠，某也诈，某也直，某也回。呜呼，可不惧哉！"[1]

邹浩《颖学题名记》："异日，必有按子之所载以指而议者，曰'某人如此，可以为法'，曰'某人如此，可以为戒'。日月逝

1　吴楚材、吴调侯：《古文观止》卷九。

矣，其得失是非，炳炳耳目中，犹足以动来者之心。"[1]

吴永叔《德清县厅壁记》："县之有厅壁记，岂但识姓氏表年月哉？盖善善恶恶，欲俾后之观者历指其名，议之曰：某人贤，某人否。则将从善而知慕，见不贤而自警。是亦教化之一助也。"[2]

换言之，宋人相信，雁过留声，人过留名。为官一任，应该留下姓名，是非功过，自有后人评说。古人珍视身后名，是留下骂名，还是留下美名，为官者心里会掂量掂量。

可惜因王朝更迭，沧海桑田，宋代"题名记碑"存世的实在不多。"开封府题名记碑"能保存至今日，堪称奇迹。当年开封府沦落敌手，金人没有毁掉它；明末黄河决口，整个开封城都被黄泥水淹没，这块"题名记碑"居然未被埋没；"文革"时"开封府题名记碑"被弃之街头，后来修建防空洞，见这碑石结实，又将它砌入墙内，这令它得以阴差阳错地躲过了劫火，保存下来。而另一块镂刻崇宁四年至北宋末开封府尹名录的"开封尹题名记碑"，却被毁坏。

"开封府题名记碑"刻录的开封府知府共计一百八十三名，有意思的是，我们从碑文中找不到包拯的名字——在宋后的杂剧、小说、评书中，包拯可是名气最盛的开封府知府。

宋人刻"开封府题名记碑"，当然不会遗漏掉嘉祐二年（1057）权知开封府的包拯。元朝有一个名叫王恽的诗人夜宿开封后署，读"开封府题名记碑"，曾写下一首诗："拂拭残碑览德辉，千年包范见留题。惊乌绕匝中庭柏，犹畏霜威不敢栖。"

1　邹浩：《道乡集》卷二十五。
2　祝穆、富大用、祝渊：《古今事文类聚》外集卷十四。

诗文中的"包范"，即包拯与范仲淹，显然碑上有包拯之名。明清时，"开封府题名记碑"被从开封府衙移至包公祠内："（开封府署）东有包孝肃公祠，祠内有宋开封府题名碑。"[1]表明改朝换代之后，"开封府题名记碑"的功能已发生了变化——从供人指名评点历任开封府长官变成纯粹为了纪念包拯一人，这也说明碑上必刻有包拯的名字。

那么，为什么现存的"开封府题名记碑"上找不到"包拯"二字呢？如果我们有机会近距离观看这块石碑，会发现碑上有一个光滑的凹坑，这个凹坑原是包拯名字。相传历代参观碑文的人因敬仰包公，看到包拯的题名便抚摸一下，日积月累，人们的手指头居然将石碑磨出了一个凹坑。

这个传说可能是真的，因为南宋末的学者周密记录说："旧开封府有府尹题名，起建隆元年居润，继而晋王、荆王而下皆在焉。独包孝肃公姓名为人所指，指痕甚深。"[2]可知南宋时，包拯的题名已出现了指痕。

好了，现在我们来讨论一个问题：作为开封府行政长官的包拯，是一个什么级别的官员呢？或者说，宋朝的开封府知府，是一个多少品的官职？

宋朝知府是几品官？

如果我们问的是明清时期的知府品阶，回答起来会很容易，

1　无名氏：《如梦录·官署纪》。
2　周密：《癸辛杂识》别集上。

因为明清知府的品阶是一目了然的。进而言之，明清时期的地方行政长官，层级分明，同一层级，同一品秩，不同层级，不同品秩，非常符合强迫症患者的审美。

明朝的地方政府分为三个层级：省—府—县。省的行政长官承宣布政使为从二品官，掌管一省监察与司法的提刑按察使为正三品。府郡一级，明初曾分三等：税粮二十万石以上为上府，知府秩从三品；二十万石以下为中府，知府正四品；十万石以下为下府，知府从四品。不久后，所有府郡合并为正四品，不复有品级高下之别，只有应天府与顺天府保留了正三品的品秩。明初也将天下县分为三等，上县秩从六品，中县秩正七品，下县秩从七品，但很快又并为正七品，只有京郊的大兴、宛平两个京县，秩正六品。

因此，如果你问明代知府是几品官，我的回答可以脱口而出：除了应天府与顺天府的知府，其余的通常都是正四品官。

清代的地方政府有四个层级：省—道—府—县。省一级的首长为督抚，其中总督官阶正二品，兼兵部尚书衔者为从一品，巡抚官阶从二品，加侍郎及副都御史衔者为正二品。道一级的长官叫道台，清前期品秩不固定，乾隆十八年（1753）定为正四品。府一级，知府的品秩原为正四品，乾隆十八年改为从四品。至于知县，除了大兴、宛平、承德与曲阜四县为正六品，其余的一般都是正七品。

据此，我们可以知道，清代的一名知府，通常都是从四品官（乾隆十八年之前为正四品）。

但宋代的情况则复杂得多。我们以前讲过，宋朝的地方政府建制实行虚三级制：路—州郡—县。府属于州郡一级政府，我们称为"统县政府"。宋朝的州郡，根据不同的标准，可以划分成不同的等第，组成不同的体系。

宋朝的州郡分为府、州、军、监四个类别，都是"统县政府"。其中，府的地位均略高于州；军多设立在军事要塞，类似于军事特区，兼辖民政；监多设立在产矿、产盐、铸钱之地，类似于经济特区，亦兼辖民政。军、监与州同级，地位同"下州"。何谓"下州"？马上会说到。

宋朝的府有京府、次府之分，京府为东京开封府、西京河南府、南京应天府、北京大名府，其余的皆为次府。州则有"州等"之别：按照州所辖户口之多寡，宋政府将各州划分为上州、中州、中下州和下州四等；又根据地望，将一部分州划成辅州、雄州、望州、紧州。这样，宋朝的州共分成八个州等：辅、雄、望、紧、上、中、中下、下。州等的高低，关系到州长官（知州）职钱之多少，州等越高，职钱越多。

宋朝的州府又有"州格"：所有州府分为节度州、防御州、团练州、刺史州四等。节度州的等第最高，按惯例，州郡要成为府，必先升为节度州，"未有称府而不为节度者"[1]，因此，宋朝的府往往又保留着节度州的军额（跟府州军监体系的"军"不是同一回事），如临安府的军额为"宁海军节度"，绍兴府的军额为"镇东军节度"。州格的高低，则关系到知州（知府）的公用钱（州长的办公经费）多少，节度州长官每年的公用钱有一百贯，防御、团练、刺史州只有五十贯。

州等与州格是两套平行的体系，毫不相关。不过，不同的州等与州格又代表着不同的品级。就州等而言，若依唐制，下州长官的品秩为正四品下，中州为正四品上，上州为从三品，辅、雄、

1　洪迈：《容斋随笔》之《容斋四笔》卷十二。

望、紧州地位同上州。宋承唐制，前期曾以上州刺史为从三品官阶、中州刺史为正四品上官阶、下州刺史为正四品下官阶。就州格而言，宋人自称，"凡节度州为三品，刺史州为五品"[1]，至于防御州与团练州，清代学者钱大昕说是四品[2]，似不确，按龚延明所著《宋代官制辞典》，乃是同为五品州。

如此说来，我们想判断宋朝一位知府（知州）的品秩，只要先了解其任职州府为何州等或州格，是不是就可以了？

不可以。因为州等只能够说明，按唐制的设定，上州的行政长官（刺史）为三品官，中州、下州的行政长官（刺史）为四品官；州格也只是表明，按元丰新官制，节度州的名义长官（节度使）为三品官，防御州、团练州与刺史州的名义长官（防御使、团练使、刺史）均为五品官。但是，请注意，不管是州刺史，还是节度使、防御使、团练使，宋时都不再是州郡的实际长官，而变成了虚衔、阶官。宋代州郡的实际长官叫知府、知州，知府、知州都属于差遣，差遣跟品秩并不挂钩。跟品秩有关的是官员的本官。

这就要讲到宋代复杂、紊乱的官制了。

元丰改制之前，宋朝一位官员所获授的官职，通常有本官、馆职、差遣。本官指"三省六部、九寺五监等官司之正官，如尚书左右仆射、丞，尚书、侍郎、郎中、员外郎，寺监卿少、丞簿等"；差遣是"临时委任的职务名，常带有'判''知''勾当''管勾''权''直''提举''提点''提辖''签书''监'等限定词"；

1　宋敏求：《春明退朝录》卷上。

2　据钱大昕《廿二史考异》卷六十九《宋史三·地理志》："按宋制州有四等，曰节度州，曰防御州，曰团练州，曰刺史州……节度州为三品，刺史州为五品，以此推之，防御、团练州必皆四品。"

馆职则指"殿学士，诸阁学士、直学士、待制、直阁，三馆秘阁官等，用作内外差遣所带荣衔"，有点类似于今天的"研究员""教授""博士生导师"等学术性头衔。[1]

三者的功能各不相同，"官以寓禄秩、叙位著，职以待文学之选，而别为差遣以治内外之事"。[2]在这一官制下，"三省、六曹、二十四司，类以他官主判，虽有正官，非别敕不治本司事，事之所寄，十亡二三。故中书令、侍中、尚书令不预朝政，侍郎、给事不领省职，谏议无言责，起居不记注；中书常阙舍人，门下罕除堂侍，司谏、正言非特旨供职亦不任谏诤。至于仆射、尚书、丞、郎、员外，居其官不知其职者，十常八九"。

比如说，宋朝（元丰改制前）的一名刑部尚书，并非真是刑部的长官，刑部侍郎也不是刑部副长官，他们既不用到刑部上班，也不管刑部之事，真正主持刑部事务的官员，叫"判刑部""同判刑部"，属于差遣。至于刑部尚书、刑部侍郎，仅仅表示享受刑部尚书、侍郎的品级与俸禄待遇，他们的实际职务，还是要看差遣。差遣才代表官员的职务、职权、职责。

这一官与差遣相分离的官制深受诟病，宋人自己就提出过猛烈批评："今之所谓官者，古之爵也；所谓差遣者，古之官也。官以任能，爵以酬功。今官爵浑淆，品秩紊乱，名实不副，员数滥溢，是以官吏愈多，而万事益废。"[3]元丰改官制，以《唐六典》为蓝本，正名责实，恢复三省六部、九寺五监正官的职权，才改

1　龚延明：《宋代官制辞典·宋代官制总论》，中华书局，1997。

2　脱脱等：《宋史》卷一百六十一《职官一》。下同。

3　司马光：《传家集》卷二十一《乞分十二等以进退群臣上殿札子》。

变了官职"名实不副"的局面。

根据元丰新官制，吏部尚书便是吏部的长官，吏部侍郎便是吏部的副长官，不再仅仅表示品级与俸禄待遇，而是有实际职务的"职事官"。元丰新官制又以原来的散官为基础，制定了阶官系统，自"承务郎"至"开府仪同三司"，共有二十五阶，表示官员的品秩与俸禄标准，因此叫"寄禄官"。职事官与寄禄官是相分离的，延续了元丰改制之前官与差遣相分离的精神。官员的薪酬也分成两个部分：俸禄取决于寄禄官，职钱取决于职事官。

不过，元丰新制只是改革了中央政府部门的官制，外官还是维持原来的名目，转运使、提点刑狱公事、提举常平公事、知府、知州、通判、知县等官职，仍然保留着差遣的性质。差遣跟品秩是没有直接关系的，所以，我们若要判断宋朝一位知府为几品官，必须去看他的本官（元丰改制前）或寄禄官（元丰改制后）。

让我们举一个例子吧。嘉祐二年三月，刑部郎中、龙图阁直学士包拯权知开封府。"刑部郎中"是包拯的本官；"龙图阁直学士"是包拯的馆职，相当于"副研究员"之类；"权知开封府"为差遣，是包拯的实际职务。在宋代，"权知"通常有两种意思，一指暂时性的代理，一表示任职者资历不够。开封府因为名义上的首长是府尹，知开封府事者（实际的行政长官），几乎必带"权知"二字，表示暂时代理之意。开封府尹是有品阶的，但"权知开封府"却无关品秩，包拯的品秩取决于他的本官——刑部郎中，为从五品上。

包拯的继任者——欧阳修担任开封府知府时，品秩又跟包拯不一样，因为欧阳修以右谏议大夫、龙图阁学士的身份权知开封府，本官是"右谏议大夫"，为正四品下，馆职是"龙图阁学士"，相当于"研究员"。

事实上，每一任开封府知府的品秩都未必相同。如太平兴国四年（979），沈伦以尚书右仆射兼门下侍郎出任东京留守，兼判开封府，为从二品；咸平三年（1000），温仲舒以礼部尚书权知开封府，为正三品；咸平五年，寇准以刑部侍郎权知开封府，为正四品下；咸平六年，陈恕以尚书左丞权知开封府，为正四品上。

因此，如果非要问开封府的知府为几品官，我们只能说，不一定。

先当宰相，后任知州

进而言之，我们很难说宋朝的知府、知州一职究竟是何品阶。来看一个例子：

熙宁七年十二月，苏轼由杭州通判调任密州知州，他的官职全称是"太常博士、直史馆、权知密州军州事"。"太常博士"是苏轼的官，从七品上（元丰改制后为正八品）；"直史馆"是苏轼的馆职；"权知密州军州事"是苏轼的差遣。此时苏轼是从七品官。

过了一年多，熙宁九年正月，苏轼的官职结衔已变成"尚书祠部员外郎、直史馆、知密州军州事、骑都尉、借紫"。差遣还是原来的差遣（知密州），馆职也是原来的馆职（直史馆）；不过苏轼的本官已从太常博士迁为尚书祠部员外郎，为从六品上；还获授"骑都尉"的勋级，获得"借紫"的服章待遇（元丰改制前，官员三品以上服紫，五品以上服朱，七品以上服绿，九品以上服青。元丰改制后，四品以上服紫，六品以上服绯，九品以上服绿。朝廷有时会特许品秩较低的官员穿紫色或绯色官服，此即借紫、借绯）。

南宋萧照《中兴瑞应图》（局部）中的宋朝官员

你看，同一个人（苏轼），同一职务（密州知州），品秩却不一样：熙宁七年的苏轼只是七品官；到了熙宁九年，则升为六品官了。

从理论上说，一品大员与九品芝麻官都可以成为宋朝的州郡行政长官。事实上也是如此，让我们再来看一份名单：

熙宁六年，韩琦以武胜军节度使、司徒兼侍中的身份判相州，为正一品官；咸平四年，张齐贤以尚书右仆射判永兴军，为从二品官；熙宁七年，王安石以吏部尚书、观文殿大学士出知江宁府，为正三品官；嘉祐五年（1060），韩绛以右谏议大夫知蔡州，为正四品下；元丰六年，蒲宗孟以中大夫知汝州，中大夫为元丰改制后的寄禄官，正五品；崇宁元年，朝奉大夫、知蔡州欧阳棐管勾崇道观，朝奉大夫为从六品；元丰八年，朝奉郎吴安持权知滑州，朝奉郎为正七品；嘉定十年（1217），岳珂以奉议郎权发遣嘉兴军府事，奉议郎为正八品。[1]

你看，宋朝知州的品秩，从正八品到正一品，都有。这是宋朝知州与明清知府的一大不同之处。

那么作为政府领袖的宋朝宰相，又是几品官呢？也很难说。

清代学者钱大昕论及唐朝差遣制度时说："宰相之职，所云平章事者，亦无品秩，自一二品至三四五品官，皆得与闻国政，故有同居政地而品秩悬殊者，罢政则复其本班，盖平章事亦职，而非官也。"[2]宋代在元丰改制之前，宰相制度亦延续中唐以来的

1　参见蒋文轩《宋代州制研究》，湖南师范大学硕士学位论文，2010。原文对部分寄禄官品秩的注释有误，今据龚延明《宋代官制辞典》订正。
2　钱大昕：《廿二史考异》卷五十八《旧唐书二·职官志》。

差遣制：自尚书左右丞、六部侍郎（正四品）以上，皆可通过获得"同中书门下平章事""参知政事""知枢密院事""权发遣枢密院公事"等差遣的方式上台执政。熙宁二年，四十九岁的王安石以谏议大夫的本官参知政事，为副宰相，而谏议大夫仅仅是正四品官；同年，宋神宗升授三朝元老富弼为司空兼侍中（正一品），但富弼辞谢不受，改拜尚书左仆射兼门下侍郎，同平章事，为正宰相，而左仆射则是从二品官。

其实我的本意并非要考据宋代宰相与州郡长官的品阶，而是想说明：在宋朝，不管是什么资历的官员，都可以担任州郡行政长官；四品以上官员，都有机会成为执政的正副宰相。

按宋朝任官惯例，凡寄禄官（本官）高于职事官（差遣）一品者，叫"行"；高于二品及以上者，叫"判"；凡寄禄官（本官）低于职事官（差遣）一品者，叫"守"；低于二品者叫"试"；再低者叫"权发遣"。举例来说，一品大员转任节度州长官，一般称为"判某州（府）"，八品官担任知州，通常就是"权发遣某州（府）事"。

行、判、守、试、权发遣的制度安排，可以让一名资历极浅的七八品小官也有机会担任州郡的行政长官，亦可以让一位德高望重的前宰相转任知府或知州。这两类情况在宋朝都可谓家常便饭：张奎、范祥、吴安持、岳珂、傅崧卿等宋史留名的才俊，都曾以七八品小官的身份当上知州；吕蒙正、张齐贤、冯拯、文彦博、富弼、韩琦、王安石、司马光、章惇、韩缜等名臣，都有过从宰相、副宰相位子退下来出知外郡的经历——请注意，他们并不是被贬官，而是换了一份差遣（职事官），品秩没有降低。

而在其他王朝，我们很难看到有哪一位宰相（包括明代的内阁首辅、清代的军机大臣）调离相位后转任地方官，除非是因为犯下过错被贬了职。可以说，其他王朝的文官系统是线性的，官员循资从低层向高层晋升；宋王朝的文官系统则是环形的，州郡长官可以转任宰相，宰相也可以转任州郡长官。

在现代议会制度国家，倒是偶尔可以见到有些职业政客先当上政府首脑，后出任内阁部长。比如以色列的西蒙·佩雷斯1984年任总理，1986年任副总理兼外长，1988年任副总理兼财政部长，1992年任外交部长；澳大利亚的陆克文2007年当选总理，2010年任外交部长；还有日本的麻生太郎，2008年成为首相，其后又出任内阁财务大臣。

这是因为，现代议会制下，政务官系统与公务员体系是分离的，行政首长与内阁部长由选举与任命制产生，不受公务员体系排资论辈规则的约束。

宋朝对官员的任命也能够突破排资论辈的成规，极具灵活性，则是因为宋人建立了一套寄禄官（本官）与职事官（差遣）相分离的机制。

这一套机制，从制度渊源来看，有两个源头：

其一是"阶职分立制"。近代历史学家杨树藩先生提出：秦汉以来，文官有职而无阶，至隋始见"阶制"之雏形，唐朝形成阶职分立制，"宋袭唐制，元丰改制以后，其阶职分立制之运用，较唐尤佳。宋定三十七阶，除每阶附以阶称、阶品外，并以'阶'来定俸额，通称'寄禄官'。官府编制之职称，曰'职事官'。按职事官大小、职务性质定津贴，通称'职钱'。同样性质之职官，支同等之职钱。阶俸则不然，视出身之高低，年资之深浅，考绩之优平而定。如此既区别劳考之分序，又顾到同职而同酬，堪称良制"。[1] 杨树藩先生称赞的是元丰改制后寄禄官与职事官分离之制。

其二是"使职差遣制"。中唐之后，阶官因为皇帝横恩滥赏，逐渐失去评定资历的意义；职事官因为循资授官，也逐渐失去量才器使的作用。为了弥补这些缺陷，唐王朝只好采用使职差遣制，以差遣的形式随才录用官员主持实务；原来的职事官则阶官化。不妨说，"使职差遣制"就是特殊的"阶职分立制"。

赵宋立国，彻底"以差易官"，全面推行使职差遣制："得是官者，只以酬年劳而寄禄，不必任其事；任其事者，但在举其职，不必是官。故自京朝六部诸司百执省台寺监之长，外至漕司州郡，尽为差事。上至故相，下至八品朝官，皆得为之，惟才是与，不论爵位。故以八品之太常博士为漕运使，故相为知州者。"[2]

康有为对宋太祖彻底"以差易官"之举持高度评价："事权轻重视其差，恩荣轻重视其位，两不相蒙，各有所得。才贤争效其职，大臣不怨遗佚，权贵不至尸位。善哉，复古之制，未有如宋祖者也。"

与杨树藩先生的看法略有差异，康有为更推崇的是宋代前期的本官与差遣分离之制，对元丰新官制则颇有微词："王安石不知法意，徒务正其空名，元丰官制行，于是宋祖之美意不见矣。"康有为的批评是有道理的，元丰改制罢去"同平章事""参知政事"，以尚书左右仆射为宰相，并将仆射的官阶提至从一品。宰相位高，循资推转，资历稍浅者便望尘莫及。大概也是因为这一缘故，南

---

1 杨树藩：《中国文官制度史·绪论》，黎明文化事业股份有限公司，1982。
2 康有为：《康南海官制议》卷十三《改差为官以官为位》。下同。

宋初又复置参知政事。

但康有为对王安石的指责显然打错了板子，因为元丰改制时王安石已罢相，实未参与其中。不过，康有为又承认，元丰改制后还保留着行、判、守、试、权发遣之法，仍然可以"不拘品位以任事，宋祖之良法仍存焉"。"终宋之世为易得人，盖官爵并用之故也。奇才之士，爵位不贵也得差遣以自申；元老之臣，事权虽谢而有爵位以尊显。岂非两得之道哉。"康氏所言之"官爵并用"，与杨树藩提出的"阶职分立制"，实为同一回事。

今日我们说起宋代官制，总是习惯地认为其繁复多变、杂乱无章——这当然也没有说错，但康有为却能够从宋朝官制之杂乱中发现其"不拘品位以任事"的制度优势，并敢断言"宋官制最善"，这便是独具慧眼了。[1]

余话

不管是"使职差遣制"，还是"阶职分立制"，到了明清时期都不复存在。

一名明朝学者观察到，"唐制有勋，有阶，有官，有爵。爵以定崇卑，官以分职务，阶以叙劳，勋以叙功。四者各不相蒙。有官卑而勋阶高者，亦有勋阶卑而官爵高者。宋朝列衔，凡阶高官卑则称'行'，阶卑官高则称'守'，官与阶等，则无'行''守'字。今制，惟以官为定。为是官，则勋阶同随之，无复叙劳、叙

功之意"[1]。

近人杨树藩先生也说："明之阶制，与唐宋不同，与元亦异。文官之劳考，不以阶定矣，反之阶随职事官之升进而赋与。于是'阶'之价值已失，无复叙劳之意矣。清代虽有阶称及阶品，其法悉如明旧。"[2]

康有为对清代官制的抨击更加激烈："惟国朝之制，乃累百代之弊，尽去其精美，而取其粗恶也。其外表似近于宋、出于明，而实大相反。本朝已因元明之旧，全无三代唐宋官爵并行之法，又尽反汉明气疏以达之意，于是无可救药矣。"[3]

阶职分立制、官爵并行之法的废弃，意味着什么？

首先，意味着国家治理体系的粗鄙化。这种改变的源头可以追溯至元朝。康有为说，元人入主中原，"其时权要议制之臣，粗疏而不知法意，尽罢宋制，有官无爵，虽有勋阶，皆随官位而授之，不以为寄禄判行守试之地位也，于是唐宋以来官爵并行之良法美意，皆扫尽矣"。研究元史的学者张帆先生亦说，"金、元的官僚制虽以唐宋为蓝本，但因其是北方少数（民）族王朝，只能做到轮廓大致仿佛而已，实际的复杂精密程度较唐宋远为逊色。金元虽然设立了四十二阶散官，但徒具形式而有名无实，以往繁密的资格、阶级制度大大简化了"[4]。

其次，意味着君权的强化。张帆先生认为，"金、元王朝带

1　王鏊：《震泽长语》卷上。

2　杨树藩：《中国文官制度史·绪论》。

3　康有为：《康南海官制议》卷十三《改差为官以官为位》。下同。

4　阎步克：《"品位—职位"视角中的传统官阶制五期演化》附注张帆先生论点，《历史研究》2011 年第 2 期。下同。

有明显的北方民族'家产制国家'特征，由父家长权力发展而来的皇权很少受到约束，唐宋以来皇帝与士大夫'共治'天下的政治传统大大削弱了，官僚自我扩张和'自利'的趋向受到了明显抑制；专制者至高无上，奴视臣下，前代优礼臣下之举多成具文。值此之时，用来优遇官僚阶级的散官制度受到漠视、趋于贬值，是顺理成章的"。明承元制，且比元制更为严酷；清承明制，又比明制更加刻薄。

再次，还意味着官僚体制的僵化。康有为比较了宋清官制的差异："宋之六部诸司长官可以八品官判其事者；今则一切职事能达于上者必以一二品之大学士尚（书）侍（郎）督抚为之，虽三品卿如大理、太常、太仆、光禄，古为极雄峻之位者，国朝尚不得预闻政事焉"，"苟官未至尚侍督抚，虽藩臬之尊，不得上达；内阁学士三品卿之贵，不闻政事，曾不得比宋世八品朝官也"。而清代一名初入仕途的官员，"欲至尚侍督抚之位，非经数十转不得至焉；经此数十转也，即使弱冠通籍，顺风直上，绝无左降，未尝病卧，亦必年已耆耄矣，精神衰耗矣，血气销缩矣，阅历疲倦矣"[1]。

晚清之世，国家面临"三千年未有之大变局"，一群靠排资论辈晋升至高位的老迈昏庸之官，又如何有足够的见识、才干应对时变？我们去考察晚清近代化事业的展开，便会发现，各省洋务，基本上都是以"委员"的方式，差官主持。清末的"委员"，即类似于宋时的"差遣"。为什么晚清近代化事业的开展要依赖"委员"？因为"委员"才可以摆脱僵化的官僚体制，灵活地遴选出

---

1 康有为：《康南海官制议》卷十三《改差为官以官为位》。

合适的人才。

假如在 19 世纪面对"三千年未有之大变局"的是宋王朝，以宋代阶职分立制表现出来的灵活性，我相信宋政府的应对会更为从容、积极。

年光过眼如车毂，职事羁人似马衔

——发达的地方公共部门

　　今天来谈谈宋朝的地方政府机构吧。在我们的印象中，中国古代的地方政府机构非常简单，几乎没有什么职能部门，一个州县通常配置一名行政长官以及两三名佐贰官，以至有些海外汉学家对此很惊奇，感叹说："中华帝国有一个不可思议的地方，就是它能用一个很小的官员编制，来统治如此众多的人口。"[1]

　　事实是不是这样呢？

　　耳闻不如目见，我们还是回到历史现场，参观一下宋朝的地方衙门吧。

　　动身之前，我们先简单了解一下宋朝的地方政府层级。宋朝地方政府建制为虚三级制：路—州府—县。严格来说，路只是大监察区，并非一级政府，不设首长，只设置转运司辖一路民政与常赋，提点刑狱司辖一路司法，提举常平司辖一路财税（常赋之

1　[美]费正清、刘广京编：《剑桥中国晚清史》，中国社会科学出版社，2006。

外）[1]，安抚司辖一路军政。四司互不统属，平行运转。

县是宋朝的基层政府，以知县为行政长官，县丞为副长官，又置主薄分掌一县民政与财税，县尉分掌一县之社会治安，此外又有若干管理场务的"监当官"。总的来说，由于县范围较小，事务较简，县一级政府部门的设置也相对简单。

宋朝的州郡一级政府，含府、州、军、监，既要统辖县政，又要临事亲民，公务繁杂，因此配置的政府部门最为发达。宋王朝的地方政治重心，也是放在州郡上。宋太宗曾跟宰相说："刺史之任，最为亲民，苟非其人，则民受其祸。"[2] 刺史即州郡的行政长官，一般叫知州（知府、知军、知监）。我们现在要参观的便是州郡一级的政府机构。

参观临安府

让我们先到临安府（今浙江杭州）的府治转转。临安府为南宋都城，又有附郭县，一城之内驻有中央、路、府、县四个层级的政府机构。为避免走马观花，我们将中央、路与县级机构放在一边，只参观州郡衙门及其附属机构。

杭州州治旧址原本在吴王宫，南宋时朝廷驻跸于此，升杭州为临安府，州治（府治）遂迁至清波门之北，以净因寺故基改建而成。

1　转运司与提举常平司都管辖财税，其分工如宋人所言："转运司独用民常赋与州县酒税之课；其余财利悉收于常平司掌其发敛。"见黄淮、杨士奇编《历代名臣奏议》卷之三百五。
2　李焘：《续资治通鉴长编》卷二十五。

宋代的州郡衙门，尽管规模大小不一、内部结构有异，但配置的政府部门却是差不多的。穿过府治的大门、仪门，首先映入我们眼帘的是一座五开间、九脊顶的雄伟建筑，那是临安府治的正堂、知府的办公大厅，叫"设厅"。知府作为一府之长，"掌总领郡务，宣布诏条……其户口、赋役、钱谷、狱讼听断之事，率举以法，凡兵民之政皆总焉"。[1] 所以其办公的设厅也位于府衙的中轴线上。

设厅西边，有一座规格略小一点的厅堂，这是临安知府与副职、幕僚联合办公的地方，叫"金厅"（或"都厅"）。

临安府的副职是通判。作为州郡的副行政长官，通判与知府（知州）共同管理郡政，"凡兵民、钱谷、户口、赋役、狱讼听断之事，可否裁决，与守臣（知州）通签书施行"。[2] 知州签发的政令，须有通判副署同意，方能生效。宋时通判又有"监州"之名，有权监察知州，"知州有不法者，得举奏之"[3]，所以严格来说，宋朝的州通判，既非知州的副职，又非知州的属官，他们敢与知州争权，"每云'我是监郡，朝廷使我监汝'，（知州）举动为其所制"[4]。打个不是很准确的比方，宋时通判有点像州检察长兼副州长，地位远高于明清时期的通判。临安府是大郡，配有通判三员，其办事机构分为通判北厅、通判南厅与通判东厅，都位于府治南面。

知府与通判并不是光棍司令，朝廷还给他们配置了若干幕僚与属官佐理郡政。宋朝州郡的僚属实际上来自两个系统：一是晚

1　徐松辑：《宋会要辑稿·职官四七》。

2　脱脱等：《宋史》卷一百六十七《职官七》。

3　孙逢吉：《职官分纪》卷四十一。

4　欧阳修：《归田录》卷二。

唐五代时藩镇自辟的幕僚，包括判官、推官、节度掌书记与观察支使，叫"幕职官"；一是唐朝州政府配备的掾属，包括录事参军、司理参军、司法参军与司户参军，叫"诸曹官"。这两个系统都被宋王朝继承下来，合并为州郡政府的属官，不过两者的职能又略有区别，一般来说，幕职官更像是州郡长官的助理，而诸曹官则像是州郡政府的属官。

我们先来说幕职官。判官为幕职官之长，"掌裨赞郡政，总理诸案文移，斟酌可否，以白于其长（长官）而罢行之"[1]，类似于州政府秘书长。判官如果由京朝官担任，又称"签书某州判官厅公事"，简称"签判"。

推官的职掌跟判官差不多："判官、推官，掌受发符移，分案治事"[2]，不过排序在判官之后，相当于州政府副秘书长。

节度掌书记与观察支使一般不同时设置，因为他们的职权相同，均为掌管州郡的笺奏公文，有点像州政府的文字秘书。

一个州郡配备多少名幕职官，跟该州的政治地位（州格）有关。临安府是政治地位很高的节度州，设有签判、观察判官各一员，节度推官、观察推官各一员，他们的官廨分别为签判厅（位于府治北面）、观察判官厅、节度推官厅（均位于府治大门东侧）、观察推官厅（位于签判厅之西）。[3] 临安府的判官与推官还辖有一个法院，叫"当直司"（位于设厅之东）。

知府、通判、幕职官尽管各有各的办公厅，但他们每日需要

1　马端临：《文献通考》卷六十二《职官考十六》。
2　徐松辑：《宋会要辑稿·职官四七》。
3　参见潜说友《咸淳临安志》及所附"府治图"。

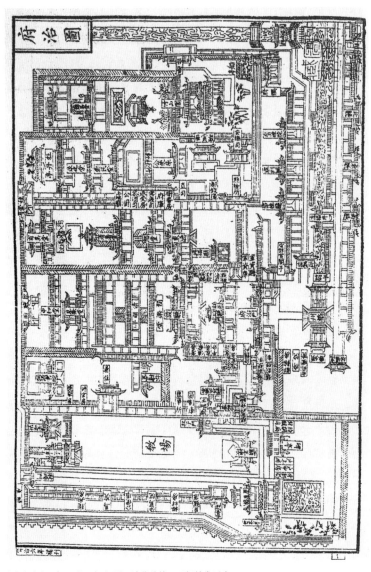

《咸淳临安志》所附"府治图"，清代钱塘汪氏振绮堂刊本

赴佥厅联合办公，共同处理公务。

再来说诸曹官。诸曹官之首为录事参军，"掌州院庶务，纠诸曹稽违"[1]，并管理州郡政府的大印，"州印，昼则付录事掌用，暮则纳于长吏"[2]，州郡公文用章，都须经录事参军之手。其职类似于州政府办公室主任，但宋朝的录事参军还兼理讼狱，并辖有一个法院，叫"州院"。

司理参军是州郡的专职法官，"掌狱讼勘鞫之事，不兼他职"[3]，"专于推鞫研覆情实"[4]，即负责刑事案的"事实审"部分。司法参军也是专职法官，负责刑事案的"法律审"部分，与负责"事实审"部分的司理参军相互制衡，形成宋朝特有的"鞫谳分司"制度。司户参军则"掌户籍赋税、仓库受纳"[5]，兼理民商事诉讼。

诸曹官也各有自己的办事机构。录事参军的官廨叫录参厅(有时也称州院、府院，兼作州府的法院)，司理参军的官廨叫司理院，司法参军的官廨叫司法厅，司户参军的官廨叫司户厅。一个州郡配备多少名曹官，取决于该州的人口多寡、事务繁简（州等）。临安府是大郡，司理院置有两所，分为左司理院和右司理院。这些官廨都分布在临安府治中轴线的东西两侧。

临安府的属官还包括府学教授。宋朝的府（州）学教授主辖一郡教育，通常由饱学之士担任，按熙宁以来形成的惯例，学官须通过"资格考试"才可获得任职，这叫"试学官"。临安府的

1　脱脱等：《宋史》卷一百六十七《职官七》。
2　脱脱等：《宋史》卷一百五十四《舆服六》。
3　马端临：《文献通考》卷六十三《职官考十七》。
4　佚名：《翰苑新书》前集卷五十七。
5　脱脱等：《宋史》卷一百六十七《职官七》。

府学教授有两员，他们的办公室是教授厅，"于（府）学之南为东厅，西为西厅"[1]。

参观至此，我们可以知道，临安府衙的政府机构有设厅（州长办公厅），通判北厅、通判南厅、通判东厅（均为副州长办公厅），签判厅（州政府秘书长办公室），教授东厅、教授西厅（相当于教育厅兼校长办公室），观察判官厅、节度推官厅、观察推官厅（均相当于州政府副秘书长办公室），府院（州政府办公室兼州法院），当直司、左司理院、右司理院、司法厅（均为州法院），司户厅（州民事法庭）。

但我们看到的仅仅是临安府的行政与司法机关，临安府还设置了大量的经济部门，散落在府衙内外，如常平仓、镇城仓、交木场、抽解竹木场、回易库、常平库、公使钱库、公使酒库、公使醋库、红亭醋库、棚前醋库、北比较醋库、都醋库、楼店务、都税务、都作院等。

此外，临安府又设立了四个具有公共救济功能的机构，分别是：慈幼局，在府治东边的中和坊内；施药局，在慈幼局之北；养济院，共有六处，一处在西湖边的宝胜院，一处在杭城艮山门外，四处在善化坊；漏泽园，共有十二处，在附郭的钱塘县、仁和县辖区内。[2]

如此齐全的政府部门配置，已经很难用"很小的官员编制"来描述了。

1　施谔：《淳祐临安志》卷六。
2　具体参见潜说友《咸淳临安志》。

地方政府部门

并非因为临安府是南宋的都城，才配置了这么多的职能部门，其他州郡同样设有完整的政府机构。南宋时编修的方志——《咸淳临安志》《景定建康志》《淳熙三山志》《嘉泰吴兴志》《嘉定赤城志》《宝庆四明志》《咸淳毗陵志》，都收录有当时当地的"官廨"及其他公共部门。让我先将方志记载的官廨名单抄录下来吧（临安府的政府机构我们刚刚参观过，这里略过）。

需要说明的是，宋朝有一些州府，既是路一级机构的驻地，同时又有附郭县，所以一城之内，可能存在着路、州、县三级机构。我在统计地方公共部门时，已将路、县的机构扣除掉，只保留了州府一级的机构。另外，方志不会无中生有，但难免会漏录，换言之，宋朝实际的官廨数目应该多于方志收录的官廨数目。

《景定建康志》收录的建康府（今江苏南京）公共部门有：(1)府治正堂、通判东厅、通判西厅、通判南厅、签书建康军节度判官防公事廨舍、节度推官廨舍、观察推官廨舍、左司理院、右司理院、直司、总厢、府学、书院；(2)诸仓（平籴仓等）、公使库与公使酒库、醋库、回易库、抵当库（二库）、都钱库、激犒库、酒库、市易务、平准务、都税务、秤斗务、受给修造场、都船场、杂卖场、竹木场、菱草场、抽分场；(3)惠民局、居养院、安乐庐（二所）、慈幼庄、实济院、及幼局、郡圃。

《淳熙三山志》收录的福州公共部门有：(1)府治正堂、都厅、通判厅、签判厅、节推厅、司法厅、左司理院、右司理院、府院、司户厅、巡检厅、教授厅、架阁库；(2)常平仓、公使库、作院、都税务、临河务、楼店务、窑务、炭场、灰场、船场、修造场、抽木场、盐埕；(3)居养院、安济坊、郡圃。

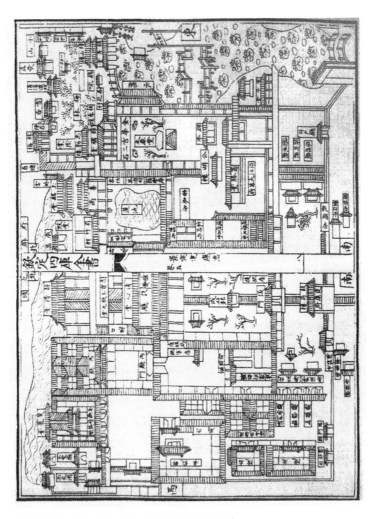

《景定建康志》所附"府廨之图"，清代钦定四库全书刻本

《嘉泰吴兴志》收录的湖州公共部门有：（1）州治正堂、通判军州事厅、添差通判厅、佥判东厅、添差佥判西厅、节度掌书记厅、录事参军厅、司理参军厅、司法参军厅、司户参军厅、架阁库、教授厅；（2）常平库、都税务、回易库、抽解库、醋库、造船场、铁作院、义仓；（3）熟药局、太平惠民局、安济坊、养济院、利济院、散收养遗弃小儿钱米所、郡圃。

《嘉定赤城志》收录的台州公共部门有：（1）州治正堂、通判厅、推勘院、添差通判厅、教授厅、判官厅、推官厅、录事厅、司理厅、司户厅、司法厅、巡辖递铺厅、架阁库；（2）支盐厅、籴本库、经总制库、公使库、酒库、钱库、都醋库、抵当库、济籴仓、比较务、赡军务、都酒务、酒房廊务；（3）养济院、安济坊、漏泽园、郡圃。

《宝庆四明志》收录的庆元府（今浙江宁波）公共部门有：（1）州治正堂、佥厅、通判东厅、通判西厅、通判南厅、节度判官厅、节度推官厅、节度掌书记厅（不常置）、观察推官厅、观察支使厅、府院、司理院、司户参军官廨、司法参军官廨、驻泊兵马都监、添差兵马都监、兵马都监、添差兵马监押、兵马监押、庆元府台州都巡检使、翰林祗候驻泊（医官）；（2）激赏解库、醋酒库、常平库、公使库、东西醋库、都税务、市舶务、都酒务、比较务、赡军务、香泉库、合同场、造船场、作院；（3）和剂药局、养济院、安济坊、漏泽园。

《咸淳毗陵志》收录的常州公共部门有：（1）州治正堂、佥厅、通判东厅、通判西厅、钤辖厅、教授厅、节干厅、判官厅、推官厅、录参厅、司理厅、司户厅、司法厅；（2）厢官监酒税厅、监仓厅、常平仓、公使库、酒库、醋库、合同场、造船场、都酒务、比较务、赡军务、都税务、楼店务、平准务；（3）惠民药局、养济院、慈幼庄、漏泽园。

上述方志的记载明白无误地告诉我们：在宋代，州府一级的政府部门，通常都有二三十个，可以大致分为三大系统——

（1）地方行政与司法机关。除了州郡长官、副长官，以及幕职官、诸曹官的办公室，还有主管教育的州学教授，主持公共卫生医疗的医学处，管理官方文书档案的架阁库，主管社会治安的巡检厅，管理邮驿系统的递铺厅，等等。

（2）政府经济部门。如常平仓、镇城仓、合同场、修造场、抽解场、抵当库、常平库、回易库、公使钱库、公使酒库、公使醋库、楼店务、都税务、都酒务、市舶务、平准务等，都属于经济部门。中国历史上，除了晚清时期，其他的王朝都找不出像宋朝这么多的经济部门。

宋政府设立的这些仓场库务，都由朝廷委派专职的"监当官"主管，并且要考核其经济绩效。众多经济部门的设立、大量监当官的配置，显示了宋朝政府对商业利润的热切及其介入市场的深度。为了从商品经济中获取更多的收益，宋政府致力于发展工商业，并成立了很多官营公司，跟商人争夺市场利润，表现出浓郁的"国家资本主义"色彩。（参见前面《顿丘淇水雄朔方，官收榷算资公藏——数目庞大的经济部门与监当官》一文）

（3）地方政府设立的福利机构。包括慈幼局、慈幼庄、及幼局、居养院、实济院、养济院、施药局、惠民局、安乐庐、安济坊、漏泽园。

我们以前介绍过宋朝福利机构，现在根据方志的记载再补充一点更具体的内容：慈幼局、慈幼庄、及幼局都是儿童福利院，负责收养弃婴与孤儿。比如南宋末建康府的及幼局，为收养的弃婴雇用奶妈，每名奶妈每月支付报酬 6 贯钱（第十八界会子，下同），5 斗米；居民如果愿意领养一名弃婴，及幼局将给予 4 贯抱养钱，5 斗米，然后每月 2 贯资助钱、3 斗米，直至孩子 7 岁为止。

居养院、实济院、养济院是福利养老院，主要收养孤寡、贫困老人，如建康府的实济院，收养了 100 名"无告之民"[1]，每人每月发放基本生活补贴：6 斗米、15 贯盐菜钱、5 贯柴钱。

施药局、惠民局属于官营大药店，通常以低于市场价的价钱出售药品，或免费向贫病之人施药，如建康府的惠民药局，"四铺发药，应济军民，收本钱不取息"。

安乐庐与安济坊均为福利医院，前者收治"行旅在途"、不幸得病的客人，后者收治本地的"疾病之无归者"[2]。

漏泽园则是福利公墓，主要收葬生前孤苦无依的逝者。临安府的每一处漏泽园，均置有图籍，登记所收葬之人的档案资料；设有祭奠之所，"听亲属祭享"[3]；聘请僧人 2 名管理漏泽园，每月给 5 贯钱，1 石米，每收葬满 200 人，则申朝廷请赐紫衣。

我们可以发现，宋朝政府设立的这些福利机构，涵盖了对穷苦人口"生老病死"的救济。如果说，作为经济部门的仓场库务体现了宋朝政府的"国家资本主义"色彩，那么，这些为贫民提供国家救济的局院坊园，则体现了一种"社会主义"色彩。宋朝之后的元明清时期，尽管各地还保留了一部分宋人始创的福利机

---

1 周应合：《景定建康志》卷二十三。下同。
2 谈钥：《嘉泰吴兴志》卷八。
3 邱濬：《大学衍义补》卷十五。

构，但规模已经远不如宋代。（参见前面《衰宗幸有此奇特，信知福利非唐捐——宋王朝的国家福利与"福利病"》一文）

元明清的简朴化

由于宋朝的各个州郡均配备了幕职官、诸曹官、监当官以及管理福利机构的官员，宋王朝无疑需要更多的文官，据马端临的《文献通考》卷四十七《职官考一》记述，南宋绍熙二年（1191），内外文武官员数目为"三万三千一十六员"；庆元二年（1196），增至"四万二千有奇"，其中以州郡幕职曹官、知县为主的官员有"一万三千六百八十员"。

不妨跟明清时期的官员数目对比一下。据黄仁宇的研究，"明代的文官很少，1371 年（洪武四年）地方官员总数仅有 5488 名。1455 年（景泰六年），京师在任的文官有 1520 名。即使在 16 世纪早期，各个部门规模已经很明显地扩大了，但整个帝国文官也仅有 20400 名"[1]。再据张仲礼的统计，晚清之时，"京师和地方文武官员的总人数可定为近 2.7 万人，其中近 2 万人是文官，7000人是武官……文官中大约一半是京官，一半是地方官"[2]。换言之，南宋的官员数量差不多就是明朝或清朝的两倍。如果按人口比例计算，宋朝的官民比例还会更高。

以前我们总是从"冗官冗员"的角度理解宋朝官制——这当

1　[美] 黄仁宇：《十六世纪明代中国之财政与税收》，阿风等译，生活·读书·新知三联书店，2001。

2　张仲礼：《中国绅士》，李荣昌译，上海社会科学院出版社，1991。

然也没有错，因为宋王朝确实存在着相当严重的冗官现象，宋人自己也承认，"秦并六国，郡县益众，降及汉魏，以至隋唐，虽设官寝多，然未有如本朝之繁冗甚也"[1]。有一些士大夫还描述了宋朝"机构膨胀"的过程："开宝中设官至少……一州止有刺史一人、司户一人，当时未尝阙事。自后有团练推官一人，太平兴国中，增置通判、副使、判官、推官，而监酒、榷税算又增四员。曹官之外，更益司理。"[2]他们希望朝廷裁撤冗官，认为地方政府不需要设置那么多官职。

然而，随着社会的演进、经济的发展，政府势必要处理更多、更复杂的公共事务，宋朝官员夏竦在诗作《江州琵琶亭》中感叹说，"年光过眼如车毂，职事羁人似马衔"。可以想见彼时公务之繁剧。如此情势下，政府怎么可以还维持国家草创初期的那种简朴状态？偌大一个州郡，怎么可以不设通判、判官、推官、司法官、监酒官、榷税官？从这个视角来看宋代的"冗官"问题，我们会发现，宋朝官员数目庞大，其实也是政府配置比较完备、政府职能比较发达的体现。

宋朝差不多是中国历史上唯一没有行政幕府的王朝（军政幕府还保留）。以前我们也总是从"强化中央集权"的角度解释行政幕府制度在宋代的消失，其实换一个角度看，我们便会发现，宋朝地方政府之所以不需要行政幕府赞襄，恰恰是因为各层级的政府已经建成了完备的行政、司法部门，并配备了专职的幕僚官、诸曹官。

1　李焘：《续资治通鉴长编》卷一百六十七。
2　脱脱等：《宋史》卷二百九十三《王禹偁传》。

到了元明清时期，地方政府的配置就简朴得多了。

修撰于元朝的《至顺镇江志》卷十三说，"宋自南渡，视京口（镇江）为重镇，会府剧司多寄治于此，郡县之职，自通判而下，至于筦库之微，莫不皆有厅事"[1]。但入元之后，这些政府部门"自通判以下至此皆废"。重新设立的政府机构"混一崇朴汰奢，凡偃息游宴之所，壹皆撤去，漕所戎司，更治易局"。其实被裁撤的不仅是"偃息游宴之所"，还有诸多职能部门。宋时的经济部门与专职法官均不复设。

明代的地方政府设置延续了元的简朴，甚至演变得更为简陋。我比较过明人王鏊《姑苏志》收录的宋明二朝官廨，结果发现，明朝苏州府的政府机构数目，大约比宋朝时的减少了三分之二。

原则上，明朝的府一级政府，以知府为行政长官；同知为副长官，职责为"清军伍、督粮税"，又称"清军同知"；[2] 通判为佐官，分掌巡捕、治安；推官亦为佐官，主理讼狱。佐贰官就算配备齐全，数目也远少于宋朝州郡。部门配置的简朴化，结果是府郡的政府职能与权力出现严重的弱化、萎缩。有鉴于此，明末清初的有识之士曾主张恢复府的权责："厚其责于守令"[3]，"并监司之权，以予太守"[4]。

但吊诡的是，清政府却进一步压缩府的职能，将掌治刑狱的推官裁撤掉，同知与通判也被视为闲曹，这一点清朝的君臣从不掩饰，如雍正朝田文镜《请停分缉协缉疏》称："同知通判，

---

1 俞希鲁编纂：《至顺镇江志》卷十三。下同。

2 阿风：《明代府的司法地位初探》，《中国古代法律文献研究》2005 年第 1 期。

3 吴应箕：《楼山堂集》。

4 方以智：《浮山文集前编》卷四《召对补奏》。

名系州县上司，实属佐贰闲曹。"[1]《清实录·乾隆朝实录》卷之九百二十九载吏部议："查同知系府佐闲曹，尚可黾勉供职。"《清实录·乾隆朝实录》卷之一千三十七载乾隆上谕："通判虽系闲曹，但以本籍人备官其地，与体制究为未合。"瞿同祖先生将清代的州县称为"一人政府"[2]，其实用来形容清代知府也挺恰切。

表面来看，简朴的政府部门设置，可以将官员数目控制在最小规模，并以很低的税率来维持政府运转。朱元璋建立的明王朝确实保持着非常低的税率，据黄仁宇的研究，"16 世纪末，全国田赋额最重的为南直隶苏州府，约占农村收入的 20%。此外各府县一般都在 10% 以下，其中又有轻重的不同，山东曹县全县的赋役约占农村收入的 9%，去苏州不远的溧阳县，情形就更为奇怪，占 1%—5% 之间"[3]。至于明代的商业税，更是微不足道，简直可以忽略不计。就比例而言，同时期的日本大名政权，税额占国民收入的 50%；就总数而言，17 世纪末期的英国，人口仅为明代中国的三十分之一，税收总额却与明王朝相大体相同。[4]

我们可能也习惯于认为，"精兵简政""轻赋薄敛"是好事。但实际上，税率过低、政府过简，不可能形成优良的治理。为什么这么说呢？我们先来听听孟子的说法。

魏国的执政白圭曾向孟子请教："我计划二十税一（按 5% 的税率征收），您觉得如何？"[5]孟子反问他："人口万户的都城，

1 邵之棠：《皇朝经世文统编》卷四十二。
2 瞿同祖：《清代地方政府》，范忠信、晏锋译，法律出版社，2003。
3 [美] 黄仁宇：《万历十五年·自序》。
4 参见黄仁宇《万历十五年·自序》。
5 朱熹：《孟子集注》卷十二《告子章句下》。下同。

只有一人制作陶器，可以吗？"白圭说："不可以。这样的话，器皿将不足用。"孟子告诉他，对，二十税一的道理也是如此。只有在政体、社会经济形态落后的北方部落，才可以用二十税一的超低税率维持。中国是超大规模之国，需要提供"城郭、宫室、宗庙、祭祀之礼"等公共品，需要"百官有司"治理国家，二十税一怎么够？

孟子心仪的是"什一税"，即 10% 的税率。在孟子那个时代，政府的职能还比较简单，什一税是合适的，但到了宋朝、明朝的时候，社会的发展要求政府提供更多的公共品，什一税显然已经偏低了。朱元璋创立、明清相承的低税率低配置政府，只能维持最低水平的运转，而无法提供稍多一点的公共品，以至明代嘉靖年间山东夏津县修志，引述时人之感叹："今之守令，凡城池、学校、公署、铺舍、桥梁之类，以兴修为大禁，废不举，敝不葺，荒颓败落之甚，竟诿之不知。"[1] 直至晚清之时，但凡城市的消防、筑路、造桥、街道整修、路灯安装等公共事务，地方政府亦都无力主持，只能靠绅商办理。

此时，在近代化早已展开的西方，随着政府必须介入的公共事务越来越多，政府部门的设置也越来越完备，从某个角度来说，近代化的过程就是政府机构膨胀的过程。比如英国，19 世纪之前，"城市政府仅仅承担了非常有限的公共服务职能：市政管理职能仅仅涉及供水、卫生和提供少量的基础设施，社会管理职能也仅限于维护社会治安，基本上没有专门的城市管理机构"，但在"19 世纪初期，城市中出现了负责道路、街灯、治安、卫生和其他市

1　易时中：《夏津县志》。

政工程的政府部门"。[1] 美国也是如此，19 世纪之前，"市政府虽然参与筑路、卫生、供水等事业，但仅仅发挥了微不足道的作用"，而到了 19 世纪，"市政府不得不承担更多的职能"，成立更多的政府职能部门，"仅费城一市就设有 30 个州立部门"。[2]

而按明清时期的政府编制与财政水平，别说向社会提供公共品，甚至连政府自身的运转都成问题。由于地方政府缺乏办公经费，明代衙门的"文具纸张，甚至桌椅板凳、公廨之修理"，都得"零星杂碎地向村民征取"；官设驿站的马夫、步夫、水夫，亦都以役（役，即人身税）的方式在民户中摊派，且驿递所需的马匹以及马鞍、缰绳、草料等配套，全都由马夫自己承担；就连税粮的征收与解押，也是摊派给民间的大户人家，叫"粮长"，而解运皇粮所产生的"舡车之费"，还是由粮长自掏腰包。超低税率的缺陷，最后只能通过极度落后的实物征用及全民配役来弥补。

为了维持政府的基本运转，明清官员不得不依赖私力补救。清代有一句民谚，叫"无幕不成衙"，这个"幕"，是指地方长官私人聘请的行政顾问——幕友，俗称"师爷"。为什么说"无幕不成衙"呢？因为按明清官制，地方政府只配置极少的佐贰官，根本无法对付刑狱、词讼、财税、会计、文移等日常事务；且长官本人又是做八股文出身，读书时，对"兵刑、财赋、河渠、边塞之利病"漠不关心，一窍不通，及至"授之以官，畀之以政"，

自然"蕾然于中而无以应"。[1] 怎么办？唯有自己聘请师爷帮忙。

明朝中后期，府、州、县的衙门已出现聘用幕宾的风气，至清代更为盛行。再小的衙门，都得有一个刑名师爷，佐理刑狱与词讼，一个钱谷师爷，佐理财政与税收。清朝人自己说："各省的那些衙门，无论大小，总有一位刑名老夫子，一位钱谷老夫子。"[2] 而公务繁忙的衙门，除了必不可少的刑名师爷与钱谷师爷，还需要聘请书启师爷(起草公文)、账房师爷(财务会计)、征比师爷(稽查赋税征收情况)、知客师爷（招待宾客）、挂号师爷（掌管函件）等。时人论曰："幕友亦势所然也，自督抚以迄州县，凡兵、刑、钱、谷，事极纷繁，苟非佐理有人，岂能免夫丛脞。故一署之中，多者十余人，少亦三五人，匡正赞襄，责任颇为繁重。"[3] 可以这么说，若是没有师爷，清朝的衙门根本就玩不转。

然而，师爷从事的虽然是公务，却没有公务员身份，只能躲在幕后，不能走到台前，他们的薪水也是地方长官自掏腰包支付的。换言之，地方官个人承担了行政成本，而明清官员的正式俸禄又很低，他们不拼命捞钱才怪。

"冗官冗政"当然是一种弊政。不过，我们也不能因为冗官有弊，便以为政府越简朴越好，官员越少越好。恰如其分、符合时代需要、契合社会发展的政府配置，才是可取的。

1　孙鼎臣：《论治二（节录）》，收于璩鑫圭编《中国近代教育史资料汇编·鸦片战争时期教育》，上海教育出版社，2007 。

2　李伯元：《文明小史》第三十回，人民出版社，2010。

3　《慎重幕僚说》，《申报》1903 年 5 月 3 日刊文。

健儿争欲趋淮阃，宣相相看若父兄

——『使人乐趋而竞奋』的募兵制

　　如果我们在宋朝旅行，也许会看到这样的场景：一群青壮男
子在校场上接受官府主持的体检与体能测试。检测的项目包括身
高、弹跳力、视力等。官府用一根标准的木梃丈量身高，五尺八
寸（约 180 厘米）以上为上等，五尺五寸（约 170 厘米）以上为
合格；低于五尺五寸的人加试挽弓的力道，"若低一二寸，令射
八斗力弓；低三寸，令射九斗力弓"[1]。测视力则是用一只木制的
手臂为检测工具，"出指二十步，掩一目试之"[2]。体检与体能测试
合格的男子，则在鬓边或手臂刺上文字，所刺文字一般是禁军或
厢军的番号。然后，"赐以缗钱、衣履"[3]，高大健壮者编入禁军，
短弱者编入厢军——我们看到的是宋朝官府招募士兵的情景："募
时，先度人材，次阅走跃，试瞻视，然后黥面，赐以缗钱、衣履
而隶诸籍"，"伉健者迁禁卫，短弱者为厢军，制以队伍，束以法

1　马端临：《文献通考》卷一百五十五《兵考七》。

2　脱脱等：《宋史》卷一百九十六《兵十》。

3　脱脱等：《宋史》卷一百九十三《兵七》。下同。

令"。由于宋人入伍需刺字，因此募兵又称"招刺"；士兵被录用后领到的第一笔佣金，则叫"招刺利物"。

军队增员要"招刺"，要先发放"招刺利物"，这是因为宋王朝实行募兵制。今天我们就来说说宋朝的募兵制。

募兵制特点：自愿

从征召士兵的方式来说，中国古代推行的兵制，大致可以分为三种：编户兵役制、军户制（府兵制）、募兵制。编户兵役制是指编户齐民中的所有成年男丁均有服军役若干年的义务；军户制（府兵制）则是由国家划定的军户或拣点的府兵负责服军役；募兵制则是以招募的方式招揽成年男丁入伍。

历代均采取编户兵役制或军户制（府兵制），间或以募兵制作为补充。大致来说，西汉兵制为编户兵役制，东汉时出现从编户兵役制到募兵制的转变；北朝至唐朝前期，为府兵制，中晚唐开始转为募兵制；元明为军户制，晚明转为募兵制；清代的八旗与绿营兵制实际上也是军户制，清末有大臣对八旗军制提出质疑："查各国宪法，有通国皆兵者（即编户兵役制），有听便入伍者（即募兵制），无于全国人内另指一部分人专作军籍（即军户制）之理。"[1] 晚清出现的湘军、淮军与新军，则都是募兵制的产物。历代兵制演变的脉络高度一致：强制性质的编户兵役制或军户制（府兵制）推行一两百年之后，难以为继（逃役的农民越来越多），只好改行志愿性质的募兵制。唯独宋王朝自始至终实行募兵制。

1　故宫博物院明清档案部编：《清末筹备立宪档案史料》下册，中华书局，1979。

宋代募兵制继承自晚唐五代，但晚唐五代的募兵有两大非常坏的做法：一是各地方镇"自募军队，自调兵食"[1]，士兵不隶属于朝廷，而成了方镇的私兵；二是强募男丁为兵，募兵变成征兵，宋人称为"捉募"。宋太祖立国，一方面收方镇兵权，募兵之权归于朝廷；另一方面释放"捉募之兵"："诸军有草寇处，仰所在州府及巡检使臣晓谕招唤，若愿在军食粮者，并与衣粮；如愿归农者，亦听取便。"[2]这一诏令针对的是五代时被捉募的草寇，但诏令强调的是自愿入伍的原则。[3]

与编户兵役制、军户制相比，募兵制最大的特点就是"入伍全凭情愿"，国家不强制征兵。具体就宋朝募兵制而言，兵丁来源有四："或募土人就所在团立，或取营伍子弟听从本军，或募饥民以补本城，或以有罪配隶给役。"[4]其中招募土人、营伍子弟、饥民，都是以自愿为原则，唯有配隶军役带有强制性，但我们应该注意，这里的配军只是对罪犯的惩罚手段，不同于针对编户齐民的军役，而且，配军通常隶属厢军役作，并不编入禁军。对于宋朝平民来说，要不要投军入伍，确实是取决于自己的意愿。

北宋学者李觏比较过"弓手"（强制服役）与"土军"（招募）的优劣："昔者之籍弓手也，自成丁以上，皆户令亲择之，稍有强壮，悉无逃匿；彼宣毅土军，既曰募人，须从所愿，当职之吏，务登其数，虽其驽怯，亦预收录，此一不如也。"[5]李觏认为宋朝的"土军"

1　董诰等：《全唐文》卷三百六十六。

2　李攸：《宋朝事实》卷二。

3　参见范学辉《变法与变意：宋太祖募兵制度改革刍议》，《社会科学辑刊》2006 年第 3 期。

4　脱脱等：《宋史》卷一百九十三《兵七》。

5　李觏：《旴江集》卷第二十八《寄上富枢密书》。

不如昔日的"弓手"，因为弓手是强征来的，"稍有强壮，悉无逃匿"，土军是招募来的，乡民若不愿入伍，官府也不能强迫，为了完成募兵指标，当职官只好降低募兵标准，将体质不合格的投募者也录取进来。李觏对募兵制的评价不高，但他却不得不承认："既曰募人，须从所愿"。

而在编户兵役制和军户制下，是不存在"须从所愿"的可能性的。

北朝著名叙事诗《木兰辞》讲述了花木兰女扮男装、代父从军的故事："唧唧复唧唧，木兰当户织。不闻机杼声，惟闻女叹息。问女何所思，问女何所忆。女亦无所思，女亦无所忆。昨夜见军帖，可汗大点兵，军书十二卷，卷卷有爷名。阿爷无大儿，木兰无长兄，愿为市鞍马，从此替爷征……"

《木兰辞》反映的是北魏至隋唐时期府兵制的特点。所谓府兵，简单地说，就是隶属于军府之兵。朝廷在各地遍设军府，从上户、中户中拣点兵丁，隶于军府，免除府兵租庸调，国家无事时，府兵耕于田亩，朝廷征召时，府兵披甲上阵，不得逃役。可以说，府兵制与军户制的性质是一样的。花木兰为什么要女扮男装、替父从军？因为她的父亲就是划入军籍的府兵："昨夜见军帖，可汗大点兵，军书十二卷，卷卷有爷名。"大汗发出调兵令，名单上有花父之名，但花父年岁已高，且"阿爷无大儿，木兰无长兄"，如何是好？木兰辗转难眠，思量一夜，终于想到了对策，下定了决心，"愿为市鞍马，从此替爷征"。花家可以不应征吗？不可以。因为府兵制卜，服军役是府兵必须履行的义务。

另一首著名的古诗——唐朝杜甫的《石壕吏》："暮投石壕村，有吏夜捉人。老翁逾墙走，老妇出门看。吏呼一何怒！妇啼一何苦！听妇前致词：三男邺城戍。一男附书至，二男新战死。存者且偷生，死者长已矣！室中更无人，惟有乳下孙。有孙母未去，出入无完裙。老妪力虽衰，请从吏夜归。急应河阳役，犹得备晨炊。夜久语声绝，如闻泣幽咽。天明登前途，独与老翁别。"如果说《木兰辞》隐藏着府兵制的秘密，这首《石壕吏》则透露了中晚唐府兵制瓦解之后的征兵制信息。

中晚唐之后，随着均田制与租庸调制的破坏，府兵制也失去了基础，因为实行府兵制的前提条件是：国家按人口向臣民授田，臣民向国家缴纳赋税、承担力役，点为府兵的那部分人口则免除赋役，只服军役。但随着人口越繁衍越多，民间田产兼并，国家无田可授，"府兵之法浸坏，番役更代多不以时，卫士稍稍亡匿，至是益耗散，宿卫不能给"。[1] 安史之乱后，朝廷因兵源不足，只好强行征点兵丁，《石壕吏》所写"有吏夜捉人"的情节，便发生在这一历史背景下。老翁三个儿子已应征上了战场，但官吏夜里还来抓壮丁，老翁跳墙逃跑了，老妇则被捉到兵营服劳役。

《木兰辞》的传奇只能发生在府兵制下；《石壕吏》的惨剧只会发生在征兵制下；在实行募兵制的宋代，义务性的"代父从军"是不可能出现的，"有吏夜捉人"的抓壮丁则是法所禁止的。

宋王朝多次强调不可"捉募"，不可"诱募"，非本人自愿投募入伍的兵员，核实后可放归其家。比如嘉祐六年（1061），宋仁宗下诏："如闻良民子弟或为人诱隶军籍，父母泣诉而不得还者，朕甚闵之。自今有司审其所从来，隶籍百日内父母诉官者，还之。"[2]

因此，我们绝不敢说宋代招募兵丁时没有"捉募"或"诱募"

1　马端临：《文献通考》卷五十八《职官考十二》。

2　李焘：《续资治通鉴长编》卷一百九十三。

的行为，但这毕竟与征兵制和军户制下的强征不同，简言之，征兵制和军户制下，强征不但常见，而且合法。让我举一个例子。明初洪武二十一年（1388），朱元璋下旨："将云南布政司管下的百姓五万九千有零户、八万六百有零丁，除当马站急递铺口使了的，余外的见一户要一丁，自备枪刀，跟大军下营征白夷。若不肯去的，等大军征了白夷回来，着总兵官领军拿了迁了。钦此。"[1]胆敢违抗征兵令、不肯出丁的人户，拿下来，迁化外之地充军。请注意，这是以皇帝名义颁发的法令。而在宋朝，不管是"捉募"，还是"诱募"，都是非正常现象，而且触犯法令，没有一个宋朝君主敢颁下一道像朱元璋那么"霸气"的征兵令。

如果投募之人不足以拣选，宋政府的解决思路也不是强征。元祐八年，枢密院报告说："陕西诸路禁军阙额甚多，近岁丰熟，少人投军，及虽有骁勇愿充军之人，多以不及等样，或年拘碍，若不措置，虑亏兵额。"[2]怎么办呢？枢密院提了两项建议：其一，适当降低身高方面的要求，投募之人"其年二十五以下权减两指，三十以下权减一指"，一指相当于半寸；其二，增加"招刺利物"，以吸引更多人应募："令泾原、熙河、秦凤、环庆、鄜延路见阙禁军，依式例物增钱一千，鄜延别增绢一匹。"朝廷从之。

即便在靖康元年（1126），金兵南侵，国家危难之际，朝廷仍然不愿意强行征兵。当时宋钦宗下诏募兵，募兵得力者给予重赏："逐处各以召募效用敢勇武艺人数多寡等第推赏"，同时还不忘记提醒，"闻希赏之人，抑勒强募。自今并取情愿，敢有违戾，

1　张纮：《云南机务抄黄》。
2　李焘：《续资治通鉴长编》卷四百八十。下同。

当议重罚"。[1] 读这条诏令，心里一阵发酸，这就是宋朝制度的文明底色啊。

话说回来，尽管朝廷明令禁止，但北宋末年，兵荒马乱之时，一些地方还是出现了"强募"行为。宣和七年，"京东、河北路州县，应因逃移逐食或归业之人经过所在去处，不为赈恤，却行邀栏，抑勒投军"，宋徽宗知悉，下诏："许家人越诉，勘会诣寔，特为放停。"[2] 崇宁五年，有诏："抑勒诸色人投军者，并许自身及亲属越诉，其已刺字，仍并改正。"[3]

南宋末则发生过"诈募"的事情："咸淳季年，边报日闻，召募尤急，官降钱甚优厚。强刺平民，非无法禁，所司莫能体上意，执民为兵。或甘言诳诱，或诈名贾舟，候负贩者群至，辄载之去；或购航船人，全船疾趋所隶；或令军妇冶容诱于路，尽涅刺之。"以美色诱人投募，可谓荒诞，同时也体现了南宋末期募兵的无奈：如果军役由府兵、军户永充，像《木兰辞》讲述的那样"父老子替"，如果兵丁可以强征，可以像"石壕吏"那样入户捉人，或者像朱元璋那样将不出丁投军者"拿了迁了"，又何必用诈人的招数？

募兵制特点：有酬

募兵制放弃了以国家强制力作为征兵手段，将从前的军役变成一项可自由选择的职业，那该如何确保有足够多的青壮人口愿

---

1 脱脱等：《宋史》卷一百九十三《兵七》。

2 徐松辑：《宋会要辑稿·食货六九》。

3 脱脱等：《宋史》卷一百九十三《兵七》。下同。

意投身军伍？宋神宗说："厚禄其长，使自爱重。"[1] 即以"厚禄"吸引勇武之人踊跃投军。

宋人入伍第一日，便可领到"招刺利物"，这"招刺利物"还不少，禁兵每人十余贯，厢兵每人约六贯。入伍之后，每月又有一份不薄的薪水，从此衣食无忧——当兵有薪酬，这是募兵制的又一特点。宋人说："（今）积兵之多，仰天子之衣食，五代而上，上至秦汉，无有也。"[2] 不仅之前没有，之后的元明清也没有这么大规模的养兵制。

那么一名宋朝普通士兵月薪是多少呢？大致而言，如果隶属于禁军，月俸"自一千至三百，凡五等"，薪俸分五等，最低者300文钱，最高者1000文钱；[3] 如果隶属于厢军，"教阅者，有月俸钱五百至三百，凡三等，下者给酱菜钱或食盐而已"，接受军事训练的厢兵，月俸分三等，下等300文，上等500文，未参加军事训练的厢兵，只发酱菜钱或食盐。

几百上千文钱的月薪，似乎很微薄，须知宋代下层市民的日收入就有100文左右，但是，除了俸钱，军队还提供口粮，一名普通士兵的月粮一般不会少于2石米。宋时一个五口之家，每天大约需要口粮6升，2石月粮足以养活一个五口之家了。此外，宋政府每年还给每一名士兵发放两次衣物："春冬赐衣有绢绵，或加绸布、缗钱。"领这样一份薪水，至少一家人的温饱是没有问题的。对了，宋朝允许家眷随军，士兵也过着常人的家庭生活。

1　李焘：《续资治通鉴长编》卷三百二十七。

2　蔡襄：《端明集》卷二十二。

3　脱脱等：《宋史》卷一百九十四《兵八》。下同。

俸钱、月粮、衣物之外，还有各种名目的物质补贴：（1）戍边补助，"凡军士边外，率分口券，或折月粮，或从别给""边戍，季加给银、鞋"；（2）郊祀赏赐，"凡三岁大祀，有赐赉，有优赐"；（3）节日津贴，"每岁寒食、端午、冬至，有特支，特支有大小差，亦有非时给者"；（4）特殊天气补助，每年十二月与正月发"柴炭钱"与"雪寒钱"；（5）特殊驻地补助，"戍岭南者，增月奉，自川、广戍还者，别与装钱"；（6）特殊兵种津贴，"役兵劳苦，季给钱""川、广递铺卒或给时服、钱、履"。

合计下来，宋朝一名厢兵的年收入不下 30 贯钱，一名禁兵的年收入不下 50 贯钱。宋人提供的统计数据也可佐证。治平年间，张方平说："略计中等禁军一卒，岁给约五十千，十万人岁费五百万缗。"[1] 蔡襄说："禁军一兵之费，以衣粮、特支、郊赉通计，一岁约费钱五十千，厢军一兵之费岁约三十千。"[2] 张、蔡都当过三司使，掌管过天下财税，他们列出的数据是可靠的。

这是北宋中期普通士兵的收入，将校以上的各级军官，薪俸当然会更高，比如"都指挥使遥领团练使者，月俸钱百千，粟五十斛；诸班直都虞候、诸军都指挥使遥领刺史者，半之"[3]。

正因为入伍可领薪酬，可保衣食无忧，表现出色者还有厚赏，以自愿为原则的募兵制才可以维持下去，"使人乐趋而竞奋"[4]。这个道理，宋朝群臣当然是明白的。宋神宗与王安石曾有过一番讨论，王安石说："吴审礼巡按保甲上番还，言上番人多愿留，其

1　李焘：《续资治通鉴长编》卷二百九。

2　蔡襄：《端明集》卷二十二。

3　脱脱等：《宋史》卷一百九十四《兵八》。

4　李焘：《续资治通鉴长编》卷二百四十一。下同。

较艺获赏厚，人极歆艳，习武技至忘寝食。"宋神宗高兴地说："制法当使人乐趋而竞奋。太祖因诸营战胜有功，乃令各营升俸廪，此人所以乐战也。今虎翼定俸钱五百，人何所劝？""使人乐趋而竞奋"便是宋代募兵制度设计（制法）的逻辑起点。

而在推行军役制或者军户制（府兵制）的王朝，由于官府可以通过国家强制力征发兵员，因而根本不用考虑"如何使人乐趋"的问题，甚至连士兵从征所需要的衣物、粮食、路费、装备等都要求服役之家自己解决。南宋学者陈元粹有感于募兵制带来的严重财政压力，希望朝廷留意"汉家之遗制"：汉制，"有事檄召，事已罢归，无聚食之费，则与今日竭民力以养兵者异；衣赏自备，无供亿之劳，则与今日春秋衣赐不时给赏者异"。[1]可知，按汉代兵役制度，士兵应役上战场的衣物、粮食，必须自备。

北朝至隋唐府兵制下，士兵的兵器、马匹、盘缠也是自备的，所以《木兰辞》中，花木兰出征之前，需要"东市买骏马，西市买鞍鞯，南市买辔头，北市买长鞭"，然后才"旦辞爷娘去，暮宿黄河边"。按唐制，府兵上番服役，需携带粮食、用品与装备："乌布幕、铁马盂、布槽、锸、镢、凿、碓、筐、斧、钳、锯皆一，甲床二，镰二；队具火钻一，胸马绳一，首羁、足绊皆三。人具弓一，矢三十，胡禄、横刀、砺石、大觿、毡帽、毡装、行藤皆一，麦饭九斗，米二斗"，这些物资"皆自备。并其介胄、戎具，藏于库，有所征行，则视其入而出给之"。[2]

明代实行的军户制，实际上就是府兵制的变种：朝廷将一部

1　钱文子：《补汉兵志》原序。

2　马端临：《文献通考》卷一百五十一《兵考三》。

分户口划为军户，每一家军户的男丁，都分成正丁、次丁、余丁、继丁，正丁必须到政府指定的卫所（通常很遥远）服役，如果死亡，则由次丁、余丁、继丁依次递补，"全家死亡，便从原籍勾族人顶充"[1]。一为军户，则世代相袭，不得擅自更改职业。

正丁赴卫所服役所需的路费，悉由原籍军户负责；国家征调军士，士兵亦需自备服装。宣德年间的一份敕令要求："天下军士遇有征调，当自备衣装，供给为难，其原籍宜与，复除一丁在营，有丁者亦免一人差遣，使专经营以给军。"[2]卫所的军需物资，主要靠军屯自给自足："天下卫所军卒，自今以十之七屯种，十之三城守，务尽力开垦，以足军食。"[3]朱元璋曾自诩："吾养兵百万，不费民间一粒。"但天下哪有免费的午餐？明王朝养兵的经济成本只是被嫁接到军户与兵卒身上去了而已。难怪顾炎武评曰："此所谓相蒙之说也。"[4]

为国征战，自带干粮——听起来好像很不可思议，但在元明清，在汉唐，这是制度性的存在。只有在募兵制的宋朝，士兵的一切装备与军事经费才完全由国家财政承担，而且，宋政府还得给所有士兵支薪。假设宋王朝也要求入伍之人自带武器、粮食、路费、行军用品，那谁愿意前来投募？

单凭物质酬劳，还未必能够"使人乐趋而竞奋"，因为厚禄固然可以"招聚四方无赖不逞之人以为兵"[5]，却不足以鼓励胸怀

1 李龙潜：《明代军户制度浅论》，《北京师范学院学报》（社会科学版）1982 年第 1 期。

2 《明实录·明宣宗实录》卷之五十一。

3 《明实录·明太祖实录》卷之二百十六。

4 顾炎武：《亭林文集》卷之六。

5 李焘：《续资治通鉴长编》卷三百二十七。

大志之士安身于军伍报效国家，国家还需要满足军人上进之心，给予军人晋升之路。

在宋代，尽管士大夫集团对武人不乏轻薄之词，但投募从军始终是平民"鱼跃龙门"的正式渠道之一："凡入仕，有贡举、奏荫、摄署、流外、从军五等。"[1]一名毫无背景的宋朝底层人要进入政府，可以参加科举，也可以应募从军，军中表现出众，便有机会晋升，未必差于科举出身的士大夫。

许多人喜欢举北宋狄青的事例指责宋朝对武人的压制与迫害，但狄青的个案恰恰显示了军人受重视的事实：一名穷苦出身的下层士兵，通过个人奋斗，能够官至枢密使。狄青"始隶军籍"[2]之时，正是王尧臣状元及第之日，"唱名自内出，传呼甚宠，观者如堵"，狄青也"与侪辈数人立于道旁"，围观"春风得意马蹄疾"的王尧臣，同侪感叹说："彼为状元，而吾等始为卒，穷达之不同如此。"狄青说："不然，顾才能何如耳。"闻者笑之。后来，狄青果然为枢密使，王尧臣则为副使。

狄青与王尧臣同为枢府大臣时，仁宗皇帝曾让狄青除去额头黥文，狄青却说："青若无此两行字，何由致身于此？断不敢去，要使天下贱儿，知国家有此名位待之也。"可知狄青本人也明白，自己的奋斗史可以激励天下健儿乐趋军营、天下士卒竞奋向上。

今人之所以称狄青受压制和迫害，大概是因为狄青后来"忧惧而死"。相传，"狄青为枢密使，自恃有功，骄蹇不恭，怙惜士卒，每得衣粮，皆曰：'此狄家爷爷所赐。'朝廷悉之"。当时文

1　脱脱等：《宋史》卷一百五十八《选举四》。

2　丁传靖辑：《宋人轶事汇编》卷七。下同。

彦博为宰相，建议将狄青"以两镇节度使出之"，仁宗说："狄青是忠臣。"文彦博说："太祖岂非周世宗忠臣。"仁宗默然，"乃罢青为同中书门下平章事，出判陈州"[1]。次年二月，狄青卒于陈州。狄青受到迫害吗？没有。毋宁说，狄青罢枢密使，是因为宋王朝慑于五代频仍的兵变，对武将执掌兵权存有疑忌。但狄青始终是受礼遇与尊重的。

通过考察宋代的募兵制，我们会发现，以"歧视武人"形容宋朝政制，未免失之轻率，因为募兵制的内在逻辑决定了军营必须保持吸引力，才可以"使人乐趋而竞奋"。如果士兵的职业在宋代受严重歧视，那谁愿意主动投军呢？基于自愿原则的募兵制又如何能够维持下去呢？所谓"歧视武人"的问题，至少被夸大了。

南宋刘克庄在诗作《凯歌十首呈贾枢使》中写道："羽檄联翩趣募兵，单枪一剑觅功名。健儿争欲趋淮阃，宣相相看若父兄。"虽说有些溢美，却写出了募兵制不同于"有吏夜捉人"的一面：羽檄联翩，却不是征兵，而是募兵；健儿争趋，并非受了外力的强制，而是出于欲觅功名之心；宣抚使对将士的态度，如若父兄。我们读不出任何歧视将士的意味。

募兵制的优劣

现在我们再捋一下募兵制的逻辑：募兵不可强征，所以朝廷需要以优厚的待遇招徕士兵；给士兵支薪，又势必导致朝廷要承

1　脱脱等：《宋史》卷二百九十《狄青传》。

南宋《中兴瑞应图》中的士兵

担巨大的财政压力。

为了维持募兵制，宋王朝付出了十分沉重的代价：大部分赋税收入都用来支付军费。宋人自己说："养兵之费，在天下十居七八"[1]；"财用不足，皆起于养兵。十分，八分是养兵，其他用度，止在二分之中"[2]。但缺乏具体的统计项目，全是文人夸饰之词，不足为信。倒是当过三司使的蔡襄提供了比较具体的统计数据：

---

1 张载：《张子全书》卷十三。

2 叶方蔼等编：《御定孝经衍义》卷七十二。

"禁军一兵之费，以衣粮、特支、郊赉通计，一岁约费钱五十千；厢军一兵之费，岁约三十。通一百一十八万余人，一岁约费四千八百万缗，此其大较也。"[1]治平元年（1064），岁入缗钱 3683 万贯（万以下四舍五入，下同），养兵支出 994 万贯，约占岁入之 27%；匹帛绢绸收 875 万匹，用于养兵 742 万匹，约占收入之 85%；粮食收入 2694 万石，用于养兵 2317 万石，占收入之 86%；草料收 2940 万束，用于养兵 2498 万束，约占收入之 85%。若以田赋收入（钱 493 万贯，帛 276 万匹，粮 1807 万石）支付军费，"其余所缺粮草匹帛，并是见钱和买并课利、折科、诸科博买应付得足，一岁所用，养兵之费常居六七，国用无几矣"。

按蔡襄的这个统计，养兵支出占财政总支出的 60%—70%。不过，我们知道，北宋三司所能会计的，只是国家正赋的收支、出纳；正赋之外，比如司农寺系统之钱，三司并不过问出入，特别是熙宁变法之后，司农寺掌握的财政收入大增，国家岁入折钱过亿贯，5000 万贯的养兵成本（不含战争开支），大约是北宋后期岁入的 50%，尽管不至"十居七八"的程度，但募兵制的经济成本毫无疑问是巨大的。

这么庞大的养兵成本，也只有宋王朝的重商主义政府、扩张型财政才支撑得起。元人修《宋史》，说，"唐以天下之兵分置藩镇，天子府卫，中外校卒，不过十余万，而国用不见其有余。宋惩五代之弊，收天下甲兵数十万，悉萃京师，而国用不见其不足者，经制之有道，出纳之有节也"[2]。宋代由国家财政供养的士兵数量

1　蔡襄：《端明集》卷二十二。下同。

2　脱脱等：《宋史》卷一百九十四《兵八》。

确为唐时的近十倍，但"国用不见其不足"的根本原因，却不是"出纳之有节"，靠节约能省出多少钱？何况宋朝财政的思路本来就不是以量入制出的"节流"为本，而是致力于量出制入的"开源"。这个问题我们以前已经阐述过了。（参见《有管仲则藏富于国，得刘晏则钱流于地——宋王朝的"重商主义"》一文）

明朝朱元璋推行军户制，以军户、军屯解决军事成本，财政负担不重；但到了明中期，由于军户与屯军差役繁重、地位低下，兵丁大量逃亡，朝廷不得不募以补充兵源。而要募兵，官府必须先掏出银子，嘉靖年间，"每年各边加募军银五十九万余"[1]；晚明军兴，募兵更多，养兵成本更大，以朱元璋设计的那套财税体系，无论如何是维持不了大规模募兵的。财政掏不出钱养兵，怎么办？一是拖欠兵饷，万历四十四年（1616），"九边按年缺饷，总计五百余万（两银）"[2]；二是在赋税中加派军饷，明末"三大饷"就是这么来的。国家危难，财政亏空，加税可以理解，但要命的是，明末三饷是从田赋中加征的，农民不堪重负，于是民变蜂起，最终亡国。可以说，明王朝是被落后的财税制度拖垮的。

即便是以宋代远超其他王朝（清末除外）的财政收入水平，面对募兵制巨大的经济成本，仍然时有捉襟见肘的财政危机。也因此，不少大臣都曾建议废止募兵制。然而，细细权衡利弊，宋政府还是将募兵制坚持了下来。

募兵制最大的问题，是成本太大，这一问题内在于募兵制度中，除非废除募兵，否则无解。至于冗兵不去、战斗力低下之类

---

1 《明实录·明世宗实录》卷之三百五十一。
2 《明实录·明神宗实录》卷之五百四十七。

的弊端，非募兵制固有，是可以改革的。

但募兵制也有莫大的好处。第一个好处是有利于国家长治久安。这一点宋太祖说得非常清楚："可以利百代者，惟养兵也。方凶年饥岁，有叛民而无叛兵；不幸乐岁而变生，则有叛兵而无叛民。"[1] 所以，当王安石建议"须早训练民兵，民兵成则当减募兵"时，宋神宗表示反对："禁军无赖乃投募，非农民比，尽收无赖而厚养之，又重禄尊爵养其渠帅，乃所以弭乱。"[2] 事实也是如此，两宋三百余年，从未爆发全局性的民变，很大程度上正是得益于募兵制的长期与全面推行。

募兵制的第二个好处是有利于国民安居乐业。这一点韩琦说得很清楚："韩魏公在中书，同列议养兵之弊，无术以革之。魏公沉思良久，曰：'养兵虽非古，然积习已久，势不可废。非但不可废，然自有利民处不少。古者发百姓戍边无虚岁，父子、兄弟、夫妇常有生死离别之忧。论者但云（募兵）不如汉唐调兵于民，独不见杜甫诗中《石壕吏》一首，读之殆可悲泣，调兵之害乃至此。'"[3]

杜甫诗中，不独有《石壕吏》陈诉"有吏夜捉人"之苦难，《新安吏》写的也是府兵制下的人间悲剧："客行新安道，喧呼闻点兵。借问新安吏：县小更无丁？府帖昨夜下，次选中男行。中男绝短小，何以守王城？肥男有母送，瘦男独伶俜。白水暮东流，青山犹哭声……"因为唐王朝与方镇强行征兵，民间出现各种生离死别：

1　晁说之：《景迂生集》卷一。

2　李焘：《续资治通鉴长编》卷二百六十二。

3　沈作喆：《寓简》卷五。

既有"暮婚晨告别，无乃太匆忙。君行虽不远，守边赴河阳"的"新婚别"；又有"男儿既介胄，长揖别上官。老妻卧路啼，岁暮衣裳单"的"垂老别"；最凄凉的是"县吏知我至，召令习鼓鞞。虽从本州役，内顾无所携"的"无家别"。[1]

宋距唐犹未远，仿佛近在眼前，我相信，读着杜甫的诗，宋人会坚定对募兵制的坚持。

正因为宋王朝实行的是募兵制，"征伐之苦，兵任之，民不知也；屯戍之苦，兵任之，民不知也。天下之民，安居暇食，优游以生死，仰事俯育，终其身相保聚"[2]。虽然为了养兵，朝廷不得不支付巨大的财政成本，这一成本最终又通过赋税传递到民众身上，但"良民虽税赋颇重，亦已久而安之，乐输无甚苦也"[3]。后世抨击宋朝募兵制的人，见识实不如宋人也。

1　参见杜甫诗作《新婚别》《垂老别》《无家别》。

2　章如愚：《群书考索》续集卷四十四。

3　沈作喆：《寓简》卷五。

司法

三尺法安出哉，要必通于古谊

——宋朝立法的专业化与民主化

繁密的立法活动

中国历史上，哪个时代的立法最为频仍呢？如果我们能够遨游历史长河，便会发现，立法最繁的时代既不是按照法家理论建立的秦朝，也不是推崇严刑峻法的朱元璋时代，而是两宋时期。

我们先来听听宋朝人自己是怎么说的。

南宋学者陈亮提过一个判断："本朝以儒立国，而儒道之振，独优于前代。"[1] 我们以前总是习惯于认为，儒家轻法治而重人治。然而，恰恰是"以儒立国"的宋朝最重视"以法治国"。请听陈亮的另一个判断："汉，任人者也；唐，人法并行者也；本朝，任法者也"；"今日之法可谓密矣：举天下一听于法，而贤智不得以展布四体，奸宄亦不得以自肆其所欲为，其得失亦略相当矣"。[2]

与陈亮大致同时代的另一位学者叶适也认为："吾祖宗之治

1　脱脱等：《宋史》卷四百三十六《陈亮传》。

2　陈亮：《陈亮集》卷之十一《人法》。

天下也，事无小大，一听于法。虽杰异之能，不得自有所为，徒借其人之重以行吾法耳"；"今内外上下，一事之小，一罪之微，皆先有法以待之。极一世之人志虑之所周浃，忽得一智，自以为甚奇，而法固已备之矣。是法之密也"。[1]

叶适与陈亮同为南宋浙东学派的代表人物，他们对身处的宋代有着一致的判断：这是一个"以法治国"的时代。只不过，叶适对"法之密也"深感忧虑："人之才不获尽，人之志不获伸，昏然俯首一听于法度，而事功日堕，风俗日坏……故法度以密为累而治道不举。"[2]陈亮则认为，法治乃是大势所趋，不可更易："天下之大势一趋于法，而欲一切反之于任人，此虽天地鬼神不能易，而人固亦不能易矣。"[3]

北宋景祐年间，参知政事宋绶受宰相吕夷简委托，编修完《中书总例》419 册，吕夷简扬扬自得，对人说："自吾有此例，使一庸夫执之，皆可为宰相矣。"[4]《中书总例》是指导宰相机构行使权责的规章制度。吕夷简认为，一名庸才只要遵循法规，便可以当好宰相，宋朝法制之繁密由此可窥一斑。

宋朝法律之密，还可以从司马光提供的一组数字看出来。元祐元年八月，司马光在上哲宗皇帝的札子上说："勘会近岁法令尤为繁多，凡法贵简要，令贵必行，则官吏易为检详，咸知畏避。近据中书、门下后省修成尚书六曹条贯，共计三千六百九十四册，寺监在外；又据编修诸司敕式所，申修到敕令格式一千余卷册。

1　黄淮、杨士奇编：《历代名臣奏议》卷之五十五；叶适：《叶适集》之《水心别集》卷之四。

2　叶适：《叶适集》之《水心别集》卷之四。

3　陈亮：《陈亮集》卷之十一《人法》。

4　李焘：《续资治通鉴长编》卷一百十七。

虽有官吏强力勤敏者，恐不能遍观而详览，况于备记而必行之？"[1] 元丰末、元祐初编纂的"尚书六曹条贯"就多达3694册，"敕令格式"有1000余册。请注意这里的量词，是"册"，而不是"篇"。

就法律门类而言，宋代的法律既有通行全国的"海行法"，又有只适用于一司一路一州的"部门法"与"地方法"；既有刑法，也有行政法、民商法。司马光所说的1000余册"敕令格式"是海行法，3694册"尚书六曹条贯"大约就是部门法；宋绶主持编修的《中书总例》是行政法，而宋仁宗与宋哲宗时修订的《天圣户绝条贯》《嘉祐遗嘱法》与《元符户婚法》，都是民商事立法。许多人说"中国古代只有刑法而没有民法"[2]，实为耳食之论。

就法律形式而言，宋代的法律又可分为律、敕、令、格、式、申明、断例、看详等。律一般指宋王朝的基本法《建隆重详定刑统》（以下简称《宋刑统》）；敕在元丰以前泛指对《宋刑统》的补充立法，元丰之后特指刑事法；令在元丰以前也是泛指律令之令，元丰之后特指非刑事法，其中包括民商法、经济法、行政法；格则是令的细则、行政程序；式指公文程式；申明是司法解释；断例即判例；看详类似于立法说明、法律备忘录。假如不是"法治"十分发达，法律完全不需要分得如此细致。陈亮自称"本朝，任法者也"，所言非虚。

由于元丰年间，敕与令的内涵被重新界定，"以约束为令，刑名为敕"[3]，元丰编修敕令时，便将旧敕中的非刑事条款移入令

1　李焘：《续资治通鉴长编》卷三百八十五。

2　[英]亨利·萨姆奈·梅因：《古代法》之李祖荫撰"小引"。

3　李焘：《续资治通鉴长编》卷四百七。

《宋刑统》书影

断罪引律令格式应言上符报
官司出入人罪敕前断罪轻重不当
遇敕不原知有敕故犯　徒以上呼囚告家
缘坐应没官不没官罪名　徒流人配送稽留应□
推断怀孕妇人
决死罪萧州断道死罪申奏　备输没人窃腹不输
断罪不当役徒应役不役及病愈不暇日
纵死囚逃亡
疑狱

重详定刑统卷第一　名例律
两门　律条　并疏　令格敕条八

伍刑
笞刑
拾恶

伍刑
笞刑伍　杖刑伍　徒刑伍　流刑叁　死刑贰

疏议曰

壹拾赎铜贰拾赎铜叁拾赎铜肆拾赎铜伍拾赎铜
笞刑伍

宋朝基本法《宋刑统》

《庆元条法事类》书影

庆元条法事类卷第四
职制门一
官品杂压　令申明
令
官品令
诸太师太傅太保左右丞相少师少傅少保王为正一品
萧枢密使开府仪同三司特进太子太师太傅太保开
王郡王国公为从一品
诸金紫光禄大夫知枢密院事参知政事同知枢密院
事太尉开国郡公上柱国为正二品

宋代法律汇编《庆元条法事类》

中，自此敕与令分立，一为刑法，一为非刑法。我们知道，公民
的一项违法行为，可能同时涉及刑法与民法，所以，宋政府分别
用敕对该行为作出处罚，用令对该行为作出处分。举个例子，在
宋代，盗耕官田、冒占官宅既属于犯罪（适用于刑法），又是经
济利益纠纷（适用于民商法）。南宋绍定三年（1230），平江府发
生一起"盗耕学田"诉讼，法官便同时援引了敕和令——

> 敕：诸盗耕种及贸易官田（泥田、沙田、逃田，
> 退复田同。官荒田虽不籍系亦是），各论如律。冒占官
> 宅者，计所赁坐赃论，罪止杖一百（盗耕种官荒田沙
> 田罪止准此），并许人告。[1]

> 令：诸盗耕种及贸易官田（泥田、沙田、逃田，
> 退复田同），若冒占官宅，欺隐税租赁值者，并追理。
> 积年虽多，至十年止。贫乏不能全纳者，每年理二分，
> 自首者免。虽应召人佃赁，仍给首者。

敕文所言的"各论如律"，是指《宋刑统》卷十三《户婚律》
中的两个条款：

> （1）诸盗耕种公私田者，一亩以下笞三十，五亩
> 加一等，过杖一百，十亩加一等，罪止徒一年半，荒田
> 减一等，强者各加一等，苗子归官、主。

1　转引自胡兴东《宋朝法律形式及其变迁问题研究》，《北方法学》2016年第1期。下同。

（2）诸妄认公私田，若盗贸卖者，一亩以下笞五十，五亩加一等，过杖一百，十亩加一等，罪止徒二年。

根据敕文及律文（刑法），盗耕学田的被告人将按照其盗耕田亩数处以"笞三十"至"徒一年半"的刑罚；同时，根据令文（民法），被告人还将偿还盗耕所得，允许分期还款，如果盗耕多年，最多只追偿十年所得。看，单是针对盗耕官田、冒占官宅的行为，立法就这么发达。

敕与令也构成了宋朝法律体系的两大主干。就立法数目而言，宋令的数量远多于敕文，如南宋《绍兴重修敕令格式》中，敕有12卷，令有50卷，格与式各30卷。《乾道重修敕令格式》亦是如此。[1]换言之，刑法在宋朝法律体系中并不占主体地位。敕与令在宋朝的分化，以及宋令数目之多，也足以证明"中国古代只有刑法而没有民法"的俗见之谬。

宋代繁密的敕令格式，当然不是从天上掉下来的，而是来自宋人频仍的立法活动。宋人宋庠观察到，"国朝以来，诏数下而建条，比牒连名，充曹创府，烦科碎目，与日而增。每罚一罪、断一事，有司引用，皆连篇累牍，不能遍举。率不纪岁，则别加论次，谓之'编敕'"[2]。宋庠生活在宋仁宗朝，其时的"编敕"尚是泛指对律文的补充，而非单指刑事立法。

近世梁启超先生通过检索中国历代成文法编制史，也发现，"宋代法典之多，实前古所未闻。每易一帝，必编一次。甚者每

1　参见吕志兴《宋令的变化与律令法体系的完备》，《当代法学》2012年第2期。

2　赵汝愚编：《宋名臣奏议》卷九十八。

改一元，必编一次。盖终宋之世，殆靡岁不从事于编纂法典之业。其法典内容，非必悉相异，殆因沿前法，略加修正而已，然莫不哀然成一巨帙，少者亦数十卷，多者乃至数百卷，亦可谓千古之壮观矣"。[1]特别是宋神宗朝，对法典的编纂，"起熙宁初，迄元丰中，前后凡亘十有余年，而其书哀然为二千余卷，实可称上凌千代、横绝五洲最庞大之法典也"。

因此，我们可以有把握地说，自秦汉以降，直到清末，立法最频繁的时代，便是宋代。

专门的立法机构

中国出现成文法的历史非常久远。春秋时期，郑国的执政子产"铸刑鼎"，大约便是中国历史上的第一次成文法立法。但是，古代中国很早就有专门的司法机关、专职的司法官，如大理寺、廷尉，却几乎没有出现常设的立法机构。

曾有人在网上提问："中国古代各朝代有专门的法律编纂部门吗？如果有，是哪些？如果没有，那各朝的法律是由谁编纂的？"得到的回答是："没有专门的立法部门。大部分朝代的法律都是沿袭前朝，然后在此基础上做些修订。修改的话，都是由皇帝任命一些大臣来负责，然后由他们组织一班精通法律的人才来修订，修订好之后呈交皇帝确认，就可以颁布天下了。"

泛泛而论，这一答案是成立的。如隋文帝初定天下，命大臣修律，以《北齐律》为蓝本，修订《开皇律》；李唐代隋，初期

1　梁启超：《饮冰室文集》之十六《论中国成文法编制之沿革得失》。下同。

沿用《开皇律》，其后在《开皇律》基础上加以删定增损，修成《唐律疏议》；赵宋立国，匆匆制定出《宋刑统》，内容几乎全文抄自《唐律疏议》，体例则参照《大周刑统》；元朝在汗国时期，沿用金国的《泰和律》，建立大元国号之后才出台《至元新格》；明初，朱元璋以《唐律疏议》为蓝本，订出《大明律》；而清人入关后颁行的《大清律》，则基本沿袭自《大明律》。各个王朝修律的时间，都是在开国之初，修律工程完成之后，便极少有立法活动了，因而也完全用不着设立一个专门的立法机构。

但是，我们必须指出，宋代是例外。因为宋王朝出现了专门的法律编纂机构。

说到这里，你可能会发现，唐有唐律，明有明律，清有清律，宋朝却没有一部宋律。人们习称的"宋律"，多指《宋刑统》。前面我们说过，《宋刑统》是建隆年间仓促修订出来的，体例模仿《大周刑统》，内容照抄《唐律疏议》。而在"唐宋变革"的时代背景下，宋朝社会已大异于唐朝社会，唐律中的许多条款是不适时宜的，比如《唐律疏议》有"奴婢贱人，律比畜产"的条款，《宋刑统》照抄不误，但宋代时，良贱制度已趋于瓦解，奴婢贱口不复存在，因而《宋刑统》中"奴婢贱人，律比畜产"的规定，便成了存而不用的"休眠条款"。

时代的变迁，要求宋王朝必须及时更新法律。天圣年间，刑部侍郎夏竦向皇帝上书说：如今"律令格式之科、刑统编敕之条，棼类相杂，矛楯不同"，朝廷应该尽快制定一部《宋律》，"总制书禁止之事，会刑统'起请'之条，及格式律令聚为一书，罪必定刑，科无虚设，明分条目，同其差异，命工缮写，重加考核，名之宋律"。[1] 然而，宋朝政府最终还是没有启动制定《宋律》的工程，有学者认为，"大约仁宗意识到即使再修一部《宋律》，随着社会的发展，仍不免又出现律外之律"。[2]

宋朝采用的立法方式是"编修敕令"：将逐年积累下来的敕令加以整理、删定、修订、汇编成册，确立为正式的国家法律——敕令格式。增修的敕令格式与《宋刑统》并行，但具有优先适用的地位，如北宋《政和重修敕令格式》在"名例敕"篇说明："诸律、《刑统疏议》及建隆以来赦降，与《令格式》兼行，文意相妨者，从《令格式》。"[3] 南宋《绍兴重修敕令格式》亦申明："诸律与敕兼行，文意相妨，从敕。"[4]

编修敕令的方式显然跟制定《宋律》不同，制定《宋律》是一次性的，而编修敕令则是经常性的。宋人显然不相信，立法可以一劳永逸，用一部整全性的《宋律》一揽子解决问题（后世的朱元璋则有这一信心）；他们宁愿采取经常的、分散的、局部改良的编纂式立法，因时制宜，与时俱进。

正因为法律编纂的经常性，所以就不能没有一个常设的、专门的立法机构。宋朝的立法机构最早见于宋真宗大中祥符六年（1013）设立的编敕所，附属于大理寺；"逮天圣编敕，始有详定编敕所，别命官领之"[5]，从宋仁宗天圣五年开始出现独立的详定编敕所。之后，又有重修编敕所、详定重修编敕所、重修敕令所、

1　黄淮、杨士奇编：《历代名臣奏议》卷之二百十。

2　孔学：《论宋代律敕关系》，《河南大学学报》（社会科学版）2001 年第 3 期。

3　徐松辑：《宋会要辑稿·刑法一》。

4　徐松辑：《宋会要辑稿·食货三二》。

5　李心传：《建炎以来朝野杂记》乙集卷五。

详定重修敕令所、详定敕令局、编修敕令所诸机构。修编部门法与地方法时，则有修编诸司敕式所、详定一司敕令所等名目。大体而言，元丰之前，习称"编敕所"；元丰之后，习称"编修敕令所"，这也是敕与令分化并立的一个体现。为叙述方便，我们这里且将宋朝的立法部门统称为"编修敕令所"。

宋朝立法机构之所以名目不一，是因为按惯例，"遇修一朝敕令格，或差朝臣提领编敕，事已则罢"[1]，编修敕令所并非固定不变。不过，由于终宋一代，编修敕令非常频繁，几乎每年都有修订法律的活动，一个编修敕令所完成了立法任务、解散之后，往往很快又需要成立另一个编修敕令所。因此，我们也可以认为，编修敕令所是常设的机构，且独立于刑部、大理寺，立法与司法庶几出现分立之势，用宋神宗的话来说，"造令、行令，职分宜别"[2]。

编修敕令所设有提举官，通常由宰相兼领；有同提举官，例由副宰相兼任，以示朝廷对立法的重视。具体负责法律编纂工作的，则是详定官与删定官，一般来说，先由删定官完成修法草案，再送详定官审定。至于详定官、删定官的编制，并没有固定员额，大致依所编修敕令的繁简而定。此外，编修敕令所还配备了供检文字、法司、编修文字、书奏、书写人等吏员，负责修法的技术性工作。

作为"立法者"的详定官与删定官，显然需要具备专业的法学知识，不是随便拉一名官员便可充任。宋政府要求，"今后敕

1　徐松辑：《宋会要辑稿·职官四》。

2　李焘：《续资治通鉴长编》卷三百二十六。

令所删定官,差曾任亲民,参用刑法官"[1]。"参用刑法官"的意思,是说参照"试法官"考试遴选法律编纂官,换言之,宋朝的法律编纂官必须由通过司法资格考试的官员担任。(后面我们还会详细介绍宋代的"试法官",参见《读书万卷不读律,致君尧舜知无术——宋朝法官的专职化与专业化》一文)

绍兴年间,陆游获荐为编修敕令所删定官,他在致谢荐举人的书信上说:从前,法吏无道,"深文而不知还",儒者迂腐,"高谈而靡适用",各有偏颇,"惟我国家之制,克合古今之宜,置局而总以弼臣,拔材而列之官属。必有远关盛衰之法,以授有司。故非深达体要之人,不预此选"。[2]陆游所言"深达体要之人",乃是指既有渊博法学知识,又有深厚人文素质的士大夫。只有他们,才能为国家订立"远关盛衰之法"。因此,陆游诚惶诚恐地说,"某敢不讨寻废忘,激励懦庸。念彼三尺法安出哉,要必通于古谊。否则一狱吏所决耳,尚奚取于诸生?冀收毫发之劳,庶逃俯仰之愧"。

假如我们对法律亦有一定造诣,穿越来到宋朝,又恰好碰到宋政府设立编修敕令所、开始编纂法律,虽说我们不是删定官,但也不妨向官府投书,提出自己的立法建议。

立法的民主程序

有些朋友可能会说:向官府提立法建议?得了吧。封建王朝

---

1 徐松辑:《宋会要辑稿·刑法一》。
2 陆游:《渭南文集》卷七《删定官供职谢启》。下同。

立一条什么法，从来都是皇帝的事，哪里有你平民百姓置喙的份？还想跑到衙门投书，这不是自讨无趣吗？

如果你也这么认为，那应该是被陈旧的历史叙述误导了。生活在宋代的平民，还真可以向官府提立法建议。宋人自己说："自来先置局，然后许众人建言，而删定须待众人议论，然后可以加功。故常置局多年，乃能成就。"[1]"置局"，即成立编修敕令所；"待众人议论"，包括听取庶民意见。

按宋朝的立法惯例，政府成立编修敕令所、启动立法程序之后，需要在天下各个州县衙门与要闹处贴出公告，宣布国家现在进入立法期，诸色人等若认为现行哪条法律有"未尽""未便"之处，或者另有更好的法条草案，都可以在限期内前往所在州政府密封投状，州政府收到辖下官民的立法建议书后，则以"急脚递"（相当于现在的快递）送至京师。

如政和元年（1111）二月，宋徽宗下诏编纂法律："可依熙（宁）、（元）丰、绍圣故事，设官置吏详定删修。差何执中提举。仍限一年成书。"于是，宰相何执中领导的编修敕令所很快便"关牒诸路监司，遍下本路州县，晓谕官吏诸色人：如有见得见行敕令、续降等条贯，有未尽未便，合行更改，或别有利害未经条约者，指挥到日，限两月内具状分明指说，实封，经所在投陈。随处州军附急递至京，仰都进奏院直赴本所投下。在京亦从本所报合门等处，依此晓谕施行"。

建炎四年，朝廷又要编修敕令，这一次也是依照"修敕旧例"，"关报刑部，遍下诸州军等处，出榜晓示，诸色人等陈言编敕利

1　徐松辑：《宋会要辑稿·刑法一》。下同。

害，于所在州县投陈，入急脚递，发赴都进奏院，本院赴部所投下，如看详得委有可采，即保明申朝廷，乞与推恩"。凡立法建议获采纳的平民，将给予"推恩"，即授予官职。

来自各地的立法建议最后都汇集到编修敕令所，由立法官加以遴选，作为立法的参考，若可采用，则编入立法草案。我们估计只有少数的民间立法建议书会被采纳，更多的法律条文显然来自汇编前所积累的敕文与令文。

在删定敕令的过程中，立法官有时候会发生激烈的争论，如宋真宗即位初，任命户部尚书张齐贤与监察御史王济等人共同主持编敕（其时尚未成立编修敕令所）。在删定旧法时，张齐贤与王济吵了起来。原来，按旧条，"持仗行劫，不计有赃无赃，悉抵死"[1]。张齐贤认为这一立法过于严酷，应该修改，若行劫未得逞，不应该判死刑。王济则坚决维护旧条，说：对于强盗，"以死惧之尚不畏，可缓其死乎"？与张齐贤"廷诤数四"，声色俱厉，乃至大骂"齐贤腐儒，不知适时之要"。皇帝问辅臣：谁更有道理？吕端提议说：不如"诏尚书省集百官议之"。集议的结果是，多数人都认为张齐贤更有道理。于是最后编定的敕文，"刑名卒如齐贤之请"。

法律草案在删定官完成初编且经详定官编定之后，送刑部、大理寺、中书、枢密院审核。走完这些程序之后，草案还不能生效，又需要向"在京刑法司、律学官吏"等法律专业人士征求意见，因为"尚虑事理未尽"[2]。这些法律专业人士若有意见，则"各具所见，

1　李焘：《续资治通鉴长编》卷四十三。下同。

2　李焘：《续资治通鉴长编》卷二百四十七。下同。

送提举详定官看详。如当改正，即改正刊印颁行"。

即便是生效的法律汇编，通常还要试行一段时间，才颁行于天下。天圣七年（1029）九月，《天圣编敕》编纂完成，计有"《海行编敕》并《目录》共三十卷，《敕书德音》十二卷，《令文》三十卷"。[1] 仁宗皇帝下诏，这些新定编敕暂送"大理寺收管"，"且未雕印，令写录降下诸转运、发运司看详行用。如内有未便事件，限一年内逐旋具实封闻奏"；"候将来一年内如有修正未便事件了日，令本寺申举，下崇文院雕印施行"。

在新法的试点期间，官民若发现有"未便"或"未尽"之处，当然可以向朝廷奏陈新法得失，建议修订。绍兴三年（1133），新修订的《绍兴复修敕令格式》试行了两年，朝廷发现，由于修法之时，"书务速成，论靡专决，去取之间，不无舛错"，"州县权行"期间，"渐见抵牾"，因此，宋高宗诏令各州县"摭《新书》之阙遗，悉随所见，条具以闻，然后命官审订，删去讹谬，着为定法"。

现在，我们知道了，在国家立法期与新法试点期，宋朝的平民都有机会向政府提出法律修订建议书。那么平时呢？熙宁二年，中书门下建言："宜令内外官及诸色人言，见行条贯有不便及约束未尽事件，其诸色人若在外，即许经所属州府军监等处投状缴申中书。俟将来类聚已多，即置局删定编修，则置局不须多年，而编敕可成。仍晓示诸色人，所言如将来有可采录施行，则量事酬赏，或随材录用。"这一建议得到宋神宗的批准。也就是说，平日里，人们若有立法建议，也可以投书政府，等相类的建议书积累至一定数量，国家即设立编修敕令所，着手编纂法律。这样，

1　徐松辑：《宋会要辑稿·刑法一》。下同。

可以缩短置局立法的时间。

这么说来，我们是不是应该承认宋王朝的立法活动已经出现了一定意义上的民主程序呢？

在这种"立法民主"机制的激励下，我相信，宋朝的民间一定产生了一批"民科"式的"立法爱好者"，叶适所说的"极一世之人志虑之所周浃，忽得一智，自以为甚奇，而法固已备之矣"，大概便是这类"立法爱好者"。他们成天寻思哪一个领域国家尚未立法，穷尽大半辈子的智慧，突然想出一项新法，自以为新奇，便得意扬扬地跑到衙门献上立法建议，衙门的人查了厚厚的法律汇编，说：不好意思，类似的法律国家早已制定出来了。他们只好失望地回家。

不过，也确有一些来自民间的立法建议获得朝廷采纳。熙宁变法期间推行的"市易法"（翻译成现在的说法，大约就是"国营企业贸易法"），便是草泽布衣魏继宗上书之建议：先是，魏继宗看到"京师百货无常价，贵贱相倾"[1]，"富人大姓，乘民之亟，牟利数倍，财既偏聚，国用亦屈"，因此，他建议政府借榷货务之积钱为本，成立一个国营贸易公司，"择通财之官任其责，求良贾为之转易。使审知市物之价，贱则增价市之，贵则损价鬻之，因收余息，以给公上"。宰相遂采纳其言，"奏在京置市易务官"，试行"市易法"。

1　脱脱等：《宋史》卷一百八十六《食货下八》。下同。

余话

我们习惯于认为，所谓敕令，就是皇帝的命令。这也不全然是今人的误解，因为汉代有个叫杜周的廷尉，便宜称"三尺安出哉？前主所是著为律，后主所是疏为令"[1]。宋仁宗时，有一些深宫中的嫔妃也以为："圣人出口为敕，批出谁敢违？"然而，"杜周为廷尉"是作为反面教材写入史书的，宋仁宗的嫔妃所言则出于无知，而且被事实"打脸"了：仁宗告诉她，"汝不信，试降敕"[2]，批出一道给这妃子"加薪"的御笔敕文，果然被政府驳回。

我们以前说过，按宋人的主流观念："君虽以制命为职，然必谋之大臣，参之给舍，使之熟议"；"不经凤阁鸾台，不得为敕"；"不由凤阁鸾台，盖不谓之诏令"；"凡不由三省施行者，名曰'斜封墨敕'，不足效也"。[3]凤阁鸾台指的是宰相机构。换言之，敕令虽然以君主的名义书写，但实则从起草到成文都有严格的程序，且须由宰相机构颁布；非经宰相机构发布的敕令，不具法律效力。说明敕令并非君主之私旨，而是政府之法令。

这些零散发布的敕文最后要编纂成正式的国家法典，还需要经过一系列程序，包括：成立编修敕令所、任命立法官删定、晓示诸色人等提建议、编成草案向专业人士征求意见、试点实施、修正草案、雕板刊印颁行于天下。

1　司马迁：《史记》卷一百二十二《酷吏列传》。
2　丁传靖辑：《宋人轶事汇编》卷一。
3　朱熹：《晦庵先生朱文公集》卷第十四《乞睿照经筵留身面陈四事札子》；脱脱等：《宋史》卷四百十五《程公许传》；徐松辑：《宋会要辑稿·职官一》；脱脱等：《宋史》卷四百五《刘黻传》。

梁启超先生曾将宋朝历年所编纂之法典存目整理成一个长长的列表，并总结出宋朝立法的四大特色："（1）前代偏重一般法，宋则多有局部法，如一州一县一司一路法等，是也。（2）前代偏重普通法，宋则多有特别法，如关于皇族、关于将官、关于在京人，多为特别之规定是也。（3）前代偏重刑法，宋则多有刑法以外之法，前表所列，多属于行政法之范围，熙宁元丰间尤多。（4）终宋之世，殆无岁不从事于编纂法典之业，此又其与前代异者也。"[1]

而在考察宋人的立法过程之后，我们还可以补充两点宋朝立法的特色：（5）宋朝立法活动出现了专业化趋势，有常设的立法部门与专业的立法官；（6）宋朝立法活动出现了民主程序的雏形，庶民百姓均可提立法建议。

宋朝之后，这样的法律编纂模式便不复见。元朝立法粗疏，自不待言。明初朱元璋亲订《大明律》，"至纤至悉，令子孙守之，群臣有稍议更改，即坐以变乱祖制之罪"[2]，于是终明之世，《大明律》一字不改，只在弘治年间、嘉靖年间、万历年间有过三次《问刑条例》的修订，以应付《大明律》与社会发展严重脱节的问题。而且，从法律编修体例来看，明代又回到"刑民不分、以刑为主"的立法老路，宋朝出现的刑法（敕）与非刑法（令）分立的趋势中断了。

清代的立法模式大致仿效明朝，自乾隆五年（1740）最后一次修律之后，《大清律》便不再修订，只修例。及至晚清，迫于近代化的压力，清王朝才启动规模空前的修律活动：成立修订法

1　梁启超：《饮冰室文集》之十六《论中国成文法编制之沿革得失》。

2　张廷玉等：《明史》卷九十三《刑法一》。

律馆，任命法学家、刑部侍郎沈家本，以及出使美国的大臣伍廷芳为修订法律大臣，先由修订法律馆编修出法律草案，再咨送在京各部堂官、各省督抚"签注"意见，然后各地"签注"送回修订法律馆，作为修正草案的参考。换言之，清末修律又恢复了一点专业化与民主化的色彩。

几乎所有研究晚清历史的学者都会认为，清末修律的立法模式来自对西方近代化立法的仿效。这么说当然没有错，但他们可能不知道（生活在晚清之时的立法者恐怕也不知道），清末修律表现出来的近代性——立法的专业化与民主化，其实是宋人编纂法典的常态。所不同者，宋朝立法过程中出现的近代性是传统文明内生的，而清末的立法近代化则是从外部传入的，在仿效他者的过程中，未免会进退失据。

读书万卷不读律，致君尧舜知无术

——宋朝法官的专职化与专业化

中央法司

如果我们回到历史现场，参观宋朝的中央与地方政府，有一类
政府机构，我们应该特别留意——法院。许多人可能会不以为然：
中国古代有专职的法院吗？有专业的法官吗？

我可以明确地说：有的。在宋代，从中央到地方，都设立了
专门的司法机关。

中央一级，大理寺为最高审判机关。元丰改制之后，大理寺
设卿一员，为寺之长官；少卿两员，分领"左断刑"与"右治狱"
两个法院。凡奏谳的天下疑案以及命官、将校犯罪案，归"左断刑"
裁断；凡事涉在京百司的案子、诏狱、系官之物应追究者，归"右
治狱"鞫勘。

作为一国最高法院，"左断刑"与"右治狱"的组织规模都
相当庞大。"左断刑"以断刑少卿为首，配有大理寺正、大理寺丞、
司直、评事等专职的司法官，以及主簿（相当于行政秘书）二员、
吏人（办事员）五六十名；下设开拆司（相当于立案庭）、表奏
司（相当于办公室）、知杂司（杂务处）、法司（相当于法律研

究室）、分簿案（相当于秘书处）、宣黄案（相当于行政审判一庭）、磨勘案（相当于行政审判二庭）、详断案八房（八个刑事上诉庭，一般只负责法律审）、架阁库（文书档案室）。

"左断刑"的全体法官又分别组合为两个司：以评事、司直、大理寺正为"断司"，负责详断案件，有点像审判委员会；以大理寺丞、少卿、卿为"议司"，负责复议"断司"审断的案件，类似于审判监督庭。凡大理寺受理的案子，例由"断司"先作出初步裁决，然后送"议司"复议，最后由大理寺卿审定。

"右治狱"则以治狱少卿为首，配有大理寺正、大理寺丞、检法使臣、都辖使臣等法官，以及监门官（相当于驻守门岗的法警）二员、吏人三十余名；下设开拆司、表奏司、知杂司、驱磨案（掌涉案物资的调查）、左右寺案（相当于执行庭）、左右推（掌刑案的"事实审"）、检法案（掌刑案的"法律审"）。

刑部是最高司法行政机关，负责复核大理寺审结的刑案、审核各地申报的大辟案、监督在京监狱等。元丰改制后，刑部以刑部尚书为长官，刑部侍郎为副长官，郎中、员外郎为属官，下设刑部司、都官司、比部司、司门司等部门。

御史台是最高司法监督机关，有权监察大理寺、刑部的司法活动，举劾司法不公的官员，同时还具有一部分司法职能，可以受理诏狱与直诉案件、申诉案件。有的朋友可能会对御史台的司法权感到不可理解，其实英国的上议院，直到 2008 年还掌握着最高司法权哩。

此外，京师还设有登闻鼓院、登闻检院、理检院，是隶属于谏院的直诉法院，接受士民向皇帝申诉的诉状。其受理程序是：进状人先至登闻鼓院申诉；若鼓院不受理，需给进状人一纸"判状"，进状人持"判状"可至登闻检院申诉；若登闻检院不受理，也需给"判状"，然后进状人可至理检院申诉；若是理检院也不受理，"许邀车驾"，即俗称的"告御状"；[1] 若登闻鼓院、登闻检院、理检院都不给"判状"，"听诣御史台自陈"，即到御史台申诉。

地方法院

大理寺、刑部与御史台构成了传统中国的三法司。但这三法司不是我们关注的重点，因为不管是唐宋，还是明清，中央政府都保留着三法司的架构，只不过明清时将御史台改为都察院。更值得我们注意的是宋代的地方司法机构。

我们以前说过，宋朝的地方层级为虚三级：路—州郡—县。在路一级的大监察区，宋王朝设置了专门的司法机构——提点刑狱司，有点像中央派驻地方的高级巡回法院。提刑司负责审核州府上报的刑案，对没有疑难的死刑案拥有终审权与核准权，但需申报刑部备案审查；而疑案还需奏报大理寺复审："在法：大辟情法相当之人，合申提刑司详覆，依法断遣。其有'刑名疑虑、情理可悯、尸不经验、杀人无证'见四者，皆许奏裁。"[2] 这叫"疑狱奏谳"。提刑司也有权力组织临时法庭，开庭审理州法院的上诉刑案。

宋朝的地方政治重心在州郡，州郡的讼务也最为繁忙，既要接受县级法院初审案件的上诉，本身也受理诉状，审理刑案，因此，宋朝最发达的司法机构也设置在州郡一级。我们先到首都开

---

1 李焘：《续资治通鉴长编》卷六十五。下同。
2 楼钥：《攻愧集》卷二十七。

封府看看。

按编制，开封府可置牧、尹，是开封府名义上的最高长官，但牧、尹不常置，且例由太子与亲王兼任，通常不亲庶政。因此，开封府实际上的行政长官是"权知开封府事"，即俗称的"知府"。知府有司法权，"中都之狱讼皆受而听焉，小事则专决，大事则禀奏"[1]，但我们不要以为所有的案件都需要知府审断——就如我们在电视剧《包青天》看到的那样——以开封府人口之众、公务之繁、诉讼之健，你让包青天变成三头六臂，他也忙不过来。

实际上，开封府设置有专门的法院、专业的司法官，负责审理、裁决刑案与民商事诉讼。开封府具有司法职能的机关有左右厅、使院、府院、左右军巡院、勾当左右厢公事。换言之，开封府设立的法院至少有 8 个。

左右厅设判官、推官四员，"日视推鞫，分事以治"；使院相当于开封府办公厅，下设十一案，"每日行遣钱谷、税赋及刑狱诸般文书"[2]，其中的"刑狱案"是司法行政部门；府院的长官为司录参军，其职掌之一为"折户婚之讼"[3]，即主持民事诉讼；左右军巡院置左右军巡使、军巡判官各二人，"掌京城争斗及推鞫之事"，即负责处理发生在京城的治安案及刑事案的推鞫；勾当左右厢公事属于开封府辖下的社区法院，受理轻微刑事案与民商事诉讼，"凡斗讼，杖六十已下情轻者得专决；及逋欠、婚姻，两主面语对定，亦委理断"[4]。

1　脱脱等：《宋史》卷一百六十六《职官六》。下同。

2　徐松辑：《宋会要辑稿·职官四八》。

3　脱脱等：《宋史》卷一百六十六《职官六》。下同。

4　李焘：《续资治通鉴长编》卷二百十一。

其他州府的司法机构，规模虽不及开封府，但一般都设置有三个法院：当置司、州院与司理院。有些大州的州院、司理院又分设左右院，即有五个法院；一些小州则将州院与司理院合并，只置两个法院。

每个州郡都配置了若干法官，叫录事参军（司录参军）、司理参军、司法参军、司户参军。主管当置司的推官、判官，其主要工作也是司法。录事参军"掌州院庶务"，同时"分典狱讼"；[1] 司户参军掌管户籍、赋税、仓库，同时受理田宅、婚姻、债务等民商事诉讼；司理参军、司法参军则都是专职的法官，除了司法，一般不接受其他差遣。宋初就有立法规定："司理、司法不得预帑藏之事"；"诸道州府，不得以司理参军兼莅他职"。[2] 即便是来自朝廷的派遣，也可以拒绝，"虽朝旨令选亦不得差"[3]。

宋代的县一级，司法力量的配置最弱，未设专门的法院，由行政长官——知县及其佐官兼领司法。不过县衙门只有权限判决词讼（民事诉讼）及杖刑以下的轻微刑案，对司法配置的要求不高。而且，即使是县，也设有专职的法吏。一为推吏："诸路万户县以下，置刑案推吏两名；五千户县以下置一名，专一承勘公事，不许差出及兼他案，与免诸般科敷事件。每月请给……推行重禄。"[4] 推吏专务勘鞫，不得兼差，薪水也比较优厚（重禄）。一为编录司："诸县编录司请给断罪……推行重禄施行。"编录司负责检法，比照推吏法，给予优厚待遇。

1　徐松辑：《宋会要辑稿·职官七》；徐松辑：《宋会要辑稿·职官四七》。
2　孙逢吉：《职官分纪》卷四十一；李焘：《续资治通鉴长编》卷二十九。
3　谢深甫监修：《庆元条法事类》卷第六。
4　谢深甫监修：《庆元条法事类》卷第五十二。下同。

说到这里，我们可以知道，宋王朝的中央政府与地方州郡，都设置了专门的司法机构，配置了专职的司法官。那么，这些专职的司法官是不是接受过法律训练、具备足够的法学素养与司法技能呢？换句话说，他们是不是专业的法官呢？我们下面细说。

"争诵律令"

著名的德国学者马克斯·韦伯并不相信传统中国拥有接受过法律专业训练的法官。他认为，"中华帝国的官吏是非专业性的，士大夫出任的官吏是受过古典人文教育的文人，他们接受俸禄，但没有任何行政与法律的知识，只能舞文弄墨，诠释经典；他们不亲自治事，行政工作掌握在幕僚（指师爷、胥吏）之手"。[1] 我曾将这句话放上微博，询问网友：你认为韦伯说得对吗？果然不出所料：多数网友都认为韦伯说得太对了。不奇怪，在大学里，法制史老师就是这么告诉他们的。

知名法学学者贺卫方先生也认同韦伯的判断："韦伯就说中国古代的官员一半是官僚，一半是诗人。在西方，写诗是一件非常专业化的事情，但是在中国，一个官员如果不会写诗，那才是一件让人惊讶的事情。这就是我们科举考试所带来的一个重要的副产品。中国古代官员从小就受经史子集、唐诗宋词的耳濡目染，许多人甚至对这些知识烂熟于胸，然而，对于应试所需之外的其他知识，他们可以说既无兴趣，也不了解……这样导致的结果就

---

1 转引自林端《中西法律文化的对比——韦伯与滋贺秀三的比较》，《法制与社会发展》2004年第6期。

是科举考试成功以后的官僚们在处理案件过程中无法成为法律领域的专家，尽管有刑名师爷出谋划策，但这只是一些辅助性的工作，幕僚们很难有我们今天法律家意义上的专业法律知识。"[1]

尽管他们言之凿凿，却无法令我信服，因为我们从宋人记录看到的情况，恰恰与他们的说法相反，比如北宋的秦观说："昔者以诗书为本，法律为末；而近世以法律为实，诗书为名。"[2] 这里的"近世"，显然指宋朝。秦观的老师苏轼有诗作《戏子由》，里面也戏谑地说："读书万卷不读律，致君尧舜知无术。"苏轼之弟苏辙也说："自是天下官吏皆争诵律令，于事不为无益。"[3] 即便是保守的司马光，主张废罢"新明法科"考试，但他也并非认为官员不需要接受法律训练，而是觉得"律令敕式，皆当官者所须"[4]，一般官员都已熟读律法，因而，用不着多此一举再设置明法科。元人修《宋史》，也给予宋朝这么一个评价："海内悉平，文教浸盛。士初试官，皆习律令。"[5] 我相信，历史中人的亲身观察，远比今人的想象更合乎历史的真实。

那么，为什么宋朝的官吏会"争诵律令""皆习律令"呢？首先，这是皇帝的要求。雍熙三年（986）九月，宋太宗下诏，要求"朝臣、京官及幕职、州县官等，今后并须习读法书，庶资从政之方，以副恤刑之意"；端拱二年（989）十月，又再下诏："中外臣僚于公事之外常读律书，使研究其义，施之足以断事，守之可以检

1　贺卫方：《中国司法传统的再解释》，《南京大学法律评论》2000 年第 14 期。

2　黄淮、杨士奇编：《历代名臣奏议》卷之四十。

3　苏辙：《苏辙集》之《栾城集》卷四十。

4　马端临：《文献通考》卷三十一《选举考四》。

5　脱脱等：《宋史》卷一百九十九《刑法一》。

身。"[1] 按法学家徐道邻先生的观点，"宋朝的皇帝，懂法律的和尊重法律的，比中国任何朝代都多……有这么多的皇帝不断地在上面督促，所以中国的法治，在过去许多朝代中，要推宋朝首屈一指"[2]。

其次，宋朝形成了一系列多层次的法律考试制度，官员在获得任职之前，需要先经过法律考试，取得合格成绩。一名完全未经法律训练的士大夫，很难想象他能够通过法律考试。而且，宋朝法律考试之繁多，简直可以用"五花八门"来形容，有律学考试、明法科、书判拔萃科、关试、铨试、试法官等。可以说，所有其他朝代的法律考试加起来，规模都不如宋代法律考试。

为了便于理解，我们将五花八门的宋朝法律考试归纳成四大类：（1）律学教育层面的考试；（2）科举层面的法律考试；（3）任官层面的法律考试；（4）司法资格层面的法律考试。

法律考试（一）

宋朝的律学教育是指国子监下设的律学馆，"凡命官、举人皆得入学"，允许他们"先入学听读而后试补（入学考）"，"中格乃得给食"，考试及格即可以成为正式的律学生，领取伙食补贴；律学馆每月、每年都会举行法律测试，以决定学生能否升级；优秀的律学毕业生"准吏部试法授官"。[3] 此外，国子监的太学生也

1　徐松辑：《宋会要辑稿·选举一三》；徐松辑：《宋会要辑稿·礼六二》。

2　徐道邻：《中国法制史论集》，台湾志文出版社，1975。

3　脱脱等：《宋史》卷一百五十七《选举三》。

允许兼修律学，律学考试成绩可以计入太学的积分。比较有意思的是，国子监下设的画学馆学生，也要求选修律学。

科举层面的法律考试，包括"常科"的明法科、新明法科，"制科"的书判拔萃科、善听狱讼尽公得实科，以及进士科的试判。

宋朝的科举考试，是分成许多个科目的，以求多角度、全方位发现人才。我们先说科举的常科与制科之分。常科通常为每三年一试，人们常说的省试、殿试，都属于常科；制科则非常设，由君主下诏临时安排，以发现和选拔非常之才、特别之士。

常科的考试又分设进士科与九经、五经、开元礼、三史、三礼、三传、学究、明法、明经诸科，其中明法科便是选拔法律专业人才的考试。宋神宗时，常科只保留进士科，罢停诸科，增设新明法科。也就是说，此时的科举常科，只有两科：进士科与新明法科。考中新明法科的士子，通常会得到优待，"吏部即注司法（官），叙名在进士及第人之上"[1]。

制科的考试也分设多个科目，比如贤良方正能直言极谏科、才识兼茂明于体用科、详明吏理可使从政科、军谋宏远材任边寄科、善听狱讼尽公得实科、书判拔萃科……其中的"善听狱讼尽公得实科"与"书判拔萃科"，都是为选拔优秀法律人才而设。

此外，在宋朝的某些时段，报考进士科的士子也需要考法律知识，如元丰四年（1081），宋神宗要求："进士试本经《论语》、《孟子》、大义、论策之外，加律义一道，省试二道。"[2]意思是说，凡报考进士科的士子，在礼部主持的省试中，要考律义两道；在

1　马端临：《文献通考》卷三十一《选举考四》。
2　徐松辑：《宋会要辑稿·选举三》。

本州府主持的解试中，也要考律义一道。

任官层面的法律考试，包括关试、出官试、铨试、呈试等。在科举考试（常科）中及第的新科进士们，只是取得了任官的资质（功名），不代表可以马上分配到官职。在获得差遣之前，他们还需要通过吏部主持的法律考试，这叫"关试"。宋初的关试比较简单，只是考判语三道："登科之人，例纳朱胶绫纸之直，赴吏部南曹试判三道，谓之关试。"[1] 到了宋神宗时期，关试的内容改为试法条、法理与案例试断："令试律令、大义或断案，与注官。如累试不中或不能就试，候二年注官。"[2] 关试不合格，不能注官，需再等两年。

北宋前期，科举及第进士中的状元、榜眼、探花，是不用考关试的。到神宗朝时，有官员提出异议："独优高科不令就试，则人不以试法为荣，滋失劝奖之意。"[3] 因此神宗皇帝于熙宁八年下诏："进士及第，自第一人以下注官，并先试律令大义断案，据等第注官。"[4]

宋朝有部分官员来自荫补，叫"任子"。荫补官尽管免经科举之途，但他们若要获得差遣，同样需通过吏部的法律考试，这便是"出官试"。宋神宗时期，朝廷"患官吏不习律令，欲诱之读法，乃减任子出官年数，去守选之格，概令试法，通者随得注官"[5]。

在吏部候选差遣的，除了新科进士、荫补官，还有一大批任

1　脱脱等：《宋史》卷一百五十五《选举一》。

2　李焘：《续资治通鉴长编》卷二百四十三。

3　杨仲良：《皇宋通鉴长编纪事本末》卷第七十五。

4　徐松辑：《宋会要辑稿·选举二》。

5　脱脱等：《宋史》卷一百五十八《选举四》。下同。

期已满、回到京师等候新职务的下层文职官员，以幕职县官为主，一般称为"选人"。按宋朝官制，宰执、侍从、台谏等高官，例由君主亲自拜除；知州、通判等中层官员由宰相任命，叫"堂除"；幕职县官、下层京官等"选人"，则由吏部选派，叫"部选"。吏部会定期举行考试，考试时间通常安排在每年的二月与八月，考试内容主要是试法律，这便是"铨试"。"选人"想要获得新的官缺，需先通过铨试。铨试成绩合格，可分配新差遣；不合格，则三年后方许注官，且"不得入县令、司理、司法"，即不允许担任亲民官与司法官。

君主亲拜、宰相堂除的中高层官员，尽管不需要参加铨试，但他们都是从下层官员一步一步升上来的，显然已经历过多次的法律考试。

与铨试差不多的是呈试，区别在于，参加铨试的是下层文官，参加呈试的则是下层武官。元丰初，武官呈试的考试项目有步射、马射（试挽弓的力量）、射亲（试射箭的命中率）、马上五种武艺、兵法、时务边防策与律令大义，其中律令大义即是法律考试。

法律考试（二）

在种类繁多的法律考试中，我想特别介绍的是宋朝的司法资格考试，包括"试法官"与"试法吏"。

前面我们说过，宋朝的中央政府与地方政府都设立了专门的司法机关，配备了专职的司法官。这些司法官，一部分来自明法科及第的进士、关试合格的进士，但更多的司法官还需要从现有的官僚队伍中选拔。非司法官转任司法官，必须先通过"试法官"考试，所以我们认为宋朝的"试法官"是一种司法资格考试。那些有意转任司法官的京朝官、选人，只要合乎条件（如通晓法律，未曾犯过"入己赃罪""失入死罪"），就可以自己申请"试法官"。申请"试法官"的选人，可以不参加吏部的铨试。

"试法官"由刑部与大理寺共同主持，御史台负责监督。由于是司法资格考试，"试法官"比其他法律考试更为严格。按宋真宗咸平六年（1003）的做法，"试法官"考试要先"问律义十道"，即考十道法理题，再"试断案"十道。案例来自大理寺档案，分繁、重、轻、难等层次，隐去原来的判决书，令考生试断，若考生试断的刑名、援引的法条、对法理的分析都跟原判相同，即为"通"。十道全"通"，可以安排到"刑狱要重处"任职；六"通"以上，也可以得到奖擢；五"通"以下者，从哪里来，回哪里去。[1]

若是按宋神宗熙宁二年的做法，"试法官"要考六场（一日试一场），前五场都是试断案，要求每一场的案例须包含10—15件刑名。第六场考法理题五道。所有的案例试判，"具铺陈合用条贯，如刑名疑虑，即于所断案内声说"，意思是说，需要写明令人信服的法理依据、应当援引的法律条文，如果发现案情有疑，可以在试卷上标明。[2]

评卷则采取打分制。按熙宁年间的评分标准，成绩分为"通""上粗""中粗""下粗"四等：以10分为率，8分以上为通，上粗为7.5分，中粗为5分，下粗只有2.5分。[3]合格的成绩，要求案例试判"通数及八分以上"，且对重罪案例的判决没有出

1　参见徐松辑《宋会要辑稿·刑法一》。

2　杨仲良：《皇宋通鉴长编纪事本末》卷第七十五。

3　参见徐松辑《宋会要辑稿·选举一三》。

现失误。[1] 考试合格者，才可以任命为司法官员。

宋神宗朝之后，"试法官"又增加了考试经义的内容，如南宋的"试法官"要考五场，其中前三场试断案，第四场试大经义一道题、小经义两道题，第五场考法理。为什么要加试经义呢？因为宋人认为，法官如果只掌握法律知识与断案技术，而缺乏人文精神的滋养，不具备领悟天理人情的能力，便很容易沦为"法匠"，"必流于刻"。[2] 当时有一位士大夫甚至用强烈的语气说："法官坏法律者，三十年矣"，因为他们"往往诵法书，求试法律断案，幸而中选，无他才识，惟泥其文而深其法耳"。[3] 加试经义，可以培育法官的人文素养。南宋淳熙年间，"试法官"以"经义定去留，律义定高下"；到了嘉定年间，又改为"以断案定去留，经义为高下"。[4]

宋朝各个司法机构的法吏，也需要通过司法资格考试。按熙宁年间的立法，"州县吏及衙前不犯徒若赃罪，能通法律，听三岁一试断案"。[5] 吏员的法律考试跟"试法官"差不多："通试五场，每场试案一道，约七件已上、十件已下刑名"；评卷也是打分制，十分为率，"所断及八分已上，重罪不失为合格"。成绩优秀者可以录取入中央法司当法吏。

现在我们可以总结一下了——宋朝的法律考试涵盖了不同的对象：律学教育层面的考试由国子监主持，考试对象为律学馆的

1　杨仲良：《皇宋通鉴长编纪事本末》卷第七十五。

2　徐松辑：《宋会要辑稿·选举一四》。

3　龚鼎臣：《东原录》。

4　徐松辑：《宋会要辑稿·选举一四》。

5　徐松辑：《宋会要辑稿·选举一三》。下同。

清初彩绘版《帝鉴图说》之《召试县令图》

学生：科举层面的法律考试由礼部主持，考试对象为参加科考的士子；任官层面的法律考试由吏部主持，考试对象是新科进士、荫补官、"选人"与下层武官；司法资格层面的法律考试由刑部与大理寺主持，考试对象是想转任司法官的官员，以及在司法机构服务的法吏。可以说，宋朝的任何一名官员，不管是不是科举出身，至少都经历过一次法律考试，怎么可能如韦伯所言，"没有任何法律知识"？

而专职的司法官，朝廷更是要求：必须在法律考试中取得合格的成绩方可任命，比如州郡的司理参军，"令于选部中选历任清白、能折狱辨讼者为之"[1]。如何证明"能折狱辨讼"呢？当然是通过法律考试。又如州郡的司法参军，宋人认为"其事简，其任专，非已试吏者，不得处是职，可谓重矣"[2]。

还有一件事，也可以看出宋人对司法官专业知识的重视：绍兴十二年（1142），大理寺丞叶庭珪被任命为大理寺正，但这一人事任命遭到臣僚的反对："庭珪前日为丞，乃治狱之丞，今日为正，实断刑之正。断刑职事与治狱异，祖宗旧制，必以试中人为之。庭珪资历颇深，初无他过，徒以不闲三尺，于格有碍。"[3]反对者的意见是，大理寺正的工作是检法断刑，而叶庭珪过去当大理寺丞，工作是治狱（类似于刑警的审讯工作），与断刑职事相异。按祖宗旧制，断刑官必须从通过"试法官"考试的人中选拔，而叶庭珪虽然资历深，工作也无过失，但他对法律与法理并不十分熟悉，因此不适合担任断刑官。宋高宗只好收回对叶庭珪的任命状，"诏别与差遣"。

宋人还明确地意识到，法官群体不同于一般官僚。因此，朝廷严格限制法官的社交，寻常官员可以相约喝酒宴乐，但法官不可以："大理寺官自卿、少（少卿）至司直、评事，虽假日亦不得出谒及接见宾客。"[4]同时，政府又给予法官尊崇的地位、

1　马端临：《文献通考》卷一百六十六《刑考五》。

2　汪之疆：《司法题名记》，收于曾枣庄、刘琳主编《全宋文》第 319 册，上海辞书出版社，2006。

3　徐松辑：《宋会要辑稿·职官二四》。下同。

4　徐松辑：《宋会要辑稿·刑法二》。

优厚的待遇，"法官之任，人命所悬。太宗尝降诏书，诸州司理、司法，峻其秩，益其俸"[1]，并承认法官的独立性与权威，"一府之所是，莫能胜法曹之所非；一府之所非，莫能胜法曹之所是"[2]。还有，前面我们介绍过：法官在获得任命之前，必须先通过司法资格考试。

余话

可惜，宋人开创的高度发达的司法体系，以及司法专业化的历史方向，并未为后面的王朝所继承。元朝废除了大理寺，停止法律考试；明清虽然复置大理寺的设置，但大理寺已不复有审判权，最高审判权收归刑部，行政与司法合一；"试法官"等法律考试则一直未能恢复；明代科举考试中尽管保留着"试判"的考题，却流于程式，到了清代乾隆年间，"试判"也被取消了；至于地方的司法机构，明代的府（相当于宋代的州）只设一名推官佐理讼狱，清代干脆连推官都裁撤掉。可以说，元明清三朝的司法制度又退回到非专业化的状态。

正因为如此，非专业出身的明清地方官在处理刑案与词讼时，才离不开刑名师爷的辅助。晚清时，有识之士对此曾有反思："昔之官人法，身年之外，兼取书判；后代试士法，制艺之外，亦用表判，书表所以观其文理，判所以验其听断也。今时则不然，揣摩入彀，惟在八股；试律（此处的律，指律诗）亦且不必兼工，

1　李焘：《续资治通鉴长编》卷四十七。
2　刘宰：《漫塘集》卷二十二《真州司法厅壁记》。

乌论治术？八股求之时墨，先正且不及涉猎，何论经史？洎夫弋获以登仕途，则刑名钱谷，一切资之幕友，主人惟坐啸画诺而已。"[1]也就是说，清代刑名师爷的兴起，原因之一即是，做八股文出身的士大夫缺乏法律知识与司法训练。

晚清人也认识到，刑名师爷盛行的另一个原因是地方衙门的法定编制过于简约。光绪三十二年（1906），清廷编纂官制大臣在致各省督抚的通电中不得不承认："我朝承明制，管官官多，管民官少，州县以上，府道司院，层层钤制。而以州县一人，萃地方百务于其身，又无分曹为佐，遂致假手幕宾，寄权胥吏，坏吏治酿祸乱，皆由于此。"[2]

我们都知道，清代"包公案"小说中有一个"公孙策"，是包拯的得力助手与智囊。这一角色其实是清朝市井文人根据刑名师爷形象塑造出来的。宋朝当然没有公孙策这号人物，开封府也不需要师爷这样的角色，因为宋朝的州府都设置了健全的司法部门，配备了专职、专业的司法官，用不着刑名师爷赞襄。生活在清朝的坊间文人以自己的社会经验来想象宋朝体制，难免会张冠李戴，错把冯京当马凉。

清末时期，在司法近代化的压力与效法西方的动力下，由刑部改组而成的法部向朝廷提交了《任用法官须经考试折》，清政府才着手建立司法资格考试制度，并于宣统二年（1910）八九月举行了第一次法官遴选考试。对这次法官考试，晚清法学家、法部侍郎沈家本曾寄予厚望，认为此"系属始创"，通过考试获得

1　盛康：《皇朝经世文续编》卷二十六。

2　《厘定官制大臣致各省督抚通电》，《时报》1906 年 11 月 18 日刊文。

任用的法官，"必优给薪俸，重其考成，庶人知自爱，而司法前途方可有望矣"[1]。殊不知，不管是对法官"优给薪俸"，还是"重其考成"，都是宋朝早已施行的制度。

1　转引自朱建伟《清末的近代第一次法官考选》，《人民法院报》2015 年 7 月 17 日刊文。

王化久淘漉，刑章亦昭昭

——宋代司法中的缓刑制度

宋代立法的专业化与民主程序、司法官的专职化与专业化、"罪疑惟轻"的司法理念、"失出不坐"的问责原则，都是我们纵览历史长河时只能在宋朝时段看到的法制文明。今天，我还想再说说另一项宋代独有的司法机制——缓刑。

也许接受过中国法制史教育的朋友会有疑问：宋代有缓刑吗？

几乎所有介绍缓刑起源的文章都会告诉你：缓刑的实践最早出现在 19 世纪的美国波士顿。当时波士顿的地方法院经常会判决一些少年犯与酗酒罪犯，有一个叫约翰·奥古斯塔斯的鞋匠对他们很是同情。1841 年 8 月的一个早晨，奥古斯塔斯保释了一名被判酗酒罪的年轻人，并跟法院约定：由他负责监督犯人的日常行为，然后向法官报告。如果法官对犯人的表现感到满意，将终止犯罪指控；否则，判决程序将继续进行。随后，奥古斯塔斯在一个月内，将那名年轻人矫正过来。从此，奥古斯塔斯开始了一项长期的缓刑保释实践。自 1841 至 1859 年这 18 年间，他一共保释了 1946 名轻微刑事罪犯，使他们获得缓刑的机会。

1878 年，奥古斯塔斯的家乡马萨诸塞州议会通过了第一部缓刑法律，之后美国各州陆续建立了缓刑制度。奥古斯塔斯也被后人誉为"缓刑之父"。

但我不认同奥古斯塔斯是"缓刑之父"之说，顶多只能说他是"美国缓刑之父"，因为早在11—13世纪，宋代中国已经形成了缓刑制度。

为避免不必要的争论，我们需要先对"缓刑"作一个界定。我认为，缓刑必须符合下面三个要素：（1）法官作出有罪判决，但暂缓执行刑罚；（2）适用缓刑的通常为轻微刑事罪，且缓刑不会造成社会危害；（3）犯罪人若是不悔改，则将执行判决。换言之，缓刑并不仅仅表示"暂缓行刑"。

我们要说的宋代缓刑，是不是符合这三个要素呢？

古代各种"缓刑"

在介绍宋代缓刑机制之前，我们不妨先来回顾一下中国历史上出现过哪些带有"暂缓行刑"含义的司法制度与做法。

（1）荒政缓刑。"缓刑"一词在汉语中出现得非常早，《周礼·地官司徒》记载的"以荒政十有二聚万民"："一曰散利，二曰薄征，三曰缓刑，四曰弛力，五曰舍禁，六曰去几，七曰眚礼，八曰杀哀，九曰蕃乐，十曰多昏，十有一曰索鬼神，十有二曰除盗贼"，其中便有"缓刑"。《周礼·秋官司寇》亦记述："若邦凶荒，则以荒辩之法治之。令移民、通财、纠守、缓刑。"不过，这里的"缓刑"，都是指在荒灾之年，国家应该暂停刑罚，而不是我们上面界定的缓刑制度。

（2）训匜判例。我的朋友李竞恒先生提出，西周已有缓刑的判例，这一判例记录在西周青铜器"训匜"铭文中。铭文显示，一个叫牧牛的人违背誓言，跟他的上司发生诉讼，司法官伯扬父作了判决："牧牛，你背弃立下的誓言，依法，应该判鞭刑一千，并处黥劓刑（面部刺字，蒙上黑布）。但我决定赦减你的刑责，只责打你五百鞭，余下的五百鞭与黥劓刑折成罚铜三百寽。条件是你要重新立誓，若再与你的上司发生诉讼，我将对你执行原来的刑罚。"我认为，"训匜"铭文记载的这个判例，并不合缓刑的界定，说它是"赎刑"倒更恰切些。

（3）秋后处决。古代中国的死刑执行方式，可以分成"斩立决"（或"绞立决"）与"秋后处决"两种。有人说，"秋后处决"也是一种缓刑，但它跟现代缓刑显然是两码事，倒不如说，"秋后处决"是一种宗教仪式，体现了古人对夺去人命的敬畏。汉代董仲舒曾从政治神学的角度解释了"秋后处决"的意义："王者配天，谓其道。天有四时，王有四政，若四时，通类也，天人所同有也。庆为春，赏为夏，罚为秋，刑为冬。"[1]古人相信，人命关天，若行刑非时，则有违天和。

（4）存留养亲。中国传统司法还有"存留养亲"的制度：被判死刑、徒刑和流刑的犯人，若家中有年迈的祖父母、父母无人奉养，那么可暂停执行判决，允许犯人在家侍奉老人，待老人家过世之后再执行刑罚。"存留养亲"始见于北魏，由孝文帝创立："诸犯死，若祖父母、父母七十以上，无成人子孙，旁无期亲者，具状上请；流者鞭笞，留养其亲，终则从流，不在原赦之例。"[2]之后这一制度延续至清代。"存留养亲"既是对孝道的重视，也是人道主义的体现。不过，它的内涵还是跟现代缓刑制度有着根

1　董仲舒：《春秋繁露》卷第十三《四时之副》。
2　常景：《北魏律·名例》。

本性的差异。

（5）孕妇缓刑。北魏还创立了"孕妇缓刑"的制度：法官"崔浩定律令：妇人当刑而有孕者，许产后百日乃决。后世'孕妇缓刑'始此"。[1] 犯下死罪的孕妇，必须待其产后百日，才可以执行死刑。立法的本意是为了保全胎儿性命，犯妇虽罪至死，但"罚弗及嗣"，孩子是无辜的，因而，必须"听其乳所生之子，至百日以后，（婴儿）乃可哺食续命"。[2] 唐宋以降，孕妇若犯笞杖罪，也不可立即执行刑罚，因为可能会伤害到胎儿。但"孕妇缓刑"同样不属于缓刑制度。

（6）曹彬缓决。还有一些网友认为北宋初名将曹彬发明了"缓刑"，依据是司马光《涑水记闻》卷第二的一段记载："曹侍中彬为人仁爱多恕，平数国，未尝妄斩人。尝知徐州，有吏犯罪，既立案，逾年然后杖之，人皆不晓其旨。彬曰：'吾闻此人新娶妇，若杖之，彼其舅姑必以妇为不利而恶之，朝夕笞骂，使不能自存。吾故缓其事，而法亦不赦也。'其用志如此。"但曹彬的做法，与其说是"缓刑"，不如说是"缓决"，因为其判决是一定要执行的，"法亦不赦也"，只不过曹彬考虑到犯人新婚，才决定延后一年予以执行。

这几种含有暂缓行刑意思的司法判决执行方式，都不是我们要说的宋代缓刑制度。

1　赵翼：《陔余丛考》卷二十七《孕妇缓刑》。
2　沈之奇：《大清律辑注·断狱·妇人犯罪》。

"封案"与"寄杖"

那么，宋代的缓刑到底是怎么回事呢？让我们来到南宋淳祐年间的衢州西安县（今浙江衢州），旁听一起诉讼案：乡民黎七与鱼贩子潘五十二发生争执、斗殴，闹至公堂。

原来，当地市井间有一股不良风气："取鬻之利，尽为游手所专，而田里小民皆不得着手。凡服食所须，无一不出于田夫野叟，男耕女织，极其勤劳，所获不过锥刀之末，而倍蓰之息乃归之游惰之人。此曹百十为群，互相党庇，遇有乡民鬻物于市，才不经由其手，则群起而攻之，众手捶打，名曰'社家拳'，其无忌惮为最甚。"[1]大意是说，城市商人垄断了市场，不准乡下人入城摆摊做生意。乡民若有货物贩卖，须由他们经手，即低价批发给他们，由他们高价零售。

这一日，黎七捕到一筐活鱼，入城贩卖。潘五十二是城里的鱼贩子，"终岁专其利，素无养鱼之劳，独享卖鱼之利"，见黎七自行卖鱼，便过去干涉。黎七也没好声气，一言不合遂打了起来。路人赶紧报官，最后潘五十二、黎七都被扭送到县衙。

县令翁浩堂亲审这起斗殴案，裁决如下：潘五十二"疾恶黎七，既殴于卖鱼之际，其不仁亦甚矣"，"虽无所伤，亦不可不示薄罚"，决杖十五，立即执行；黎七对斗殴一事也负有责任，"执覆之间亦口辩。必非质朴之人，交争之端，亦必自有以启之"，判"寄杖十下，后犯定断"。

"寄杖"，即判杖刑，但暂缓执行，以观后效。

---

1 幔亭曾孙辑：《名公书判清明集》卷之十四。下同。

南宋萧照《中兴瑞应图》（局部）中的斗殴行为

这个判决收录入南宋《名公书判清明集》。《名公书判清明集》中还有另一起法官也作出缓刑判决的案子，大约也发生在淳祐年间。让我从头说起：

原告人王氏，前夫为张显之，后张显之去世，留下孤儿寡母和一笔财产，"王氏以夫亡子幼，始招许文进为接脚夫"。许文进还带来一个义子，叫许万三。不久，张显之与王氏的亲生儿子又不幸夭折。王氏没有为前夫立继，全心全意与后夫许文进抚养义子许万三。许文进用张显之的遗产做生意，"营运致富"，一家子倒也过得和睦。

等到许万三长大成人，王氏又为义子张罗亲事，娶了媳妇。此时，许文进已是老病之年，临终之时，立下遗嘱：家中财产本是张家所有，由王氏支配。许万三对这一安排十分不满，便将这份遗嘱藏起来，又教唆妻子阿戴"悖慢"王氏，还将张家的财产偷偷转移出去。王氏便将许万三告到州法院。法官责令许万三交出隐匿的财产，但纠纷还是未能解决，所以王氏又上诉到江东提刑司。

江东提刑官蔡久轩审理本案时，法庭上突然出现一人，"执状而出，曳王氏而前，若擒捕一贼之状"。一问，原来此人是许万三的生身父亲许文通，想替亲生儿子出头。江东提刑官蔡久轩审清缘由，作出裁决：被告人许万三夫妻将藏匿的财产送回张家，并侍奉王氏终老，"如再咆哮不孝，致王氏不安迹，定将子妇一例正其不孝之罪"；许文通既然已将儿子过继给许文进，带入张家，于法，并无权利插手张家的财产分割，"无故而欲干预孀妇家事，一不可也；又为出继男入词，率子攻母，二不可也"，判许文通"勘杖八十，封案；如敢更干预王氏家事，即行拆断"。

"封案"，即将判决书入匣封存，暂不执行；"拆断"则是拆开封案，执行判决。

"封案"与"寄杖"，是宋人称呼缓刑的两个术语。对照一下前面关于"缓刑"的界定，我们会发现，这两起案件的"封案""寄杖"判决，跟现代缓刑制度是非常接近的：（1）适用的都是杖罪以下的轻微刑事，或民事纠纷中发生的不法行为；（2）法官都是作出有罪的判决，但暂缓执行；（3）判决最后会不会执行，看当事人的表现，若不思悔改，则执行刑罚。

我们要说的宋代缓刑，便是"封案"与"寄杖"。

宋代刑法史研究学者戴建国先生曾提出：法官还常用判"勘杖""勘下杖"的方式表示缓刑，"勘杖、勘下杖，并非正式执行杖刑，只是一种书面的判决，记下当事人的过错及所判刑罚，以观后效"[1]。我也采纳过戴先生的论断。但仔细翻阅《名公书判清明集》之后，我发现戴先生的说法并不十分准确，因为"勘杖""勘下杖"本身并无"暂缓执行"的含义，它是不是缓刑判决，需要回到判词的具体语境下才能判断。

北宋的"寄杖"现象

宋代的"封案"（或"寄杖"）制度是怎么形成的？非常遗憾，我们从现存的宋朝法典中找不到任何关于"封案""寄杖"的立法，尽管《宋刑统》提到了"封案"一词："若大理寺及诸州断流以上，若除、免、官当者，皆连写案状申省，大理寺及京兆、河南府即封案送。"但这里的"封案"是指将案卷封档呈送御览，跟缓刑

1　戴建国：《宋代刑法研究》，四川大学博士学位论文，2004。

毫无关系。

不过，北宋的司法过程中已出现了"封案""寄杖"的做法。比如包拯的一封奏议便说到了"寄杖"："臣窃见常年四五月内，皇帝亲临疏决，罪人并从减降，已成定例。窃闻当四月后，三司、开封府等处应有收坐干连人合行追勘公事及寄杖人，多是用情拖延等候疏决，深成敝倖。"[1] 意思是说，京师的法院对已判决的犯人，暂时不执行刑罚，留给皇帝"亲临疏决"时赦减其刑责。

宋哲宗的一封诏书也提及"寄杖"："开封府寄杖未决罪人，悉缘病孕，久縻囚系，方春发生……应徒罪情重减从杖一百，情轻减从杖八十，余罪不以轻重并放。"[2] 意思是说，开封府有些犯人已经判决，因为有病孕，暂缓执行刑罚，所以一直关在监狱中等候执行。

宣和七年，宋徽宗下诏"抚谕"百姓，其中有一项"抚谕"举措是："有罪在宣和七年以前，见勾捉、见寄杖，不得勾追寄杖，除其籍。"[3] 意思是说，凡宣和七年之前犯了轻微罪的犯人，已被逮捕但尚未判决，或已经判决但尚未执行的，都一概免除刑罚，注销案底。

显然，这几处"寄杖"，都不是指作为一种判决形式的缓刑，而是仅仅表示"判决尚未执行"或"判决暂不执行"的意思。

北宋名臣韩琦在大名府（今河北大名县）担任地方长官时，一次审判一起轻微刑事案，则使用了"封案"一词："公（指韩琦）

1　包拯：《包孝肃奏议集》卷四《论疏决》。

2　徐松辑：《宋会要辑稿·刑法六》。

3　徐松辑：《宋会要辑稿·兵一二》。

判大名府日，有案吏请假娶妻，继有讼其不法及参假，送狱勘正，将引断，乃令封起公案。及半年后，一日令取前案，送签厅行遣。二倅（两位通判）乃白公曰：'此人自封案后，颇谨愿，不为非法。乞恕罪如何？'公乃问二倅曰：'二公知某封案之意乎？'曰：'不知。'公乃云：'此人缘请假娶妻，继而至讼，当时若便断遣，必伤三家人情，此人与父母必咎其妻，而妻之父母亦不悦，所以封起案卷。今已半年矣，无可疑者，请一面行之。'"[1]这个记载与前面我们说过的"曹彬缓决"故事如出一辙，不知是巧合，还是叙述者张冠李戴。

韩琦的"封案"，当然还不是我们所定义的缓刑判决，只是"判决暂不执行"的意思。不过，这些事例说明，在北宋的司法实践中，司法官作出判决但暂不执行的做法已不鲜见，而且出现了"寄杖""封案"的命名，只是尚未发展成缓刑制度。

南宋的"封案"判决

现在我们能找到的缓刑判决案例，都来自南宋时期的史料。在《名公书判清明集》卷之十四收录的诉讼案中，至少有22起案件使用了"封案"的判决（一些案子的判决书尽管没有出现"封案"一词，但与"封案"无异，也计入）。除了前面讲过的黎七与潘五十二斗殴案、王氏与许万三相讼案，还有20起案件。我们现在将这22起缓刑案例整理成表格：

---

1 韩琦：《韩魏公集》卷之二十《遗事》。

	缓刑对象	案由	法官判决
1	乡人黎七	鱼贩子潘五十二欺行霸市，与入城卖鱼的黎七发生争执、斗殴。	潘五十二决杖十五，立即执行；黎七对斗殴一事也负有责任，"寄杖十下，后犯定断"。
2	许文通	许文通将儿子过继给许文进，带入张家为嗣，却插手张家的财产分割，又强替儿子出头、攻击继母。	许文通"勘杖八十，封案；如敢更干预王氏家事，即行拆断"。
3	王齐敬	王齐敬"殴拽其兄，辱骂其嫂，凌虐其侄"，又诬告堂兄弟之子"无故毁坏其亲父之骨殖"。	王齐敬"从杖一百，封案一次"。
4	牙人周言	某司理参军的亲随彭德与厅吏周昌合谋欺凌牙人周言，"捆打吊缚"。周言诉至衙门。	彭德、周昌被判"杖八十"；周言因"所诉乞觅多虚"，"勘杖八十，封案"。
5	富户赵端	农夫阿龙因急需用钱，将自家田地典给赵端。八年后，阿龙积下赎典的钱，想赎回田地，但赵端故意迁延，不让赎回。两人遂诉上公庭。	赵端因图谋侵占典产，又被发现有"伪写税领"之举，"本合照条勘断"，不过法官"以其年老，封案"。
6	乡人吴君文	吴君文因贪图族人吴子顺遗孀阿张的财产，在阿张去世后，伪造阿张遗嘱，称阿张已立其子吴镇老为嗣，吴镇老可继承财产。但其他族人不服，诉官。	法官李文溪判"吴君文勘杖八十，封案，再词拆断"。

（续表）

	缓刑对象	案由	法官判决
7	张达善	寡妇张刘氏长子张迎早逝，族人张达善觊觎张家财产，硬要把自己过继给张刘氏当孙子，给张迎续嗣，但张刘氏"年老垂白，屡造讼庭，不愿立张达善"。双方闹上法庭。	张刘氏"抚育子妇，如欲立孙，愿与不愿悉从其意。张达善勘杖八十，且与封案，再犯拆断"。
8	民妇郑八娘	富户陈子牧有两任妻子，先娶戴氏，后娶郑八娘，均无子，另有一妾，生有一子，叫陈孙。陈子牧去世后，郑八娘与其兄郑亨父合谋侵占陈家田产，引发争端。	"郑八娘不义，凶于而家，是陈子牧之罪人也，勘杖八十，封案。"
9	乡人吴师渊	农夫叶云甫将田地典给吴师渊，典期一满，叶云甫想赎回田地，吴师渊却"揩改契字，执占为业，而不退赎"。叶云甫将其告上法庭。	吴师渊以"迁延占据、揩改文书二罪论之"，"合照条勘断，但勘下杖一百，押下县，交领寄库钱、会退赎。如能悔过，却与免决"。
10	吴夔	寡妇姜氏被夫家张姓族人控告与人通奸，导致婢女惜儿冤死。法官最后查明，惜儿因妄骂主母，姜氏便将惜儿交给其母阿杨教导，阿杨用木条打了惜儿两下，惜儿便寻了短见。此事有	法官驳回张家族人的诉状，吴夔"从轻勘杖八十"，"今后更登张氏之门，定行追断编管"。

	缓刑对象	案由	法官判决
		惜儿父亲、叔父、母亲三人为证。法官认为，这件事"姜氏未见有可论之罪"。通奸一事也是乌龙：原来是姜氏婢女探梅与一个叫吴夒的人有奸。	
11	徐文举	戴盛没有婚娶，收养陈亚六为嗣子。之后戴盛去世，由其兄长戴赠将陈亚六抚养成人，并分给家产。但戴赠的女婿徐文举觊觎戴家财产，提出要将自己次子过继给戴盛为嗣——这显然乱了人伦、辈分。岳父戴赠不同意，徐文举便几次三番到衙门诬告妻舅戴六七与弟妇有奸、妻叔戴盛生前曾诡名立户、妻弟戴应孙持刃赶杀过他人。	徐文举"勘杖八十，再犯押上，别作施行"。
12	士子江滨叟	江滨叟因妻子虞氏得罪他母亲，意欲休妻，便检控虞氏与人私通。法官判江虞二人离婚，因为虞氏受到通奸的指控，肯定无法再与丈夫、婆婆相处，虞氏自己也	法官反驳了通奸的指控，并惩罚了"以暧昧之事诬执其妻"的江滨叟："勘杖八十"，考虑到他是读书人，缓刑，"押下州学引试"，若考试不合格，将执行杖刑。

	缓刑对象	案由	法官判决
		自"称情义有亏，不愿复合，官司难以强之，合与听离"。	
13	农人高七一	乡民陈文昌曾将一部分田产登记为高七一之名（这样可以避税），后来陈文昌要求将这些田产收回自己名下。高七一起了觊觎之心，跑到官府陈状，称那些田产非为诡寄，而是自己购置，"不应归并陈昌户"。法官发现高七一提供的契书为伪造，"显是诈欺"。	高七一"勘杖六十"，不过没有马上执行，而是要求高七一将所讼田产"当厅责状归并"，还给陈文昌，"免断"。
14	庙祝刘良思	刘良思因"假鬼神以疑众"，自称可以用神力"破狱出囚"，被官府"编置邻州"，但他又逃了回来，"仍前在庙，占据神祝"。	刘良思合"杖一百"，考虑到时为春节，"与免行刑，只今押出本县界。再敢入境，勘杖一百"。
15	士人操舜卿	操舜卿充当揽户（指承揽他人税赋输纳、从中取利之人），"恃顽拖欠官物，又咆哮无礼县官"，被县官处以杖刑。操舜卿则匿名报复县官，因此被告到江东提刑司。	法官认为，以操舜卿的行为，本应重断，念其为读书人，"姑与押下县学，习读三月，候改过日，与揵缴揽户印记，改正罪名。就县给据，仍申本司，再犯重作施行"。

（续表）

	缓刑对象	案由	法官判决
16	乡民张世昌	蕲春县乡民张世昌家产有36贯钱，按规定须服差役，但张世昌以其家产被高估、实不足36贯钱为由，拒绝服役，结果闹上公堂。	张世昌"勘下杖一百，押赴蕲春县日下着役，如更敢拒顽，就行申解照断"。
17	祝文卿	祝文卿居住在江山县(今浙江江山)，自称从小认贵溪县(今江西贵溪)的毛彦明为父，有文帖为证。毛彦明没有亲生子嗣，早年立有两名继子，如今各已娶妇。祝文卿却"三十年间不与（继）父同居，不与兄弟相往还，此何等父子也"？原来，祝文卿之所以坚称自己是毛彦明之子，是为争毛家的财产。双方闹至公堂。	祝文卿伪造文书、图谋他人之产，"勘下杖一百"，不过没有马上执行，而是申明"再词留断"。另外，祝文卿"如欲姓毛，一任其便，但不可求分别人物业耳"。
18	朱元德	富户朱运干育有二子，长子朱司户是位举人，次子朱诘僧十岁时不幸早夭。朱运干"情之所钟，为族人鼓惑"，便立同族朱元德之子朱介翁为诘僧之后，但很快反悔，又将朱介翁送回去，此事已经县衙备案。	朱元德"贪惏无厌"，本应"惩治"，姑且从宽，"今后朱元德再词，定照和议状，追入罚钱断罪"。

（续表）

	缓刑对象	案由	法官判决
		后来朱运干去世，留下一大笔财产。朱元德复提出：其子朱介翁是朱运干之孙，有权继承朱运干的遗产。朱司户因为身在孝期，不欲打官司，便从族人之议，补偿朱元德500贯钱。朱元德则立下字据，承诺不再提立继之事，否则认罚2000贯。但朱元德贪心不足，不久又将朱司户告上法庭，要求朱司户将朱父一半遗产交由朱介翁继承。	
19	张养中	民妇阿陈亲生子张颐翁不幸早逝，阿陈便欲收养一名弃婴为孙，给张颐翁为嗣。阿陈之的小叔子张养中不同意，要求将自己次子张亚爱立为张颐翁继子，目的是日后占有嫂子的家产。殊不知，按辈分，亚爱为颐翁之弟，以弟为子，"则天伦紊乱"，所以阿陈不同意立张亚爱为继，叔嫂打起了官司。	"张养中所陈，碍法"，本应惩罚，暂且"寄断"，"今后如再词，押上施行"。"寄断"显然亦是缓刑之意。

（续表）

	缓刑对象	案由	法官判决
20	黄汉龙	黄廷吉、黄廷珍、黄廷新、黄廷寿是四兄弟。廷吉婚后"短命身死，儿女咸无"，其妻毛氏从表姑廖氏家乞得一儿，立为养子，取名黄臻。之后黄廷新、黄廷寿亦相继去世，黄廷珍之子黄汉龙起了吞并毛氏家产之心，以黄臻乃外姓人为由，"兴讼不已，其意只欲逐黄臻"。	黄汉龙"系悖慢叔母"，杖一百，封案。同时，为息讼，法官又让毛氏从黄家八名子侄中再择一人，与黄臻并立为嗣。毛氏遂选立黄廷新次子黄禹龙为子。
		黄汉龙一案没有结案，因为黄廷珍父子又教唆黄廷新之妻徐氏领回黄禹龙，立嗣的纠纷又起，最后上诉至提举常平司（提举常平司兼理民事诉讼）。	提举官作出终审判决：黄廷珍合科"不应为"之罪，但念他是黄廷吉之兄、黄臻之伯，且免追究；黄汉龙原已"封案，杖一百"，却不思悔改，"帖通城县追黄汉龙赴司，拆案勘断"。
21	李三	李三因为争财，悖其母亲与兄长，被诉不孝。	法官认为，依法，本可治李三之罪，但念"以教化为先，刑罚为后"，"特免断一次"，押回家，"仰邻里相与劝和，若将来仍旧不悛者，却当照条施行"。

（续表）

	缓刑对象	案由	法官判决
22	陈宪	妇人阿连先与陈宪通奸，后为王木包养。陈宪争风吃醋，拦路嘲谑阿连，结果被王木打落牙齿。	法官惩罚了打人的王木，同时判陈宪"不合拦路嘲谑阿连，亦合有罪，念其被伤，且免收坐，责状入案，今后如在外生事，追上并其前犯，别作施行"。

这些适用"封案"判决的案子有一个共同特点，即都是杖罪以下的轻微刑事案（多跟民间财产纠纷有关）。我们没有找到徒罪以上刑案也适用"封案"判决的例子，因此可大体判断，宋代缓刑判决的适用范围应该是限定在笞杖刑之内。

法官在作出"封案"判决的同时，通常还会强调"再词拆断""再犯拆断""如能悔过，却与免决""后犯定断""即行拆断"。也就是说，法官认为当事人的行为已触犯法律，亦依法作出了有罪判决，但考虑到其罪轻微，可以给当事人一个改过自新的机会，"恕其既往之愆，开其自新之路"[1]，因此暂时不执行刑罚，封存判决书，这便是"封案"。

但"封案"之后，还有"拆断"的机制：当事人若不改、再犯，法官可以拆封，取出判决书，执行刑罚。现代国家设立缓刑制度的初衷，是以刑罚为威慑，又给予当事人悔过的机会，宋朝的"封案—拆断"判决亦是基于同样的考虑。宋代诗人刘子翚有诗作《论

1　幔亭曾孙辑：《名公书判清明集》卷之十四。

俗十二首》，其中一首说"王化久淘漉，刑章亦昭昭"，移来形容宋朝缓刑之制，倒也恰切。"王化"，国家之教化也；刑章，刑法之威慑也。缓刑恰恰是一项能够同时体现教化与刑威的刑事判决形式。

一项司法判决机制

那么，"封案—拆断"的判决究竟是个别法官偶尔为之，还是一项普遍性的司法制度？

我们认为，"封案—拆断"至迟在南宋时期已经制度化，因为《名公书判清明集》收录的"封案—拆断"判决，出自不同时间点、不同地方、不同法官之手。托名北宋人陈襄所撰、实成书于南宋的行政司法指南《州县提纲》卷一也殷殷告诫县官：刑不可用尽，"盖县令之威，不过杖一百耳，用之未尽，则彼犹勉强以自遁；遽尽用之，其如不可继何"？况且，动辄使用杖挞，"兼恐过伤，罪在惨酷"，所以，县官在司法审判过程中应当善用"封案"，这样，刑罚既不会"过伤"，又能保持威慑力。

有意思的是，道教中人为鬼神世界拟订的法律文书——《太上混洞赤文女青诏书天律》也提到了"封案"制度："诸正神犯罪而谐告，欲留行司驱使者，仰法官封案，系籍使唤。如是再犯，检案断罪。"而"女青诏书天律"成文的时间大约就是宋朝，理由有三：其一，《太上混洞赤文女青诏书天律》收录于《道法会元》一书，而《道法会元》所汇编的主要就是宋元时期的道法文书；其二，"女青"信仰在宋后已经没落，明清时期的道教文献几乎不提"女青"；其三，"女青诏书天律"反复使用的法律术语，如"充替（冲替）""勘断""断遣""指挥"，以及律文条款均以"诸"

字开头，都是宋人的语言习惯，明清人是不这么说话的。因此，我们认为"女青诏书天律"应该出自宋人之手，"仰法官封案……如是再犯，检案断罪"的神界法律，实际上就是南宋"封案—拆断"制度的投射。

"封案—拆断"不但出现在南宋法官的判决中，还被写入行政司法指南，被杜撰成神界的"天律"。这足以说明，"封案—拆断"在南宋司法中已相当常见，并非少数法官的偶然之举。

不过，我们在宋人的法律体系（包括刑律、敕令）中未能找到任何关于"封案—拆断"的立法，很可能这一缓刑制度是在司法实践过程中逐渐形成的：南宋时期的司法官在审理轻微刑事案时，从北宋时期已存在的"寄杖""封案"做法中获得灵感，借用了"封案"的形式，并补充上"拆断"的程序，从而形成一项跟现代缓刑制度非常接近的司法判决机制。

我还倾向于认为，宋代的缓刑属于法官的自由裁量权，国家立法尚未对"封案—拆断"的适用范围、适用条件、考验期限、撤销条件作出具体规定（当然，也可能宋朝已有相关立法，但因文献佚失，我们未能检索到记载）。但是，我相信，如果给予宋人足够的时间，他们未必不能在立法层面将缓刑确立为一项正式的成文制度。

但遗憾的是，宋朝灭亡后，"寄杖"与"封案"制度似乎也随之被抛弃了。我们在元明清时期的司法文献中找不到"封案"一词，明清人虽然还继续使用"寄杖"的说法，但含义已经跟宋时完全不一样。明末方以智编撰的学术著作《物理小识》与清代周亮工的《书影》均提到"寄杖"，意指一种能够将所受杖击转寄于他物身上的妖术："妖人之能遁形者，厌以犬豕血，不复遁；能辟杖、寄杖者，官印击之，或向之，伏辜"；"官获妖人及能寄杖者，官不能刑，取印印其背，及持印向之，或浴以狗豕血，则妖术不得行"。

"封案"一词的消失，"寄杖"一词的词义变迁，显示从宋代的司法制度到元明清的司法制度，这中间发生了一定程度的断裂。许多人因为《宋刑统》抄自《唐律疏议》，《大明律》也是沿袭自《唐律疏议》，《大清律》则大体照搬自《大明律》，便以为自唐宋至明清，传统司法制度是一脉相承的。然而，只要我们稍微深入考察宋代的"编修敕令"立法程序、"试法官"考试制度、"失出不坐"问责原则，以及"寄杖"与"封案"机制，便会发现，宋朝法制跟元明清法制之间的差异之大，可能超出许多人的想象。

宋代发达的民商法立法与物权法曾让研究者相信，宋朝社会已出现了"法学近代化"的萌芽。[1] 其实，从立法专业化、司法官专业化、司法程序等角度来看，我们也可以认为，宋代的法律制度确实演化出一部分"近代化"特征。然而，这一形成于 11—13 世纪的"法学近代化"趋势显然并没有延续下来，因为从 14 世纪到 19 世纪这 500 年间，总体而言，传统法制的发展基本表现出倒退之势。西方世界逐渐走向近代化，包括法制的近代化，而元明清三朝则重返中世纪。直至清末修律，才重启"法学近代化"。

凑巧的是，清末修律的其中一项内容，便是借鉴日本、德国的刑法典，引进缓刑制度。只是从法律渊源的角度来看，清末的缓刑立法跟宋代的"寄杖""封案"制度已没有什么关系了。

1　参见陈志英《宋代物权关系研究》，中国社会科学出版社，2006。

余话

清末修律开启的"法学近代化"方向，乃是仿效西方，移植西法。在这个愈演愈烈的西化过程中，传统中华法系趋于解体，传统司法文化经过新式知识分子的叙述，完全成了落后、野蛮的必须除之而后快的东西。新式知识分子"全盘反传统"的法学叙述，有真实的一面，他们观察到的明清司法制度确实混杂着大量野蛮成分，比如"凌迟"等酷刑的滥用。

但新式知识分子的法学叙述也有着立场先行、罔顾事实的一面，他们执着于预设的立场，而对传统司法制度的文明表现（如慎刑、恤囚的司法理念与相关制度）视而不见，对宋后司法文明的转折也缺乏理解。实际上，即便是明清时期的司法，也绝非新式知识分子想象的那般一无是处。举例来说，清代的司法仍然保留着"据状鞠狱"原则，即禁止司法官在起诉书检控的范围之外罗织被告人的罪名；保留着"捕票"制度，即未经长官发出捕票，有司与衙役不得逮捕任何嫌疑人。

成见一旦内化为一个人的知识结构，便会致其不顾逻辑与事实。有些学者讨论缓刑制度的起源，认为：在中世纪的英国，神职人员、修道士、修女若受到普通法法院的审判，教会有特权要求移送教会法庭，从而使法院的审判中止，因此，教会的这一特权可谓是缓刑制度的雏形。但是，这些学者同时又反对将中国传统的"存留养亲"视作缓刑制度的渊源。这便是不讲逻辑。如果讲逻辑，就应该大大方方承认，中世纪英国的教会特权与传统中国的"存留养亲"，都不是缓刑制度的雏形。

还有的学者，在论证了传统"存留养亲"制度与现代缓刑制度的"本质区别"之后，又进一步指出，"我国封建社会也没有适于现代缓刑制度发展壮大的传统法律文化基础，充斥封建法制历史的仍然是与现代缓刑理想相悖的善恶报应和重刑威慑思想"，"由于中国自身的法律文化土壤孕育不了现代缓刑制度，它作为一种正式的法律制度出现在中国法制的舞台上，便只能是国外法律移植于中国的结果"。[1]

这就是既不讲事实也不讲逻辑了。其一，传统中国的主流司法理念恰恰强调"慎刑""宽刑"，而不是"重刑"，所谓"重刑威慑思想"，不过是朱元璋之流的歧出而已。"存留养亲"虽然与现代缓刑有异，但这一制度本身难道不是人道主义的体现？其二，中世纪西方社会出现的石刑、火刑、十字架刑、轮刑等，丝毫不比中国的传统酷刑"逊色"，为什么西方社会就不是"充斥着与现代缓刑理想相悖的重刑威慑思想"？其三，宋代的"封案—拆断"难道不正是"中国自身的法律文化土壤"孕育出来的缓刑制度？当然，你非要说"封案—拆断"并不是缓刑，我也没办法。可是，问题又来了，为什么美国奥古斯塔斯的保释行为又可以认定是缓刑呢？难道它比宋代的"封案—拆断"更符合缓刑的特征？

我之所以絮絮叨叨补充了这么多的"余话"，当然不是为了证明"我们的祖先曾经阔过"，我无非是希望读者诸君能够抛开清末近代以来新式知识分子制造的成见，重新审视传统文明，因为我相信，我们都活在传统中，被传统塑造，同时也在塑造传统——如果我们都认为传统尽如新式知识分子断言的一片黑暗，那么恶便如同命中注定；如果我们能相信传统中有我讲述的美好，善便绽放在我们的历史深处，成为历史演进的内在动力。

1　左坚卫：《缓刑起源辨正》，《金陵法律评论》2005年第2期。

十二　聚民行惠政，三千议狱谨刑书

——『失出不坐』的司法问责原则

　　在《宋：现代的拂晓时辰》中，我曾详细介绍过宋代刑事案件十分精细的审判程序，尽管如此，可以想象，仍然不可能完全杜绝冤狱与错判。即使在司法制度非常完善的现代国家，仍然免不了会出现冤案，何况在1000年前的宋代？可以说，发生司法错判是不可能完全避免的，问题是发现错判之后，怎么问责法官。

　　在介绍宋朝的司法问责制度之前，我们先简略回顾一下古代司法责任追究的历史。早在先秦时期，已有"失刑则刑，失死则死"的惯例，[1] 对法官的问责采取"同态报复"的原则：错判无辜之人入刑，则法官入刑；错判无辜之人死罪，则法官坐以死罪。汉代时，法律将司法错判分为"故纵"与"故不直"。故纵是指故意给罪人脱罪；故不直则是指故意将无辜者入罪。朝廷对故纵的责任追究非常严厉，对故不直的问责则时宽时严。

　　到了唐朝，《唐律疏议》的修订颁行，标志着传统中华法系进入成熟期，国家已建成完备的法律体系，其中包括"五刑二十

1　司马迁：《史记》卷一百十九《循吏列传》。

等"刑罚制度的确立，"出入人罪"分类与问责制度的确立，并为后世的宋元明清大致沿用。为便于后面我们理解宋朝的法官问责制度，我们需要先大体了解《唐律疏议》确立的"五刑二十等"与"出入人罪"。

《唐律疏议》将对犯罪之人的刑罚分为"笞、杖、徒、流、死"五大刑名，五刑又共分二十等。具体如下：

笞刑：(1) 笞一十；(2) 笞二十；(3) 笞三十；(4) 笞四十；(5) 笞五十。

杖刑：(6) 杖六十；(7) 杖七十；(8) 杖八十；(9) 杖九十；(10) 杖一百。

徒刑：(11) 徒一年；(12) 徒一年半；(13) 徒二年；(14) 徒二年半；(15) 徒三年。徒，即强制服劳役。

流刑：(16) 流二千里；(17) 流二千五百里；(18) 流三千里。三者合称"三流"，三流均要配一年劳役。此外，另有"加役流"，配劳役三年。此非常刑，不列入"五刑二十等"之内。

死刑：(19) 绞；(20) 斩。

《唐律疏议》将法官的错判称为"出入人罪"，并分为四大类型：故入人罪、故出人罪、失入人罪、失出人罪。

故入人罪，指司法官徇私枉法，故意将无罪之人判有罪，或将轻罪判为重罪；

故出人罪，指司法官故意为罪犯开脱，将有罪之人判无罪，或者重罪轻判；

失入人罪，指司法官因过失，误将无罪之人入罪，或将罪轻者重判；

失出人罪，指司法官因为失误，将有罪之人判无罪，或将罪轻之人判重罪。

不同类型的司法错判所受到的责任追究是大不一样的。按《唐律疏议》，对"故入人罪"与"故出人罪"的追责最为严厉；"失入人罪"次之，其罪责可减等；"失出人罪"又次之，罪责可再减等。

现在，我们可以来说宋代的错判责任追究了。

"故入人罪"与"故出人罪"的问责

《宋刑统》大体上抄自《唐律疏议》，因此，宋朝的"五刑二十等"刑罚制度与"出入人罪"问责制度，原则上都与唐朝的一致，只不过执行细节有差异。

对"故入人罪"的问责最为严厉。《唐律疏议》与《宋刑统》界定了"故入人罪"的定义："谓或虚立证据，或妄构异端，舍法用情，锻炼成罪"，并区分了三种"故入人罪"的情况——

其一，"入全罪"，即司法官将完全无辜之人故意判有罪："前人本无负犯，虚构成罪。"法律对此的处罚是"还以虚构枉入全罪科之"，将受冤人所承受的罪刑同等施还给制造冤案的司法官。举个极端的例子，一名无辜者被故意判了死刑，以后冤案若被发现，则故意错判的司法官也将被判死刑。如淳化元年，"蓬州司法郑儡伏诛，坐受赇故入死罪"[1]。这一追责原则，继承的是先秦"失刑则刑，失死则死"的传统。

其二，"从轻入重"，意思是，对确实触犯某一刑名的犯人，司法官故意判重了，比如将"徒一年"之刑故意判成"徒一年半"。针对这种"故入人罪"，法律的处罚是"以所剩论"，即犯人被冤

1　陈均：《九朝编年备要》卷四。

判的刑罚与法定刑罚之间的刑差（所剩），就是错判的司法官必须承担的罪责，比如法官故意将"杖六十"判成"杖一百"，刑差是"杖四十"，那么枉法的司法官将获"杖四十"之责。

其三，"刑名易"，意思是，司法官故意将轻的刑名判成重的刑名。对这种"故入人罪"的问责，涉及不同刑名的换算，比较复杂。《唐律疏议》确立了换算的标准，《宋刑统》继承了：

（1）从笞入杖，"以所剩论"，即按刑差问责，比如将"笞五十"故意判成"杖九十"，司法官将领责"杖四十"；

（2）从徒入流，流刑不管是流二千里、流二千五百里，还是流三千里，都按"徒四年"折算，比如法官故意将"徒三年"之罪判了"流二千里"之刑，刑差为"徒一年"，法官领"徒一年"之责；

（3）从近流入远流，每等之差按"徒半年"计算，比如将"流二千里"故意判成"流二千五百里"，刑差为"徒半年"；

（4）加役流按"徒六年"折算，从三流入加役流，刑差为"徒二年"；

（5）从笞杖入徒流，以及从徒流入死罪，即如果一名犯了笞杖刑罪的犯人，被故意错判为徒流刑以上，或者一名犯了徒流刑罪的犯人被故意错判了死刑，将不适用"所剩论"，而是适用"全罪论"，对冤案负责的法官必须反坐全部罪刑。因为轻刑与重刑之间很难换算，生命更是无法折算。

在一种情况下，司法官"故入人罪"的刑事责任可获减等，那就是错判尚未执行。

宋朝对"故出人罪"的问责，跟对"故入人罪"差不多："出罪者，各如之"，也是从重处罚。"故出"与"故入"均属故意犯罪，性质恶劣，不但伤害了刑狱当事人（原告或被告），而且损害了司法公正，破坏了人们对司法的信任，对"故出人罪"与"故入人罪"加以严惩，理所当然，天经地义，不必赘言。我们要重点考察的是对于"失入人罪"与"失出人罪"的问责。

"失入人罪"的问责

"失入人罪"不存在主观故意，往往是因为案情有疑点，或者法律适用有疑难，而法官未能明辨，从而作出错误的判决，导致无罪之人获刑，或者罪轻之人受到重判。因此，"失入人罪"应该追究责任，但其责任又轻于"故入人罪"。

北宋前期，政府延续唐朝的做法，在《宋刑统》"故入人罪"条款后面，附注"断罪失于入者，各减三等"。意思是说，法官"失入人罪"，按照比"故入人罪"减三等的原则作出处罚。我们举个例子：假如司法官因为过失，将"徒二年"之罪判了"加役流"之刑，问责时，该怎么计算司法官的责任呢？根据"刑名易"的折算方法，加役流在换算时折"徒六年"，与"徒二年"的刑差为"徒四年"，如果是"故入人罪"，司法官将领"徒四年"之责；"失入人罪"的责任则按减三等计算，徒刑每等为半年，减三等即减徒一年半，这么计算下来，可知"失入"的司法官将领"徒二年半"之责。

不过，唐宋两朝均有"官当"制度，即允许官员用其官职赎刑（死刑与加役流除外，不得赎刑）。按《唐律疏议》与《宋刑统》，"诸犯私罪，以官当徒者……五品以上，一官当徒二年；九品以上，一官当徒一年。若犯公罪者……各加一年当"；"以官当流者，三流同比徒四年"，即流刑按"徒四年"计算。宋朝将"失

故宫南薰殿旧藏包拯画像，包拯是宋代最著名的司法官

出人罪"与"失入人罪"列为"公罪"，将"故出人罪"与"故入人罪"列为"私罪"。"公罪"相当于行政犯；"私罪"相当于刑事犯。因此，在唐宋时期，法官因为"失出人罪"或"失入人罪"而服刑的情况比较少见，而以接受行政处罚为多见。晚清时期虽然在名义上废除了"官当"制度，但实际上以官职当刑的做法一直都存在，而且更加随意。

"失入人罪"当中，无疑以"失入人死罪"最为严重，尽管并非司法官故意杀人，但毕竟将一名无辜或罪不至死的人以法律的名义处死了，问责不可不严。雍熙三年，宋廷立法限制了"失入人死罪"问责中的"官当"："始定制：应断狱失入死刑者，不得以官减赎。"[1]

让我们再来看一个案例。宋仁宗年间，陇州（今陕西陇县）发生了一起错案：陇安县一个叫庞仁义的人，跑到县衙检控马文

1　脱脱等：《宋史》卷一百九十九《刑法一》。

千、高文密等五人是杀人越货的强盗。陇安县尉董元亨立即逮捕了马文千、高文密等人，交县法庭审讯。庞仁义又"教其妻妾认所盗赃"[1]，指使妻妾作伪证，坐实了马文千等人之罪名。县衙破案心切，动用了刑讯，高文密大概因为熬不过来，死在狱中。其余四人遂服押认罪。案子经陇州司理院复审，判处马文千等四人死刑。

马文千之父上诉至陇州，但权领州事的孙济不予受理，批准了死刑，马文千四人遂被处决。恰好这个时候，邻近的秦州（今甘肃天水）捕到真盗，司法系统这才发现马文千等人原来是冤死的，陇州的司法官犯了"失入人死罪"之大错。

朝廷对马文千案司法人员的责任追究立即展开。查实后，陇州判官李谨言、推官李廓、司理参军严九龄（均为陇州的法官）、陇安县尉董元亨，对五人冤案负直接责任，一并开除公职，发配到广州衙门服差役；陇州司理院的狱吏被杖脊，刺配沙门岛；陇安县狱吏被刺配广南牢城；对冤案负有连带责任的权领州事孙济，被贬到烟瘴之地雷州当一名参军。

此时，正好遇上国家大赦，但宋仁宗还是没有赦免孙济等人的刑责，而是按"失入人罪"问责制度严惩不贷。皇帝又给诸州县下了一道诏书，申明自今往后，法官鞫狱，"苟或枉滥，必罚无赦"。

到了北宋后期的神宗朝，宋政府又专门针对"失入人死罪"立法，叫"失入死罪法"。根据这一立法，凡官司失入人死罪，如果被处死刑的犯人达到三名，则负首要责任的狱吏"刺配千里

1　李焘：《续资治通鉴长编》卷一百十。下同。

外牢城"；负首要责任的法官"除名"（开除公职）、"编管"（限制人身自由）；负次要责任的法官"除名"；负第三、第四责任的法官"追官勒停"（追夺职称、勒令停职）。

如果被处死刑的犯人达到两名，则负首要责任的狱吏发配"远恶处编管"；负首要责任的法官"除名"；负次要责任的法官"追官勒停"；负第三、第四责任的法官"勒停"（勒令停职）。

如果被处死刑的犯人只有一名，负首要责任的狱吏发配"千里外编管"；负首要责任与次要责任的法官"勒停"；负第三、第四责任的法官"冲替"（调离本职）。

以上对法官的处罚"遇赦不原""去官不免"，就算遇上国家大赦，或责任人已经离职，也不给予赦免。"失入人罪"的经历还将成为他们仕途履历的终身污点，今后的"磨勘、酬奖、转官"，均受影响。[1] 不过，如果被误判死罪的犯人尚未执行判决，相关责任人则可以按"递减一等"问责。

南宋时期又对"失入死罪法"作出了调整，主要是将狱吏也分为第一责任人、第二责任人、第三责任人与第四责任人，对不同责任人给予不同程度的惩罚。至此，"失入死罪法"的条文更为细密。可惜宋代之后，元明清三朝均未再订立专门的"失入死罪法"。

"失出人罪"的问责

宋政府对"失出人罪"的问责，又比"失入人罪"更轻一些。

1　徐松辑：《宋会要辑稿·刑法四》。

按《宋刑统》的规定，"失于出者，各减五等"，即以比照"故入人罪"减五等的原则，问责"失出人罪"。我们假设有司法官因为过失，误将"加役流"之罪轻判成"徒二年"之刑，通过折算，司法官的责任是领刑"徒一年半"。

这只是根据《宋刑统》的规定折算出来的"失出人罪"责任。实际上，宋政府对"失出人罪"的司法官基本不追究责任。

熙宁八年，洪州（今江西南昌）发生一起错判：当地平民周汝熊犯下徒罪，但洪州司法官因为失误，给判了杖罪，属于"失出人罪"。在中央法司对这一判决进行审查时，有人提议对洪州司法官作出处罚，但中书堂后官刘衮驳议说："洪州官吏当原。"[1] 刘衮又建议："请自今官司出入人罪，皆用此令。"意思是，今后司法官失入、失出人罪，都可以援引洪州例，给予谅解。大理寺却提出："失入人罪，乃官司误致罪于人，难用此令。其失出者，宜如衮议。"申明"失入人罪"必须问责，"失出人罪"才可免责。朝廷从之。

宋人的奏疏也透露了宋代"失出不坐"的信息。宋仁宗庆历年间，一位大臣说："祖宗积德，陛下好生，失出者不为深罪，失入者终身负责。"[2] 宋哲宗元祐年间，又有大臣说："伏见法寺断大辟，失入一人有罚，失出百人无罪；断徒、流罪，失入五人则责及之，失出虽百人不书过。"[3]

元祐初年，执政官提议："天下谳狱，失出入者同坐。"[4] 将"失出人罪"视同"失入人罪"，同样问责。但这一动议受到给事中

1　脱脱等：《宋史》卷二百一《刑法三》。下同。
2　黄淮、杨士奇编：《历代名臣奏议》卷之三十一。
3　徐松辑：《宋会要辑稿·刑法四》。
4　脱脱等：《宋史》卷三百四十七《乔执中传》。下同。

乔执中的封驳："先王重入而轻出，恤刑之至也。今一旦均之，恐自是法吏不复肯与生比，非好生洽民之意也。"

不过，由于朝廷对"失出人罪"不问责，法官在司法审判过程中难免会倾向于轻纵罪犯，有损司法公正。因此，元祐七年（1092），一位臣僚又上书说："法寺断狱，大辟失入有罚，失出不坐"[1]，"常人之情，能自择利害，谁出公心为朝廷正法者"[2]？这位臣僚建议说，"乞令于条内添入'失出死罪五人比失入一人死，失出徒、流罪三人比失入一人'"。意思是，司法官失出人死罪五人，按失入人死罪一人问责；失出人徒、流罪三人，按失入人徒流罪一人问责。朝廷采纳了这一建议。

绍圣四年（1097）十一月，朝廷又修订法律，将"失出死罪"三人比照"失入死罪"一人处置，问责略严。但过了几年，"失出有罚"的立法就被否决了——元符三年，有大臣提出："大理寺谳断天下奏案，元丰旧法无失出之罪罚，后因臣僚建言，增修失出比较。逮绍圣立法，遂以失出三人比失入一人，则一岁之中偶失出死罪三人者，便被重谴，甚可惑也。夫失出者，臣下之小过；好生者，圣人之大德。请罢理官失出之罚。"于是，朝廷宣布绍圣四年十一月的敕命不再施行，再次确立了"失出不坐"的问责原则。

"罪疑惟轻"

说到这里，我们应该来思考一个问题：为什么宋人这么在乎

1　脱脱等：《宋史》卷二百一《刑法三》。
2　徐松辑：《宋会要辑稿·刑法四》。下同。

"失出"坐不坐罪？

本来，不管是从司法公正的角度，还是从法官责任的角度来说，一件案子出现畸轻畸重的不当裁决，法官都应该接受问责才对。那么宋人再三要求朝廷确立"失出不坐"的原则，是想逃避司法责任吗？是罔顾司法公正吗？当然不是。《宋刑统》延续"出入人罪"的立法，严惩"故入人罪"与"故出人罪"，问责"失入人罪"，都是为了维护司法的基本公正，建立法官责任制度。

但对于"失出人罪"如何问责，宋人的着眼点，却不是"司法公正"，而是尽最大程度避免无辜者受冤。我们看宋代士大夫论证"失出不坐"时，往往都会援引《尚书·大禹谟》中记载的一项司法理念："罪疑惟轻，功疑惟重；与其杀不辜，宁失不经。"南宋时，有一位法官在上奏宋高宗的札子中说："书载帝舜之德，曰'罪疑惟轻，功疑惟重；与其杀不辜，宁失不经'；而国家敕令，亦以失入之罪为重于失出，先圣后圣用心仁恕，其实一也。"[1]明代学者丘濬也认为："宋朝重深入之罪，而失出者不罪焉，此《书》'与其杀不辜，宁失不经'之意也。"[2]

我们要理解宋人为什么强调"失出不坐"的用心，必须把握这个关键点。

为什么说"失出不坐"就是"罪疑惟轻"的体现呢？道理很简单：导致出现"失出"或"失入"的案子，通常都是案情存在疑点、证据存在疑问、法律适用存在疑难的疑案，法官在裁决这样的疑案时，可以选择"惟重"（意味着可能会犯"失入"之

---

1 黄淮、杨士奇编：《历代名臣奏议》卷之二百十七。

2 丘濬：《大学衍义补》卷一百八。

错），也可以选择"惟轻"（意味着可能会犯"失出"之错）。如果法官问责原则是"失入有罚，失出不坐"，那么基于"常人之情，能自择利害"的经济人理性，法官自然会倾向于作出从轻乃至从无的判决，从而达成了"罪疑惟轻"的效果。

反之亦然。汉武帝时，人们发现，"'古之听狱者，求所以生之。'与其杀不辜，宁失有罪。今（西汉）之狱吏，上下相驱，以刻为明，深者获功名，平者多患害"。[1] 为什么会如此？因为当时朝廷的问刑政策是"缓深故之罪，急纵出之诛"，狱吏为求安全，自然倾向于将无辜判为有罪，将轻罪判为重罪，道理就如民谚"鬻棺者欲岁之疫"，"非憎人欲杀之，利在于人死也。今治狱吏欲陷害人，亦犹此矣"。

"罪疑惟轻，功疑惟重；与其杀不辜，宁失不经"代表了一种价值观的取舍：在先贤的价值天平上，宁可忍受有罪之人逃避了法律制裁，也不愿意看到无辜之人受到冤屈，是为"罪疑惟轻"也；宁可判决不合常法，也不愿意看到有人被罪枉死，是为"与其杀不辜，宁失不经"也。故而，《尚书·吕刑》确立了一条法律："五刑之疑有赦，五罚之疑有赦。"

宋人进而论述说，对于法律适用有疑的案件，适用"罪疑惟轻"的原则："今世有罪而情理可悯，则与之从轻者是也，故从恕而用罚，非谓疑其无罪而姑罚之也。"[2] 而对于犯罪事实存疑的疑案，则应该采用"疑罪从无"的原则："夫疑狱，则疑而不可知者也，若为盗而无赃证，杀人而无明验，是为疑狱，疑则不可知其人为

1　班固：《汉书》卷二十三《刑法志第三》。下同。

2　陈大猷：《尚书书集传或问》卷下《吕刑》。下同。

有罪矣；不可知其为有罪，虽轻罚犹不加，况加以重罚乎？故今世疑狱，虽杀人之罪，而不敢遽加以刑，盖不知其为果杀人故也。其以为重罪之疑，而加以重罚，受罚者果何辜哉？先王之制必不尔也。故曰：'五刑之疑有赦'，赦则释之而已，若更有罚，何足以为赦？"

不过，应当承认，在 1000 年前的宋朝，政府尚无法建立"疑罪从无"的司法制度，不可能做到普遍适用"疑罪从无"的司法原则。但"罪疑惟轻"的古训，却是宋政府从来不敢否定的。

宋人对一位司法官的殷切期许，也是"罪疑惟轻"四字。南宋诗人崔与之的朋友将赴淮西任提刑司法官，崔与之写诗《送时漕大卿淮西检法》相赠："十二聚民行惠政，三千议狱谨刑书。"诗中运用了两个典故，对即将成为一名司法官的友人提出劝勉："十二聚民"典出《周礼》，"以荒政十有二聚万民"，指十二项体恤民生的惠政；"三千议狱"典出《孝经》，"五刑之属三千"，原指法条繁密，但宋人作了创造性解释，"五刑之属三千，一言以蔽，曰'罪疑惟轻'"。[1]崔与之以"三千议狱谨刑书"诗句相赠，当然是希望司法官朋友谨记"罪疑惟轻"的古训。

"失入有罚，失出不坐"代表了一种制度安排的权衡：在宋朝的立法者看来，法官面对一起疑案，作出从轻、从无的判决，可能会导致罪人没有得到应得的制裁，但这是需要容忍的代价。只有容忍这一代价，才能够将"罪疑惟轻"的司法原则落到实处。我相信，宋朝之所以会出现"今世疑狱，虽杀人之罪，而不敢遽加以刑"的司法现象，不仅是因为先贤殷殷告诫后人"罪疑惟轻，

---

1 《福州府志》卷之五十七。

功疑惟重；与其杀不辜，宁失不经"，更是因为国家提供了"失入有罚，失出不坐"的制度激励。

理想的司法状态，自然是"既不冤枉一个好人，也不放过一个坏人"，不枉无辜，不纵罪恶。然而，由于证据湮灭、侦查技术不足、人之理性有限等，很多时候，法官不得不面对无法确知真相的疑案，面临两难的裁决困境：如果判有罪，可能会失于枉；如果判无罪，可能会失于纵。这就需要权衡与取舍。两害相权取其轻，两利相权取其重。

现代司法制度采取了"疑罪从无"的原则，选择"宁纵勿枉"。因此，假如一位法官按"疑罪从无"的原则判某个证据不足的嫌疑人无罪，日后若找到嫌疑人犯罪的确证，法官不应该被问责。宋代司法采用了"罪疑惟轻"的原则，也是选择"宁纵勿枉"。那么同样道理，宋朝司法官若按"罪疑惟轻"的原则对某起疑案的当事人作出了从轻的判决，日后若发现"失出"，也不应该被深责。

余话

其实，几乎每一个朝代都会标榜"罪疑惟轻，功疑惟重；与其杀不辜，宁失不经"，但似乎只有宋朝以"失入有罚，失出不坐"的激励机制将这一古老的司法理念落实为一项可以执行的制度。

宋代之前，汉代一度以"缓深故之罪，急纵出之诛"为司法导向，"失出人罪"的官吏被严惩，"失入人罪"的官吏却不用负责任，结果，狱吏跟棺材铺的老板一样，巴不得处死的人多一些，再多一些。唐朝按正式立法，"断罪失于入者，各减三等"，"失于出者，各减五等"，显然"失入"的责任大于"失出"，但实际的司法问责却与《唐律疏议》的规定相反："律文'失入减三等，失出减五等'。今则反是，失入则无辜，失出便获大罪。所以吏各自爱，竞执深文。"[1] 汉唐盛世尚是如此，南北朝与五代等乱世就更不用说了。

宋代之后，虽然《大明律》与《大清律》都沿袭《唐律疏议》的条款："若断罪失于入者，各减三等；失于出者，各减五等。"[2] 但明清时期的错案问责有一个奇怪的规定：凡是犯下"出入人罪"，追究责任时，"以吏典（胥吏）为首，首领官减吏典一等；佐贰官减首领官一等；长官减佐贰官一等科罪"[3]。这么递减下来，长官因"失入人罪"而受到的责罚可减六等，法律责任远轻于唐宋。明清时，州县为"一人政府"模式，佐贰官、首领官沦为闲曹，长官独揽大权，责任却排在最末，权责居然如此不对等，真是不可思议。

而且，明清当局对"失入人罪"的责任追究，往往是"失出"重于"失入"。生活在明中期的丘濬观察到："后世失入者坐以公罪，而失出者往往问以为赃，是以为刑官者宁失入而不敢失出，盖一犯赃罪则终身除名，犯公罪者可以湔除而无后患故也。"[4] 丘濬所说的"后世"，是相对宋代而言，自然是指他身处的明代。

在朱元璋时代，更是出现公正断狱者获罪、罗织罪名者获功的咄咄怪事。明初叶伯巨上书言事，称"当今之事太过者有三"，其一便是"用刑太繁"："用刑之际，多出圣衷，致使治狱之吏，

1　王钦若等：《册府元龟》卷六百十八。

2　李东阳等：《大明会典》卷之一百四十二。

3　李东阳等：《大明会典》卷之一百六十一。

4　丘濬：《大学衍义补》卷一百八。

务从深刻，以趋求上意。深刻者多获功，平允者多获罪，或至以赃罪多寡为殿最。欲求治狱之平允，岂易得哉？"[1]结果叶伯巨下刑部狱，瘐死。真是讽刺。

清代顺治、康熙朝大臣魏裔介也说："律文所载，失入者甚于失出，失出者减五等，失入者减三等，凡以惩酷吏也。今失出者获罪，固宜；而失入者反邀执法之虚名，是以官吏务为严刻。"[2]魏裔介所说的"今"，即清初。差不多同时代的刑部尚书龚芝麓亦发现："从来失出之罪，原轻于失入。今承问各官，引律未协，拟罪稍轻，即行参处。于是问官但顾自己之功名，不顾他人之性命，宁从重拟。"[3]可与魏裔介之言相印证。

康熙皇帝曾经殷切告诫各省长官："总之罪疑惟轻，功疑惟重，与其杀不辜，宁失不经。凡为督抚者，俱当体此语以行事。"[4]然而，实际上，"失出"既受重责，"罪疑惟轻"也就只能是一句无人当真的空话了。

1　叶伯巨：《万言书》，收于陈子龙辑《明经世文编》卷之八。

2　魏裔介：《兼济堂文集》卷二。

3　周安士：《安士全书·于公治狱，大兴驷马之门》。

4　《清实录·康熙朝实录》卷之二百四十。

从来法吏多阴德，勉务哀矜助圣明

——『狱疑奏谳』的司法机制

前面我们介绍了宋代的"罪疑惟轻"司法理念，为了将这一司法理念落到实处，宋政府对司法官"失出"的问责远远轻于"失入"，甚至常常不追究"失出"的司法责任。现在我们还要讲讲宋朝的另一项司法机制，其宗旨也是为了将"罪疑惟轻"的古训落实为可操作的制度。

我们先到南宋绍兴三年的宣州（今安徽宣城）旁听一起刑案的审判。当地有一个叫叶全三的盗贼，入室盗窃了财主檀偕的窖藏钱，没想到被檀家发现了。檀偕也是心狠手辣之人，竟然叫来租佃他家田地的耕夫阮授、阮捷等人，将叶全三一家五口捉住，捆绑起来，往死里打，结果将五人都打死了，又毁尸灭迹，将叶全三等人的尸体沉入河中。

案发后，官府逮捕到檀偕、阮授、阮捷等凶手，审明案情，犯人也认供画押，只是被害人尸体已被河水冲走，打捞不到，所以无法进行尸检。宣州便以"疑案"上报中央法司，奏请圣裁。

——这便是我们今天要说的"疑狱奏谳"司法机制。

疑狱奏谳

疑狱奏谳并非宋朝独有，也非宋朝首创。至迟在西汉初，就已出现疑狱奏谳的做法："自今以来，县道官狱疑者，各谳所属二千石官，二千石官以其罪名当报。所不能决者，皆移廷尉，廷尉亦当报之。廷尉所不能决，谨具为奏，傅所当比律、令以闻。"[1] 唐代时，疑狱奏谳制度已经相当完善，唐朝的《狱官令》规定："诸州有疑狱不决者，谳大理寺。仍疑者，亦奏下尚书省议。有众议异常，勘为典则者，录送史馆。"宋承唐制，北宋《天圣令》中亦有同样的立法条款。

不过，奏谳活动最密集的时期，却是宋代，以至我们若用"奏谳""奏裁"为关键词检索史料库，得到的相关记载以宋代史料最多。

按南宋人楼钥的记述，"在法：大辟情法相当之人，合申提刑司详覆，依法断遣。其有'刑名疑虑、情理可悯、尸不经检、杀人无证'见四者，皆许奏裁"[2]。其中"刑名疑虑"即法律适用存在疑问，"情理可悯"指犯罪属实，但于情于理有可体谅之处；"尸不经检、杀人无证"则是证据不足。宣州杀人案属于"尸不经检"，依照当时立法，属于可以奏谳的疑案。

《宋刑统》又沿袭《唐律疏议》，明文规定："诸疑罪，各依所犯，以赎论。疑，谓虚实之证等，是非之理均；或事涉疑似，傍无证见；或傍有阙证，事非疑似之类。"晚清法学家、刑部尚书薛允

1　班固：《汉书》卷二十三《刑法志第三》。

2　楼钥：《攻愧集》卷二十七。

升评价说，这一条款"即罪疑惟轻之意也"。[1]

因而，从理论上说，宋朝司法官在裁决一起疑案时，有三种选择：其一，按"疑罪以赎论"的立法，允许嫌疑人缴纳罚金赎刑；其二，直接援引"罪疑惟轻"的原则，从轻判决；其三，疑狱奏谳。

但实际上，不少宋朝士大夫都对"疑罪以赎论"持批判态度，认为"当刑而赎则失之轻，疑赦而赎则失之重，且使富者幸免，贫者受刑，又非所以为平也"[2]。所以"疑罪以赎论"的条款在宋朝已很少适用。

"罪疑惟轻"的判决倒不乏其例，如刘克庄在判决"饶州朱超等人蹴死程七五"一案时，便以"法有刑名疑虑之条，经有罪疑惟轻之训"，裁定案中关于朱超踢死人系其主人朱公辅"喝打"的指控缺乏旁证，不予采信。[3]不过，司法官按"罪疑惟轻"作出轻判，难免存在"失出"的风险，尽管宋人主张"失出不坐"，但有些时期，朝廷也会立法追究"失出"的责任，只是责任轻于"失入"。元祐七年，朝廷便制定了"失出"的问责标准："失出死罪五人，比失入一人；失出徒、流罪三人，比失入一人。"[4]而且，那个时候，各州县司法官员的素质参差不齐，若是放任地方司法官对疑案的自由裁量，判决很难不会畸轻畸重。

所以，宋政府要求"疑狱奏裁"，由中央法司来作出最终裁决。当然，需要奏谳的疑案通常都是涉及人命的大案，不可能是鸡毛蒜皮的案子。

1　薛允升：《唐明律合编》卷三十。
2　蔡沉：《书集传》卷一。
3　幔亭曾孙辑：《名公书判清明集》卷之十四。
4　李焘：《续资治通鉴长编》卷四百七十六。

按宋朝疑狱奏裁的一般程序，"天下奏案，必断于大理，详议于刑部，然后上之中书，决之人主"；"天下疑狱，谳有不能决，则下两制与大臣若台谏杂议，视其事之大小，无常法。而有司建请论驳者，亦时有焉"。[1] 凡奏裁的疑案，例由最高法院——大理寺复审，作出终审裁决，然后送刑部复核，复核无误则送呈宰相，转呈御前，最后以君主的名义定谳。而大理寺无法裁决的疑难案子，则启动非常制的两制官（翰林学士）杂议程序，议定的裁决意见仍然送御前，以君主的名义定谳。

这里我们不要以为"决之人主"就是由皇帝充任法官，这么说只是表明疑案的定谳以天子的名义作出。一般来说，不管是大理寺的终审、两制官的议法，还是君主的定谳，都会遵循"罪疑惟轻"的原则。因此，奏谳的疑案往往可以获得从轻的判决。宣州杀人案经大理寺裁断、刑部复核之后，也得到轻判。本来，按故杀之罪，檀偕、阮授、阮捷都应判死刑，但以宋高宗名义作出的判决却是："诏（阮）授、（阮）捷杖脊，流三千里；（檀）偕贷死，决杖，配琼州。"[2] 时大约为绍兴四年初。

我们知道，宋朝皇帝的敕命须经中书舍人"书行"、给事中"书读"，方能生效。那份关于宣州杀人案终审判决的敕命在送中书舍人"书行"时，被当天值日的中书舍人孙近挡了下来，封驳回去。

孙近当过法官，是一位具有深厚法学造诣的士大夫。他说：宣州檀偕杀叶全三一家五口，虽然被害人尸体未经检验，但证人证言、其他物证、犯人供词俱在，"证佐明白，别无可疑"，应该

1　脱脱等：《宋史》卷二百一《刑法三》。
2　李心传：《建炎以来系年要录》卷七十二。下同。

清初彩绘版《帝鉴图说》之《纵囚归狱图》

按故杀问罪，为何要给予宽贷？"贷宥之恩止及一偕，而被杀者五人其何辜焉"？宋高宗只好下诏："令刑部重别拟断。"

在刑部重新详断之时，大理寺出来辩解说，孙近以前提点浙东刑狱，当年绍兴府发生一起类似的案子：弓手（相当于后世的捕快）俞富缉拿劫盗，盗贼拒捕，双方打了起来，打斗过程中，俞富杀掉盗贼及其妻子。提刑官孙近以俞富"与盗别无私仇，情实可悯"为由奏裁，诏贷死。大理寺正是援引这一判例对宣州案作出判决。

孙近反驳说：俞富是"执本县判状捕捉劫盗，杀拒捕之人并及其妻女"；檀偕却是"私用威力拘执打缚被杀者五人，所犯不同"，岂可援例而判？

此时，刑部也提出裁决意见。大理寺不久前裁断过一个奏谳的案子："孙昱杀一家七人，亦系尸不经验"，法官认为，该案"追证分明，不用疑虑奏裁"，依法判决即可。现在大理寺何不援引这个判例来处理宣州案？

但大理寺"坚执不移"，坚持维持原判。宋高宗又诏，将宣州案送御史台"看详定夺"。宋代的御史台拥有一部分司法职能，发挥着类似"宪法法院"的作用，有权定夺刑名。御史台经过议法，认为檀偕系故意杀人，"众证分明……不应奏裁"。

"不应奏裁"的定性，即意味着：第一，檀偕杀人案属于没有疑问的故杀罪，案子驳回地方法司，依法处断；第二，宣州法官奏裁失当。

两难选择

在宋朝，像宣州这样将并非疑案的案子当成疑案奏谳，是常有的事情。

从司法权的角度来看，疑案奏谳显然强化了中央的司法集权，而弱化了地方的司法权力。但从司法责任的角度来看，狱疑奏谳其实也是中央法司替地方司法官承担错判责任，"（地方）官无失入之虞，而吏有鬻狱之利"[1]，因此，地方法司是很乐意上奏疑案的，即便不是疑案，也列为疑案上奏。

也就是说，疑狱奏谳的制度从设立开始，便产生了一个问题：地方法司不当奏裁而奏裁，以致中央法司不堪重负。那怎么办呢？

朝廷想到的办法是，设立疑案奏谳的门槛，处分不当奏谳的行为。雍熙元年（984），宋太宗下诏："凡上疑狱，详覆之而无疑状，官吏并同违制之坐。"[2] 如果地方司法官将没有疑难的案子当成疑案奏谳，要追究责任。

但是，这一门槛固然可以阻挡一部分不当奏谳而奏谳的刑案，减轻中央法司的负担，却又导致了另一个不良后果：地方司法官为避免受到"违制"的责罚，真碰到了疑案也不敢上奏，将疑案当一般案件处理，轻率作出判决，这就很容易冤枉无辜。

天圣四年，朝廷又解除了对奏谳不当的处分。仁宗皇帝下诏："朕念生齿之繁，抵冒者众；法有高下，情有重轻，而有司巧避微文，一切致之重辟，岂称朕好生之志哉？其令天下死罪情理可矜及刑名疑虑者，具案以闻。有司毋得举驳。"

但如此一来，上报到中央法司的疑案很快又堆积如山。摆在宋朝君主与执政团队面前的，其实是一道难题，没有绝对正确的

---

1 脱脱等：《宋史》卷二百一《刑法三》。
2 脱脱等：《宋史》卷一百九十九《刑法一》。下同。

解答，就看你在"奏牍滋多，有烦朝廷处断"与"恐天下无复以疑狱奏"之间如何权衡取舍。[1]

宋政府只能采取动态调节的办法：在"奏牍滋多，有烦朝廷处断"的时候，往往下诏申明禁止不当奏谳；而在"恐天下无复以疑狱奏"的时候，又放宽对奏谳不当的处分。

元丰八年，应召回朝执政的司马光提议："请自今诸州所奏大辟，情理无可悯，刑名无疑虑，令刑部还之，使依法断决。实有可悯、疑虑，令刑部具其实于奏钞后，先拟处断，令门下省审覆。如或不当，及用例破条，即令门下省驳奏，取旨勘之。"刚刚继位的哲宗皇帝采纳了这一建议，下诏："自今应诸州鞫讯强盗，情理无可愍、刑名无疑虑，而辄奏请，并令刑部举驳，重行朝典，无得用例破条。"按此诏令，奏谳不当的行为将受到处分。

但过了三年，元祐三年，朝廷又下诏停止执行元丰八年的"奏谳大辟不当及用例破条法"，为什么？因为立法之后，"自是州郡不复敢以疑狱为谳，岁断大辟加多，天下以为非也，故有是诏"。[2]

建中靖国元年，宋徽宗进一步鼓励疑案奏谳："诏诸路疑狱，当奏而不奏者科罪，不当奏而辄奏者勿坐，著为令。"[3]

但到了崇宁三年，由于"原初，流罪以下，不应奏而奏者，勿坐。故有司皆知免戾，不复详法用刑，率多奏上，是致奏牍滋多，有烦朝廷处断"，大理寺又建议对"狱案不当奏而奏者"加以处分。[4]宋徽宗从之。

1　马端临：《文献通考》卷一百七十《刑考九》。下同。

2　李焘：《续资治通鉴长编》卷四百十一。

3　脱脱等：《宋史》卷十九《徽宗一》。

4　马端临：《文献通考》卷一百七十《刑考九》。

宣和六年（1124），又有臣僚提出："比来诸路以大辟疑狱决于朝廷者，大理寺屡以'不当'劾之。夫情理巨蠹，罪状明白，奏裁以幸宽贷，固在所戒；然有疑而难决者，一切劾之，则官吏莫不便文自营。臣恐天下无复以疑狱奏矣。"[1] 宋徽宗又不得不下诏鼓励奏谳："若入大辟，刑名疑虑，并许奏裁。"

转眼到绍兴二十六年，却有谏官凌哲上书宋高宗："臣窃见诸路州军勘到大辟，虽刑法相当者，类以为可悯奏裁，遂获贷配……今各州勘结，刑、寺看详，并皆奏裁贷减。彼杀人者可谓幸矣，顾被杀者衔恨九原，不知何时而已也！"[2] 因此，他提议："望特降睿旨，应今后诸州军大辟，若情犯委实疑虑，方得具奏。其情法相当、实无可悯者，自合依法申本路宪司详覆施行。当职官吏及刑、寺，日后将别无疑虑、情非可悯奏案辄引例减贷以破正条，并许台臣弹劾，严置典宪。"

高宗看了凌哲的奏疏，说道："但恐诸路灭裂，实有疑虑、情理可悯之人，一例不奏，有失钦恤之意。"皇帝还是倾向于对疑狱奏谳不作限制。

说回绍兴四年的宣州奏谳案，在御史台裁定檀偕案属故杀、宣州奏裁失当之后，要不要对宣州相关官员提起问责呢？朝廷也出现了争议。

宰相朱胜非说，"疑狱不当奏而辄奏者，法不论罪"。但中书舍人孙近认为，宣州不当奏谳而奏谳，显然是推卸己责、观望朝廷，应该追究相关官员之咎。最后宋高宗说："宣州可贷。今若加罪，

1　脱脱等：《宋史》卷一百九十九《刑法一》。下同。

2　马端临：《文献通考》卷一百七十《刑考九》。下同。

则后来州郡实有疑虑者，亦不复奏陈矣。"

绍兴四年三月，皇帝下诏，对宣州奏谳案宣布最终裁决：檀偕、阮授、阮捷故意杀人，"论如律"；宣州奏裁不当，免于追究责任；大理寺与刑部对本案的判决与复核存在失误，当职的大理寺丞、评事、刑部郎官，"各赎金有差"。

至此，宣州案结案。不过，我们还需要讨论一个问题：怎么评价疑狱奏谳的司法机制？

还是"罪疑惟轻"

我们总是习惯于将疑案奏谳制度解释为宋代中央司法集权与君主专制的表现，但宋人并不这么理解，他们相信"狱疑奏谳"乃是"罪疑惟轻"的制度化。南宋官员楼钥说："臣闻之书曰：'罪疑惟轻，功疑惟重，与其杀不辜，宁失不经。'……国家列圣仁厚，凡大辟刑名疑虑、情理可悯，皆许奏裁，率从宽贷，国祚灵长，此其大者。"[1] 所以楼钥反对限制疑案奏裁。有一回，刑部提议："天下狱案多所奏裁，中书之务不清，宜痛省之。"[2] 楼钥坚决不同意。

另一位叫周林的南宋官员也说："书载帝舜之德，曰罪疑惟轻，功疑惟重，与其杀不辜，宁失不经……臣愿陛下推广宽恩，删除（处分奏谳不当的）旧律，不应奏而奏者并不科罪，使廷尉之官不以简牍之繁为劳，州郡之吏不以请谳之责为虑，天地大德洽于民心，

1　楼钥：《攻愧集》卷二十七。
2　脱脱等：《宋史》卷三百九十五《楼钥传》。

岂胜幸甚。"[1]

北宋苏颂曾经写过一首诗作《送句判官赴大理详断》赠送法官朋友，末句是"从来法吏多阴德，勉务哀矜助圣明"。这两句诗完全可以移来形容"狱疑奏谳"制度，因为"狱疑奏谳"意味着"罪疑惟轻"，是以"哀矜"之心助君主之"圣明"。

那为什么说"狱疑奏谳"就是"罪疑惟轻"的体现呢？宋人是这么论证的："书曰：'与其杀不辜，宁失不经。'夫以天下之大，四海之广，狱讼至繁，官吏至众，盖狱讼繁，则不得无可疑可愍之情；官吏众，则不必皆明习法律之士"，如果朝廷限制疑案奏裁，处罚奏裁不当，那么，"官吏畏罪，则取可疑可愍者迁情就法而杀之矣，安事上请而取咎"？[2] 所以，朝廷应该"广示海宇，俾可疑可愍之狱，皆如平日以其实情上请，付有司议之，或失于妄请，也亦如昔日特放其罪。如此，则疑情愍狱皆得以上闻，而好生之德周四海矣"。

相比之法律素养参差不齐的地方司法官，中央法司显然具有更充足的法律知识、更丰富的司法经验、更高超的司法技能、更严密的司法程序来处理疑难大案，这一点是不用怀疑的。

更重要的是，奏裁疑案的定谳，例以君主的名义颁下，君主具有赦免的特权，对于一部分大辟疑案，通常都会贷其死罪。宋人相信君主的赦免权可以济法律之穷："国家累圣相授，民之犯于有司者，常恐不得其情，故特致详于听断之初；罚之施于有罪

1　黄淮、杨士奇编：《历代名臣奏议》卷之二百十七。

2　赵汝愚编：《宋名臣奏议》卷一百五十。下同。

者，常恐未当于理，故复加察于赦宥之际。"[1] 因此，宋代许多大辟案件都"因奏裁遂获免死"[2]。

北宋范纯仁曾运用一组统计数据佐证了"奏裁"与"贷死"之间的紧密关联。他说，元丰八年十一月二十三日，朝廷有敕，凡奏谳的大辟疑案，"只委大理寺并依法定夺，更委刑部看详，如实有疑虑可悯，方奏取旨，余皆依法处死"，即奏案由大理寺作终审裁决，非特殊情况无需取旨。[3] 结果，从元丰八年十一月二十三日至元祐元年二月底，不足百日间，各地共奏疑案死罪犯人 154 人，其中 57 人最终被处死，获得宽贷的比例为 60% 有余；而从元丰七年十一月二十三日至元丰八年十一月二十三日，一年之内，四方奏谳大辟疑案共计 146 人，只有 25 人被处死，"其余并蒙贷配"，宽贷的比率达到 80% 有余。可知元丰八年的敕命增加了死刑的执行率。

范纯仁说，"臣固知去年十一月未降敕已前，全活数多，其间必有曲贷，然犹不失'罪疑惟轻'之仁。自降敕之后，所活数少，其间或有滥刑，则深亏'宁失不经'之义"。朝廷立法，应宁可容忍"必有曲贷"的代价，而不可罔顾"或有滥刑"的可能性。因此，范纯仁奏请收回元丰八年敕命，完善狱疑奏谳制度与复审程序，"今后四方奏到大辟疑虑可悯公案，并仰刑部、大理寺再行审覆"，所有奏案，均节略案由呈报君主，"乞自圣意裁断"，"如所奏或有不当，并与免罪。如此，则刑不滥施，死无冤人矣"。

1　徐松辑：《宋会要辑稿·职官一五》。

2　马端临：《文献通考》卷一百七十《刑考九》。

3　李焘：《续资治通鉴长编》卷三百七十。下同。

范纯仁主张天下奏谳之疑案皆归"圣意裁断"，那我们是不是可以说他在鼓吹君主独裁、皇权专制呢？显然不可以这么下诛心之论。毋宁说，范纯仁的意见代表了一部分宋朝士大夫的价值信仰：人命关天，罪疑惟轻，宁可"必有曲贷"，也不可"或有滥刑"。

余话：承不承认疑案

发端于汉、成熟于唐、兴盛于宋的疑狱奏谳，在明清时期却不再是一项正式的司法制度。

所谓"疑狱奏谳"，得先有"疑狱"，才可能有"奏谳"。《唐律疏议》与《宋刑统》均设有"疑罪"条款："诸疑罪，各依所犯，以赎论。"我们且不去讨论"以赎论"是否合理，只指出一点，这一条款本身可以说明唐宋法律对于疑案的态度：首先，法律承认存在"疑案"，用宋人的话来说，"以天下之大，四海之广，狱讼至繁"，"不得无可疑可愍之情"；其次，国家允许以疑案结案，"罪疑惟轻"便是以疑案结案。

但明清时期的法律，是不承认"疑罪"的。《大明律》专取法于《唐律疏议》，却删了"疑罪"名目。法律既然不承认"疑罪"，自然就不会有"疑狱奏谳"制度。薛允升评论说："明律并无疑罪专条，设有实在难明之事，即无办法。"[1] 那怎么办？成化十四年（1478），朝廷不得不补充规定："果有可矜可疑，或应合再与勘问"的案子，"通行备由奏请定夺"。[2] 这等于是变相恢复了疑

---

1 薛允升：《唐明律合编》卷三十。
2 李东阳等：《大明会典》卷之一百七十七。

狱奏谳的机制，但在法律上，明王朝始终不承认疑狱可以结案。

清王朝同样不承认"疑罪"。《大清律》不仅沿袭了《大明律》不立"疑罪"条款，还在司法奏报程序中取消了疑案的分类。依清制，各省每年都要将死罪人犯分为情实、缓决、可矜、可疑四项，呈报刑部，但雍正年间，"可疑"这一项被划掉。对此，薛允升亦有评论："实缓、可矜之外，尚有可疑一层，即罪疑惟轻之疑，凡有罪名已定，而情节可疑者，均归列于内，亦慎重刑狱之意。后将此项删去，一遇疑狱，便难措手。"[1]

承不承认"疑罪""疑案""疑狱"可以结案，代表着两种不同的司法哲学。不承认疑案可结案的司法思路，根植于一种理想主义的预设：只要司法官根究到底，每一起案子都可以审出实情，每一个犯人都逃不掉法律制裁，"若有事涉疑难，踪迹诡秘者，则必多方以取之，或钩距以探其隐，或权谲以发其奸，或旁敲侧击以求其曲折，必期于得情而后已"[2]，不查个水落石出决不罢休。

承认疑案可结案的司法思路，则体现了一种现实主义的预设：由于证据湮灭、刑侦技术不足、人之理性有限等原因，有一些案子可能是永远也不会真相大白的，"圣人不敢矜其明，以天下固自有不可明之事也。有杀人之情，无杀人之迹，则疑；有杀人之迹，无杀人之情，则疑；有所仇而杀之，有所图而杀之，有所猜嫌忌妒而杀之，皆情也，而未尝实见其杀之，则疑……至于远年之案，证据尽亡，远省之案，形势莫测，无所不疑"[3]。

---

1 薛允升：《读例存疑》卷四十九。
2 胡文炳：《折狱龟鉴补》。
3 裕谦：《罪疑惟轻说》，收于盛康《皇朝经世文续编》卷九十八。

　　承不承认"疑罪""疑案""疑狱"可以结案，也带来了不同的司法后果。疑案不可结案，意味着司法机关必须尽力去查清案情；如果允许疑案结案，司法官查明真相的动力可能就不那么大。

　　但换一个角度来看，疑案显然是客观存在的，不会因为法律不承认就消失，如果不允许以疑案结案，那么迫于压力，司法官吏难免会倾向于将疑案做实，将疑犯定罪。有研究清代司法的学者发现：清朝《刑案汇览》记载的很多案例，在原审中都没有疑问，但送刑部复核时，就会被指出很多疑点。造成这种现象的主要原因是，地方审理的信谳实际上是通过剪裁证据及口供制造出来的，经不起上级司法机构的审查。[1]这正好应了晚清官员裕谦的忧虑："疑者，不可得而明者也，于此而欲矜其明，正恐死者不得昭雪之天，而生者且入黑暗之地。"[2]

　　而允许疑案结案，尽管可能也会导致不良后果，比如司法官将原本可以查清的案子也当成疑案结案，但另一方面，它迫使人们不得不去思考：如何处理疑案才能将伤害降至最低？经过权衡取舍，先贤发现"罪疑惟轻"就是最不坏的选择，"故圣人特著之于经，曰罪疑惟轻"；宋人才说"五刑之属三千，一言以蔽，曰'罪疑惟轻'"。

　　现代法治社会普遍采用的"疑罪从无"的司法原则，同样是基于对不完美现实的承认，基于"两害相权取其轻"的权衡取舍。若坚信"每一起案子都可以审出实情，每一个犯人都逃不掉法律制裁"，则不可能发展出"疑罪从无"的司法制度。

1　参见蒋铁初《清代的疑罪处理》，《南京大学法律评论》2011年第2期。

2　裕谦：《罪疑惟轻说》，收于盛康《皇朝经世文续编》卷九十八。下同。

附录一

我为什么要给女儿讲宋朝历史

吴钩

　　您现在看到的这一本小书，就像我 2019 年出版的《知宋：写给女儿的大宋历史》一样，其实也是想写给女儿的历史读物。

　　为什么会想到给女儿写谈宋朝历史的书呢？其实是出于个人的一点私心：我的大女儿吴桐同学从小读双语学校，接受的是双语教育，高中计划读国际学校，不准备参加国内高考，直接申请海外大学。也就是说，以我女儿接下来的教育规划，优势是具有国际化的视野，但在中文的读写、对中国历史文化的了解方面，可能会是短板。我不愿意看到她对本国历史与文化缺乏了解与理解，所以动了念头想给女儿写关于宋朝的历史读物，希望她能够以一种温情与敬意看待历史与传统。

　　写《知宋》，同时又是出于公心——希望现在的年轻读者能够改变对于宋代中国的成见与偏见，发现华夏传统文化演化至宋代时所取得的文明成就，而不是简单、粗暴地斥之为"皇权专制高峰""积贫积弱"云云。从这个角度来说，我非常期待和欢迎更多对中国历史感兴趣的读者都来读读《知宋》。

这些年，我有一个感触，就是觉得我们的政治史、法学史、制度史叙述，基本上都是以对待"他者"的笔调来讲述本国传统，不管是自由主义者的叙述，还是正统派人士的叙述。这构成了一百年来中国一道比较奇特的文化景观。我认为，这样的偏见与成见应该扭转过来。看完《知宋》，我相信您会对宋朝的制度与传统文化有新的认识。

我当然也知道，在今天的中文图书市场中，关于宋朝历史的书籍非常多，既有严肃的学术论著，也有通俗的大众读物。但是，学术论著太枯燥，很难引起一般读者的阅读兴趣；大众读物虽然亲民，但龙蛇混杂、泥沙俱下，胡编乱造的书并不鲜见。因此，我希望自己可以给对宋朝史感兴趣的朋友提供一套内容严肃、文字生动的历史读物，这也是写《知宋》的初衷之一。

刚开始写《知宋》时，女儿才读初二。我断断续续写了两年，完稿了就将书稿打印出来，要求她读完全部打印稿，同时帮我校对文中的错漏之处。这时候，我女儿刚读高一，没有高考的压力，有读书的时间，她便从头到尾校对了一遍书稿，并帮我绘制了书里的一张插图《宋朝诏敕流程示意图》，还写了一篇文章，谈她校对文稿的感想，这篇文章以"女儿序"的形式收入书中。等到这本《知宋：写给女儿的大宋历史》（广西师范大学出版社，2019 年）出版时，她自己也快高中毕业，且已申请到满意的大学了。

时光匆匆过，回想起来，却恍如昨天。

现在，《宋潮》也完稿了。同前作一样，这也是一本想写给女儿的历史读物，但它与《知宋》是有明显区别的。《知宋》的内容是集中讲述宋朝的政治与司法制度，阐释它们具体是怎么运行的；表达形式则是讲故事，通过讲故事介绍宋朝的制度文明。至于为什么要采用讲故事的方式，主要是基于两个考虑：

第一，我相信对大众来说，阅读一个情节曲折的故事，要比阅读干巴巴的论文更有兴趣与热情，换句话说，我希望这本书更有可读性与吸引力。

第二，故事其实也是"活的制度"。以前我写过不少介绍宋代政治、司法成就的文章，引来了一些反驳，反驳者质问：纸面上的规定都是很动听的，执行起来呢？那么，我讲述发生在故事里（而不是写在纸面上）、已经被执行起来的制度及其运作过程，是不是更有说服力一些呢？

而现在大家看到的这本新书，讲述的内容不限于宋朝的政治与司法制度，还涉及宋朝的市政制度、文化制度、商业制度、军事制度等。虽然看起来似乎有点庞杂，但具体选择讲述哪些制度，我给自己设了一条标准：讲述宋时独有的制度或者在漫长历史中以宋代最具活力的制度，而在宋亡之后，这些制度都退出了历史舞台，希望读者朋友能从中体会到历史的沧桑与宋代文明的独特魅力。

而我这一次的表达方式，也不再是讲故事，因为没有一个故事可以完整地体现一项宋朝制度的兴起、运转过程及消亡结局，我需要以鸟瞰的叙事视角来综述制度的来龙去脉，需要捕捉更多的细节来填充历史的骨架。

我将本书内容分为五辑，第一辑讲宋朝市政，第二辑讲宋朝人文，第三辑讲宋朝经济，第四辑讲宋朝政治，第五辑讲宋朝司法。每一辑都由若干篇文章组成，文章的标题均取自唐宋诗文，这么处理无关宏旨，只是为了显示一种整齐感。

同我之前的作品一样，本书也引用了大量文言文，这是我有意为之。我坚持认为，今天的读者应该学会无障碍地阅读文言文，我也要求我女儿能够阅读文言文，因为我觉得中国最有价值的文化遗产都是用文言文记录的，如果读不懂文言文，就如同走到一座宝库的大门口，却找不到钥匙。不过，我反对今人写文言文，因为没有必要。坦率地说，这些年，媒体与自媒体极力吹捧、赞叹的几篇今人写的文言文（包括高考作文、辞职信等），实际上都写得极为矫揉造作，如同东施效颦，而且模仿的还是台阁体之类不讲人话的文言文末流。总而言之，文言文值得多读，但仿写就不必了。

迄今为止，我在广西师范大学出版社"新民说"出了"吴钩说宋"系列五册，包括《宋：现代的拂晓时辰》《风雅宋：看得见的大宋文明》《知宋：写给女儿的大宋历史》《宋仁宗：共治时代》，以及您正在看的这一本。各册内容的侧重点不同，但它们的主旨是一以贯之的：讲好中国故事，重新发现大宋文明。

记得钱穆先生在《国史大纲》的序言中说：

凡读本书请先具下列诸信念：

一、当信任何一国之国民，尤其是自称知识在水平线以上之国民，对其本国已往历史，应该略有所知。否则最多只算一有知识的人，不能算一有知识的国民。

二、所谓对其本国已往历史略有所知者，尤必附随一种对其本国已往历史之温情与敬意。否则只算知道了一些外国史，不得云对本国史有知识。

三、所谓对其本国已往历史有一种温情与敬意者，至少不会对其本国历史抱一种偏激的虚无主义，即视本国已往历史为无一点有价值，亦无一处足以使彼满

意。亦至少不会感到现在我们是站在已往历史最高之
顶点，此乃一种浅薄狂妄的进化观。而将我们当身种
种罪恶与弱点，一切诿卸于古人。此乃一种似是而非
之文化自谴。

四、当信每一国家必待其国民具备上列诸条件者
比数渐多，其国家乃再有向前发展之希望。否则其所
改进，等于一个被征服国或次殖民地之改进，对其自
身国家不发生关系。换言之，此种改进，无异是一种
变相的文化征服，乃其文化自身之萎缩与消灭，并非
其文化自身之转变与发皇。[1]

我写此书，用意亦同。虽然钱穆先生对宋代制度的评价相当
低，我不敢苟同，但他主张以一种温情与敬意看待本国历史的倡
言，我铭记在心，并想时时拿出来与朋友分享。

本书付梓时，我的大女儿已经读大一。这一次，我同样让她
把书稿校对了一遍，并写一篇感想。如果您问我，先后给女儿写
了两本书，对你女儿的成长与学习有什么益处？我会这么回答：

很难说阅读一本书对我女儿的学习与成长有什么立竿见影的
效果，但家庭的阅读环境与氛围，确实会对孩子的阅读兴趣与阅
读能力产生深刻的影响。我女儿从小就喜欢阅读，读的书很庞杂，
视野与知识面都比较开阔。从小学开始，学校举行的课外知识竞
赛，她基本上都是拿第一。我们并没有刻意要求她读书，只是家
里到处都是书籍，父母都是读书人，孩子自然而然就养成了阅读

1　钱穆：《国史大纲》，九州出版社，2011。

的习惯。我女儿读高三时能拿到大学预录取的 offer，我想，这可能也是得益于她从小养成的阅读习惯与阅读能力。

我的太太杨娜也帮我校对了一遍书稿，她很喜欢这本书——毕竟是写给我们女儿的书，所以她也乐滋滋地给这本书写了一篇感想。

我的小女儿吴歌正在读幼儿园，还不能阅读爸爸写的书，但我相信，等她长大了，应该也会喜欢。

这本书献给她们。

附录二

我们这一家

杨娜

读我家老吴的文章二十多年，第一次被要求写篇短文，谈谈这本他跟女儿讲宋朝历史的书，居然有点儿忐忑。作为他的妻子，见证了一个最初追热点写杂文、评论的小镇青年，到今天成为宋史研究方向的学者，这种幸福感是不言而喻的。

细算下来，老吴开始研究宋史，也就十年时间。但这十年，宋朝的美学艺术、传统的生活方式，一点一滴地通过老吴的言传身教，不知不觉地影响着我们的家庭生活。

在"二宝"（我对小女儿的昵称）还未出生前，我们的家庭生活非常简单。每天下班回来，大家吃过晚饭，泡上一壶茶，拿上一本书各看各的；或者，老吴写稿，我帮他校对，"长公主"（我对大女儿的昵称）挨着我们埋头阅读。到了就寝时间，"长公主"耍赖皮，抱着铺盖非要到我们屋里打地铺，开始天南海北地和她爸爸神聊起来：历史上最了不起的皇帝是哪个？中国人有没有自己的宗教信仰……话题很幼稚，但她爸爸都很有耐心地一一解答，即使我一再喊停，也要聊至深夜。

"长公主"从小不务正业，在校期间经常不能按时完成作业，还时不时翘一下课，令身担教职的我大为恼火。老吴宠爱女儿，反对我以体制内的刻板方式教育子女，反复叮嘱我要宽容孩子的各种躲懒行为。值得宽慰的是，小姑娘独独喜欢看书，每日流连于她爸爸的几个大书架前，抽出一本书一读就是几个小时。小学期间，她就细读过唐宋诗词，之后是明清师爷历史，中学时又迷上南唐后主李煜，还曾写下洋洋洒洒的千字文为其正名，反驳语文老师对李后主的"批判"。虽然考试成绩只处于年级中游，她的自信心却丝毫不受打击，课堂上还敢和老师辩论，有理有据的，倒也不是乱说一气。

记得有一次，我和"长公主"到朋友家喝茶。席间，一位日本流浪艺人正拿着一块天青色的碎瓷片默默观赏，然后用英语低头问了我们一句什么。我听不太明白，但令我惊讶的是，"长公主"流畅地告诉他，这块瓷片极有可能是来自宋代的汝窑。这下可把这个漂洋过海来研究陶瓷的老先生给震住了，接下来两人就这个话题相谈甚欢，临别时，他还特意画了几幅画送给"长公主"。

这一年"长公主"只有十二岁，"二宝"还未出生。

"二宝"出生后，我们经常带着两个女儿参加爸爸的新书签售会或各种主题讲座。家里逐渐积累了一些宋代的画卷（复刻品）、瓷器。也许是耳濡目染，五岁的小女儿看着北宋张择端的《清明上河图》，居然能找到"孙羊正店""彩楼欢门"；有时候，我们也会拿出茶粉、茶筅教她点茶。

现在"长公主"留学新加坡，"二宝"就读于国际学校，但是，我们都希望子女了解中国历史，热爱传统文化。

不知道是因为对宋史了解多了，还是爱屋及乌，我的教学方式也发生了很大的改变。大家都知道，北宋时期有一个以范仲淹、苏轼等文人士大夫为代表的"背诵默写天团"，这是所有语文老师都绕不开的课题。给学生讲解这些文人的时候，对于他们或耿直或天真的性情，他们的理想抱负，我总是大为赞赏以至滔滔不绝：从北宋苏轼设计的"自来水"供应系统讲到汴京的城市消防、市民娱乐，一直讲到词已穷，还觉意未尽，干脆把老吴请到课堂上继续讲。老吴也不厌其烦，把家里珍藏的宋画（复刻品）、瓷器、宋钱一股脑儿拿出来给学生细细把玩、琢磨，也不知学生对我们这对"宋粉"的捆绑式教学作何评价。

老吴还特别喜欢文言文，常常在文章里引用大段大段的文言文，年轻人读这些文言文引文可能会觉得晦涩。不过，在这一点上，我是支持老吴的。语文教师的从业经验告诉我，现在的中小学生应该养成阅读文言文的习惯与能力，因为古诗文在中小学语文课本、语文考试中的比重、分值会越来越大。老吴当然也要求当年就读于国际高中的"长公主"多读点文言文，最好能做到无障碍阅读。平时她与长辈往来的邮件，也必须文字严谨，尽量符合传统书信的格式规范。这些要求听多了，我也会受到影响。

记得有一次，我在批改班上几个调皮蛋写的检讨书时，忍不住把称呼、落款改成合乎传统礼仪的说法，然后交回他们的手上。孩子们看着修改后的检讨书，一脸肃然起敬的样子，我才恍然意识到：传统是有某种不可言说的力量的。

如今，老吴的宋朝研究已成系列。如果说老吴是"宋粉"的话，倒不如说是"粉"一个文明的时代，更是带着我们去探寻古老中国的美好传统。一个家庭有自己的文化信仰，的确是非常幸福的事情。

附录三

我和爸爸：凡是过往，皆为序章

吴桐

2020 年春天，由于疫情的原因，我早早便从大学回来，在家上网课。整个城市像被摁下了休眠键，商铺纷纷休业，人们大多也停工了。爸爸因为这个原因，取消了新书推广、做讲座等活动。趁着禁足在家的闲暇时间，他又开始着手新的写作。也是在这段清闲的日子，我翻阅起爸爸的新书稿。

不出我所料，这本新书的内容依旧围绕着高度发达的宋朝社会来展开，涉及宋朝的民生、经济、政制、司法等方面。记得在爸爸第二部"说宋"作品《风雅宋：看得见的大宋文明》中，我看到了当时繁盛的民生：贸易自由、经济空前发展、人们有着精彩的夜生活……而在爸爸上一部写给我的《知宋：写给女儿的大宋历史》中，宋朝的司法文明和皇权的平衡更是让我叹服。现在这本书则是更加深入地讲述了这两部分，伴随着翔实的史料佐证和深入浅出的分析。

历史常看常新，我们对一个时代、一个标志人物的观点也总是被一个个耕耘于书桌的学者或大众媒体挑战。前段时间电视剧《清平乐》热播，这让我想起了一个话题：许多人都习惯于认为宋仁宗称不上明君，更担当不上这个"仁"字，只是一个平庸的守成之君罢了。恰好爸爸刚刚出版了一本仁宗皇帝的传记《宋仁宗：共治时代》；我正在看的这本新书稿涉及的一部分宋制，比如"与民同乐"的理念，"与士大夫共治天下"的政体，也是完善于宋仁宗时期。看电视剧《清平乐》的网友开始关注起仁宗皇帝的感情生活，而我阅读爸爸笔下的宋仁宗，对仁宗皇帝的印象，却被那句"汝知否？因我如此冷落，故得渠如此快活。我若为渠，渠便冷落矣"而刷新。我觉得，一个古代帝王能说出这样一番有点"舍己为人"味道的话，简直可以用"伟大"来形容。商纣王的"酒池肉林"，唐明皇的"从此君王不早朝"，似乎已经成了人们眼里的皇帝"标配"；爸爸的书却告诉我，宋朝的仁宗皇帝能做到自甘寂寞，因为这位庸常而仁圣的君主明白一个道理："因我如此冷落，故得渠如此快活。"

在爸爸上一部写给我的《知宋》的序言里，我也为相似的精神所触动。爸爸在序言中说："我期待历史历久弥新，而我的小书不妨速朽。"说得太好了！我这么说也不是为了捧我爸的臭脚，而是我真的在第一次看到这句话时大吃一惊。站在女儿的角度，我爸这个角色显然不像读者眼中那么完美无缺。在我眼里，我爸有着许多外人看不到的小缺点，想不到一身缺点、有点俗气的爸爸竟然也这么有见地、有格局。每一个写作者应该都希望自己的作品能流传于世，爸爸不希望吗？我的脑海浮现出一个情景：我们所看到的历史版图不过是沙滩上的拾贝人凑出的拼图，为了能知道这片海域的全貌，拾贝人不顾辛苦拼好的图案被海浪卷走，总是兴奋地追逐着被冲上岸的新贝壳，乐此不疲。而在我家不算大的书桌上，爸爸就像沙滩上的拾贝人一样，翻着一本又一本的文献，企图拼凑出一张张宋代的画卷，沉醉在历史的世界里。如果他讲述的宋代文明成就能让我和其他读者记住，我想他愿意自己辛苦拼出来的拼图被时代的海浪卷走。

童年的阅读经历总是离不开爸爸的影子。我家以前居住的房子比较小，没有多出来的房间作书房，爸爸便把书架安放在我的房间里。在四周环绕的书架中，我偷偷读了爸爸年轻时收藏的一本本旧书。我曾把一本古龙的武侠小说《天涯明月刀》（这本书有些破烂，封面也不知被什么人撕掉了，是年轻时的爸爸给它订上了一张自以为武侠风的手绘封面）藏到被窝里午休时偷看。我对明史的了解也是从爸爸书架上的一本《正说明朝十六帝》开始的。和爸爸笔下的宋朝比起来，明朝似乎更像一部剧情跌宕起伏的电视剧，更加吸引了那时把历史当小说看的初中生——也就是我本人。这些事就这样莫名地点燃了我对历史的热情，我开始疯狂地搜集、阅读爸爸书架上的明朝史书。走马观花似的读了一部分明史读物之后，我开始拉着爸爸打辩论，究竟是明朝有趣，还是宋朝有趣，哪个皇帝更称得上明君，甚至还要跟他比赛背诵古代年号。现在回忆起来虽然会羞耻掩面，但也觉得有趣。

还有一次，我偶然看到了爸爸写的一篇回忆录《我的个人史：渐觉池塘春草梦》（欢迎大家关注爸爸的公众号"我们都爱宋朝"），更是发现了我的成长经历也烙上了爸爸的印记。三十年前的爸爸也是颇为清高、轻狂的文艺少年，读了些文学作品后便暗自发誓要走文学道路。就像我爸与一群发小成立了一个文学社"练笔小组"，我也挺凑巧地在初中时期和两三个自以为有些文字素养的朋友拖了群聊，每个周末互相点评对方的作文，分享一些欧美的短篇小说，自诩"当代左拉"（我实在是耻于回想起这段有些"中二"的经历，不敢翻自己写过的文字）。自然，比起我爸的写作功力，我的语言实在是幼稚且苍白，但这样相似的童年却让我有点神交已久的感觉。上了大学，和同龄人的交流中，我常自叹弗如，有点"泯然众人矣"的意思了，而爸爸这篇文章让我的思绪又回到了初中时，回想起那个以为看过几本王小波、昆德拉便自诩是文坛种子选手，拿着好几个本子和朋友构思武侠小说却总是止步于人物简介的我。

大概也是受爸爸的影响，我们全家人都很喜欢读书。听妈妈说，我才一岁大时，每次看到爸爸读书看报，就要爬过去抢来看，当然什么都看不懂，我那时候可能以为爸爸经常拿在手里看的书就是什么好玩的东西吧。在我印象中，家里的书总是越积越多，每次搬家，最辛苦的就是搬书。前几天，家中书架因为不堪重负，居然塌了几排，我又成了帮爸爸维修书架的工人，累得满头大汗。比起拿着铁锤、扳手、铁钉维修书架，还是读书更轻松一些。

爸爸的新作就要付梓了。凡是过往，皆为序章。不知道下次再提笔为爸爸的新书写文又是什么时候呢？

附录四

主要参考文献

史料、专著

［汉］董仲舒：《春秋繁露》，周桂钿注释，中华书局，2011年。

［汉］司马迁：《史记》，中华书局，1982年。

［东汉］班固：《汉书》，［唐］颜师古校注，中华书局，1962年。

［北齐］魏收：《魏书》，中华书局，1997年。

［唐］杜佑：《通典》，王文锦等点校，中华书局，1988年。

［唐］张九龄等撰，袁文兴、潘寅生主编：《唐六典全译》，甘肃人民出版社，1997年。

［宋］包拯：《包孝肃奏议集》，《景印文渊阁四库全书》第四二七册，台湾商务印书馆，1986年。

［宋］蔡沉：《书集传》，王丰先点校，中华书局，2017年。

［宋］程大昌：《演繁露校证》，许逸民校证，中华书局，2019年。

［宋］程颢、程颐：《二程集》，王孝鱼点校，中华书局，2004年。

［宋］陈均：《九朝编年备要》，《景印文渊阁四库全书》第三二八册，台湾商务印书馆，1986年。

［宋］陈亮：《陈亮集》，邓广铭点校，中华书局，1987 年。

［宋］陈亮辑：《苏门六君子文粹》，《景印文渊阁四库全书》第一三六一册，台湾商务印书馆，1986 年。

［宋］陈郁：《藏一话腴》，《景印文渊阁四库全书》第八六五册，台湾商务印书馆，1986 年。

［宋］陈元靓：《岁时广记》，许逸民点校，中华书局，2020 年。

［宋］晁说之：《景迂生集》，吉林出版集团社，2005 年。

［宋］蔡绦：《铁围山丛谈》，冯惠民、沈锡麟点校，中华书局，1983 年。

［宋］蔡襄：《端明集》，吉林文史出版社，2005 年。

［宋］常棠：《澉水志》，《丛书集成初编》本，中华书局，1985 年。

［宋］窦仪等：《宋刑统》，中华书局，1984 年。

［宋］戴埴：《鼠璞》，《景印文渊阁四库全书》第八五四册，台湾商务印书馆，1986 年。

［宋］费衮：《梁溪漫志》，金圆校点，上海古籍出版社，1985 年。

［宋］范镇、宋敏求：《东斋记事 春明退朝录》，汝沛、诚刚点校，中华书局，1980 年。

［宋］高承：《事物纪原》，中华书局，1989 年。

［宋］高斯得：《耻堂存稿》，中华书局，1985 年。

［宋］龚明之：《中吴纪闻》，上海古籍出版社，2012 年。

［宋］洪迈：《容斋随笔》，孔凡礼点校，中华书局，2005 年。

［宋］洪迈：《夷坚志》，中华书局，2006 年。

［宋］洪适：《盘洲文集》，吉林出版集团，2005 年。

［宋］洪咨夔：《洪咨夔集》，侯体健点校，浙江古籍出版社，2015 年。

［宋］韩琦：《安阳集》，《景印文渊阁四库全书》第一〇八九册，

台湾商务印书馆，1986 年。

［宋］韩琦：《安阳集编年笺注》，李之亮、徐正英笺注，巴蜀书社，2000 年。

［宋］胡铨：《澹庵文集》，《景印文渊阁四库全书》第一一三七册，台湾商务印书馆，1986 年。

［宋］何薳：《春渚纪闻》，中华书局，1983 年。

［宋］黄震：《慈溪黄氏日抄分类》，清乾隆三十二年新安汪佩锷校刊本。

［宋］江少虞：《宋朝事实类苑》，上海古籍出版社，1981 年。

［宋］刘宰：《漫塘集》，《景印文渊阁四库全书》第一一七〇册，台湾商务印书馆，1986 年。

［宋］廖刚：《高峰文集》，《景印文渊阁四库全书》第一一四二册，台湾商务印书馆，1986 年。

［宋］李纲：《梁溪集》，《景印文渊阁四库全书》第一一二五册，台湾商务印书馆，1986 年。

［宋］李觏：《李觏集》，王国轩校点，中华书局，1981 年。

［宋］李焘：《续资治通鉴长编》，中华书局，1995 年。

［宋］李新：《跨鳌集》，《景印文渊阁四库全书》第一一二四册，台湾商务印书馆，1986 年。

［宋］李攸：《宋朝事实》，《景印文渊阁四库全书》第六〇八册，台湾商务印书馆，1986 年。

［宋］李心传：《建炎以来朝野杂记》，徐规点校，中华书局，2000 年。

［宋］李心传：《建炎以来系年要录》，上海古籍出版社，2008 年。

［宋］黎靖德：《朱子语类》，王星贤注解，中华书局，1986 年。

［宋］罗濬：《宝庆四明志》，《景印文渊阁四库全书》第四八七

册，台湾商务印书馆，1986 年。

〔宋〕梁克家：《淳熙三山志》，《景印文渊阁四库全书》第四八四册，台湾商务印书馆，1986 年。

〔宋〕吕午：《左史谏草》，《景印文渊阁四库全书》第四二七册，台湾商务印书馆，1986 年。

〔宋〕卢宪：《嘉定镇江志》，镇江市史志办公室编校，江苏大学出版社，2015 年。

〔宋〕陆游：《老学庵笔记》，李剑雄、刘德权点校，中华书局，1979 年。

〔宋〕陆游：《渭南文集》，吉林出版集团，2005 年。

〔宋〕楼钥：《攻愧集》，中华书局，1985 年。

〔宋〕吕中：《宋大事记讲义》，《景印文渊阁四库全书》第六八六册，台湾商务印书馆，1986 年。

〔宋〕幔亭曾孙辑：《名公书判清明集》，中国社会科学院历史研究所宋辽金元史研究室点校，中华书局，2002 年。

〔宋〕梅应发等：《开庆四明续志》，《景印文渊阁四库全书》第四八七册，台湾商务印书馆，1986 年。

〔宋〕孟元老：《东京梦华录笺注》，伊永文笺注，中华书局，2006 年。

〔宋〕孟元老等：《东京梦华录（外四种)》，古典文学出版社，1957 年。

〔宋〕欧阳修：《新五代史》，中华书局，2015 年。

〔宋〕欧阳修、宋祁：《新唐书》，中华书局，1975 年。

〔宋〕钱文子：《补汉兵志》，《知不足斋丛书》本。

〔宋〕钱易：《南部新书》，黄寿成点校，中华书局，2002 年。

〔宋〕邵伯温：《邵氏闻见录》，李剑雄、刘德权点校，中华书局，1983 年。

〔宋〕施谔：《淳佑临安志》，清光绪七年《武林掌故丛编》本。

〔宋〕孙逢吉：《职官分纪》，中华书局，1988 年。

〔宋〕孙梦观：《雪窗先生文集》，《民国四明丛书》本。

〔宋〕司马光：《家范》，内蒙古人民出版社，1999 年。

〔宋〕司马光：《涑水记闻》，邓广铭、张希清点校，中华书局，
1989 年。

〔宋〕宋祁：《景文集》，《景印文渊阁四库全书》第一〇八八册，
台湾商务印书馆，1986 年。

〔宋〕苏轼：《苏轼文集》，孔凡礼点校，中华书局，2004 年。

〔宋〕苏轼：《苏轼诗集》，〔清〕王文诰辑注，孔凡礼点校，
中华书局，1982 年。

〔宋〕苏象：《丞相魏公谭训》，上海师范大学古籍整理研究所
编《全宋笔记》第三编（五），大象出版社，2003 年。

〔宋〕苏辙：《苏辙集》，陈宏天、高秀芳校点，中华书局，1990 年。

〔宋〕苏辙：《龙川略志 龙川别志》，中华书局，1982 年。

〔宋〕沈作喆：《寓简》，《景印文渊阁四库全书》第八六四册，
台湾商务印书馆，1986 年。

〔宋〕谈钥：《嘉泰吴兴志》，浙江古籍出版社，2018 年。

〔宋〕王鏊：《姑苏志》，《景印文渊阁四库全书》第四九三册，
台湾商务印书馆，1986 年。

〔宋〕王溥：《唐会要》，上海古籍出版社，2006 年。

〔宋〕王安石：《临川先生文集》，中华书局，1959 年。

〔宋〕王辟之、欧阳修：《渑水燕谈录 归田录》，吕友仁、李
伟国点校，中华书局，1997 年。

〔宋〕王得臣：《麈史》，《景印文渊阁四库全书》第八六二册，

台湾商务印书馆，1986年。

［宋］王钦若等：《册府元龟》，中华书局，2003年。

［宋］王应麟：《玉海》，浙江书局，清光绪九年重刊本。

［宋］王铚、王栐：《默记 燕翼诒谋录》，中华书局，1981年。

［宋］王禹偁：《小畜集》，吉林出版集团，2005年。

［宋］魏了翁：《重校鹤山先生大全文集》，北京图书馆出版社，2004年。

［宋］魏泰：《东轩笔录》，李裕民点校，中华书局，1983年。

［宋］吴泳：《鹤林集》，《景印文渊阁四库全书》第一一七六册，台湾商务印书馆，1986年。

［宋］文莹：《湘山野录 续录 玉壶清话》，杨立扬、郑世刚点校，中华书局，1997年。

［宋］汪藻：《靖康要录笺注》，王智勇笺注，四川大学出版社，2008年。

［宋］施德操：《北窗炙輠录》，上海师范大学古籍整理研究所编《全宋笔记》第三编（八），大象出版社，2008年。

［宋］许景衡：《横塘集》，《景印文渊阁四库全书》第一一二七册，台湾商务印书馆，1986年。

［宋］薛季宣：《浪语集》，《景印文渊阁四库全书》第一一五九册，台湾商务印书馆，1986年。

［宋］徐兢：《宣和奉使高丽图经》，上海师范大学古籍整理研究所编《全宋笔记》第三编（八），大象出版社，2008年。

［宋］徐松辑：《宋会要辑稿》，刘琳、刁忠民、舒大刚、尹波等校点，上海古籍出版社，2014年。

［宋］徐梦莘：《三朝北盟会编》，上海古籍出版社，2008年。

［宋］徐鹿卿：《清正存稿》，《景印文渊阁四库全书》第一一

七八册，台湾商务印书馆，1986 年。

［宋］谢深甫监修：《庆元条法事类》，国家图书馆出版社，2014 年。

［宋］谢维新：《古今合璧事类备要》，上海古籍出版社，1992 年。

［宋］袁采：《袁氏世范》，天津古籍出版社，2016 年。

［宋］袁褧、周辉：《枫窗小牍 清波杂志》，尚成、秦克校点，上海古籍出版社，2012 年。

［宋］袁文、叶大庆：《瓮牖闲评 考古质疑》，李伟国点校，中华书局，2007 年。

［宋］佚名：《翰苑新书》，上海古籍出版社，1991 年。

［宋］岳珂、王铚：《桯史 默记》，上海古籍出版社，2012 年。

［宋］杨冠卿：《客亭类稿》，《景印文渊阁四库全书》第一一六五册，台湾商务印书馆，1986 年。

［宋］杨亿、陈师道：《杨文公谈苑 后山谈丛》，李裕民、李伟国校点，上海古籍出版社，2012 年。

［宋］叶梦得：《避暑录话》，《丛书集成初编》本，商务印书馆，1939 年。

［宋］叶适：《叶适集》，刘公纯、王孝鱼、李哲夫校注，中华书局，2010 年。

［宋］叶绍翁：《四朝闻见录》，沈锡麟、冯惠民点校，中华书局，1997 年。

［宋］庄绰：《鸡肋编》，萧鲁阳点校，中华书局，1997 年。

［宋］周淙：《干道临安志》，《景印文渊阁四库全书》第四八四册，台湾商务印书馆，1986 年。

［宋］周密：《癸辛杂识》，吴企明点校，中华书局，1997 年。

［宋］周密：《齐东野语》，张茂鹏点校，中华书局，1983 年。

［宋］周辉：《清波杂志 别志》，《景印文渊阁四库全书》第一〇三九册，台湾商务印书馆，1986年。

［宋］周必大：《周必大集校证》，王瑞来校证，上海古籍出版社，2020年。

［宋］周达观：《真腊风土记校注 西游录 异域志》，中华书局，2000年。

［宋］周麟之：《海陵集》，《景印文渊阁四库全书》第一一四二册，台湾商务印书馆，1986年。

［宋］周去非：《岭外代答校注》，杨武泉注解中华书局，1999年。

［宋］周行己：《浮沚集》，《景印文渊阁四库全书》第一一二五册，台湾商务印书馆，1986年。

［宋］周应合：《景定建康志》，南京出版社，2009年。

［宋］真德秀：《西山文集》，《景印文渊阁四库全书》第一一七四册，台湾商务印书馆，1986年。

［宋］张端义：《贵耳集》，中华书局，1959年。

［宋］张方平：《乐全集》，《景印文渊阁四库全书》第一一〇四册，台湾商务印书馆，1986年。

［宋］张载：《张子全书》，林乐昌编校，西北大学出版社，2015年。

［宋］郑刚中：《北山集》，《景印文渊阁四库全书》第一一三〇册，台湾商务印书馆，1986年。

［宋］曾巩：《隆平集校证》，王瑞来校证，中华书局，2012年。

［宋］曾巩：《曾巩集》，中华书局，1984年。

［宋］曾巩：《元丰类稿》，国家图书馆出版社，2018年。

［宋］曾公亮等：《武经总要》，陈建中、黄明珍校勘，商务印书馆，2017年。

〔宋〕曾敏行:《独醒杂志》,朱杰人标校,上海古籍出版社,1986 年。

〔宋〕邹浩:《道乡集》,《景印文渊阁四库全书》第一一二一册,台湾商务印书馆,1986 年。

〔宋〕赵令时、彭乘:《侯鲭录 墨客挥犀 续墨客挥犀》,孔凡礼点校,中华书局,2002 年。

〔宋〕赵升编:《朝野类要》,王瑞来点校,中华书局,2007 年。

〔宋〕赵彦卫:《云麓漫钞》,傅根清点校,中华书局,1996 年。

〔宋〕张津:《乾道四明图经》,清咸丰四年刊本。

〔宋〕祝穆,〔元〕富大用、祝渊:《古今事文类聚》,上海古籍出版社,1992 年。

〔宋〕朱熹:《孟子集注》,齐鲁书社,1992 年。

〔宋〕朱熹:《晦庵先生朱文公文集》,国家图书馆出版社,2006 年。

〔宋〕朱彧:《萍洲可谈》,李伟国校点,上海古籍出版社,1989 年。

〔宋〕赵汝适:《诸蕃志校释 职方外纪校释》,杨博文注解,中华书局,2000 年。

〔宋〕章如愚:《群书考索》,广陵书社,2008 年。

〔元〕戴表元:《戴表元集》,陆晓冬、黄天美点校,浙江古籍出版社,2014 年。

〔元〕马端临:《文献通考》,上海师范大学古籍研究所、华东师范大学古籍研究所点校,中华书局,2011 年。

〔元〕方回:《续古今考》,《景印文渊阁四库全书》第八五三册,台湾商务印书馆,1986 年。

〔元〕脱脱等:《宋史》,中华书局,1985 年。

［元］陶宗仪等编：《说郛三种》，上海古籍出版社，1998 年。

［元］陶宗仪：《南村辍耕录》，辽宁教育出版社，1998 年。

［元］吴澄：《草庐吴文正公集》，清乾隆五十一年万氏刻本。

［元］王恽：《秋涧集》，吉林出版集团，1970 年。

［元］俞希鲁编纂：《至顺镇江志》，杨积庆、贾秀英等校点，凤凰出版社，1999 年。

［元］佚名：《宋史全文》，李之亮校点，黑龙江人民出版社，2005 年。

［元］张铉：《至正金陵新志》，南京市地方志编纂委员会办公室编校，南京出版社，1991 年。

［元］周南瑞：《天下同文集》，《景印文渊阁四库全书》第一三六六册，台湾商务印书馆，1986 年。

［明］陈邦瞻：《宋史纪事本末》，中华书局，2015 年。

［明］陈子龙辑：《明经世文编》，中华书局，1962 年。

［明］方以智：《浮山文集前编》，《续修四库全书》第 1398 册，上海古籍出版社，2002 年。

［明］郭经、唐锦：《弘治上海志》，中华书局，1940 年。

［明］顾起元：《客座赘语》，孔一注解，上海古籍出版社，2012 年。

［明］黄淮、杨士奇编：《历代名臣奏议》，上海古籍出版社，2012 年。

［明］黄佐：《广东通志》，明嘉靖刻本。

［明］黄宗羲：《宋元学案》，［清］全祖望补修，陈金生、梁运华点校，中华书局，1986 年。

［明］黄宗羲：《明夷待访录》，中华书局，1981 年。

［明］黄仲昭修纂，福建省地方志编纂委员会旧志整理组、福

建省图书馆特藏部整理:《八闽通志》(修订本),福建人民出版社,
2006 年。

〔明〕李东阳等:《大明会典》,广陵书社,2007 年。

〔明〕罗贯中、施耐庵:《水浒传》,人民文学出版社,1975 年。

〔明〕凌蒙初:《二刻拍案惊奇》,人民文学出版社,1997 年。

〔明〕陆容:《菽园杂记》,中华书局,1985 年。

〔明〕潘季驯:《潘司空奏疏》,《景印文渊阁四库全书》第四三〇
册,台湾商务印书馆,1986 年。

〔明〕丘濬:《大学衍义补》,吉林出版集团,2005 年。

〔明〕沈榜:《宛署杂记》,北京古籍出版社,1980 年。

〔明〕宋濂:《宋学士文集》,景侯官李氏观槿斋藏明正德刊本。

〔明〕宋濂等:《元史》,中华书局,1976 年。

〔明〕徐渭:《南词叙录注释》,李复波、熊澄宇注释,中国戏
剧出版社,1989 年。

〔明〕沈德符:《万历野获编》,中华书局,1989 年。

〔明〕史起蛰、张榘:《两淮盐法志》,广陵书社,2015 年。

〔明〕田汝成:《西湖游览志余》,上海古籍出版社,1980 年。

〔明〕王圻:《续文献通考》,现代出版社,1991 年。

〔明〕王锜等:《寓圃杂记 谷山笔麈》,张德信点校,中华书局,
1997 年。

〔明〕王夫之:《宋论》,岳麓书社,2011 年。

〔明〕王夫之:《舟山全书》,船山全书编辑委员会编校,岳麓
书社,1996 年。

〔明〕无名氏:《如梦录》,孔宪易校注,中州古籍出版社,
1984 年。

〔明〕解缙等编:《永乐大典》,北京图书馆出版社,2004 年。

［明］谢肇淛：《五杂俎》，中华书局，1959 年。

［明］姚旅：《露书》，福建人民出版社，2008 年。

［明］叶盛：《水东日记》，中华书局，1980 年。

［明］严从简：《殊域周咨录》，余思黎注解，中华书局，1993 年。

［明］余继登：《典故纪闻》，中华书局，1981 年。

［明］杨维桢：《东维子集》，《景印文渊阁四库全书》第一二二一册，台湾商务印书馆，1986 年。

［明］周晖：《金陵琐事 续金陵琐事 二续金陵琐事》，南京出版社，2007 年。

［明］张燮：《东西洋考》，《景印文渊阁四库全书》第五九四册，台湾商务印书馆，1986 年。

［明］张紞：《云南机务抄黄》，中华书局，1985 年。

［清］毕沅：《续资治通鉴》，"标点续资治通鉴小组"校点，中华书局，1957 年。

［清］董诰等：《全唐文》，中华书局，1983 年。

［清］戴鸿慈：《出使九国日记》，陈四益校点，湖南人民出版社，1982 年。

［清］董世宁：《乌青镇志》，上海书店出版社，1992 年。

［清］法式善：《陶庐杂录》，涂雨公注解，中华书局，1997 年。

［清］顾炎武：《顾亭林诗文集》，华忱之点校，中华书局，1983 年。

［清］顾炎武：《日知录·日知录之余》，阎文儒、戴扬本点校，上海古籍出版社，2012 年。

［清］谷应泰：《明史纪事本末》，中华书局，1977 年。

［清］葛元煦：《沪游杂记》，上海书店出版社，2006 年。

［清］贺长龄：《皇朝经世文编》，清光绪广百宋斋校印本。

〔清〕何文焕辑：《历代诗话》，中华书局，1982 年。

〔清〕胡文炳：《折狱高抬贵手补译注》，陈文重译注，北京大学出版社，2006 年。

〔清〕黄以周等辑注：《续资治通鉴长编拾补》，顾吉辰点校，中华书局，2004 年。

〔清〕李伯元：《文明小史》，人民出版社，2010 年。

〔清〕厉鹗：《宋诗纪事》，上海古籍出版社，1983 年。

〔清〕李光地：《榕村语录 榕村续语录》，中华书局，1995 年。

〔清〕陆士谔：《新水浒》，清宣统二年再版本。

〔清〕刘禺生：《世载堂杂忆》，钱实甫注解，中华书局，1960 年。

〔清〕钱大昕：《廿二史考异》，上海古籍出版社，2004 年。

〔清〕阮元：《广东通志·金石略》，梁中民注解，广东人民出版社，2011 年。

〔清〕谈迁：《国榷》，浙江古籍出版社，2012 年。

〔清〕吴楚材、吴调侯：《古文观止》，中华书局，1987 年。

〔清〕王鎏：《钱币刍言整理与研究》，马陵合注解，东华大学出版社，2010 年。

〔清〕王韬：《弢园文录外编》，辽宁人民出版社，1994 年。

〔清〕王士禛：《香祖笔记》，湛之点校，上海古籍出版社，1982 年。

〔清〕魏裔介：《兼济堂文集》，中华书局，2007 年。

〔清〕孙承泽：《春明梦余录》，北京古籍出版社，1992 年。

〔清〕盛康：《皇朝经世文续编》，清光绪思补楼本。

〔清〕沈嘉辙：《南宋杂事诗》，《景印文渊阁四库全书》第一四七六册，台湾商务印书馆，1986 年。

〔清〕沈之奇：《大清律辑注》，清康熙五十四年刻本。

［清］萧奭：《永宪录》，朱南铣点校，中华书局，1997 年。

［清］薛允升：《读例存疑重刊本》，黄靖嘉点校，台北成文出版社，1970 年。

［清］薛允升：《唐明律合编》，怀效锋、李鸣点校，法律出版社，1999 年。

［清］周安士：《安士全书白话解》，内蒙人民出版社，2003 年。

［清］赵尔巽等：《清史稿》，中华书局，1998 年。

［清］赵吉士：《寄园寄所寄》，黄山书社，2008 年。

［清］赵润生：《赵柏岩集》，广西师范大学出版社，2013 年。

［清］赵翼：《陔余丛考》，商务印书馆，1957 年。

［清］昭梿：《啸亭杂录 续录》，冬青点校，上海古籍出版社，2012 年。

［清］张廷玉等：《明史》，中华书局，1974 年。

《皇明诏令》，明嘉靖十八年傅凤翱刻本。

《明实录附校勘记》，中研院历史语言研究所校印，黄彰健校勘，中华书局，2016 年。

《上海县志》，明嘉靖三年刊本。

《通制条格校注》，方龄贵校注，中华书局，2001 年。

《清实录》，中华书局，2010 年。

《世宗宪皇帝上谕八旗》，《景印文渊阁四库全书》第四一三册，台湾商务印书馆，1986 年。

《世宗宪皇帝朱批谕旨》（二），《景印文渊阁四库全书》第四一七册，台湾商务印书馆，1986 年。

《皇朝通志》，浙江古籍出版社，2000 年。

《钦定续文献通考》，浙江古籍出版社，2000 年。

《大清律例汇辑便览》，清光绪二十九年刻本。

《清朝文献通考》，商务印书馆，1936年。

阿越：《新宋》，四川科学技术出版社，2005年。

白寿彝主编：《中国通史》，上海人民出版社，2004年。

包伟民：《宋代城市研究》，中华书局，2014年。

［荷］包乐史：《中荷交往史》，庄国土、程绍刚译，荷兰路口店出版社，1989年。

［日］板胜美编，［日］三善为康：日本《朝野群载》，日本吉川弘文馆，1999年。

陈得芝等辑点：《元代奏议集录》，浙江古籍出版社，1998年。

陈高华、张帆、刘晓、党宝海点校：《元典章·刑部》，天津古籍出版社，2011年。

陈志英：《宋代物权关系研究》，中国社会科学出版社，2006年。

慈鸿飞、李天石主编：《中国历史上的农业经济与社会》（第二辑），吉林人民出版社，2004年。

程民生：《宋代物价研究》，人民出版社，2008年。

邓拓：《中国救荒史》，北京出版社，1998年。

丁传靖辑：《宋人轶事汇编》，中华书局，2003年。

［美］费正清、刘广京编：《剑桥中国晚清史》，中国社会科学出版社，2006年。

［日］高桥芳郎：《宋至清代身分法研究》，李冰逆译，上海古籍出版社，2015年。

黄纯艳：《宋代朝贡体系研究》，商务印书局，2014年。

［美］黄仁宇：《赫逊河畔谈中国历史》，生活·读书·新知三联书店，1997年。

［美］黄仁宇：《十六世纪明代中国之财政与税收》，阿风等译，生活·读书·新知三联书店，2001年。

［美］黄仁宇:《中国大历史》,生活·读书·新知三联书店,1997 年。

［美］黄仁宇:《放宽历史的视界》,生活·读书·新知三联书店,2007 年。

［英］亨利·萨姆奈·梅因:《古代法》,郭亮译,法律出版社,2016 年。

康有为:《康有为全集》,中国人民大学出版社,2007 年。

马蓉、陈抗、钟文、栾贵明、张忱石点校:《永乐大典方志辑佚》,中华书局,2004 年。

高聪明:《宋代货币与货币流通研究》,河北大学出版社,2000 年。

龚延明:《宋代官制辞典》,中华书局,1997 年。

故宫博物院明清档案部编:《清末筹备立宪档案史料》下册,中华书局,1979 年。

璩鑫圭编:《中国近代教育史资料汇编·鸦片战争时期教育》,上海教育出版社,2007 年。

［日］加滕繁:《中国经济史考证》,吴杰译,商务印书馆,1959 年。

刘俊文笺解:《唐律疏议笺解》,中华书局,1996 年。

刘俊文主编:《日本学者研究中国史论著选译》,中华书局,1992 年。

廖奔:《中国古代剧场史》,中州古籍出版社,1997 年。

廖大珂:《福建海外交通史》,福建人民出版社,2002 年。

李华瑞:《宋代酒的生产和征榷》,河北大学出版社,2001 年。

［美］李露晔:《当中国称霸海上》,邱仲麟译,广西师范大学出版社,2004 年。

雷家圣：《宋代监当官体系之研究》，台湾花木兰文化出版社，2009年。

梁其姿：《施善与教化：明清时期的慈善组织》，北京师范大学出版社，2013年。

梁启超：《王安石传》，商务印书馆，2015年。

梁启超：《饮冰室合集》，中华书局，1989年。

梁绍壬：《两般秋雨庵随笔》，上海古籍出版社，1982年。

梁太济：《两宋阶级关系的若干问题》，河北大学出版社，1998年。

吕思勉：《中国政治思想史》，中华书局，2012年。

［意］利玛窦、［比］金尼阁：《利玛窦中国札记》，何高济等译，中华书局，1983年。

［意］马可·波罗：《马可波罗行纪》，冯承钧译，上海书店出版社，2001年。

刘徐昌点校：《嘉靖江阴县志》，上海古籍出版社，2011年。

柳诒征：《中国文化史》，东方出版中心，2007年。

马文宽：《中国古瓷在非洲的发现》，紫禁城出版社，1987年。

前南京国民政法司法行政部编：《民事习惯调查报告录》，中国政法大学出版社，1998年。

瞿同祖：《清代地方政府》，范忠信、晏锋译，法律出版社，2003年。

漆侠：《宋代经济史》，中华书局，2009年。

任继愈：《任继愈学术文化随笔》，中国青年出版社，1996年。

任中敏：《优语集》，王福利校理，凤凰出版社，2013年。

［日］仁井田升：《中国法制史》，牟发松译，上海古籍出版社，2011年。

四川古籍研究所编：《全宋文》，上海辞书出版社，2006年。

唐圭璋编：《全宋词》，中华书局，1965 年。

王辉：《青龙镇：上海最早的贸易港》，上海人民出版社，2015 年。

王国维：《宋元戏曲史》，团结出版社，2005 年。

王曾瑜：《锱铢编》，河北大学出版社，2006 年。

韦庆远、吴奇衍、鲁素编：《清代奴婢制度》，中国人民大学出版社，1982 年。

［日］小浜正子：《近代上海的公共性与国家》，葛涛译，上海古籍出版社，2003 年。

薛理勇：《旧上海租界史话》，上海社会科学院出版社，2002 年。

［法］谢和耐：《中国 5—10 世纪的寺院经济》，耿升译，上海古籍出版社，2004 年。

徐道邻：《中国法制史论集》，台湾志文出版社，1975 年。

徐征编：《全元曲》，河北教育出版社，1998 年。

［意］雅各布·德安科纳：《光明之城》，杨民等译，上海人民出版社，1999 年。

杨树藩：《中国文官制度史》绪论，台湾黎明文化事业股份有限公司，1982 年。

［美］伊沛霞：《内闱：宋代的婚姻与妇女生活》，胡志宏译，江苏人民出版社，2004 年。

［美］伊沛霞：《宋徽宗》，韩华译，广西师范大学出版社，2018 年。

张次溪：《清代燕都梨园史料》，中国戏剧出版社，1988 年。

张星烺编：《中西交通史料汇编》，中华书局，2003 年。

张仲礼：《中国绅士》，李荣昌译，上海社会科学院出版社，1991 年。

朱传誉：《宋代新闻史》，中国学术著作奖助委员会，1967 年。

朱红林：《张家山汉简〈二年律令〉集释》，社会科学文献出版社，2005年。

赵冈：《中国城市发展史论集》，新星出版社，2006年。

论文、报刊

《救火会钟楼报警地段》，《申报》1910年11月17日刊文。

《可怪说》，《大公报》1903年12月14日刊文。

《厘定官制大臣致各省督抚通电》，《时报》1906年11月18日刊文。

《考察政治大臣端方、戴鸿慈奏陈各国导民善法请次第举办折》，《大公报》1906年12月8日刊文。

《慎重幕僚说》，《申报》1903年5月3日刊文。

阿风：《明代府的司法地位初探》，《中国古代法律文献研究》2005年第1期。

包伟民：《宋代的上供正赋》，《浙江大学学报》（人文社会科学版）2001年第1期。

包伟民：《再论南宋国家财政的几个问题——答刘光临君》，《台大历史学报》2010年第46期。

卜永坚：《盐引·公债·资本市场——以十五、十六世纪两淮盐政为中心》，《历史研究》2010年第4期。

曹旅宁：《试论宋代的度牒制度》，《青海师范大学学报》（社会科学版）1990年第1期。

程民生：《宋代的"公债"》，《中国史研究》2006年第3期。

程民生：《宋代内库的金融职能》，《中州学刊》1987年第3期。

程民生：《〈庄家不识勾栏〉创作年代与地点新考》，《中州学刊》

2017 年第 1 期。

陈昆、李志斌:《财政压力、货币超发与明代宝钞制度》,《经济理论与经济管理》2013 年第 7 期。

陈志武:《国富与民富:证券市场为何起源于西方》,经济观察网 2018 年 5 月 4 日刊文。

戴建国:《宋代刑法研究》,四川大学博士学位论文,2004 年。

丁万明:《试论司马光的经济思想》,《北京工商大学学报》(社会科学版)2007 年第 2 期。

范学辉:《变法与变意:宋太祖募兵制度改革刍议》,《社会科学辑刊》2006 年第 3 期。

葛金芳、顾蓉:《从原始工业化进程看宋代资本主义萌芽的产生》,《社会学研究》1994 年第 6 期。

郭尚武:《论宋代保护奴婢人身权的划时代特征——据两宋民法看奴婢的人身权》,《晋阳学刊》2004 年第 3 期。

[美]郝若贝:《北宋中期中国铁与煤工业的革命(960—1126)》,《中国史研究动态》1981 年第 5 期。

黄启臣:《明代钢铁生产的发展》,《学术论坛》1979 年第 2 期。

贺卫方:《中国司法传统的再解释》,《南京大学法律评论》2000 年第 14 期。

胡兴东:《宋朝法律形式及其变迁问题研究》,《北方法学》2016 年第 1 期。

贾根良:《李斯特经济学的历史地位、性质与重大现实意义》,《学习与探索》2015 年第 1 期。

蒋铁初:《清代的疑罪处理》,《南京大学法律评论》2011 年第 2 期。

蒋文轩:《宋代州制研究》,湖南师范大学硕士学位论文,

2010 年。

蒋勋：《宋词的圆满与宋代的人文生态》，《全国新书目》2012年第 4 期。

姜锡安：《宋代榷货务的金融职能与性质》，《中国钱币》1993年第 1 期。

孔学：《论宋代律敕关系》，河南大学学报（社会科学版）2001年第 3 期。

林端：《中西法律文化的对比——韦伯与滋贺秀三的比较》，《法制与社会发展》2004 年第 6 期。

李龙潜：《明代军户制度浅论》，《北京师范学院学报》（社会科学版）1982 年第 1 期。

李新宽：《试析英国重商主义国家干预经济的主要内容》，《史学集刊》2008 年 7 月第 4 期。

李埏、林文勋：《论南宋东南会子的起源》，《思想战线》1994年第 1 期。

李治安：《元和明前期南北差异的博弈与整合发展》，《历史研究》2011 年第 5 期。

吕晋：《宋代行政区监的建置沿革与时空分布特征》，西南大学硕士学位论文，2008 年。

吕志兴：《宋令的变化与律令法体系的完备》，《当代法学》2012 年第 2 期。

刘建芳：《美国政府在早期现代化进程中的作用及影响》，《南京社会科学》2001 年第 6 期。

刘光临：《明代通货问题研究——对明代货币经济规模和结构的初步估计》，《中国经济史研究》2011 年第 1 期。

刘光临：《市场、战争和财政国家——对南宋赋税问题的再思考》，《台大历史学报》2008 年第 42 期。

刘光临：《明代通货问题研究——对明代货币经济规模和结构的初步估计》，《中国经济史研究》2011 年第 1 期。

廖声丰：《乾隆实施"一口通商"政策的原因——以清代前期海关税收的考察为中心》，《江西财经大学学报》2007 年第 3 期。

倪玉平：《从"量入为出"到"量出为入"：清代财政思想的转变》，《光明日报》2017 年 8 月 7 日刊文。

苗书梅：《两宋时期明州地方官僚体制研究——以监当官为中心的考察》，《高知大学技术研究报告：人文科学》，2007 年。

苗书梅：《墓志铭在研究宋代官制中的价值——以北宋元丰改制以前的监当官为例》，《东吴大学历史学报》2004 年 6 月。

戚亚强、夏国祥：《略论晚清田赋改革思想》，《江苏工业学院学报》（社会科学版）2004 年第 4 期。

孙洪伊：《裁并关于财政之各局所及关于行政之各局所，并设分科苳（隶）属于相当之行政长官》，天津《大公报》1909 年 10 月 19 日刊文。

孙竞、张文：《宋代的社会贫困线及其社会意义》，《思想战线》2016 年第 3 期。

孙洋、弋慧莉：《日本殖产兴业政策的实行与铁道知识的传入》，《长春理工大学学报》（社会科学版）2010 年第 5 期。

唐德刚：《读〈宋史·范仲淹传〉对中国传统和现代文官制的认识》，台湾《传记文学》2000 年第 77 卷第 2 期。

王盛恩：《市易法新评》，《史学月刊》1996 年第 5 期。

吴云鹏：《论宋元明清积分制的演变》，《吉林教育科学》2001 年第 6 期。

徐林、傅莹：《英国城市公共管理边界不断变化》，《中国社会科学报》2014 年 7 月 21 日刊文。

谢俊美：《论清代的闭关政策》，《历史教学》1979 年第 10 期。

［日］幸彻：《北宋时代监当官的地位》，《东洋史学》第 26 辑，1963 年 10 月。

许永璋：《北宋钱币在非洲的发现及相关问题》，《中原文物》1993 年第 2 期。

游彪：《关于宋代寺院、僧尼的赋役问题》，《中国经济史研究》1990 年第 1 期。

阎步克：《"品位—职位"视角中的传统官阶制五期演化》，《历史研究》2011 年第 2 期。

袁伟时：《中国传统文化：辉煌·历史危机·现实危险》，《财经》双周刊 2014 年第 30 期。

杨师群：《东京店宅务：北宋官营房地产业》，《史林》1991 年第 1 期。

姚枝仲：《债务的世界：政府债务膨胀史》，澎湃新闻·澎湃研究所 2017 年 7 月 4 日刊文。

张邦炜、贾大泉：《宋代四川经济发展的不平衡性》，《西南大学学报》（社会科学版）1989 年第 2 期。

张光灿：《论清代前期的闭关政策》，《宁夏大学学报》1985 年第 2 期。

张宁：《币政逆转：唐宋变革说反例》，《中国社会科学报》2015 年 9 月 14 日刊文。

张宁：《中国近代"货币竞争"现象论析》，《光明日报》2008 年 9 月 14 日刊文。

中国第一历史档案馆：《康熙初年荷兰船队来华贸易史料》，《历史档案》2001 年第 3 期。